融合共生

2021年度
广东省广播影视奖精品集

广东省广播影视协会　编

编　审：张惠建　主　编：梁首钢
副主编：白小慧　编　辑：杨尚铭

暨南大學出版社
JINAN UNIVERSITY PRESS

中国·广州

图书在版编目（CIP）数据

融合·共生：2021年度广东省广播影视奖精品集/广东省广播影视协会编．—广州：暨南大学出版社，2023.6
ISBN 978-7-5668-3610-6

Ⅰ．①融… Ⅱ．①广… Ⅲ．①广播节目—广东—2021 ②电视节目—广东—2021
Ⅳ．①G229.276.5

中国版本图书馆CIP数据核字（2022）第257632号

融合·共生：2021年度广东省广播影视奖精品集
RONGHE ·GONGSHENG：2021NIANDU GUANGDONG SHENG GUANGBO YINGSHIJIANG JINGPINJI
编　者：广东省广播影视协会

出 版 人：张晋升
责任编辑：詹建林　林　琼
责任校对：雷晓琪　陈慧妍　王燕丽
责任印制：周一丹　郑玉婷

出版发行：暨南大学出版社（511443）
电　　话：总编室（8620）37332601
营销部（8620）37332680　37332681　37332682　37332683
传　　真：（8620）37332660（办公室）　37332684（营销部）
网　　址：http：//www.jnupress.com
排　　版：广州市新晨文化发展有限公司
印　　刷：广州市友盛彩印有限公司
开　　本：787mm×960mm　1/16
印　　张：27
字　　数：529千
版　　次：2023年6月第1版
印　　次：2023年6月第1次
定　　价：108.00元

目　录

2021 年度广东省广播影视奖评选综述

2021年度广东省广播影视奖获奖作品精选点评

广播新闻作品

电视新闻作品

新闻媒体作品

广播节目作品

电视节目作品

网络视听作品

广播播音主持作品

电视播音主持作品

论文作品

科技项目

电影作品

公益广告作品

附　录

▶ 2021 年度广东省广播影视奖评选综述 ◀

发挥媒体优势　书写时代华章
——2021 年度广东省广播影视奖评选综述

张惠建　申启武

2021 年度广东省广播影视奖设置了广播电视新闻、广播电视节目、广播电视播音主持、网络视听、新媒体新闻以及公益广告、论文七大类别，共 66 个项目，共产生获奖作品 864 件，其中，特别奖 2 件，一等奖 61 件，二等奖 264 件，三等奖 537 件，完成了对 2021 年度广东省广播影视以及网络与新媒体作品的全面检阅。

一、题材选择体现多元化的精神取向

长期以来，重大事件、重大主题一直是广东省广播影视奖参评作品关注的对象，本年度广东省广播影视奖参评作品自然少不了重大事件、重大主题的呈现，同时对现代化建设的新成就、社会发展的新风尚以及社会热点、社会难点乃至老百姓日常生活也给予了一定的关注。

1. 把握时代脉搏，展现社会成就，富有时代精神

2021 年是中国共产党成立 100 周年的大庆之年，主流媒体的议程设置功能决定了广东省各家广播电视播出机构均投入了巨大的人力、物力和财力热情讴歌中国共产党团结带领人民实现中华民族站起来、富起来到强起来的伟大飞跃的百年征程。因此，在 2021 年度广东省广播影视奖评选中，此类作品在评选设置的多种类型中均有体现。广播系列报道《我为群众办实事——中山着力解决群众急难愁盼问题的故事》讲的是基层党委政府从一件件小事入手，将为群众办实事的口号落到实处，展示人民公仆心系人民的情怀。广东台联合全国九省市台在 7 月 1 日当天推出的广播新闻现场直播《精神，照亮百年的灯塔》，浓墨重彩回顾中国共产党人的精神历程，讲述中华儿女在党的领导下，如何延续精神血脉，在实践中传承红色基因的伟大壮举。电视系列报道《幸会，中国共产党》则以国际化的视角和语言讲述“中国共产党为什么能”的事实，从不同的角度、不同的侧面，以不同的故事和不同的声音来建构和展示中国共产党的国际形象。电视社教节目《行进大湾区“红色起点”　第一集　信仰成诗》将一堂生动的党史课搬上了荧屏，让百年党史浸润观众心田，使革命精神薪火相传。新媒体新闻作品《“一百年正青春”百年党史百米彩绘长卷融媒项目》选取党在

百年发展历程中的 100 个重大事件为表现对象，全方面展现建党百年的宏伟历程。此类题材在广播电视文艺节目以及网络视听、公益广告中也涌现一些精品佳作，如电视综艺节目《春响·2021广州新春交响音乐会》《中山市庆祝中国共产党成立 100 周年文艺演出》《唱支山歌给党听》，网络视听《百年征程为人民，砥砺初心向复兴》《穿越百年追寻你——沉浸式党史课堂》，广播公益广告《百年恰是风华正茂时》《建党百年宣传之 80 字入党誓词》等均可圈可点，值得借鉴。

其他作品以广东乃至整个大湾区当下的新闻事实作为传播内容，更多地反映时代发展与社会进步。如广播消息《横琴粤澳深度合作区今天正式成立　合作区建设火热开局》《港商进军大湾区内地城市　可先到中山找“保姆”》《全国首个“破产人”在深圳产生》《未来医院来了！全国首家全场景智能医院落户广东》《中国科学家培育出全球第一代通过基因组设计的杂交马铃薯》《歼－20，用上了“中国心”！》，电视消息《全程不停跳　广东完成世界首例“无缺血换心”》《国内单体容量最大的海上风电场——中广核汕尾后湖 50 万千瓦海上风电项目并网发电》《国道上“铁骑大军”为何消失　在“十三五”交通发展中找答案》以及广播系列报道《从“寥若晨星”到“繁星满天”——佛山实施人才引领发展战略纪实》《守好中国人的饭碗——2021·肇庆粮食生产纪实》，广播新闻访谈节目《了不起的贡献——中山企业为中国航天事业服务的故事》，广播新闻专题《从一件议案到一部法规——25 年持续推动 130 万人终圆“南水梦”》等许多作品从不同侧面和角度客观反映社会主义现代化建设的新成就，体现社会主义新时代的新气象。值得一提的是，参评的广播电视文化节目不仅形象展示多姿多彩的广府文化，让广府文化在新时代发扬光大，而且体现了一种文化自信和文化传承。

2. 贴近百姓生活，讴歌人间大爱，体现人文关怀

以人为本、执政为民是党的执政理念。习近平总书记指出，历史和现实都告诉我们，密切联系群众，是党的性质和宗旨的体现，是中国共产党区别于其他政党的显著标志，也是党发展壮大的重要原因；能否保持党同人民群众的血肉联系，决定着党的事业的成败。在这一思想的主导下，作为党和政府喉舌的新闻媒体就应该为党立言，为民代言。因此，聚焦百姓生活，关注人情冷暖，最大限度地满足人民群众的意愿，切实维护人民群众的利益成了广播电视媒体义不容辞的责任。在本届参评广播影视作品中，贴近百姓生活，讴歌人间大爱的作品占较大比重。而这方面内容在共克时艰、抗击疫情的作品中多有呈现。广播长消息《两个人的考场　一群人的守护——新冠隔离病房里的特殊高考侧记》从病房中的高考反映出广州市政府相关部门对待被隔离考生的关怀，彰显出人民至上、生命至上的理念。不仅如此，6 月 7 日高考当天，广州台还重磅推

出《疫情下的广州高考首日》特别节目，站在疫情防控报道第一线，把话筒对准“白衣战士”、护考警察和出租车司机，及时传递在各方努力保障下所有考生如期参加高考的信息。新闻访谈节目《了不起的青春——访广州广电城市服务战“疫”先锋队队员》通过战“疫”先锋队队员不同的成长背景、不同的战“疫”岗位带来的不同体会感受，以及在战“疫”中建立起对党更深的理解及与人民建立更深厚的情感，展现青年一代“强国有我，请党放心”的责任担当。广播新闻专题《芳村重燃生机，每个人都是英雄》则是以小见大、以点带面，在具有事实的呈现中充分体现人文关怀温情。电视消息《珠海：“打飞的”为海上作业人员打疫苗》记述了医务人员乘直升机辗转三个海上石油平台为作业人员注射疫苗，事件本身就突显出了同心抗疫和党和政府以及社会对海上作业人员的关爱与关怀。电影《中国医生》全景式记录波澜壮阔、艰苦卓绝的抗疫感人故事，致敬了中国医生吃苦、奉献、担当的伟大品格和精湛医术，创造了积极向上的社会价值，通过塑造医护人员群像，凸显中国主流价值观中的集体主义和奉献精神。

在巩固脱贫攻坚成果，推进乡村振兴战略的宣传报道中，广电媒体同样将人文关怀的精神理念体现得较为充分。广播新闻访谈《“葡萄胜哥”的故事——访省乡村振兴先进一线工作者何文胜》讲述主人公放弃建筑业高收入，回家乡带领村民建设美丽村居、种植葡萄、直播带货，成功走出一条生态美、农业强、农民富的乡村振兴之路的感人故事。广播新闻专题《阮传孟：扶贫队长再出发　踏上乡村振兴新征程》《励志脱贫　狮峰蜕变——记“全国脱贫攻坚先进个人”李统伟》等作品也以生动的事实反映基层党员干部的无私与奉献。纪录片（网络纪录片）《跑夺》紧扣乡村振兴教育先行的主题，以独特视角通过纪实跟拍手法，真实记录帮扶智障少年走出深山接受特殊教育的故事。电视社教节目《携手》通过一个个真实故事，聚焦深圳对口帮扶新疆地区奉献爱心的事实。

此外，此类作品还有广播消息《创新邻里互助模式打造农村养老“云浮样板”》《一封感谢信背后的生命“接力”》《快递员、外卖小哥、实习生等 8 类人员可参加工伤保险　广东出台新政填补灵活就业人员工伤保障空白》以及电视消息《一张饭桌一张床　“广式”养老有温度》，广播新闻专题《我明白你的心事——中山老年人心理关爱行动纪实》通过真实记录中山老年人心理关爱行动来引导社会对长者的关注，富有情感和温度。广播系列报道《回家之路》介绍基层医院如何尊重生命，帮助患者家庭解决困难让弃婴回家的故事。电视系列报道《“我为群众办实事·十惠行动　记者体验”系列》通过与老百姓生活息息相关的故事，讲述党员干部们操心劳力为老百姓们办理的“实事”。网络电影《我的妈妈是记者》通过孩子的视角去看待记者这一职位，合理地讲述了人民记者如何奔赴前线，关注人间疾苦，为人民发声的事迹。

当然，关注百姓生活，服务社会大众，反映百姓心声一直是广播电视信息传播的主要内容。从本年度参评作品看，这一传统仍在延续。此类选题在广播电视消息和社教节目、少儿节目中多有呈现，诸如广播消息《全省首个！老旧小区有了“专业管家”》《中山鼓励社会力量参与公共文化服务建设，打造一批共享文化馆和共享阅读空间》《“幸福积分”撬动农村基层“大治理”》、广播系列报道《丁堂村的“四小银行”》、广播社教节目《心怀阳光向前——关注青少年抑郁症》、广播短剧《我家的防疫生活》、广播少儿节目《神奇侦探队——我是反诈小能手》以及电视少儿节目《孩子的秘密之不想回家的孩子》《龙岗第一课——小学生心理自救指南》、网络直播《2021 秋季“开学安全教育第一课”》《阳光、沙滩和海浪，这个暑假玩转闸坡》等均具代表性，在此就不一一赘述了。

3. 把握人物个性，塑造典型形象，彰显社会风范

典型人物具有鲜明的性格特征，同时又反映出特定社会生活的普遍性。典型人物能够体现时代精神，彰显社会风范，而且对人们具有一定的激励和鼓舞作用。因此，典型人物历来都是广电媒体重视与关注的对象。在本年度广东省广播影视奖参评作品中，典型人物依然成为多家媒体的关注对象，而且在他们身上体现出鲜明的时代精神和社会风范。广播新闻专题《我的人生不设限——苏炳添》从苏炳添在广州参加校园分享活动入手，突出其从体育比赛到人生赛道都“不设限”的主题，并围绕主题，回顾苏炳添体育生涯三个重要阶段，立体生动地呈现苏炳添不屈不挠、不断挑战突破自我的正面形象。广播系列报道《勇敢的“雨燕”张莹莹》讲述自幼身患小儿麻痹症的残疾人张莹莹以顽强拼搏的精神积极进取、探索出一种适合残障者多元化就业的创新模式，从受人关爱到关爱别人，其以自己的身体力行，激励着更多的残疾人自尊、自强、自信、自立，十分励志。广播社教节目《我的外公王明健》通过抖音博主黄尔加讲述王明健老人隐姓埋名、克勤克俭、舍生忘死的一生。电视新闻专题《彭士禄》讲述革命先烈彭湃之子、著名核动力顶级专家、核潜艇首任总设计师彭士禄院士为祖国核潜艇和核电事业奉献一生的感人故事，作品以大量珍贵的历史照片、视频资料和同期声素材，真实还原主人翁“感党恩、听党话、跟党走”的心路历程，真实再现其以身许国、科技报国的先进事迹。电视纪录片《一代天娇——红线女》从艺术成就、人生经历、精神追求等多层面全景式记录了人民艺术家红线女忠于党、忠于粤剧、忠于人民的艺术足迹。网络电影《凤归梧桐》以高才生顾志诚为叙事视角，既讲述了脱贫攻坚和乡村振兴的时代故事，又聚焦于当下青年群体对于青春和梦想的思考。新媒体新闻《升旗！这位 85 岁的老人持续了 39 年》以小切口折射大主题，以小故事呈现大图景，全景式地展现了张增应 39 年在家门口升国旗的坚守，并在层层铺垫中真实客观地展现普通党员

的优秀品质和信仰力量。而广播剧《向秀丽》更是充分发挥广播的声音艺术优势，形象呈现为抢救国家财产而英勇献身、获得“100位新中国成立以来感动中国人物”等荣誉称号的广东英雄向秀丽的感人故事。卢永根一生致力于水稻的遗传育种研究，是我国著名作物遗传育种学家、中科院院士。就是这样一位蜚声中外的农业科学家，自己生活的家当竟用了半个世纪之久，但是对国家和社会却极度慷慨。在其逝世前两年，他和夫人将自己毕生的积蓄880余万元悉数捐出成立教育基金。因此，卢永根被人尊称为“布衣院士”。而广播剧《布衣院士》正是运用声音艺术塑造了一个有血有肉、形象丰满、令人景仰的卢永根。

4. 针砭社会时弊，实施舆论监督，敏锐深刻有力

舆论监督是公众言论自由的具体体现，是新闻媒体为公众行使民主权利的有效形式，同时也是惩恶扬善、净化社会的有效手段。实践证明，加强舆论监督在我国当下社会十分必要。

由于新闻评论这一体裁通过说理表达观点，其本身拥有较为强大的思想力量，一般说来，舆论监督采用新闻评论方式较为普遍。本年度广播影视奖参评作品中针砭社会时弊，实施舆论监督的作品同样多以新闻评论样式呈现。广播新闻评论《“围村收费”岂能“一围了之”?》针对珠三角地区存在的“围村收费”问题，曝光城中村非法围蔽公路、违规收费的乱象，剖析“围村收费”的历史成因、问题症结，同时指出“围村收费”虽解决停车难、停车乱问题，但不利于社会公平。因此，该节目通过媒体舆论监督努力促进问题解决，为倡导文明出行发挥了积极作用。电视新闻评论《“纸上谈兵”的水库治理》抓住水体污染一拖再拖的问题，直面涉及水质治理的众多管理部门和属地政府，抽丝剥茧、层层发问，揭示出水质治理问题的根本所在就是治水只热衷于制造文件并以文件落实文件的“纸上谈兵”，却止步于实际举措、止步于具体的检查落实，是典型的官僚主义做派。《“难产”的充电桩》则是以小见大，通过具体个案对居民老旧小区个人充电桩安装难的问题进行了深入剖析，根据当前国家对新能源电动汽车充电桩安装的政策，以寻求个人充电桩安装难的解决之道。电视新闻栏目《民生新观察》其中选送的一期内容紧紧抓住涉及民生的小事情、大问题，反映普遍存在的校内午餐吃不饱、吃不好，珠海市斗门区道路以及学校建设进度缓慢严重耽误周围学生入学等问题，披露由此造成的危害，探讨深层次的原因并提出解决的方案。

当然，从某种意义上说通过网络直播让网民直观感受新闻对象的舆论监督效果更加明显。《全民投票查餐厅：网红茶餐厅食品安全巡查》关注百姓舌尖上的安全，以突击检查的方式造访网红餐厅，检查后厨卫生情况，并进行现场执法整改，就是与网民一同进行社会监督的。另外，《揭东云路“七彩河流”污染农田村庄》则是以电视新闻专题的节目样式大胆披露在中央一再要求必须大幅

度提升环境质量的今天，有些地方依然存在着对环境污染不知情、监督不到位、管理严重缺位的情况，同样发挥舆论监督的社会功能。相同类型的还有《小心！你买的外贸尾单很可能是洋垃圾》。

二、创新意识凸显参评作品诸多亮点

广播影视发展离不开创新，尤其是在新媒体时代的今天，没有创新，广播影视就缺少发展的依据和基础。当然，要创新就不能因循守旧、故步自封，而要更新传播理念，树立创新意识，通过改进艺术呈现方式和新闻报道方式以强化广播影视作品的欣赏性和感染力。本年度评选活动就涌现出一些在艺术呈现方式和新闻报道方式上富有创新意识的广播影视作品。

1. 把握媒介特性，创新广播节目表达方式

创新意识是以思想活跃、不因循守旧、富于创造性和批判性、具有敢于标新立异、独树一帜的精神和追求为主要表现。当然，广播影视有自己不同的媒介特性，创新表达方式不是肆意妄为，而是要把握广播影视的媒介特性，遵循广播影视的传播规律。唯其如此，创新才能为广播影视作品增光添彩。

众所周知，广播媒体“只闻其声，不见其人”的先天性缺陷决定了声音是听众唯一可感知的信号，声音的唯一性进一步决定广播节目经营必须注重声音元素的组合与搭配，充分发挥不同的声音元素在节目中的功能与作用，避免广播节目因声音的单一而丧失可听性与感染力，尤其是对新闻访谈、新闻专题和广播社教等内容厚实、时间较长的节目。也正是基于这样的认识，不少参评作品尽量用音响说话并调动各种手段赋予广播节目多姿多彩的声音形象。广播新闻访谈节目《了不起的贡献——中山企业为中国航天事业服务的故事》不仅以小切口展现大主题，满足受众对航天生活的好奇与关注，注重节目内容故事化、通俗化表达，而且通过主持人的巧妙串联将精心制作的片花穿插其中，既起到提纲挈领、承上启下的作用，又具有区隔内容、控制节奏的效果，从而赋予节目层次感和可听性。广播新闻专题《我的人生不设限——苏炳添》更加注重音响使用，不仅有机融入苏炳添的采访录音、演讲录音等声音元素，而且版头、版尾和三段片花精选苏炳添的话音和奥运比赛现场声进行穿插，与简单的“解说＋音响”迥然有别，使听众产生强烈的现场代入感，可听性、感染力强。广播社教节目《我的外公王明健》既有抖音短视频的录音，又有后期采访的同期声；既有王明健老人生前接受采访时的录音，又有王家儿女保存的老人真实生活中的讲话声音。节目配乐则通过氛围烘托整体使情绪得到有效渲染。广播文化节目《陶醉·酒香——千年石湾》以主持人旁白的形式引领听众来一场“陶醉酒香”的石湾行。作品多种音效的运用和采访对象的现场音响，充分展现了广播的声音艺术优势，让人感觉仿佛置身现场，亲身领略陶艺的魅力和美酒的香醇。

2. 顺应媒介特性，用创新思维放大影视作品的传播优势

电影电视声画合一的媒介特性本身就赋予其作品具象化特征。相较于广播，电影电视作品更加真切、形象、自然，观看电影电视如同置身现场，画面里的一切浑如在观众身边。新媒体时代，面对残酷激烈的市场竞争，影视作品的经营如何秉持媒介特性，在创新表达中进一步放大自身优势，是电影电视生存发展的题中应有之意。

本年度的一些参评影视作品让我们看到影视工作者的这一理念追求。电视综艺节目《乐高大师》别出心裁地通过一方小小的积木来激活文化穿透力。在每期节目中，主创人员将中国的神话、古建筑、民族物件等极具特色的内容注入选手需要搭建的主题，通过对中国文化的理解，选手搭建出了"盘古开天""月宫玉兔""牛郎织女""龙宫还宝"等具有中国传统文化特色的乐高作品，实现了在现代背景下对本民族文化和传统精神的挖掘和重构。电视少儿节目《2021凯叔魔幻童话之夜》用孩子们喜欢的方式，以故事思维将13个魔法串联起来，节目现场不仅能看到IP宇宙全员艾小坡变大变小、李白腾空飞天，还有凯叔横空消失、纸牌魔术等，从而带领孩子们进入一个奇幻的魔法世界！《消防开学第一课》则巧妙运用小喇叭或消防栓等手绘动画，把孩子们的行为加以突显强调，以此提高观众对孩子们消防行为的关注度。《小时代——二十四节气（立秋）》在缓慢的故事叙述中，大量采用鲜亮的颜色、优美的动画以及诗句俗语的童体字幕，为孩子们展示了立秋的节气知识，把艺术性、娱乐性与教育性完美地结合起来，真正达到了寓教于乐的效果。网络电影《东海人鱼传2》的开场通过使用升格处理的近景镜头来凸显落水众人的狰狞表情、动作以及烘托情况紧急，加以全景的俯拍，展现了众人贪婪与丑恶的嘴脸。而打斗场面对于剪辑节奏、镜头运动的把控，音乐、音响的使用准确而精彩，观赏性高。而《播火者》则巧妙运用平行蒙太奇剪辑手法，将杨匏安和赖宣治这两条不同时空的叙事线穿插表现，产生隔空对话的效果。戏曲电影《白蛇传·情》尝试将被称作"南国红豆"的粤剧与现代视听的电影艺术相结合，实践着文艺的"创造性转化、创新性发展"战略，应和时代节拍，真正实现了"真""善""美"的有机统一。

3. 强化媒介特性，网络与新媒体作品弥漫着创新意识

作为融合媒介的新媒体不仅拥有传统媒体的一切优势，而且其内容生产与产品营销往往在互联网思维的支配下进行，而互联网思维的基本内涵包括用户思维、极致思维、迭代思维、跨界思维等，所以创新是网络与新媒体内容生产与产品营销的永恒主题。

本年度参评的网络与新媒体作品就弥漫着一种创新意识，体现广播影视工作者在新形势下与时俱进的精神风貌和敢想敢试的创造精神。短视频《乡村

"新衣"》用年轻人+中老年人混搭说唱的新颖形式，将新旧元素结合，绘就了一幅农民富足、乡村美丽、产业升级的乡村振兴新图景。《200 秒带你看懂"横琴粤澳深度合作区"有多牛》创新地采用 vlog 形式，让观众跟随记者一起边走边看边体验，增强了报道的亲近感，兼具说服力和感染力。《成团 1921》以动画+rap说唱，寓教于乐地让青年人了解红船精神，传承红色基因。网络专题《穿越百年追寻你——沉浸式党史课堂》系列视频则依托 VR、AI、3D 等技术带领受众走进历史深处，讲述党的百年光辉历程。新媒体新闻《东莞这条铁路在海底"挖洞"创多项国内之最》准确捕捉工程的关键环节，通过提前采拍，用延时画面记录下生产过程，采用多机位现场拍摄形式，将刀盘下井及海底盾构掘进的全过程，用 3D 动画、实景延时拍摄等形式清晰完整地呈现在观众眼前。《"暗访者之漂洋过海"剧情游戏》以 H5 表现样式，采用了年轻人喜爱的漫画风格，以报道某地走私"洋垃圾"事件的真实故事为背景，并通过剧情闯关的形式，让观众直接地体验到记者日常的调查工作。《火了！科技赋能"小鸟天堂"，在江门感受生态之美……》从慢直播、H5 电子地图看小鸟天堂国家湿地公园，到深入了解小鸟天堂是如何做到以科技赋能生态保育的，以及当列车穿梭，江门是如何通过全球首例高速铁路拱形全封闭声屏障做到人、树、鸟、湿地和谐共生的。《图鉴时光博物馆》运用 VR 虚拟技术、动态 3D 动画等手段搭建"图鉴时光博物馆"。线上数字博物馆以全景博物馆的形式呈现，生动形象地展示了建党百年以来老百姓生活日新月异的变化。与此同时，展示+答题+互动+祝福"一键四连"，充分体现融媒体产品的交互性、多样性，让用户在体验过程中将知识性、观赏性和参与性融为一体，有身临其境之感。《连樟嬗变》中的图片、音频、视频以及互动特效界面、竖版排版、卡通人物的对话、"云游幸福村"等创意与设计，使作品生动形象且情趣盎然。

三、遗憾与不足

在本年度广东省广播影视奖评选活动中，我们也看到一些遗憾与不足：

1. 节目参差不齐，"马太效应"现象依然存在

从本年度不同类型的参评作品看，虽然整体质量有所提升，但是由于一线人员对广播影视的媒介特性理解存在偏差，对节目运行的规律和要求把握程度有别，加上对节目创优的态度精神各不相同，所以参评作品参差不齐，水平不一。有的作品思想精深、艺术精湛、制作精良，属于真正的精品佳作，有的作品则粗制滥造，疏于创意。而且，长期以来广东省广播影视奖评选活动中存在的强者愈强、弱者愈弱的"马太效应"现象依然存在。像广东、广州、深圳、中山、珠海、佛山等台作品的质量水平普遍较高，少数地市级媒体以及多数区县级媒体作品的质量水平则普遍较弱。

2. 扎堆现象严重，参评作品分布不平衡

本年度参评作品的扎堆现象主要表现在以下两个方面：一是题材方面扎堆。为庆祝建党百年，各家广电媒体均倾全台之力围绕党的百年风雨历程精心打造不同类型的精品佳作。这样就导致本年度参评作品有关党的题材就非常多。比如广播音乐节目中，广东、广州、深圳、番禺等电台均以歌颂党的交响乐作品作为解读欣赏对象，而且个个恢宏大气，非同凡响，但因为获奖名额有限，评委在评选过程中不得不忍痛割爱。二是参评作品分布不均，每年广播电视新闻专题都在参评作品中占较大比重，本年度依然如此，其中，广播新闻专题总量达24件，占参评作品的四分之一。而广播新闻栏目、广播新闻现场直播、广播对外新闻和广播对港澳台节目三个项目仍因参评作品各不足10件而无法设置一等奖，这不能不说是个遗憾。

3. 对节目的评选规则理解不到位，导致参评作品与节目类型的规定与要求有距离

不同的节目类型有其不同的规定和操作要求。《2021年度广东省广播影视奖评选办法》对此也有明确规定。例如，对广播综艺节目的界定是运用有声语言、音响效果、时空转换等表现手法和广播艺术语言，广泛融合音乐、舞蹈、戏曲、小品、联播、竞赛、游戏等艺术元素，对文学、艺术、文艺演出、真人秀等原始素材进行二度创作，具有较高艺术欣赏性和审美价值。然而，《崭新的境界——经典诗文朗诵会》虽是倾全台之力打造的文化盛宴，但由于主体的艺术形式是诗文朗诵，达不到综艺节目的多元素要求，按综艺节目参评自然不合乎其规定和要求。广播文化节目则要求明确表达一定文化信息，以传播科学文化知识为主要内容，以提升大众审美品位和思想水平为主要功能，具有深刻内涵和品位。但是，一些参评的文化节目无论是选题还是运行路径、风格特征均有似于社教节目中的知识性节目，缺少审美品位和艺术特征。《廉江滨海线路文化古旅》《早听天下之冷门小知识》等均存在这一问题。另外，对连续报道、系列报道和组合报道理解存在偏差；广播电视新闻评论述多评少；将没有任何新闻性的历史故事演绎当作新闻栏目报送；将时长仅3分多钟没有任何深度挖掘的单一事件消息报送广播新闻专题等现象也多有出现。

4. 形式单一，缺少策划，可听性不强

任何一档优秀的广播电视节目在与受众见面前均需要精心策划，都凝结着主创人员的匠心与智慧，因为主题的表达需要主创人员根据不同的媒介特性进行形式设计和结构安排。而且，为了强化视听效果，主创人员还要对节目进行美化与包装，对以单一的声音信号为唯一通道的广播节目而言尤为重要。遗憾的是，这一点在本年度参评的一些作品中没有得到应有的重视。《克奇的博物馆之旅——泉州》应该说是一档颇有文化品位的广播文化节目，有历史的纵深感，

嘉宾克奇不仅表达能力强，反应敏捷，而且对泉州文化了解充分，如数家珍。但是节目整体上缺少设计，形式单一，在近 47 分钟的时间里，主体内容就是在主持人与嘉宾的交流中呈现，仅在开头放置了片头，中间穿插一次片花。这样，节奏感和层次性的不足无疑影响节目的收听效果。广播文化节目《岭南舞者的梦——用舞剧讲好广州故事》虽注意穿插了片头片花，但是嘉宾大段大段的陈述不仅丧失谈话节目的交流感，而且显得形式单一，可听性不强。当然，在一些电视纪录片、专题片中，镜头、景别运用不当，蒙太奇剪辑不流畅，画面单一等现象也时有发生，这里就不具体罗列了。

5. 网络与新媒体作品网络化特征仍有提升空间

本年度参评的网络与新媒体新闻作品在互联网思维的引领下多数具有创新意识，网络化特征明显，但仍有部分作品未能走出传统广播电视节目的运行模式，网络音频作品与传统广播节目形态特征相似，网络综艺节目的呈现效果和传统电视综艺节目相差无几，几乎是传统电视节目的网络化传播。

总之，2021 年度广东广播影视行业在内容生产方面的成果是突出的，在舆论引导方面发挥了重要作用，这一定程度上表明广东广播影视工作者身上拥有一种在新形势下迎难而上、不断进取的奋斗精神。虽然也存在这样那样的问题，但是我们对广东广播影视的未来依然充满美好期待！

（张惠建，广东省广播影视协会会长、高级编辑；申启武，2021 年度广东省广播影视奖广播节目二组评委、暨南大学教授、博士生导师）

优势尚在，继续前行
——2021年度广东省广播影视奖广播新闻一组作品综述

李 键

一、广播新闻一组的复评工作情况

（一）特殊的评选方式和特殊的评选过程

根据广东省广播影视奖评选委员会的安排，2021年广东省广播影视奖广播新闻一组的七位评委对全省各地选送的111件作品进行了认真细致的审听、审看和评选。

与往届相比，这次评选工作有一定的难度，因为采用线上线下相结合的方式进行，全部内容都要与线上评委逐一确认，耗费时间比较长。尽管如此，全体评委依然不辞辛苦，连续工作，认真负责。

（二）一等奖作品及评选的有关情况

每年的广播新闻一等奖奖项都是各广播媒体竞争的焦点，也是评选关注的重点。一等奖作品具有以下三个方面的特点：

1. “创优大户”依然领先

广东台、珠海台、佛山台、东莞台等，作为近年来的全省广播新闻“创优大户”2021年继续保持着强劲的创优势头。

2021年，广播新闻一组评选出来的一等奖作品就有：河源台的广播短消息《赣深高铁正式开通运营　河源进入“高铁时代”　广东实现“市市通高铁”》；东莞台的广播短消息《国内首台中子全散射谱仪成功出束》；广东台的广播长消息《两个人的考场　一群人的守护——新冠隔离病房里的特殊高考侧记》；珠海台的广播长消息《横琴粤澳深度合作区今天正式成立　合作区建设火热开局》；佛山台的广播系列、连续及组合报道《从“寥若晨星”到“繁星满天”——佛山实施人才引领发展战略纪实》。

“创优大户”为何能够依旧领先？究其原因，一是这些送评单位对广播新闻创优高度重视；二是节目制作部门和主创人员对广播新闻创优一直保持着高度的热情。

2. 重大题材依然出彩

2021 年，新冠病毒感染疫情依然肆虐，抗击疫情依然是 2021 年的重大新闻题材，受到各送评单位的高度重视，广播长消息《两个人的考场　一群人的守护——新冠隔离病房里的特殊高考侧记》就是关于这类题材。

2021 年中的一些具有影响力的热点新闻，同样也是具有很高新闻价值的重大题材，广播长消息《横琴粤澳深度合作区今天正式成立　合作区建设火热开局》就是其中之一。《从“寥若晨星”到“繁星满天”——佛山实施人才引领发展战略纪实》虽然可以不归入“重大题材”，但其深刻的社会意义并不亚于重大题材。

3. 不同作品各有亮点

2021 年，广播短消息、广播长消息、广播系列连续及组合报道类别的 5 个一等奖作品各有亮点：

广播短消息《赣深高铁正式开通运营　河源进入“高铁时代”　广东实现“市市通高铁”》不仅讲述了赣深高铁的通车如何结束河源不通高铁的历史，而且还突显了赣深高铁的开通对河源加快步伐全面融入大湾区的深远意义。

广播短消息《国内首台中子全散射谱仪成功出束》介绍了多物理谱仪建设团队在国外工程师受新冠病毒感染疫情影响不能抵达现场安装关键设备的情况下，依靠自己的力量高质量、高精度完成关键设备的安装工作，使国内首台中子全散射谱仪成功出束，表现了中国科技工作者勇于战胜困难、勇攀科技高峰的胆量和气概。

广播长消息《两个人的考场　一群人的守护——新冠隔离病房里的特殊高考侧记》抓住了人民群众关心的社会热点问题，反映出广州在抗击疫情中的科学精准和从容应对，彰显出“人民至上、生命至上”的理念。

广播长消息《横琴粤澳深度合作区今天正式成立　合作区建设火热开局》抓住重要的时间节点，注重每一个新闻细节，通过翔实的描述和丰富的采访，表现横琴粤澳深度合作区相关部门工作的高效有序，令人对合作区的未来发展充满信心。

广播系列、连续及组合报道《从“寥若晨星”到“繁星满天”——佛山实施人才引领发展战略纪实》分别从渴求人才、打造平台、呵护人才以及储备人才四方面展示佛山人才工作成果，从而说明“人才是第一资源”的伟大意义。

这些作品无论是立意、构思，还是采录、制作，都有很多值得学习和借鉴的地方。

二、参评作品情况分析

1. 求新是参评作品的趋向

发现新事物，发掘新题材，选择新角度，运用新手法是新闻报道永恒的目标。在2021年的送评作品中，求新的特点也非常明显。其中给人留下深刻印象的就有：广东台的长消息《快递员、外卖小哥、实习生等8类人员可参加工伤保险　广东出台新政填补灵活就业人员工伤保障空白》，《未来医院来了！全国首家全场景智能医院落户广东》，深圳台的长消息《中国科学家培育出全球第一代通过基因组设计的杂交马铃薯》，佛山台的长消息《粤港澳大湾区现代都市农业综合示范基地落户佛山三水》，东莞台的长消息《东莞4 800余台科研仪器上架“共享设备超市”》，中山台的长消息《港商进军大湾区内地城市　可先到中山找“保姆”》，云浮台的长消息《创新邻里互助模式　打造农村养老“云浮样板”》，高州台的广播系列、连续及组合报道《丁堂村的“四小银行”》。这些“求新”的作品在评选中获奖的等次也相对比较高。

2. 传递正能量是送评作品的主流

肇庆台的长消息《当年你为国效力，如今为你纾忧解困》报道的是肇庆鼎湖区退役军人服务站关怀退役军人的事迹，传递的是一种正能量。《一封感谢信背后的生命“接力”》通过一封感谢信带出一个义务捐献骨髓的故事，很暖心。

云浮台的长消息《教师节：特教老师的别样感动》以教师节为引子，介绍特教老师这个教师队伍中尤其令人尊敬的群体，彰显出可贵的奉献精神。

深圳台的广播系列、连续及组合报道《勇敢的“雨燕”张莹莹》讲述一个残疾人从受人关爱到关爱别人的故事，十分励志。

3. 接地气、有人情味的作品不少

接地气的新闻，人们习惯把它叫作社会新闻，在今年送评的作品中，这类关注社会变化，关心群众生活，反映人民心声的作品不在少数。如：

佛山台送评的短消息《全省首个！老旧小区有了“专业管家”》关注的是老城区改造的问题，反映了对老城区如何跟上城市新发展的一种探索。

中山台送评的短消息《中山鼓励社会力量参与公共文化服务建设，打造一批共享文化馆和共享阅读空间》讲的是如何借助社会力量，改善基层文化设施，丰富市民文化生活，是发展基层文化事业的有益尝试。

肇庆台送评的短消息《蓝塘社区：“大喇叭”耳边响，党史教育入人心》介绍了基层社区如何利用人们熟悉的传统方式，在社区居民中开展党史教育，对在新形势下开展政治思想教育很有指导意义。

番禺台送评的长消息《番禺区已落实“躺平睡”　让学生舒适午休》讲的是许多家庭都关注的小学生午休问题，说明群众生活无小事。

汕头台送评的长消息《汕头：抗旱应急引水工程通水，秋冬春三连旱之后的福音》关注的是当地政府如何克服困难，从根本上解决干旱缺水问题，表明民生大事必须重视。

花都台送评的广播系列、连续及组合报道《回家之路》介绍了基层医院如何既尊重生命，又帮助患者家庭解决困难，让“弃婴”回家，传递着满满的正能量。

中山台送评的广播系列、连续及组合报道《我为群众办实事——中山着力解决群众急难愁盼问题的故事》讲的是基层党委政府从一件件小事入手，将为群众办实事的口号落到实处，展示人民公仆心系人民的情怀。

由此可见，我们广播记者的触角依然没有脱离基层，没有脱离生活，这在现今相对浮夸的行业环境中，是非常难得的。

但我们也注意到一个问题，就是这类作品获奖的等次都不高，究其原因，并不在题材本身，而是这些作品还有很大的提高空间。

4. 有深度、有特色的作品闪现

这类型的作品如肇庆台的广播系列、连续及组合报道《守好中国人的饭碗—— 2021·肇庆粮食生产纪实》。

肇庆是一个农业大市，粮食生产和粮食安全事关重要。这篇作品突出了肇庆如何从土地、种子、人才等方面稳定粮食生产，守好中国人自己的饭碗，很有地方特色。这篇作品有点有面、有人有事，很有说服力，而且讲的都是“今年”的新鲜事，极具新闻性。

5. 不少作品显示出明确的策划意识

新闻不可以策划，但新闻报道是可以策划的，对新闻报道是否有策划，报道的效果截然不同。在 2021 年的送评作品中，有些作品就显示出了策划的优势和效果。

珠海台短消息《歼 - 20，用上了“中国心”!》的采制过程就是一次成功的策划。珠海航展上，中国空军与中国航空工业集团联合举行新闻发布会，宣布歼 - 20 战机用上了国产发动机，这是一个非常有价值的新闻。

汕尾台的长消息《守望海疆铸重器　魂归大海存丹心 ——彭士禄海葬仪式在葫芦岛举行》也是一篇精心策划的报道。彭士禄逝世，海葬仪式因为涉及保密规定，不允许记者随团采访。汕尾台记者通过努力，在海葬仪式当天一边与彭士禄家属保持密切联系，一边与彭士禄生前所在的中核集团保持良好沟通，最终合法取得了中核集团对外可公开的视频资料，并想方设法通过电话采访到了参加海葬仪式的彭士禄家属，形成了独家拥有彭士禄家人录音素材的广播新闻。

6. 县（区）台送评积极性较高，作品质量提高较快

与往年相比，2021 年县（区）台送评稿件的数量明显增多，其中惠东、龙

门、台山、信宜、化州、德庆、增城、番禺、南雄、始兴、电白、怀集、佛冈、花都、高州、连山等十六个县（区）台有作品选送参评，这说明县（区）电台越来越注重创优。

更可喜的是，2021年区县台送评的作品中，被推选为二等奖的作品就有两件：增城台送评的长消息《增城丝苗米航天育种成功》和佛冈台送评的长消息《“幸福积分”撬动农村基层“大治理”》。

三、从送评作品看广播新闻的现状

（一）广播新闻仍然保持较高水平

2021年的送评稿件中，有竞争力的作品不少，只是受限于评选奖项的名额要求未能一一获选，其中有：广州台的短消息《〈民法典〉首案宣判：高空抛物被判赔9万!》，珠海台的短消息《珠海启动外籍人士新冠病毒疫苗预约接种　在珠“巴铁”首针体验感觉良好》，广东台的长消息《快递员、外卖小哥、实习生等8类人员可参加工伤保险　广东出台新政填补灵活就业人员工伤保障空白》，佛山台的长消息《粤港澳大湾区现代都市农业综合示范基地落户佛山三水》，广东台的广播系列、连续及组合报道《广东“十四五”开局亮点》。

此外，还有不少送评稿件的质量都不错，例如：广东台的短消息《广州实现生活垃圾“零填埋”，创三项国内第一》，深圳台的短消息《“港澳药械通”项目全国首个药品在深圳启用!》，揭阳台的短消息《引韩供水工程通水　惠及100多万揭阳民众》，广东台的长消息《未来医院来了！全国首家全场景智能医院落户广东》，深圳台的长消息《我国首条自主研制的新型超导电缆在深圳投运》，深圳台的广播系列、连续及组合报道《勇敢的“雨燕”张莹莹》。

从以上作品可以看出，尽管近年来广播市场的不景气直接影响到广播新闻的生产和发展，但广播新闻工作者在十分艰难的条件下依然没有放弃，继续探索前行，这是值得欣慰的。

（二）存在的问题不可回避

既然我们还是要在广播新闻这条路上走下去，要继续创造出更优秀的作品奉献给听众，有些存在的问题就不能回避，应该引起重视。

总结2021年各台参评的作品，存在的问题有：

1. 没有错误但有硬伤

2021年的参评作品中有原则错误的作品基本没有，但有明显硬伤的作品依然存在。

如《受惠于我国疫情防控得力　广州白云机场客运量首次问鼎全球第一》。机场的客运量受很多因素影响，将防疫措施得力作为客运量问鼎全球第一的原因，这种说法有些片面。这样的命题还会给人以错觉，好像是因为有疫情，白云机场的客运量才问鼎全球第一。

又如《广东省首次！珍稀植物龙虾花在麻陂镇人工栽培成功》。珍稀植物龙虾花对环境的要求很苛刻，惠州市林科所的研究人员曾经多次尝试移植栽培都没有成功。而鸡笼山村村民邓少华执着要自己干，说“我就怕它都灭绝了，我就说不要听那些什么专家，不如我自己亲身经历过，我们自己干”。这句话乍听起来似乎很有担当，很有骨气，但仔细分析，这是不对的，一是对专家的不尊重，二是对科学的不尊重。科学实验遇到失败是很正常的，相信村民邓少华也不例外。所以不能把移植栽培龙虾花不成功的气都撒在研究人员身上。

2. 不像新闻的新闻

一种是将工作报告当作新闻报道，例如短消息《施行地方管理条例　加强村庄规划建设管控》。这明显是一份工作报告，这个地方管理条例已经是当地的第四个地方法规了，不是什么新东西，本来就不是什么新闻。况且，作品只是对法规进行解读，没有与法规实施有关的内容。这样的作品很难和新闻搭上关系。另一种是将成就总结当作新闻报道。“成就总结”是不是新闻？如何将“成就总结”做成新闻？这是我们经常遇到的问题，也很值得我们去研究。

近几年，以“成就总结”作为好新闻送评的作品不少，2021 年也是如此。其中就有：广播系列、连续及组合报道《广东“十四五”开局亮点》，广播系列、连续及组合报道《这五年》，广播系列、连续及组合报道《云浮，创建美丽圩镇　推进乡村振兴》。

既然是新闻奖，首先考虑的应该是新闻性，有些“成就总结”类的稿件在这方面明显不足。

3. 不是新闻的新闻

在 2021 年的送评作品中，有一类作品和新闻根本谈不上关系，但往往都被人戴上一顶很大的“帽子”。例如广播系列、连续及组合报道《红色记忆——揭阳市获省、市关工委命名党史国史教育基地展示》，作品通篇讲述的是党史教育基地里介绍的红色故事，并没有什么新闻性，倒像是纪念馆里的解说词。

4. 新闻不新，内容不真

新闻不新，主要表现在题材不新、内容不新、角度不新。例如长消息《新闻特写：远程“云对接”跨洋谈生意》《黄某豪获“附条件不起诉”，佛山“检察＋”机制帮扶涉罪未成年人顺利回归社会》《“广东梅州柚号”空客今日首航！》《中山 10 万户家庭结对异地务工人员过新年》《香港创业青年喜获 500 多亩流转土地　携手村民发展现代农业》。

类似的内容过去已经报道过，有的甚至是多次报道，并不是什么新闻。这些新闻事件有的可能在当地是“第一次”，但作为全省新闻奖的送评作品，就应该从全省的角度去考虑这个新闻到底新在哪里。

在2021年的送评作品中，有的明显缺乏真实性。例如长消息《骄傲！神舟十二号航天员专用太空笔始兴造》讲到，在央视的直播画面中，航天员汤洪波在玩着一支笔，体验失重状态，而汤洪波玩的太空专用笔正是盛怡公司研发制造的。

作者的意图是想以航天员“玩”太空笔这个动作作为新闻眼来引出盛怡公司研发太空笔的过程，这个想法可以理解，不过这个关联太牵强了。盛怡公司研发太空笔，这可能不假，但只凭航天员一个小小的动作，就能判断出是谁生产的？这更像是记者的杜撰。“借题发挥”可以，但也要合情、合理、合逻辑。

5. 以“第一”做新闻

现在，不少新闻作品都喜欢以“第一”“首次”“首个”等来强调新闻的“新”，以此吸引受众，有的甚至随意冠以“全国首个”“全省第一”等，而这些所谓的“第一”，有的根本无法求证，有的根本就不可能有“第二”。这种情况在我们的送评作品中也有存在，例如短消息《全省首宗地理标志质押融资签约　新会陈皮企业拟获贷超6亿元创全国新高》。这种用地标作抵押的做法，在其他地方有可能复制吗？

又如长消息《全省首例一级公路双连拱变截面隧道　连平内莞隧道今天全线贯通》。“双连拱变截面隧道”是根据特殊的地质环境创造出来的，全省一级公路还打算建第二个吗？

还有长消息《广东省首次！珍稀植物龙虾花在麻陂镇人工栽培成功》。龙虾花有很明显的地理特征，而且广东也并没有计划在其他地方开展人工栽培，那为什么非要强调广东省首次呢？

这种肆意强调“首次”“首个”“第一”的做法，不但不能引起听众的关注，甚至还会引起听众的质疑和反感。建议今后类似的作品在送评时，需要提供权威部门关于“首次”“首个”“第一”的认证。

6. 事件挖掘不够深

我们所说的“深”，并不单指新闻作品对新闻事件了解的多少，还包括新闻作品中新闻事件的深层次意义。例如短消息《深圳再添4位院士》，深圳人才荟萃，新增院士不足为怪，但这次新增院士为什么是历次最多，而且多是外籍院士，这才是真正应该关注的地方。

又如短消息《引韩供水工程通水　惠及100多万揭阳民众》，引水工程惠及100多万民众，这是效果，而32公里的引水工程只用了两年多时间就顺利完成了，这是怎么做到的？这说明了什么？这才是新闻的核心。

还有长消息《湛江建立“百所联百会”合作机制　打造法治化营商环境促进民营经济健康发展》，“百所联百会”本来是一种不错的普法、助法形式，但报道里只关注到了相关部门的表态，没有涉及实际效果，而这则新闻的意义并不只是签约和表态。

7. 概念不准，表述不全

在2021年的送评作品中也有一些概念不准确、表述不完整的问题。例如短消息《中国智慧成为世界标准！鼻咽癌联合国际指南发布》，“鼻咽癌联合国际指南”应该是多国专家学者的集体智慧，中国是牵头者，但不能简单地说是中国智慧、世界标准，这样的说法不准确。

又如长消息《红色毛毯的故事，跨越时空的精神路标》，“红色毛毯”是难得的革命历史文物，这是党和人民宝贵的精神财富，不应该被简单视为博物馆的“镇馆之宝”。“精神路标”又是什么概念？不应该随便下这样的定义。

还有短消息《广州实现生活垃圾“零填埋”，创三项国内第一》，这是一篇不错的作品，但有些表述不完整、不确定。作品里面提到广州生活垃圾“零填埋”创三项国内第一，这“三项第一”是哪三项呢？作品里没有说明。作品里说广州垃圾处理“基本达到国际最优”，那是否还没有达到呢？这是不同的概念。

8. 以“开工”作为新闻眼

例如短消息《埃克森美孚惠州乙烯项目启动全面建设》，类似的新闻还有“投产”“庆典”等，2021年的送评作品中有不少这类作品。

如何利用好“开工”这类新闻眼，如何将这类新闻做成好新闻，又如何突出“开工”的意义所在？这是这类送评作品中最薄弱的地方。

9. 贴近性不够

新闻的传播效果好不好，首先是受众能不能听懂。能将难懂的东西说明白，将专业的东西变通俗，这是大众媒体应有的能力。但在我们的新闻中，有些东西却太过专业，晦涩难懂。例如短消息《中国磁浮首个4 000吨双幅转体梁实现“无缝对接”》中“双幅转体梁”是否需要解释一下？

又如长消息《全国首笔“绿色碳链通”业务在TCL科技集团财务有限公司顺利落地》中“绿色碳链通”是什么意思？

这都是一些专业术语，我们广播媒体能不能把它解释成大众语言？

10. 文不对题

文不对题的情况不多，但也有存在。

例如短消息《国内最大埋深、最大水压的海底隧道工程盾构机下井》，标题是盾构机下井，而内文说的是盾构机的刀盘下井，这是两个不同的概念。盾构机的刀盘只是盾构机的一部分，将盾构机刀盘下井说成是盾构机下井，这是明显的以偏概全。

11. 文稿与音频不符

送评作品文字稿与录音稿不匹配的情况久治不愈，虽然这些都是小问题，但也可以看出，有的送评单位和参评者对送评和送评作品不太用心。

（三）从广播新闻奖复评中引发的一点思考

在近年激烈的媒体竞争中，广播新闻虽然也受到了冲击，但在众多媒体中的地位依然不可替代，各台对广播新闻的生产依然高度重视。

从 2021 年的送评作品看，如果要在目前的处境和状态下继续将广播新闻做好，继续守护好广播新闻这块阵地，广播新闻工作者还需要付出更大的努力，还需要有更多的耐心。

好新闻就出自日常，出自生活。我们广播新闻人，无论是主管领导，还是编辑、记者，对待广播新闻还是要做有心人，做用心人。

（李键，2021 年度广东省广播影视奖广播新闻一组组长、广播电视机构退休专家、主任记者）

聚焦时代热点　讲好广东故事
——2021 年度广东省广播影视奖广播新闻二组作品评选综述

马杰颖

2021 年度广东省广播影视奖广播新闻二组负责评审 7 个项目，包括广播新闻栏目、广播新闻评论、广播新闻专题、广播新闻节目编排、广播新闻访谈节目、广播新闻现场直播、广播对外新闻和广播对港澳台节目，参评作品共 94 件。按照《2021 年度广东省广播影视奖评选办法》，经过全体复评评委认真细致的审听审看分头推选和集中逐项逐件作品分析评议，并经终评评委审定，坚持严格标准、突出水平、统筹兼顾等原则，评出获奖作品 55 件，其中一等奖 4 件、二等奖 17 件、三等奖 34 件。一等奖作品分布在广播新闻评论、广播新闻专题、广播新闻节目编排、广播新闻访谈节目项目各 1 件；广播新闻栏目、广播新闻现场直播、广播对外新闻和广播对港澳台节目项目因参评作品较少，不设一等奖。

一、亮点

整体而言，本次的获奖作品选题覆盖面广，重点关注 2021 年度重大新闻事件和社会经济民生热点、难点，重视对新闻热点的深度挖掘，展现出相当的思想深度和人文温度；同时获奖作品精心策划，在大主题中寻求小切口，巧用声音元素突出广播特点，用真实生动、丰富饱满的细节和细腻鲜活的表达方式讲好广东故事。

1. 聚焦重大主题，关注社会民生热点、难点

重大主题、社会民生热点是众所关注的焦点，也成为广播新闻深度报道创优选题的重点。

2021 年是中国共产党百年华诞。一百年来，中国共产党团结带领中国人民，以“为有牺牲多壮志，敢教日月换新天”的大无畏气概，书写了中华民族几千年历史上最恢宏的史诗。对建党百年主题，各台均全力投入，以各种广播体裁进行了高热度的报道。广东台联合全国九省市台在 7 月 1 日当天推出的广播新闻现场直播《精神，照亮百年的灯塔》，以浓墨重彩回顾了中国共产党人的精神历程，讲述了中华儿女在党的领导下，如何延续精神血脉，在实践中传承红色基因。中山台的《7 月 1 日中山广播新闻（晚间）》、深圳台的《898 晚新闻》和

梅州台的《2021 年 7 月 1 日 948 最新闻（隆重庆祝中国共产党成立 100 周年）》等三辑广播新闻节目编排均集中于庆祝党的百年华诞主题，从国家层面的庆典，到当地各界的庆祝活动，充分体现了干部群众红心向党、永葆初心使命的理想信念和坚定信心。广州台的广播新闻专题《铭记！铭记!》、南雄台的《穿越八十七载！走进〈当红军歌〉的“前世今生”》和梅州台的《客家红色基因　代代薪火相传》等广播新闻访谈节目，通过具体的人物和故事，传颂党的光辉历史，表达人民群众对党的热爱深情。

2021 年是我国历史性地解决绝对贫困问题后的第一年。要推动实现农村更富裕、生活更幸福、乡村更美丽，那就要在巩固拓展脱贫攻坚成果的基础上扎实推进乡村振兴。佛山台的广播新闻访谈《“葡萄胜哥”的故事——访省乡村振兴先进一线工作者何文胜》讲述主人公放弃建筑业高收入，回家乡带领村民建设美丽村居、种植葡萄、直播带货，成功走出一条生态美、农业强、农民富的乡村振兴之路的感人故事。高州台的广播新闻专题《阮传孟：扶贫队长再出发　踏上乡村振兴新征程》和潮州台的广播新闻专题《励志脱贫　狮峰蜕变——记“全国脱贫攻坚先进个人”李统伟》介绍的也是基层乡村干部以党建引领在脱贫致富和乡村振兴进程中发挥重要作用的故事。

2021 年 5 月下旬，国内首起新冠病毒德尔塔变异株正面突袭广州。其间的高考正值广州本轮疫情防控的关键时期，而高考又是中国社会生活中的一件大事。广州台的广播新闻栏目《新闻在线》在 6 月 7 日当天推出《疫情下的广州高考首日》特别版面，站在疫情防控报道第一线，把话筒对准“白衣战士”、护考警察和出租车司机，及时传递在各方努力保障下所有考生如期参加高考的信息。在成功击退病毒后，广州台又及时推出广播新闻访谈《了不起的青春——访广州广电城市服务战“疫”先锋队队员》，深度挖掘青年党员和入党积极分子等战“疫”典型冲锋在前的故事，向党致以青春的礼赞，反映青年力量和担当。广东台的广播新闻专题《芳村重燃生机，每个人都是英雄》则以小见大、以点带面，平实中充满人文关怀温情。

在全球疫情形势复杂严峻、世界经济复苏依然困难的背景下，因新冠病毒感染疫情暂停了三届线下举办之后，第 130 届广交会恢复线下办展具有重要的里程碑意义。在第 130 届广交会开展首日，广州台的广播新闻节目编排《2021 年 10 月 15 日新闻早报》聚焦广交会恢复线下办展并首次线上线下同时进行这一新鲜热点，关注疫情影响令进出口行业困难重重等焦点，邀请专家对广交会线下重启的历史意义进行深度解读。广州台的广播新闻现场直播《开放共享　逆势启航——第 130 届广交会大型全景式现场直播》以第一时间、第一现场，带领听众近距离感受中国经济脉搏和广交会的再度逆势起航以及安全有序、创新高效、精彩纷呈的盛会形象。

新形势下做好横琴粤澳深度合作区开发开放，是深入实施《粤港澳大湾区发展规划纲要》的重点举措。珠海台的广播新闻节目编排《2021年9月6日珠海晚新闻》在横琴粤澳深度合作区建设总体方案公布后及时推出，主题重大，新闻性强；内容充实，条理清晰，既大篇幅地介绍了方案的实施范围、发展目标、重要性，又多方采访了澳门特区政府和包括已在横琴的澳人在内的各方反响，反映横琴口岸为两地发展增添新动力；充分运用录音采访、现场电话连线等方式，发挥广播声音优势，体现新闻现场感，让报道更显贴近性、更具可听性。随后，珠海台又跟进推出广播新闻专题《湾区大视野——横琴粤澳深度合作区管理机构正式揭牌》等有分量的深度报道。

各台的广播新闻深度报道还密切关注社会民生热点、难点，并积极推动问题的解决。

"围村收费"问题由来已久，特别是在珠三角多地存在且群众反映强烈。广东台的广播新闻评论《"围村收费"岂能"一围了之"?》聚焦这一热点，在节目中曝光多地城中村非法围蔽公路、违规收费的乱象，剖析"围村收费"的历史成因、存在问题的症结，站在社会治理新格局的高度，指出"围村收费"是解决城中村停车难、停车乱的一种探索，但"一围了之"也带来新的问题，不利于外来人口融入社会和社会公平。该评论发挥媒体舆论监督作用，努力促进问题解决，推动城中村合法规范实施物业管理，为倡导文明出行发挥了积极作用。

网络治理是当前社会热点。随着社会发展和科技进步，微信群成为很多人工作和日常生活必不可少的沟通工具。"群主担责"这一新闻事件社会关注度甚高，广州台的广播新闻评论《"群主担责"为网络厘清法律边界》从这一与人民群众直接相关的本土具体事例出发，聚焦网络社群生态，新闻性、贴近性和现实性强；作品结合典型案例，立足保护人民群众利益，提醒网民自觉自醒，有较强的社会教育和舆论引导力。

2. 精策划，善提炼，巧制作，唱响主旋律，讲好广东故事

优秀的新闻作品特别是深度报道离不开精心的选题、精巧的策划和精良的制作。如何在重大主题和社会热点报道创优中突围而出呢？对于地方广播新闻媒体来说，还是要扬长避短，以小切口反映大主题，以小人物折射大时代，特别是从本土独特资源选取事例切入，通过精心细致的提炼制作，巧妙运用声音元素，以小见大，以点见面，以特扬优，让宏大的主题通过熟悉的人、事和鲜活的语言与受众在心理上拉近距离并产生共鸣。

2021年中国先后成功发射了神舟十二、十三号载人飞船，航天热一波连着一波。航天员在太空中需要多种生活用品，这些物件虽小，但也是中国航天事业迈向星辰大海不可或缺的一部分。挖掘到伴随着航天乘组一并进入太空的全

球第一款太空微波炉和连续13次进入太空的压缩袋系列产品是由中山民营企业设计制造的，中山台就独辟蹊径，对相关产品的主要研发者和工程师进行深入采访，推出广播新闻访谈节目《了不起的贡献——中山企业为中国航天事业服务的故事》介绍这些产品发挥的作用和研发制作的难度及创新点，客观、生动地讲述一线研发人员夜以继日技术攻关、企业经营者不求回报、产品效能精益求精的故事。作品选题重大，又富有本土特色；以小切口展现了大主题，更满足了受众对航天生活的好奇与关注。节目故事性强，且巧妙地把专业内容通俗化；且制作精良，主持人串联得当，特别是几段精心制作的片花起到画龙点睛、提纲挈领、承上启下的作用。

2021年中国体育健儿在东京奥运会上取得骄人成绩，广东籍短跑运动员苏炳添在奥运后成为举国瞩目的热点新闻人物，相关报道早已铺天盖地。当苏炳添参加奥运后回到广州，怎样的采访报道才能出新出彩呢？广州台的广播新闻专题《我的人生不设限——苏炳添》精心策划，跳出体育人物报道的常规套路和奥运比赛的框架，从苏炳添在广州参加校园分享活动入手，在现场采访和广泛收集资料的基础上提炼突出其从体育比赛到人生赛道都“不设限”的主题，立意新颖而高远。作品在素材选用和谋篇布局上，紧紧围绕“不设限”这个主题立意，以三个相互关联的篇章回顾苏炳添体育生涯的三个重要阶段，立体生动地呈现其不屈不挠、不断挑战突破自我的正面形象，内涵深刻，故事性强。作品音效丰富，有机融入大量苏炳添的采访录音、演讲录音等声音元素，特别是版头、版尾和三段片花精选苏炳添的话音与奥运比赛现场声穿插，使听者产生强烈的现场代入感，可听性、感染力强。节目平易中承载着厚重的思想内涵，对激励新时代青少年奋勇追梦有润物细无声的教化引导作用。

赣深高铁开通后，广东实现所有地级市通高铁的目标。本次评选有多件作品关注到这一重大题材，其中，惠州台的广播新闻节目编排《100晚新闻》（2021年12月10日）站位高且有特色。作品的开篇和结尾前后呼应，点明“湾区连苏区”“赣闽粤原中央苏区迎来了新的发展机遇”，提升了作品的高度。具体内容报道的切入口，则立足于惠州是赣深高铁的重要连接点，有很多在惠工作的江西老苏区人，也有大量期盼实现深惠之间日通勤的打工者，赣深高铁建设五年吸引着很多人持续关注……精心策划组织编排特别版面，以丰富的广播手段全面呈现赣深高铁开通的重要意义。特别是其中以“从1到10数说赣深高铁”为线索报道赣深高铁建设历程和对经济民生的促进，逻辑清晰，把庞杂散乱的内容整合成鲜活生动易记的背景链；“心愿清单”集纳市民、听众的留言，改变传统“我说你听”的单向传播，让新闻联播式的作品也能与听众产生一定的互动。

抗疫重大主题报道如何做出新意，广州台的广播新闻访谈节目《了不起的青春——访广州广电城市服务战“疫”先锋队队员》就颇有特点。这档节目选取 90 后、00 后的青年战“疫”典型作为访谈重点，以小见大、由近及远，通过队员不同的成长背景、不同的战“疫”岗位带来不同的体会感受，以及在战“疫”中建立起对党更深的理解和与人民建立更深厚的情感，展现青年一代“强国有我，请党放心”的责任担当。节目新闻性强，抓住击退病毒全面解封“新鲜滚热辣”的时机展开细致深入的访谈，访谈对象的感想和话语真实自然，情绪表达恰到好处，令节目更加具有真实的力量。节目内容立体丰满，声音元素丰富，表现形式生动，采访录音与访谈穿插得当，“神秘嘉宾”等环节设计体现了精妙的策划，专家对青春战“疫”的解读更挖掘了节目的深度。主持人把控力强，节目节奏起伏有致，情感交流充沛自然。

大力报道党和政府践行以人民为中心的发展思想，为人民办实事解决重大民生问题，是主流媒体的责任。这类报道如何做到常报常新，创作出可听性和感染力强的作品，是需要下功夫去精心策划、采制的。韶关台的广播新闻专题《从一件议案到一部法规 ——25 年持续推动 130 万人终圆“南水梦”》从本土民生事例切入，以人民群众期盼的南水水库供水工程正式通水为播出契机，生动反映党和政府、人大为人民办实事的重大主题。作者新闻触角敏锐，努力践行“四力”要求，坚持长期跟踪关注项目进展，多次深入施工现场、市民群众中扎实采访，还找到 25 年前的采访录音，在积累了大量新闻素材的基础上精心提炼选材，从不同层面、不同角度真实还原供水工程从立项到推进建设，再到建成通水一波三折的过程，立体式展现“南水梦”背后的故事。该作品听来颇有吸引力，更在于其布局谋篇精妙，结构紧凑，脉络清晰；同时音效运用得当，真实动人的现场采访、现场音响等丰富的音效与翔实生动的细节素材有机组合，精心制作，远近结合，让听众犹如身临历史事件发生的场景，同频共振，感染力强。

随着社会老龄化进程加快，老年人心理健康问题日益凸显。中山台的广播新闻专题《我明白你的心事——中山老年人心理关爱行动纪实》富有情感和温度。作品通过真实记录中山老年人心理关爱行动来引导社会对长者的关注；结构严谨，脉络清晰，通过三个层次、多个故事，对老年人心理健康状况包括现状、解决问题的办法和未来发展方向等进行剖析，层层递进，娓娓道来；故事挖掘到位，音效丰富、生动、自然，以微观视角引发深度共情，以饱满细节直抵人心；制作精良，每节故事运用小版头穿插，故事选取不同的衬底音乐，一下子就烘托出了气氛，抓住听众的耳朵。

二、问题

综观本次广播新闻二组的参评作品，仍有一些老生常谈的问题值得注意。

（1）各台选送作品数量和质量参差不齐，极不均衡。几个历年均比较重视创优的省、市台送评量足且能保持较高水平，但也有些地市台参评积极性不高，作品冲击力、竞争力不强。

（2）各项目参评作品数量也不均衡。广播新闻专题总量达24件，占参评作品的四分之一。而广播新闻栏目、广播新闻现场直播、广播对外新闻和广播对港澳台节目三个项目仍因参评作品各不足10件而未能设一等奖。

（3）作品“投错篮”报送项目错误的问题仍然出现。比如，将没有任何新闻性仅为历史故事演绎的栏目报送至广播新闻栏目，将时长仅3分多钟没有任何深度挖掘的单一事件消息报送至广播新闻专题项目。

（4）部分作品结构不清晰，没有细节挖掘，欠缺广播特色，可听性不强。

（5）作品播报差错和文稿字词错漏等问题仍然存在。

（马杰颖，2021年度广东省广播影视奖广播新闻二组组长、广播电视机构退休专家、高级编辑）

努力奋斗的人一直在路上
——2021 年度广东省广播影视奖广播节目一组综述

赵随意

今年广播节目一组的节目面貌与过去大不同，首先是节目的项目发生了根本改变，由过去（2017 年度）七个项目“广播公众性节目、广播对象性节目、广播社教栏目、广播知识性节目、广播少儿节目、广播新形态节目、广播公益广告”变为现在的四个项目“广播栏目、广播社教性节目、广播少儿节目、广播文学与戏曲节目”，规模大大缩减，过去广播辉煌耀眼的时代已成历史。虽说本届节目规模和数量已大不同于以前，但是，节目质量可以说一点都没有粗制滥造和鱼目混珠，正如题目所言“努力奋斗的人一直在路上”，这使我感慨不已和备受鼓舞。我对今年广播节目一组作品情况进行概括介绍：全省总送评 71 件作品（2017 年度 94 件），评出一等奖 4 件、二等奖 12 件、三等奖 26 件，有 29 件作品被淘汰，获奖比例为 60%。这些获奖作品的特点为：一是题材重大，主题鲜明。作品能与党和国家的发展紧密结合，如与庆祝中国共产党成立 100 周年、高质量发展、乡村振兴、粤港澳大湾区、生态文明建设、共同富裕等重大主题结合，在主题宣传上不失位，主动积极配合，体现了主流媒体的责任和担当。二是深入基层，贴近一线。所有节目都是来自百姓生活的点滴，下沉式的采访反映了基层奋斗者的精神面貌，彰显了人民群众实实在在的获得感、幸福感、安全感，许多获奖作品展现了接地气、带露珠、有温度的优秀朴实气质。三是精益求精，一丝不苟。广播人的优良传统及职业奉献精神均已被完全继承并发扬光大，对作品全神贯注、精益求精的那股劲全部体现在作品里，从题材的抓取和提炼、结构的策划和布局、节目的采访和编辑、作品的制作和传播，均体现了当代广播人一丝不苟的职业精神状态。我就本届广播节目一组评奖情况从四个方面做归纳总结。

一、牢记“国之大者”，坚守初心使命，把党和国家的声音传播到千家万户

本届广播节目一组的广播栏目共送了 14 件作品，有 7 件作品获奖，一等奖 1 件、二等奖 2 件、三等奖 4 件，淘汰 7 件。从送评作品门类来看，有知识类、教育类、财经类、少儿类、心理类、军事类、美食类、文体类等，涵盖面非常

广。获奖栏目作品有三个特点：一是各台均能将年度排名前列的栏目推介到省里评奖，这些栏目在听众中都有着较好的基础，主导栏目的主持人和采编人员在当地也均有一定的影响。二是栏目均有明确的定位和职能，在报道社会热点和敏感事件中发挥着重要作用，在服务国家战略、普及科学知识、传播主流价值等方面作出了一定贡献。三是这些栏目在日常播出中能保持这样的质量，是我们评委较为欣慰的，无论是题材的规划和体裁的选择，还是结构的布局和嘉宾的邀请，以及每期节目的整体策划和采编播的执行力，均能保证高质量播出，这非常难能可贵。

广播栏目获得一等奖的作品是深圳广播电影电视集团制作的《从深圳出发》栏目，该作品立足深圳、走向全国，有特点、有特色、有个性，两期内容都不错。《从深圳出发》作为一档开播13年的日播栏目，以深圳人健康旅游生活为切入口，广泛关注社会经济文化的方方面面，关注人民幸福生活，为听众提供专业、权威的出行资讯，历年来访谈旅游行业从业者、旅游爱好者近2 500人次。《远山音乐教室捐赠公益活动》携手多方发起了社会捐赠活动，通过捐赠乐器、开展在线爱心音乐课等方式助力提升山区的艺术教育水平，将爱心企业捐赠的尤克里里通过公益志愿者送到了四川大凉山德昌县金沙傈僳族乡中心完全小学。栏目以音视频同步直播的方式介绍了这次活动，有着极强的社会热点导向。《聊聊深圳梅沙自然观察年》是一期关注生态环境的节目，紧紧围绕生态环境建设这一主题，激发公众认识生物多样性、感受自然保护生态的热情，通过介绍“深圳梅沙自然观察大挑战”活动，鼓励市民发现和记录深圳梅沙片区丰富多样的动植物物种，用实际行动关注和参与生物多样性保护。

这次获奖的优秀栏目还有广东广播电视台出品的《心情咖啡馆》和东莞广播电视台的《老师来啦》，以及广州市广播电视台的《大驾光霖》、珠海广播电视台的《快乐童声》、鹤山广播电视台的《强哥讲故事》等。这些作品都以最佳的年度收听影响力赢得了听众们的好评，同时也得到了评委们的认可，在此向他们表示祝贺！

关于淘汰作品存在的问题：一是有个别栏目在本台或者在本频率收听影响排名十几位，在本台连收听影响前三名都不是，送评全省广播栏目评奖是不实际和不严肃的。二是作品的严谨度不高，与国家相关政策规定不符，比如要求不许在中文节目中混入英文语气词播出、不许将中国经典成语谐音化泛用，但还是有出现类似现象。三是广播栏目报送不规范的情况较多，没有按文件规定“连续两个月各一件作品”要求报送，而是按上半年和下半年各一件送评，有的栏目存在没有收听率调查数据和排名等现象。

二、坚持“内容为王，精品之上”的发展理念，是广播人永远不懈的追求

本届广播社教性节目总共送评 23 件，有 14 件作品获奖，一等奖 1 件、二等奖 4 件、三等奖 9 件，淘汰 9 件。现在的广播社教性节目是将过去的公众性、对象性、知识性、新形态四大类作品合而为一，体现公众性和知识性这两种形态的作品最为突出也最多。本次广播社教性节目呈现出三大特点：一是题材显著，社教传播价值高。有庆祝中国共产党成立 100 周年、粤港澳大湾区、乡村振兴、防灾救灾、科学生活、历史追溯等题材，有一定的显著度和关注度，对社会教育意义重大，均有着极高的社会传播价值。二是体裁广泛，细致策划听觉好。有专题式、专访类、直播类、录播类等，体裁多样，每件作品的策划文案细致，结构布局精细，获奖作品均有很强的可听性，音频听觉感受好。三是用心制作，一丝不苟力求精品。广播社教性节目是广播人的传统节目门类，历史沉淀深厚，从业者积累了丰富的制作经验。无论策划还是制作，采访还是文案，剪辑还是合成，编辑还是传播，获奖作品均将这些沉淀和积累发挥到了极致。

获得广播社教性节目一等奖作品是《我的外公王明健》，由韶关广播电视台制作。该作品是庆祝中国共产党成立 100 周年的系列广播节目之一，主题鲜明、内容丰富、层次清晰、催人奋进，可听性强。作品通过抖音博主黄尔加讲述了一位特殊的老人隐姓埋名、克勤克俭、舍生忘死的一生。借助抖音短视频和广播声音产品的跨界融合，作品让更多人了解了黄尔加外公平淡却伟大的一生。作品音响丰富，既有抖音短视频的录音，又有后期采访的同期声；既有王明健老人生前接受采访时的录音，又有王家儿女保存的老人真实生活中的讲话声音。节目中的不少实例甚至是第一次出现在媒体视野里。主创和播音员过去曾多次采访过王明健本人，因而在播讲过程中情真意切、言之有物，情绪的调动和情景再现的表达都非常积极。后期的节目配乐更是用心烘托氛围，整体的情绪渲染恰到好处。

本届广播社教性节目优秀作品还有广东广播电视台制作的《小脚丫的梦想之城》、深圳广播电影电视集团制作的《“延安，延安，我是东江”——东纵首部电台与香港的不解之缘》、河源广播电视台制作的《心怀阳光向前——关注青少年抑郁症》、肇庆市广播电视台制作的《不负青山——献给中国第一个自然保护区建立 65 周年》等，这些作品在宣传上都发挥了积极作用，做到了是党和政府的好助手，也是人民群众的好帮手，对百姓群众有引导、有解惑、有帮助、有收获。

被淘汰作品存在的问题：一是将新闻消息类作品误送到社教性节目。新闻消息时效性强，社教性节目时效性不是关键，而热点性与敏感点才是关键；新

闻消息时长短，而社教性节目时间长；新闻信息不配音乐，而社教性节目一般都配有音乐；社教性节目特点是热点性、知识性、教育性、敏感性。二是个别作品立意混乱，前后矛盾。节目的立意要准确，一定不要形成自我矛盾。如将孙中山与中国共产党成立100周年相提并论就不妥；《永不消逝的电波》中电波传送与黑胶唱片完全不是一个定义；在介绍孙中山后播出歌曲《没有共产党就没有新中国》也不适宜等问题。三是广播是听觉感受作品，好听是关键。一些作品播音和主持声音不佳，甚至达不到国家标准；有的作品借用艺术手段和形式表达，但艺术水准不专业、水平低；有的作品合成质量很差，音量（电平）信号忽大忽小不一致。

三、小形态、小切口、小人物，反映出大题材、大意义、大未来，强调对象性、体验感、沉浸式、场景化成为时尚

广播少儿节目是传统项目，是原广播专题七项仅存的一个，该项目的重要性不敢小觑。本次广播少儿节目送评21件，有13件作品获奖，其中一等奖1件、二等奖4件、三等奖8件，淘汰8件。本次广播少儿节目整体质量很好，竞争十分激烈，评委们讨论时间最长。作品大致有四个特点：一是题材把握上能与当下热点和敏感事件相结合。二是形式表现上灵活生动而且具有创新意识。三是策划制作上科学严谨、精心打造的作品都恰似精品。四是放大传播上除传统广播以外更注重移动互联网的传播。

本次广播少儿节目获得一等奖的作品是《神奇侦探队——我是反诈小能手》，由惠州广播电视台制作。今年的儿童节目水平普遍较高，绝大多数单位基本能够优中选优。惠州台选送的"反诈骗"主题节目让人耳目一新，注意到了儿童节目切忌小朋友大人化、儿童语言成人化等现象。这期节目从购买游戏皮肤、明星粉丝群等可能发生诈骗的情景出发，利用小朋友们熟悉的表达方式、语言习惯等让他们更容易接受。真正做给孩子的节目，必然童趣盎然，轻松幽默。该作品整体音频质量较高，故事生动活泼，情节设计巧妙，情绪过渡自然，音频内还包含了答题等互动环节，内容结构清晰且不同部分之间衔接流畅，为节目增添了趣味性与创新性。节目结构严谨，展现出与儿童有关的多个诈骗情景及社交媒体等场景，节目内容偏向与听众特点高度匹配，故事、歌曲与答题等表现形式也与儿童接受信息的习惯贴合，能让儿童在听故事的同时了解常见的诈骗套路以及遇到诈骗情况时的正确做法，寓教于乐，符合广播少儿节目的特点。

这次广播少儿节目还有一批优秀作品，如广东广播电视台制作的《童心向党》、深圳广播电影电视集团的《快乐反斗星——宇航员出舱到底有多难?》、韶关广播电视台的《来自韶关的中国智造》、中山广播电视台的《闪闪的红星》

等，这些作品从主题到体裁都与时代紧密结合，引导主流价值观，传播积极向上的励志精神，为少儿健康成长注入了必要的精神食粮。

本次广播少儿节目淘汰作品的问题：一是少儿节目成人化现象依然存在，这是一个老话题，每年都有专家提醒，但是每年照样有作品犯这个错误，最大的原因就是成人在做少儿节目经常会不自觉地将成人化思维和语言放入作品中。二是个别作品过于说教，方式生硬，缺乏少儿天真活泼的特性，由孩子们朗读英雄人物事迹并不是一种好的方法，自然感很差，接受感也不强，甚至还会让人反感，能由职业的少儿节目主持人来讲会好一些。三是有极个别节目主题与内容严重不符，如以“红色经典”为节目主题，但节目中第一个提到的是《哈利·波特》，还有《骆驼祥子》，这些都不是红色经典。节目中还说“……很多的愿望，爸爸妈妈总是能够创设各种条件来帮助我们完成，所以，我们真的是好幸福”，这种观点也与主流价值观不合。

四、“满园春色关不住”盛况美不胜收让人鼓掌，“小荷才露尖尖角”佳作玲珑剔透让人叫绝

这次的广播文学与戏曲节目是今年新增项目，大家的送评积极性还是很高的，总送评 13 件作品，其中 8 件作品获奖，一等奖 1 件、二等奖 2 件、三等奖 5 件，淘汰 5 件。此项目推出后全省播出机构非常重视，报送了一大批优秀作品，呈现出三大特点：一是让人鼓掌，五年来第一次评这项奖，能有如此之多的作品参与评奖，说明在一线这种形态的作品是常态，使我们对“广播人一直在路上”确信无疑，所以，这种喜人之盛况让人鼓掌。二是让人点赞，参评作品均是精品中之精品，“喜新不厌旧”是文艺作品的一大特性，除反映新文艺作品之外，采用文艺经典作品“一枝红杏出墙来”映衬现实主义会有奇特功效，所以，这种融合之思路让人点赞。三是让人叫绝，该类作品的制作体现了“高精尖”水平，广播节目一组四个项目制作水平最高者还数广播文学与戏曲节目，从选材到采访、从文案到录制、从播音到合成、从制作到传播，每一个工序都融入了精益求精、细致打磨的工匠精神，所以感人之佳作让人叫绝。

这届广播文学与戏曲节目获得一等奖的作品是长篇音乐广播小说连播《赛龙夺锦》，由广东广播电视台制作。这是近年来我省少见的优秀广播长篇小说作品。作品在演播的技巧、水平上巧用心思，为配合广播小说的演播单独创作岭南音乐。一部优秀的广播小说不仅仅是演播者的二度创作，还感受到了作家的二度创作与演播者声音适配的创新。该作品在内容上突破了传统广播节目的限制，在形式上具有艺术性的创新突破，整体作品倾注了对岭南文化等重大主题的叩问与感悟。这个创新的广播作品除在传统广播平台播出，还积极在移动互联网新媒体平台传播。在语言表达上，注意突出作品的地域性和接近性，在配

乐方面还特别注意结合广东音乐的旋律特色，让语言与音乐和谐统一。在人物语言的创作中，揉入少许“乡音”——粤语，让作品更具有地方风味。作品的主要配乐都是原创的，是根据故事情节专门创作的，体验感、亲切感、沉浸感大大增强。作品可听性强，故事引人入胜，时代大背景下人物跌宕起伏的命运与一曲曲经典名曲交织在一起，形成春风化雨的温柔冲击力。

在本次广播文学与戏曲节目评奖中，广州市广播电视台制作的《粤剧里的中国——粤剧“刑场上的婚礼”》、佛山人民广播电台的《浩然正气〈将军令〉——大型功夫粤剧〈将军令〉赏析》、深圳广播电影电视集团的《用电影科技让粤剧焕发时代光彩——国内首部4K全景声戏曲电影〈白蛇传·情〉的创新实践》等作品获得评委们一致好评，所选文艺精品都是经典之作，在广大群众中有着极好的口碑和传播基础，广播人通过自身的努力使这些经典之作有了更新的解读和欣赏视角，让人民群众领略了在新时代风采依旧且更加绽放光彩的文艺经典。

广播文艺与戏曲节目被淘汰作品的问题：一是获奖作品名额有限，只能是8件作品获奖，淘汰4件作品是必须的，所以淘汰的作品未必就是有问题，这是规则带来的，望能理解，希望大家继续努力把基数做大。二是还有不符合规定的作品，如“长篇连播规定报送2集”，可是还有播出机构只报送1集。还有作品《情动岭南　粤剧正青春》是讲粤剧的内容，但节目开头部分是谈其他剧种，文不对题。三是有些作品画蛇添足，将节目片头前和片尾后广告一起报送，文件规定“参评作品不完整，删除片头、片尾、片花、广告等内容”这里表述的广告是指节目内的插播广告不能删除，需要保持节目完整性，而非片头前和片尾后的广告。

五、结语

百年广播记录着广播人探索的艰辛、成功的甜蜜、辉煌的业绩、沉寂的萧条。世代广播人怀着一颗忠诚真挚之心为广播事业的发展奋发图强。相信新时代的广播人也一定会初心不改，使命在肩，潜心砺剑，逐梦前行。广播的未来就像看得见远处桅杆尖头的航船、东方光芒四射喷薄欲出的一轮朝日、快要成熟了的一个婴儿。让广播人牢牢把握历史主流，创造新的历史伟业。所以，努力奋斗的广播人一直在路上！

（赵随意，2021年度广东省广播影视奖广播节目一组组长、广东省广播影视协会副会长、高级编辑）

坚持“本手”之正 创造“妙手”之新
——2021 年度广东省广播影视奖广播节目二组作品评选综述

范千良

2022 年高考试卷有道作文题是这样的：“‘本手、妙手、俗手’是围棋的三个术语。本手是指合乎棋理的正规下法；妙手是指出人意料的精妙下法；俗手是指貌似合理，而从全局看通常会受损的下法。对于初学者而言，应该从本手开始，本手的功夫扎实了，棋力才会提高。一些初学者热衷于追求妙手，而忽视更为常用的本手。本手是基础，妙手是创造。一般来说，对本手理解深刻，才可能出现妙手；否则，难免下出俗手，水平也不易提升。以上材料对我们颇具启示意义。请结合材料写一篇文章，体现你的感悟与思考。”看见这道题时，2021 年度广东省广播影视奖正在复评期间，不由得就想起我们广播电视节目的守正创新。同时，也使我生发了对广播节目二组作品评选的感悟与思考。

一、广播节目二组的作品概况和“本手”要求

2021 年度广东省广播影视奖广播节目二组评选的是广播综艺节目、广播文化节目、广播音乐节目和广播剧四个类别的作品。共有作品 67 件，其中广播综艺节目 9 件，广播文化节目 23 件，广播音乐节目 20 件，广播剧 15 件。最终有 40 件作品获奖，获奖率大约 60%，其中一等奖 3 件，二等奖 13 件，三等奖 24 件。

广播节目的“本手”当然首先是广播，最基本的要求是声音的艺术。在此前提下，不同的节目还有不同的要求。《2021 年度广东省广播影视奖评选办法》规定了总体评选标准、评选作品基本质量标准和各类别评选标准。广播节目二组四个类别的评选标准分别是：

广播综艺节目——运用有声语言、音响效果、时空转换等表现手法和广播艺术语言，广泛融合音乐、舞蹈、戏曲、小品、联播、竞赛、游戏等艺术元素，对文学、艺术、文艺演出、真人秀等原始素材进行二度创作，具有较高艺术欣赏性和审美价值。

广播文化节目——明确表达一定文化信息，以传播科学文化知识为主要内容，以提升大众审美品位和思想水平为主要功能，具有深刻内涵和品位。

广播音乐节目——以传播音乐内容的节目形态，包含音乐节目、音乐专题、音乐版块、音乐欣赏、音乐人物以及其他形式的音乐作品。以提升大众审美品位和思想水平为主要功能，具有一定内涵和品位。

广播剧——以有声语言、音效、音乐三大手段表现作品内容的广播特有戏剧形式。要求思想健康、艺术性强、制作精细、可听性强。

上述要求，也就是相关广播节目应当坚守的“本手”。“本手”是基础，把这些“本手”功夫做扎实了，才可能创造“妙手”，做出优秀的广播节目作品。

二、获奖作品的共同亮点

综观广播节目二组获奖作品，不难看出它们有这样几个共同亮点：

1. 紧扣重大宣传主题

《2021年度广东省广播影视奖评选办法》总体评选标准第一条就是，以习近平新时代中国特色社会主义思想为指引，坚持以人民为中心，为新时代中国特色社会主义服务；坚持正确的政治方向、舆论导向、价值取向，为党和国家的工作大局服务。广播作为党和政府的主流媒体，无论是什么节目，选题都必须体现出主流媒体的责任与担当。本组评选的作品虽然是文化、文艺类，但是能够获奖的作品对选题的把握都能紧扣重大宣传主题，传播正能量，弘扬主旋律。2021年，最重大的宣传主题就是中国共产党成立100周年。从获奖的40件作品看，体现这一主题的作品有20件，占获奖作品的一半。其中，在获得一等奖的三件作品中，有两件是关于这一主题的，它们分别是：广州台的广播音乐节目《100年前，他们正青春——交响幻想曲〈中国1921〉》和珠海台的广播剧《杨匏安》。

2. 突出广东地域风采

立足广东，讲好广东故事，传播广东文化也是广东各媒体义不容辞的责任。在这方面，文化、文艺类节目更是责无旁贷。在获奖的40件作品中，与广东文化、广东地域或者广东人物相关的多达35件，可谓广味儿十足。如获得广播文化节目一等奖的广东台作品《陶醉·酒香——千年石湾》，讲述的是佛山石湾古镇的陶艺和烧酒的故事；获得广播文化节目二等奖的韶关台作品《美丽韶关之源远流长珠玑巷》，以“珠玑巷人南迁传说”正式入选了民间文学国家级非物质文化遗产代表性项目名录为契机，介绍珠玑巷人南迁的历史文化故事；获得广播音乐节目二等奖的番禺台作品《〈永远的红色——广州起义组曲〉广东音乐赏析》，所赏析的组曲主题是广州起义，所赏析的内容是广东音乐；获得广播剧二等奖的连山台作品《红军喊话》，讲述的是红七军在百色起义后转移的征途上经过连山发生的鲜为人知的故事。

3. 彰显声音艺术特色

广播是声音的艺术，声音是广播最为独特的优势。用声音讲述故事，以声音塑造形象，凭声音给人美感，声音正是广播的魅力所在。而广播节目二组评选的广播综艺节目、广播文化节目、广播音乐节目和广播剧这四个类别的节目都是广播节目中最能彰显声音艺术特色的节目类型。获得奖项的作品都是比较充分地展示了声音艺术的特色。如获得广播综艺节目二等奖的深圳台作品《向火而行》，主题是歌颂消防员。节目涵盖说唱、快板、朗诵、小品等十几种声音表现形式，可听性非常强。受众收听这样的节目，不仅能够了解消防员的不同寻常，还能够得到极好的声音艺术享受。获得广播音乐节目二等奖的中山台作品《乡音传党情　歌声嘹亮心向党》，集中了主持人串讲、咸水歌、相关人物采访录音等丰富的表现形式，特别是一些不同时期、不同形式的咸水歌，使得作品既有历史的厚重感，又有悦耳的可听性。获得广播剧二等奖的广东台作品《向秀丽》，充分运用旁白、配乐、对白、歌曲等声音元素，呈现为抢救国家财产而英勇献身、获得“100位新中国成立以来感动中国人物”等荣誉称号的广东英雄向秀丽的感人故事，用声音艺术塑造了一个形象丰满、画面感极强的向秀丽。

三、获奖作品代表作赏析

下面，我们来看一看几件具有代表意义的获奖作品，赏析这些作品是如何坚持“本手”之正，创造“妙手”之新的。

1.《陶醉·酒香——千年石湾》

文稿节选：

【版头】

旁白：北纬23度，东经113度，坐落着广东佛山的石湾古镇。熊熊窑火，浓浓酒香，千年古风犹存，因为陶和酒是她的灵魂。石湾，“给我一天，还你千年”。《不辞长作岭南人——寻找广东的文化印记》，今天我们赏陶、品酒，来一场“陶醉酒香”之石湾行。

【音乐起，陶笛】【音效：小鸟鸣叫、小狗叫声、自行车叮咚、孩子朗读声、生活杂声等】

旁白：柔柔的晨曦中，古镇渐渐醒来。小镇的人们如他们千百年前的祖先一样，辛勤劳作，生生不息。早上8点，被现代建筑环绕的南风古灶清风徐徐，石湾龙窑营造与烧制技艺项目代表性传承人苏乃灌，又被称作灌叔，像他平日一样，在有着500年历史的龙窑里生起柴火。……只是今日的龙窑烧制，见火不见烟，灌叔自豪地说：

【录音：烧龙窑从来都是烧木材的，很多烟呢！现在经过我和那些工人一起改造以后，烧的时候就没有烟了。这个就要靠科学、靠理论，我们这辈知道燃

烧的原理，（于是）我们在龙窑里面实现了这个过程……】

…………

旁白：曾经那一段风靡海内外的广告词——

【黄霑唱（粤语）：斩料斩料，斩大嚿叉烧啊，油鸡卤味样样都要，斩大嚿叉烧，哇，玉冰烧，玉冰烧，坐低饮杯玉冰烧，玉冰烧。】

旁白：叉烧搭着玉冰烧，成了父辈味蕾记忆中的绝配。……

【音乐转】

旁白：中午11点，柏林艺术馆里，中国工艺美术大师、广东省非物质文化遗产“石湾陶塑技艺”传承人潘柏林，已经在他的工作室专注创作一件《水浒传》里面的人物作品。

【录音：石湾瓦甲天下，说明石湾是最厉害的！……】

旁白：潘大师今年68岁，依然坚持创新创作，激情不断，在工作室带领着一众徒弟精雕细琢。柏林艺术馆展示着他和弟子的300多件精品，向来自世界各地的人们展示石湾陶塑技艺这项古老的民间艺术。

…………

【街道杂声、讨价还价】【小孩玩乐声音】

旁白：选好了便和档主讲价，你来我往，最后达成交易，宾主尽欢。街尾转角处还有玩陶中心，孩子们用泥和水捏出心中所想，艺术的种子悄悄萌芽，陶根深植其中。

【音乐转】

旁白：夕阳西下，落日余晖为有趣的公仔街抹上一层淡淡的金黄。古镇随暮色渐渐褪去白天的热闹，日复一日，徐徐睡去又从晨曦中醒来。人们辛勤劳作，安居乐业。传统与现代，传承与创新，亘古不变与日新月异，每天和谐交织。北纬23度，东经113度，坐落着千年石湾，这里有陶醉，这里有酒香。

作品赏析：

本作品由广东台制作，获得广播文化节目一等奖。作为文化节目，本作品首先是文化韵味十足。熊熊窑火，浓浓酒香，陶和酒是石湾古镇的灵魂。作品紧扣陶和酒做文章，就准确地抓住了最能代表石湾的文化特色。而作品以赏陶、品酒为主线，主持人以旁白的形式引领着听众来了一场“陶醉酒香”的石湾行，达到了“给我一天，还你千年”的穿越。仅从文稿也可以看出，作品音响丰富，多种音效的运用和采访对象的现场音响，充分展现了广播的声音艺术优势，让人感觉仿佛置身现场，展现了广播的魅力。

2.《100 年前，他们正青春——交响幻想曲〈中国 1921〉》

文稿节选：

主持人：用音乐铸魂，为时代发声。为庆祝中国共产党成立一百周年，交响幻想曲《中国 1921》于 2021 年 6 月 30 日在网络直播，这部作品时长 40 分钟，共分为 9 个乐章。由广东籍著名作曲家李海鹰创作，广州交响乐团演奏。在网络播出后，点击率目前仍在不断攀升，成为许多观众尤其是青年观众庆祝“七一”、重温历史的重要方式之一。

出音乐：第一乐章《石破天惊》中段

主持人：交响幻想曲《中国 1921》的切入点很巧妙，作品用独特的音乐语言，描绘了 1921 年前后，北京、上海、武汉、长沙、济南、广州及日本东京、法国巴黎等八地成立中国共产党早期组织，并最终突破重重困扰齐聚上海，召开中国共产党第一次全国代表大会，宣告中国共产党的成立……

出音乐：第一乐章《石破天惊》再现部

广州交响乐团指挥景焕：李老师把整个建党初期的八个地点变为八个乐章，他运用了当地非常有特色的曲调。其实这也是作曲家的高明之处，每个乐章都很有特色，听起来很多都是舞曲的节奏。

…………

出音乐：第五乐章《风起长沙》花鼓戏弦乐拨奏片段

主持人：1920 年秋冬之际的长沙，以毛泽东、何叔衡等新民学会骨干为核心，秘密组建了共产党早期组织。第五章节《风起长沙》用弦乐拨奏出湖南花鼓戏风格主题，活泼而热辣。

…………

出音乐：第七乐章《南国春潮》旱天雷引子

主持人：熟悉的《旱天雷》音乐变奏来了！灵动的复合节奏响起，本地的朋友们熟悉的广东音乐风格形成了第八乐章的基调。1921 年 1 月，陈独秀等在广州重新组建了广州共产党早期组织。

著名作曲家李海鹰：用了很多广东音乐的音调，《旱天雷》《帝女花》《娱乐升平》《平湖秋月》的影子都有在里面，但听起来是个新的东西。

…………

出音乐：第七乐章《南国春潮》高潮部分

主持人：除了北京的京剧旋律、长沙的湖南花鼓戏、广东音乐等中国音乐元素，交响幻想曲《中国 1921》还从世界音乐等元素寻找灵感，运用了复合节奏，这在过去以历史为题材的作品里是很少见的……

作品赏析：

本作品由广州台制作，获得广播音乐节目一等奖。交响幻想曲《中国1921》是著名作曲家李海鹰为庆祝中国共产党建党百年而作，题材重大。节目通过对作曲家李海鹰、广州交响乐团指挥景焕、广州交响乐团团长陈擎等人的采访，经由他们带领听众一起赏析交响幻想曲《中国1921》的一个个精彩片段，既专业权威，又可听性强。节目有主持解说、嘉宾访谈、作品欣赏、人物故事等，声音元素丰富。而且，交响幻想曲《中国1921》6月30日正式上演，本节目7月27日就已经首播，足见制作者的用心。

3.《向火而行》

文稿节选：

杜峰：今天我们邀请听众朋友们通过微信讲述身边的消防故事，展示原创文艺作品，或是推荐一些优秀的消防题材的作品，以此致敬我们这些伟大的消防员。

冬梅：是的，我们这几天收到了大量的声音作品，艺术表现形式多种多样，太丰富了。今天就在节目当中为大家展播。

…………

杜峰：这是微信名叫山河不夜天的张先生，他是做了一个翻唱。

冬梅：是的，他翻唱了什么作品呢？就是我们大家非常喜欢的《野狼disco》消防版。

…………

（听众张先生翻唱《消防disco》）

张先生：不要害怕，消防员守护大家，管它烈火浓烟，还是那建筑垮塌，你就安心睡觉，别怕风吹雨打，勇敢蓝色身影随时出发。不要觉得我很远，随时都在你身边，只要你碰到了危险，我就出现在面前。

…………

杜峰：没错，这么多的作品里头我们听了不少，还有一个作品我印象特别深刻。

冬梅：哪一个、哪一个？

杜峰：就是河南妹子打快板那个。

…………

（听众王小姐快板《消防安全要记牢》）

王小姐：竹板响，登上台，听俺给你说安全。火灾残酷最无情，做好防范是前提。哪些方面要注意？一条一条听仔细。家电着火不要怕，快把电闸先拉下。火警面前不要慌，报警逃生别管啥。小孩玩火要警惕，切莫把火当儿戏。

一家失火殃千邻，危害社会损民利，人人都来讲安全，生活一定更美好，更美好。

…………

杜峰：我们这一次特别节目引发了大家无限的热情，很多听众都在跟我们讲述着一些跟火灾险情有关的故事。

冬梅：是，其中有一位王小姐我印象深刻，她就在微信上和我们讲了她邻居家的故事。

（听众王小姐讲述自己与消防的故事）

王小姐：就发生在我们家隔壁栋，小朋友玩火，大人也没有看住，等到火已经烧起来了，还好是比较小范围，但是也把大人吓了一跳，赶紧报火警。当场我就对我女儿也进行了消防教育，而且她还特别喜欢消防员。

作品赏析：

本作品由深圳台制作，获得广播综艺节目二等奖。作品主题鲜明：歌颂消防员。最有创意的是，在节目策划之时就注意到要利用融媒体广泛发动听众参与。节目组用了一个月时间通过全媒体平台征集到了几百件歌颂消防员的原创声音作品。有如此丰富的声音作品，作品自然具有综艺性和可听性。

4.《红军喊话》

文稿节选：

【远处传来脚步声。】

阿海：好像有人来！（惊惧）是不是红军来了?！保长说见到红军要开枪哪。

水生：（急忙道）我爹说他们是好人哪。

阿海：我们不开枪会被保长问罪的啊，他下手可狠啊！

【说完，阿海胡乱开了两枪。】

【连长带着队伍就在白石关的对面隐蔽。】

连长：听着这枪声不像是正规军，通信员，你来喊个话，别误伤了那些无辜村民。

【通信员拿起喇叭筒喊话。】

通信员：对面的兄弟们，我们是红军，请不要开枪！我们是红军，请不要开枪！我们都是种田人，都是穷苦弟兄，天下农民一家亲呀！我们专打土豪劣绅、贪官污吏的，是穷人自己的队伍。

水生：他们对我们说话呢！（面向阿海）你听见没有?

阿海：（哆嗦着）你别……别怕……我们有……有枪……

【说着，阿海又开了一枪。】

水生：哎呀，你怎么又开枪了？没听到红军给我们喊话吗？

【通信员的喇叭筒响起喊话声。】

通信员：兄弟们，我们红军是要打倒压迫穷人的贪官污吏，打倒欺侮穷人的军队，打倒剥削穷人的乡绅财主，我们红军是穷人的军队，我们不打自己人！弟兄们快回家去吧！

水生：你看，红军根本就不是土匪，我们向他们打枪，他们一枪不还，只是对我们喊话，当我们是自己人咧。我爹说的没错，红军是咱们穷人的队伍。

作品赏析：

本作品由连山台制作，获得广播剧二等奖。作品主题重大，为庆祝中国共产党成立100周年而特别制作。选材独特，讲述的是红七军在百色起义后转移的征途上经过连山发生的鲜为人知的故事。故事感人，特别是其主要情节“红军喊话”，本来就是一个红军作为人民军队爱人民的生动写照。作品结构完整，情节细腻，富有戏剧冲突，在不到20分钟的时间里，经过语言演绎、音效烘托等艺术加工，产生了强烈的听觉冲击力。作为一个偏远山区的县级台能制作出这样的节目实属不易，应当为之点赞。

四、值得探讨的问题

历年来屡见不鲜的老问题，如报错类别、文字稿混乱、选送节目随意等，在本次参评作品中依然存在，真可谓屡说不改，无可奈何。倒是有两个值得思考的新问题不妨一起来探讨一下：

（1）文艺类节目的时效问题。无疑，文艺类节目不是新闻类节目，对于时效一般没什么严格的要求。但是，文艺是为时代服务的，作为广播媒体的文艺节目，必须紧扣时代脉搏。一些配合重大宣传主题的节目是否也应该把握时效性，紧随宣传的主旋律一起奏鸣。比如广播音乐节目，2021年的重大宣传主题是庆祝中国共产党成立100周年，而这个主旋律的最高潮是7月1日党的生日前后。为此，很多地方在这个时段举行了大型的专题音乐演出。几个台都以此为内容制作了广播音乐节目。这无疑是抓准了主题，选对了内容。如果节目在音乐演出后不久就能够制作播出，其宣传效果一定会因为其时效性而更加凸显。但是，有的台却是直到接近年底才制作播出。这似乎是完全不顾宣传时效，而是为了报送节目而临阵赶制。

（2）广播的本手与融媒体的妙手问题。当下的广播电视人都喜欢打融媒体的牌，以为只有融媒体才是妙手，这当然没错。但是，不要忘记广播电视是我们的本手，守住本手，用好融媒体，才可能创造出妙手来。否则，就难免会耕了别人的田，荒了自家的地。广东台的《陶醉·酒香——千年石湾》、深圳台的《向火而行》能够出新、出彩、影响力强，正是得益于这两个节目都能够坚持广播的本手，正确发挥好融媒体的优势，从而创作出了令人瞩目的妙手。

（范干良，2021 年度广东省广播影视奖广播节目二组组长、广播电视机构退休专家、高级编辑）

用心、求新与创新
——2021年度广东省广播影视奖电视新闻一组节目评选综述

张静民　何日丹

2021年度广东省广播影视奖电视新闻一组负责评选的项目分别为电视短消息、电视长消息和电视系列、连续及组合报道。经初评筛选后，进入复评环节的作品及最终评出的一二三等奖获奖数额如下表。

表1　广播影视奖电视新闻一组评选情况

项目	参评总数	获奖总数	一等奖	二等奖	三等奖
电视短消息（A21）	56	34	2	11	21
电视长消息（A22）	63	38	2	12	24
电视系列、连续及组合报道（A25）	25	15	1	5	9
总计	144	87	5	28	54

从本组评奖的总体情况来看，呈现出这样几大特点：首先是在选题上，这144件作品基本涵盖了2021年度广东所发生的不仅关涉本省经济社会发展而且还影响到国内国际的重大新闻事件，也包括国内和国际发生的且关联和影响广东的重大新闻事件；其次是在项目表现上，电视短消息作为最能体现电视新闻特性的报道体裁，作为电视新闻人得心应手的“常规武器”，本应有上佳表现，实际上却感觉表现平平。电视长消息无论是在选题、内容和具体呈现上都要强于电视短消息和电视系列、连续及组合报道，许多优秀之作都出自这个项目。电视系列、连续及组合报道数量上虽少于前二者，却冒出了若干件让人眼前一亮的作品，这些我们都会在下面加以具体评析；最后是在获奖面上，虽然几大台依然是获奖大户，但已然不能像前几年那样用“强者愈强”来表述，而如果一定要用一个什么词汇来表述的话，“强者仍强”似乎还比较接近。之所以这样说，完全是因为一些地市台，乃至一些区县台“凭实力抢镜”，从传统大台手中切分走了许多块原本是人家手拿把攥的甜美蛋糕，这一点，在一等奖争夺战中表现最为典型，如下表。

表 2　一等奖获奖项目

序号	作品编号	参评单位	项目类别	项目名称	作品长度	首播日期	主创人员
1	A21T3028	珠海广播电视台	电视短消息	珠海：“打飞的”为海上作业人员打疫苗	00：01：29	2021 年 4 月 25 日	邓婉莹、胡志刚、甘颖恒、张晔、吴国俊
2	A21T10043	汕尾广播电视台	电视短消息	国内单体容量最大的海上风电场——中广核汕尾后湖 50 万千瓦海上风电项目并网发电	00：01：28	2021 年 11 月 28 日	欧天浩、翁柱东、曾莹
3	A22T29104	广东广播电视台	电视长消息	香港新选制下首次选委会选举结果揭晓　顺利产生 364 个选委	00：01：34	2021 年 9 月 20 日	朱可、唐建恒、张宇、黄子懿、吴帆航
4	A22T7090	河源广播电视台	电视长消息	深圳帮扶干部与赣深高铁的五年之约	00：03：44	2021 年 12 月 10 日	高伟、杨一慧、汪希静、王婧怡
5	A25T2011	深圳广播电影电视集团	电视系列、连续及组合报道	幸会　中国共产党	00：10：09	2021 年 6 月 21 日	曾子瑾、焦喆、杨振东、黄罡、乔舟、陈惬

一、越是短消息，越需要真功夫

所谓电视短消息，就是以电视手段和极为简短的篇幅对正在发生、新近发生或从前发生但对现在仍有影响的新闻事实所做的报道。它要求“语言文字简明扼要，表述准确，逻辑清晰，有完整的新闻要素，时长 1 分 30 秒以内”。(《2021 年度广东省广播影视奖评选办法》）再进一步理解相关要求，这里所谓的“语言文字简明扼要”，是指新闻文稿要足够简短而明确，而新闻主播的导语和出镜记者的话语则要“扼要”——只抓取最关键的新闻元素传播给观众。对于“有完整的新闻要素”这一要求则更不可忽略——传统的新闻要素是指“5W”：when（时间）、where（地点）、who（什么人）、what（什么事）和 why（为什么），而在互联网新闻兴起后，新闻要素又新增了两项，即 how（怎样发生的：过程、情节与细节）和 meaning（意义，意味着什么）。

广东广播电视台选送的《全红婵一战成名　奥运赛场铸就青春榜样》抓的是奥运热点，扣的是青春奋斗的主题。具体来看，可以说该电视短消息在本组作品中表现较为优异。首先，奥运选题意义重大。该作品所报道的是万众瞩目的奥运赛事，所选择的新闻人物是来自广东的中国代表团年龄最小的运动员，而恰恰是这位年龄最小的运动员，却以创纪录的最高分站上了女子十米跳台的最高领奖台，从而为国旗增了辉，为家乡争了光，为青春树立了榜样。其次，该作品在主题提炼与提升上处理得非常自然，它不是一下子把爱国励志的主题“堆”在观众面前，而是以一个可接受的梯度渐次呈现：来自广东的年龄最小的奥运选手—在女子十米台赛场一战成名—她身上具有一种初生牛犊不怕虎的精神—所有的精神和勇气都来自平时的千锤百炼—以优异表现，为国旗增辉，为家乡争光，为青春树立榜样！再次，从新闻叙事的角度看，该作品顺畅自然，且富有内在逻辑性：在哪里？谁？发生了什么事（谁见证）？怎样（为什么会）发生（自叙＋他叙）？这意味着什么？最后，是记者能深入现场进行出镜报道，将热烈的、激动人心的现场气氛第一时间呈现给电视机前的观众，使得该作品在完成信息传递的基本使命的同时，还富有极大的感染力。

同样是广东广播电视台选送的作品《全程不停跳　广东完成世界首例“无缺血换心”》也有上佳表现，该作品选题抓的是“全世界首例”，这就确保了它的新闻价值；选取的采访对象很得当，这就为作品增加了认识上的高度和权威性；从新闻叙事的角度来看，该作品采用了“先抓眼球”的倒叙叙事方式，增强了作品的吸引力和可视性。当然，这一作品也不是无可挑剔，对“世界首例”手术完成难度的忽略或遗漏，使得作品在社会价值提升上就显得比较乏力，影响了它向更高宝座所进行的冲击。

汕尾广播电视台选送的短消息《国内单体容量最大的海上风电场——中广核汕尾后湖50万千瓦海上风电项目并网发电》是一部很优秀的经济建设选题的作品。中广核汕尾后湖50万千瓦海上风电场是目前国内单体容量最大的海上风电场，其所处的环境地质情况复杂，施工难度极大，加上海上高空作业的危险性，它的建设一直是群众关注的热点，及时报道它的顺利建成，回应了社会和群众的关切，具有重大的新闻价值。记者在该海上风电场全部91台风机开机并网发电的当天，第一时间以洗练的语言和精准数据的大量运用，及时地报道了这一经济效益、社会效益显著的重大经济建设工程，时效性强，信息量大，充分显示了我国建设新型电力系统，保障绿色能源供给的信心和能力，显示了我国实现碳达峰、碳中和目标所做的努力和取得的成效。该作品以现场播报的形式配上珍贵、精美的画面，极大地增强了消息的感染力和可信度，同时也满足了群众对重大工程建设的知情权，社会反响良好。

珠海广播电视台选送的《珠海："打飞的"为海上作业人员打疫苗》以似乎已然有些审美疲劳的抗疫选题在2021年诸多类似选题包围之下脱颖而出实属不易。我们不得不承认，这首先得益于它在常规选题中找到了具有相当高的独特性的选题——"打飞的"为海上作业人员打疫苗。如今打疫苗的新闻很多，但"打飞的"给海上作业人员打疫苗的，在全国乃至全世界算是独一无二。其次是该作品对"过程"的报道——医务人员要乘直升机辗转三个海上石油平台为海上作业人员注射疫苗，这过程本身就突显出了同心抗疫与党和政府以及社会对海上作业人员的关爱与关怀。最后，出镜记者的现场报道和多元化、国际化采访对象的选取安排，也为作品挣足了分数，因此获得一等奖也属实至名归。

深圳广播影视集团选送的《超越美元！人民币成深圳第一大跨境收支货币》，虽是经济金融方面选题的短消息，但作品的社会价值和影响却非常大。该作品虽是区域性经济新闻，所报道的新闻事件却具有全国性乃至国际性的重大影响，选题意义重大，引领性强，彰显了深圳特区先行先试的地位和作用。从采访过程来看，该报道从发现线索到展开报道都非常及时，体现了电视新闻及时性的特点。从呈现上看，该新闻作品具有经济新闻选题+数据+深度阐释性新闻的综合特征，虽有许多涉及金融贸易的专业术语，但并不影响受众对新闻内容和主题的认知。与此相关联，在这部作品中，记者在解释性采访对象选择方面也体现出了较强功力，采访对象的介绍和解释对于新闻内容的传播起了很好作用，美中不足的是结尾处作为压轴出场的采访对象明显"咖位"不够，使得该作品所传达出的观点、认知在代表性和权威性方面表现不足，影响了观众对新闻价值认知的深度和高度。

而佛山电视台选送的短消息作品《全国市辖区首个！顺德工业总产值破一万亿元》本身新闻性十足，报道完成上也有诸多可圈可点之处，这部作品的创作过程体现出了新闻敏感、策划意识和"工匠"精神对于一部新闻作品来说有多么重要。该作品选题的重大性和影响力是毋庸置疑的，一个市辖区在全国率先加入了工农业总产值"万亿俱乐部"，其引领性显而易见。难能可贵的是，记者虽以区情通报会为由头展开报道，但很快就自然地从会议本身跳开，而着力用事实、数据，用专家支撑、解析、诠释"为什么是顺德"，因而使得作品所传递的信息和所要表达的观点厚实而明晰。还应该指出一点，正是因为记者能够用心去抓线索、跟动态、挖深度，才使得该新闻的线索不仅没有被遗漏，反而得到了精心经营，进而产生一部较为优秀的作品，个中经验值得总结推广。但这里要遗憾地指出的是，该作品最终未能蟾宫折桂，原因恰恰就在于其作者的"工匠"精神还有所欠缺，所制作的新闻标题有歧义，有明显瑕疵（把顺德定义为"市辖区"）。此教训不可谓不大。

二、长消息不是短消息的加长版，更不是“注水肉”

在与辛劳拼杀在新闻第一线的记者朋友们接触的过程中，常听到记者们这样说，“我本来想做成短消息，可主任说今天新闻版面还差一点，让我做成长消息”，或者说，“我们这里长消息计酬是短消息一倍，所以肯定是能长则长”，诸如此类。生活不易，在日常报道中涉及饭碗问题大家这么做也情有可原，但理论问题上我们还是得较较真：电视长消息绝对不是短消息的加长版，更不是“注水肉”，它就是一种独立的电视新闻报道体裁。

借鉴下电视短消息的定义我们可以这样理解，所谓电视长消息，就是以电视手段和较为简短的篇幅对正在发生、新近发生或从前发生但对现在仍有影响的重大新闻事件所做的报道，其时长一般限定在1分30秒~4分钟。

概括地讲，电视长消息一般具有以下几个特征，同时也有更高的要求：其一，所报道新闻事件很重要，需要事先和现场精心策划；其二，所蕴含和提炼表达出来的新闻主题很重大，很考验记者新闻视野的宽度、思想的深度和认识上的高度；其三，采访过程较为复杂，采访对象安排上需要多元化、立体化；其四，由于篇幅相对较长，需要并能够容得下出镜记者在其中“闪展腾挪”；其五，也是由于篇幅相对较长，允许并要求主创者进行新闻叙事设计和作品结构安排。

广东广播电视台选送的电视长消息《香港新选制下首次选委会选举结果揭晓　顺利产生364个选委》作为时政新闻，在此次参评的同类作品中在以下两方面表现非常优异。第一，选题重大，报道及时。在新选举制度下，364个选委顺利选出，这本身就是香港政治生活中的一件大事，意义深远。这是香港特区政治生活中的重大事件，吸引着国内社会各界以及海外政界的极大关注。选委会的顺利产生，体现了香港民众对“一国两制”方针政策的拥护，体现了从“港人治港”到“爱国者治港”政治生态的根本转变，标志着香港治理、发展重新出发的启程。记者一直追踪选举发展动态，在选举结果出来后第一时间加以报道，充分发挥了电视新闻的及时性，增强了传播力和影响力，彰显了“爱国者治港”和“完善选举制度”对于香港所具有的重大意义。第二，该新闻作品整个叙事从采访对象选择，到数据的选择和运用，再到语调语态选择，都特别追求客观。记者在该作品中，在有限的篇幅下尽最大可能扩大采访面，尽最大可能传递香港各界代表和广大民众的声音；对于“成功”的诠释，也不是由记者“说”出来的，而是通过“投票率接近九成”“部分界别投票率均达到100%”这样的数据来表达，增强了新闻内容传达的客观性，这既符合该类选题的特殊需求，也有益于新闻到达率和传播率的有效提升。

河源广播电视台选送的新闻特写《深圳帮扶干部与赣深高铁的五年之约》成为电视长消息项目中的一匹黑马，可喜可贺。该作品选材典型，利用赣深高铁正式开通的时间节点，围绕深圳帮扶干部郑民良在河源五年工作期间的环境变迁进行新闻特写，侧面刻画了赣深高铁正式开通后使得河源交通发展的便利程度和乡村振兴工作迈上了更高台阶。作品在有限的篇幅里坚持叙事为主，记者讲述和主人公自述交叉呈现，今昔对比、时空交替，用尽可能客观、具体的事实，完成了“新近发生的事实的报道”。这种视角和切入口，让受众对“河源通高铁”这一历史事件的重要意义有了更直观的感受，同时也让报道多了一种纵深感和厚重感。报道中，借助郑民良的口述，展现了作为华中地区连通粤港澳大湾区重要通道的赣深高铁，给河源带来的经济与社会发展的“拉动效应”。“对口帮扶”“乡村振兴”“交通先行”“融湾融深”等元素又凸显了鲜明的时代特点和地方特色。从这一点而言，这条新闻在新闻价值判断的站位和格局视野上，展现了主创人员在采编过程中对于新时代“独家新闻”的理解和追求，也体现了主创人员的新闻把控能力和采编能力。

在视听语言的编排上，记者运用自己生活化的口吻配音，与主人公的同期声交叉呈现，多采用平视的镜头语言，以朋友间相互聊天的方式引起受众的兴趣、吸引观众的关注，最重要的是，立足于受众已知的“河源通高铁”这一事件，将带来的各类机遇等置于特定的人物故事中体现，更容易找到与受众的共鸣点。该新闻的镜头语言生动丰富，剪辑流畅，充分调动了多种镜头语言，视觉效果丰富。同时，该作品的新闻画面特别加强了对“时间”的呈现，明线上是主人公郑民良从河源乘坐高铁前往深圳的自然时间线上相关人物和事件的记录，而重点在于暗线，这一条线紧扣主人公郑民良与河源通高铁的“五年之约”——以扶贫干部的高铁之约见证广东乃至中国经济社会的飞速发展，该特写最大意义和价值就在于此。

广州广播电视台选送的电视长消息《一张饭桌一张床　“广式”养老有温度》是一件非常有温度的电视长消息作品，这表现在两个方面。其一，记者抓住了一个虽然发生在广州，却对全国、全社会都有重大影响的新闻选题和新闻事件——“广式”养老加以深度开掘和报道，并借助采访对象和一个个真实发生的事实，实证了民政部对广州做法所总结的“开拓性、精准性、可操作性和系统性”几大特点和值得推广学习的方面，社会影响重大。其二，记者真正走进了广州的社区，走进了广州居家养老的老人家庭当中，去观察、体验、发现和思考，这种探寻式、体验式的报道让记者言之有物、言之有理，增强了作品的可信度。

清远广播电视台选送的《“三块地”改革：清远探索新时期土地之路》选题本身虽小，却切中了党中央关注、老百姓关心的农村发展中的土地问题，因此所经营出来的主题就显得重要而深远。在主题呈现上，该作品不是急于去讲道理，而是借由镜头，将由土地而产生的矛盾、焦虑、影响一点点摆出来，通过摆事实，进而讲道理，使电视观众对新闻内容与观点易于接受。同时，该选题涉及很强的政策性，为此，该作品削减了记者点评，只让记者呈现和串联事实部分，而将涉及政策、导向和具有全国性高度的建设性意见和观点看法总结交由各级领导者、执行者和专家学者来完成，这无疑增加了作品所传达的观点、观念和建议的权威性。

高要区广播电视台选送的《国道上“铁骑大军”为何消失　在“十三五”交通发展中找答案》可以说代表了区县级电视台（融媒体中心）电视新闻摄制的水平。该作品以敏锐的视觉，从社会关注的热点切入，以一个社会现象的变迁反映了国家经济建设迅猛发展，人民生活日益富足的深刻主题，是一篇以小见大的好作品。“摩托大军”是每年春运期间由外出务工人员返乡构成的广东公路交通特有的景象，浩浩荡荡，蔚为壮观。然而这现象如今已不再现，外出务工人员出行方式和交通工具都发生了根本性的变化，背后的原因是什么？作者通过深入的了解，实地采访交警、路边修车铺工人、外出务工人员，用他们朴实的语言和真实的感受回答了这个问题。作品内容丰富，事例鲜活，不仅是对于交通建设成就的简单报道，我们由此还看到社会经济建设迅速发展带给人民实实在在的好处，感受到人民生活质量大大的提高和满满的幸福感。作品感染力强，接地气，具有社会意义，以一句“农村脱贫了，国家强大了”收篇，实为点睛之笔。

肇庆广播电视台选送的电视长消息《集装箱养鱼破解环保和食品安全难题　助推乡村振兴》是一件非常经得起品读的靠“脚力”和“脑力”而得来的电视新闻作品。该作品乍一看选题似乎并不大，顶多属于农业科技新闻选题范畴，但仔细读下去，却能发现该作品中所包含的科技助推乡村振兴的重大主题，以及现存土地资源合理运用、环境保护、食品安全保障等内容。因此我们认为该作品内容丰厚，主题比较重大，富有建设性和引领性。从作品本身来看，倒叙式叙事结构的采用，对吸引观众很有帮助，随后作品的正文部分则由出镜记者现场引领、探寻和求证，将作品要传递的信息和观点看法很自然地呈现出来，凝练而清晰。同时，对农业科技公司负责人、农户和中山大学科技专家等所做的现场采访，也很简洁、贴切和权威，既接地气，又不乏认知上的全国性高度，可以看出该作品创作者对电视新闻诸种元素的纯熟和对整体作品构建的“手拿把掐”，而这种能力是需要在新闻生产第一线反复历练的。但遗憾的是这部作品最终未能获奖，值得我们总结借鉴，即在电视新闻奖项争夺中，题材、选题、主题往往比技巧更具有决定性。

三、系列、连续及组合报道，不是拼凑起来的长消息，而是有机体

在评选过程中，每年都会发现有许多参评单位对电视系列、连续及组合报道项目的理解出现偏差，进而导致所选送作品无效。我们都知道，每一部作品，无论大小都是冲杀在新闻一线的记者们的心血和汗水结晶，如果因为对报送作品规定的理解问题而使之出师未捷身先死，那么就太不应该了。其实，只要我们作者和相关工作人员仔细阅读相关规定，就不会在这个项目的报送上出现这种问题了。

电视系列报道是指围绕某一主题对新闻事实所做的多角度、多侧面报道。这种体裁具有鲜明的前期策划性，不是后期相关作品的集纳。

电视连续报道是指围绕正在发生的新闻事件连续播出的“跟踪式”报道。这种体裁的特点在于“跟踪”的连续性，不是持久、陆续的报道。

电视新闻组合报道是指围绕同一主题、现象、人物、事件在同一节目版面播出的不同体裁的报道。这种体裁的特征在于“组合”的报道都在“同一节目版面”，不是凑合多日、多个版面的报道。

作品要求主题鲜明、结构完整、报道全面、有深度。系列、连续报道一般都在 3 篇以上，参评作品要求报送首、中、末各一篇代表作；组合报道选择报送 3 篇代表作。每篇时长 4 分钟以内。

作品播出时间跨年度的系列报道和连续报道，按作品结束播出年度报送。

据此标准，本次各参评单位所报送的作品有很多可以说优秀甚至是又一力作。

深圳广播电影电视集团选送的《幸会　中国共产党》在一众同类作品中无论是选题策划、主题表达，还是艺术呈现都可谓一骑绝尘。2021 年是中国共产党建党 100 周年，各级各类媒体围绕“百年大庆”这一主题纷纷发力，深圳广播电影电视集团《直播港澳台》栏目推出的系列报道《幸会　中国共产党》就是其中的一部力作。该作品首先是策划的产物——提前半年谋划，提前选好并联系采访对象，正是在这种超前的策划意识下，该部作品才能在题材和选题上占得先机，在一众“百年大庆”新闻报道中独树一帜；其次，该作品借由国际视野和多元化的国际政要和友人，以国际化的视角和语言来讲述“中国共产党为什么能”这个问题，符合国际传播规律，因此取得了超出常规单向宣传所带来的国际传播效果，此种成功做法很值得总结和借鉴，同时也值得反思——“为什么《直播港澳台》能”；最后，从节目编导的角度看，该系列报道以回答“中国共产党为什么能”为统率性主题，但围绕这一主题的各个分集内容和话题设置又不是雷同的，而是各有主题和话题上的侧重点，力争从不同的采访对象及其与中国共产党的联系出发，从不同的角度、不同的侧面，以不同的故事和

不同的声音来建树和传播中国共产党的国际形象。

在庆祝建党百年的报道中，国际传播是其中一个重要组成部分，而深圳被誉为中国共产党执政的一个杰作，在国际上具有相当关注度。本片从前期策划、采访拍摄到后期剪辑，注重挖掘深圳元素，充分发挥深圳卫视《直播港澳台》的在地优势。另外，与以往对外国政要和专家学者所做的常规性采访不同，该系列报道还从历史角度出发，专访白求恩医生的堂孙、美国记者安娜·路易斯·斯特朗侄孙等人，前者阐述了共产主义精神和国际友谊长存，后者还原斯特朗如何无惧权威，将“一切反动派都是纸老虎”的论断传向国际的故事。这些外籍人士的讲述平实质朴，贴近国际传播对象中年轻人的话语体系，是对“讲好中国共产党故事”所进行的一次非常有效、有益的尝试。

梅州广播电视台选送的《群众给“差评”!》很有自己的特点，该连续报道作品聚焦民生事件，围绕一个百姓关注度高的问题，完整展示了解决该问题的全过程。报道以时间为轴线展开，充分阐述了问题的核心，以点带面；对解决问题的过程展现完整，而且有细节，在过程中也充分采访了群众、相关部门等不同方面的声音，采访全面；对于相关部门解决问题的过程和方式方法也进行了详细的报道，让观众能直观了解问题解决的全过程。画面上虽然没有过多的复杂拍摄，但是画面细节处理得当、到位；对各方反应的表现也很全面，最终问题得到圆满的解决；故推荐为一等奖作品。

惠州广播电视台选送的系列报道《“我为群众办实事·十惠行动　记者体验”系列》是一部内容扎实，表现上又轻松活泼的电视系列报道。首先，该作品的选题看似与“重大”不怎么沾边，却又每一件都与老百姓生活息息相关，都是党员干部们操心劳力地为老百姓们办理的“实事”，每一件都考验着党员干部的初心、热心。其次，该作品采用的是出镜记者体验式报道。这种报道方式很能看出出镜记者的业务能力，其体验是否真实，是否深入，如何融入，如何跳出，如何现场即兴表达……这部作品的出镜记者在这些方面的表现还都比较令人满意。最后，这部作品的采访很朴实，镜头语言也比较生动丰富，同期声的运用也很自如，为作品增色许多。

还有一些系列、连续及组合报道在作品表现上也各有各的优势和特点，比如《捍卫舌尖上的安全：记者随警直击海陆空全链条捣毁特大走私冻品团伙》《走进“呼援通”倾听感人故事》《华南虎“小公主”成长记》等，虽然这些作品最终未能摘金，但能够夺银其实已是实力的证明，更何况还担当着各自媒体日常播出新闻节目主力的使命，足堪自豪。

总之，在2021年度广东省广播影视奖电视新闻一组节目评审中，我们确实发现并评出了许多优秀之作，这些作品足以担当引领广东电视新闻节目继续向着更优秀的方向发展进步的使命，但也留有一些遗憾，甚至是值得我们每一位广东电视新闻人注意的现象，比如 2021 年度两大全国性乃至国际性主题——庆祝建党 100 周年和东京奥运会，在本组作品中给予的呼应虽然有，而且还有脱颖而出之作，但相比之下却感觉规模和水平都还不是很足够，另外反映和报道影响省内本地区经济社会发展大事且表现优异的作品也还不够。因此我们要说：来年加油！

（张静民，2021 年度广东省广播影视奖电视新闻一组评委、广州大学教授；何日丹，2021 年度广东省广播影视奖电视新闻一组组长、原广东省广播电影电视局副局长）

亮点纷呈　任重道远

——2021 年度广东省广播影视奖部分电视新闻作品评析

朱　毅

每年一度的全省广播影视奖评选很有价值。这不仅是对全省各级各类广播影视机构每年一次的全面专业审视，而且更重要的是发现短板、分析问题与明辨发展路径。

2021 年度全省各级各类广播影视机构选送的部分电视新闻作品（本文仅限于电视新闻栏目、电视新闻评论、电视新闻专题、电视新闻节目编排、电视新闻访谈、电视新闻现场直播、电视对外新闻和电视对港澳台节目七类作品）总体上呈现出高光亮点纷呈、弱项短板明显和未来任重道远三大特征。

一、在新冠病毒感染疫情和经济形势持续严峻且相互交织的年度，努力营造丰富多彩、亮点纷呈的大屏世界

（一）紧紧围绕全国和本省的大事要事，出新出彩

2021 年度，全国有三大要事，一是建党百年华诞；二是香港由乱到治、由治始兴；三是防疫抗疫。省级、副省级城市、各地市乃至县级的广播影视机构，本着主流媒体义不容辞的责任，倾全力、着重彩，以不同的电视语态，从多个角度予以报道传播。

广东台选送的作品《广东新闻联播》（获 2021 年度广东省广播影视奖“电视新闻栏目”二等奖，以下凡以双引号标注的奖项，均为 2021 年度广东省广播影视奖）在选材上紧扣时代主题和社会热点。7 月 1 日的《广东新闻联播》全面展现广东全社会上上下下、各行各业欢庆中国共产党百年华诞的盛况。广东省及各市主要领导、各界党员和广大群众以不同的方式庆祝党的百年华诞，或收听收看北京盛大的庆祝活动，或勤奋工作，或对着镜头深情表达自己对党的热爱。作品的画面、镜头、采访、配音和剪辑等都可圈可点。

2021 年广州“5・21”疫情来势汹汹，引起国内和国际社会的高度关注，作为超大都市的广州，如何精准施策，在防疫抗疫的同时，最大限度控制和减少疫情造成的损失，成为全国各大城市都关注的问题。广州台选送的作品《终于等到你——广州荔湾区芳村片区解封 5G＋4K＋360°VR 全媒体直播》（获“电视

新闻现场直播”三等奖、广东新闻一等奖）以电视端引领全媒体端口，大屏小屏同步直播广州荔湾芳村片区的解封，全面、直观、生动呈现了广州防疫抗疫的阶段性成果。

广州台选送的作品《我们的升旗礼》（获“电视对外新闻和电视对港澳台节目”一等奖）讲述了香港基层学校常年自发举行升挂国旗仪式的故事。升国旗仪式是一种礼仪，从某种程度上讲，是一个国家各个民族和所有国民共同认可的文化和制度并由此体现出敬爱国家和对外宣示的一种重要仪式。对于香港民众来说，就是对中华人民共和国以及香港特别行政区的认可与热爱。作品围绕“爱国爱港”这一主题，从坚持 18 年升国旗的香港黄楚标中学和一间幼儿园的升旗队这两个具体个案入手，反映了特区政府及香港各界持续加大力度开展爱国主义教育，致力于推广升挂国旗文化和“爱国从娃娃抓起”。影片从中学“资深”升旗手与幼儿园升旗手的视角出发，以基层校园一线的采访和多角度的报道，展现香港多个学校升国旗趋向常态化，展示国旗、国徽及国歌等教育课程的推广进度，记录国庆期间香港社会多个团体自发组织庆典和升旗礼的场景，展现了香港各界在国家认同和爱国精神培养方面的显著进步和发展情况。

2021 年，受全球大环境影响，我国的经济下行和疫情频发相互交织，作为全球制造大国，中国的本届广交会是否办、如何办、办得如何不仅是我国直面的难题，也是国际社会高度关切的焦点，因此广交会在成功举办之后得到国际社会的普遍认可与赞许。

广州台选送的作品《广视述评：双循环“内外兼修” 新活力“全球共赢”》（获“电视新闻评论”二等奖）对 2021 年广交会在疫情肆虐和国际变局的大背景下所采取的多项创新举措、所尝试的大胆探索，结合翔实数据、现场采访、国家有关机构的现场发布以及本届广交会所取得的多项成果，进行深度分析和综合述评，同时以广州千年商都为背景，增添了述评的历史纵深感。作品画面丰富、线上线下的场景深度融合，评论立意较高、前瞻性较强、以评为主、以述为辅，夹叙夹议、层次分明、逻辑自洽，清晰地展现了在疫情不断冲击国内经济、国际变局不断变幻的严峻形势之下，本届广交会取得了“内外兼修”双循环的新成果、创造了促进全球共赢的新活力。

长期以来，广东面临着振兴粤北经济的重任，2021 年韶关机场开航、赣深高铁开通是全省社会经济发展跃上新台阶的里程碑。

韶关台选送的作品《“韶关起飞”特别报道》（获“电视新闻节目编排”一等奖）围绕韶关机场开航，提前策划，在机场开航当日进行特殊版面编排，推出特别报道，展现记者直击、乘客体验、航线解读、机场建设等人物特写，同时挖掘韶关与航空的渊源，通过人物讲述、“邮票故事”等视角呈现韶关在中国航空史上扮演的重要角色。作品以开航之日首个航班起飞为原点所进行的全方位、多维度、大篇幅和大纵深的密集报道，体现出较强的策划意识、前瞻意识和较好的节目编排艺术。同时，作品注重节目内容与当天首航现场的关联性，不断把观众带入机场开航的电视现场，用一组开航之日首趟飞机腾飞的镜头及现场人员的祝福语，营造“韶关起飞”的视觉冲击和视觉体验。

深圳台选送的作品《赣深一线牵　老区湾区心连心》以电视直播的形式反映江西赣州和深圳间开通高铁以及对粤北经济的带动，获得“电视新闻现场直播”二等奖。获得同类别二等奖的还有广东台选送的作品《第 13 届中国国际航空航天博览会——筑梦云天》，该作品以直播形式报道和传播珠海航展的盛况，展现备受国际社会密切关注的我国航空航天领域的新成就、新发展。

（二）发挥媒体守望社会的功能，积极进行舆论监督

媒体是社会的公器，主流媒体更应该是社会良性运行的瞭望者与守护者，积极进行舆论监督是主流媒体应有的责任与担当。但舆论监督是近些年来主流媒体的一个难点，难就难在如何既能揭示和批判社会运行中出现的一些短板，又能同步展现政府解决这些问题、补上这些短板的过程，在二者之间取得很好的平衡并给社会带来正能量，有效推动社会进步，这是国情所需，更是主流媒体的水平和智慧所在。

珠海台选送的作品《民生新观察》（获“电视新闻栏目”一等奖）紧紧抓住涉及民生的小事情、大问题，反映普遍存在的校内午餐吃不饱、吃不好，珠海市斗门区道路以及学校建设进度缓慢严重耽误周围学生入学等问题，披露由此造成的危害，探讨其深层次的原因并提出解决的方案，很好地体现了这种平衡，成为近年来难得一见的舆论监督优质节目。

到 2030 年实现碳达峰和到 2060 年实现碳中和是我国对国际社会做出的庄严承诺。全面加大化石燃料的减排、全面减少地球的温室效应，不仅是我国，更是全球各国共同面对的世界性难题。新能源汽车因节能环保、绿色出行在我国得到大力推广，成为破解难题的一个重要抓手。然而，新能源汽车的最大瓶颈在于充电的两难，一是充电桩少，二是充电速度慢。因此，相关机构和行业如何从细微处入手，真正解决充电难题，意义十分重大。

东莞台选送的作品《“难产”的充电桩》（获“电视新闻评论”二等奖）以小见大，通过具体个案对居民老旧小区个人充电桩安装难的问题进行了深入剖析，根据当前国家对新能源电动汽车充电桩安装的政策，以寻求个人充电桩安装难的解决之道，这是作品的价值所在。小区业主因物业公司不配合而无法安装其新能源汽车所需的充电桩，将物业公司告上法庭。作品全程反映事件的整个过程，平衡报道，全面表达物业公司和业主的意见与理由，尤其是其他业主安全权益的诉求，全程展现原告与被告对簿公堂直至法官亲自说法、法庭裁定

并提出解决方案。同时，作品没有就事论事，而是在更大的范围和更高的层面上表达与之相关的东莞市物业管理行业协会、供电局、政府相关部门等单位、个人充电桩安装情况较为顺利的小区和立法咨询评估专家的意见和建议，以期寻求解决整个东莞 3.9 万辆（截至 2021 年 3 月）新能源汽车充电桩安装大难题的路径：政府部门出台监管要求和指引，完善相关立法规范，实现企业建桩有章循、物业管桩有依据、车主用桩有保障，让全社会绿色出行的步伐更稳健、更快捷。

广东台选送的作品《揭东云路“七彩河流”污染农田村庄》（获“电视新闻专题”二等奖）大胆披露在中央一再要求必须大幅度提升环境质量的今天，有些地方依然还存在着对环境污染不知情、监督不到位、管理严重缺位的情况。作品通过记者的艰苦蹲守和顺藤摸瓜、抽丝剥茧的一步步调查，揭露污染河流的元凶——无牌无证的工厂将用剩的原料直接倾倒于河流之中，而在这个过程中，村镇相关机构和领导都一概没有发现，当记者带着村镇干部到污染现场查看，他们才如梦方醒，这不仅是此次污染的根本原因（工厂排污仅仅是导火索），也是基层环保治理机构失察失责的典型案例，同时，对省市两级环保治理机构如何加大对基层环保机构的监督和管理也是一个警醒。

（三）弘扬美善，鞭挞丑恶

这也是主流媒体的责任与担当所在，全省广播影视机构不虚主流媒体之名，不遗余力弘扬美善、鞭挞丑恶。

广东台选送的作品《特教老师助力“折翼天使”飞翔》讲述一位女性身兼二职，既是双胞胎盲童的母亲，也是从事特殊教育的老师，在社会方方面面（其中包括著名钢琴家郎朗）的大力支持下，使得特殊青少年能够得到更加健康的成长。故事叙述流畅、拍摄采访自然生动，人物表达亲切质朴，充满了感人的正能量。

广州台选送的作品《珠江口的较量》（获“电视新闻专题”三等奖）讲述警方打击走私冻品的专项行动，叙述清晰流畅，无论是画外音还是采访，都非常明快，加上音乐和警方取证视频，展现出警匪片特有的节奏感、现场感，不是故事片胜似故事片。

广东南方财经全媒体集团选送的作品《小心！你买的外贸尾单很可能是洋垃圾》（获“电视新闻专题”三等奖）通过记者乔装深入洋垃圾现场进行卧底探访调查，披露了堆积如山的洋垃圾场景和不法分子把洋垃圾旧衣服熨烫、整理打包、装箱、销售的过程，触目惊心！作品叙述紧凑，环环相扣，节奏感比较好，篇幅虽然不长，却是比较少见的主流媒体调查类舆论监督节目。

（四）粤东粤北和基层广播影视机构佳作频现

2021年，粤东粤北和基层广播影视机构的精品佳作是值得关注的现象，除了前文所提韶关台选送的《“韶关起飞”特别报道》之外，还有汕头台、汕尾台和佛山（高明）台等选送的精品佳作。

汕头台选送的作品《激发新动力新动能 农业机械化“点石成金”振兴乡村》（获“电视新闻访谈”一等奖）是典型的电视访谈节目。发展现代农业、振兴乡村关键之路在于机械化，有了机械化，才能谈得上规模化，继而才能赋能于网络，进行品牌运营和远程销售。作者抓住这个题材，精耕细作，对“全国种粮大户”林宋文和其回乡务农并荣获“广东十大杰出精勤农民”的儿子进行深度访谈，揭示出农业机械化在振兴乡村中“点石成金”的关键作用。

汕尾台选送的作品《彭士禄》（获“电视新闻专题”一等奖）讲述革命先烈彭湃之子彭士禄院士（我国著名的核动力顶级专家、中国核潜艇首任总设计师）为祖国核潜艇和核电事业奉献一生的感人故事，是迎接建党百年华诞的精品佳作。作品设计“一日、两人、家国”多层次的叙事结构，以大量珍贵的历史照片和视频资料，包括独家的同期声素材，真实还原主人翁“感党恩、听党话、跟党走”的心路历程，真实再现主人翁以身许国、科技报国、“甘做隐姓埋名人、誓干惊天动地事”，开拓中国核动力事业的过程。另外，该台选送的作品《新闻聚焦》（获“电视新闻栏目”三等奖）也是非常好的舆论监督精品。

佛山（高明）台选送的作品《“纸上谈兵”的水库治理》（获“电视新闻评论”三等奖）是难得一见的治水舆论监督题材。作品抓住水体污染一拖再拖的问题，直面涉及水质的众多管理部门和属地政府，抽丝剥茧、层层发问，揭示出水质治理问题的根本所在就是治水只热衷于制造文件并以文件落实文件的“纸上谈兵”，却止步于实际举措、止步于具体的检查落实，是典型的官僚主义做派。

（五）发挥广东地缘优势，拓展对外宣传的本土传播

开展富有成效的对外传播一直是主流媒体的一大课题。全省广播影视机构充分发挥毗邻港澳的地缘优势，主动作为，积极拓展对外传播的新途径、新样式，尝试对外宣传的本土传播，成效显著。

广州台选送的作品《我们的升旗礼》（获“电视对外新闻和电视对港澳台节目”一等奖）在香港电台下辖电视频道的《湾区全媒睇》播出，直接面对香港各界观众，传播力更具实效，覆盖香港受众超过100万，在境外主要互联网播放平台播放量近30万人次，在海外华侨华人聚集的“华人头条”App播放量超过20万人次，得到了香港特区政界机构和政府高层的充分肯定。香港升旗队总

会还将作品分享至各基层社区升旗队，香港教育界长年培育的国民教育成果得到基层社区升旗队成员纷纷点赞和倾力分享，在香港民众中形成良好的互动传播效果。

广东台选送的作品《我们的家园》（获“电视对外新闻和电视对港澳台节目”二等奖）在广东国际频道首播，虽以普通话播出，但全程配以中英文双语字幕。作品聚焦于南粤生态环境，以一个个真实的小故事和一位位普通人的切身感受，向国际社会广泛传播广东在社会经济连续多年高速发展的同时，南粤全域的环境质量也随之取得了令人瞩目的新进步和新成果，展示了“中国生态文明建设的广东样本”。值得一提的是，作品还在美国探索频道（Discovery）展映，通过探索频道这一世界级平台，在欧洲、北美和亚太地区，通过电视及其辖下的 YouTube 等海外重量级社交媒体进行传播，覆盖全球绝大多数国家和地区，赢得了很好的传播效果。

（六）采用最新视频技术，大屏的时空容量得到前所未有的扩充

在数字技术的推动下，视频呈现艺术日新月异，全省各级各类广播影视机构的精品创作纷纷运用视频与传播的最新技术，拓展大屏时空，进行全媒体呈现。如广州台选送的作品《终于等到你——广州荔湾区芳村片区解封 5G + 4K + 360°VR 全媒体直播》，在传统电视直播利用卫星传输技术的基础上，还多点位采用 5G + 4K 的摄制传输方式，同时广泛运用航拍、5G、4K、360°VR 全景机位等视频呈现手段，全方位实时呈现新闻现场。汕尾台选送的作品《彭士禄》也是采用电视声画综合立体呈现的方式有效地打破了时空界限，让不同的时空场景同框出现，带给观众不一样的视觉体验。

二、以全媒体坐标，审视弱项、定位短板，展望任重道远的未来

我们这个时代，是媒体融合日新月异的时代，必须站在时代的高度来审视我们的弱项，必须以全媒体的坐标来侦测我们的短板。需要特别提及的是，在选送参加评奖的电视新闻作品中所存在的弱项与短板，不仅具有标本意义，更体现出大屏作品（产品）与全媒体时代的种种违和之处。选送参评作品如此，对于电视新闻节目的日常产品和节目来说，则可能弱项更弱、短板更短。

（一）述多评少、以述代评

在信息爆炸的自媒体时代，几乎没有任何社会现象或新闻事件是由某个媒体独家报道，即使有也很快被淹没在信息海洋之中，且往往虚假信息泛滥：真相还没出门，谣言已经四处游走。对此，社会大众在众声喧哗中莫衷一是，既

需要去伪存真，更需要解疑释惑、正本清源。因此，对社会现象或新闻事件的来龙去脉、前因后果与是非曲直进行梳理分析并在此基础上提供鲜明的观点与态度，并非每个媒体尤其是绝大部分自媒体能够做到的，亟须优秀的主流媒体担当这样的大任，以此彰显自身独有的优势，而这正是媒体融合时代主流媒体的核心价值所在。广州台选送的作品《广视述评：双循环“内外兼修” 新活力“全球共赢”》就体现了这样的核心价值。

但遗憾的是在选送的“电视新闻评论”类别的作品中，述多评少甚至以述代评的现象比比皆是，述则喋喋不休、评则一带而过，述有余而评不足，担当专项“电视新闻评论”功能的节目及选送评奖的节目都是如此，平时其他的电视新闻节目可想而知。

对社会现象或新闻事件的“述”，相对比较容易，照猫画虎，只要“像”即可，但“评”需要对相关信息进行整合比对、分析梳理、由表及里直至鞭辟入里。“述”与“评”远不在一个层次，后者的段位更高。述多评少或以述代评的背后，是媒体对社会现象或新闻事件缺乏穿透力，是媒体核心价值的缺失，而这样的核心价值，又恰恰是优秀的主流媒体在媒体融合的全媒体时代能够立于不败之地并脱颖而出的基石。

（二）访谈缺乏互动，访多谈少或谈多访少

在选送的“电视新闻访谈”类别的作品中，一个显著的现象是访谈缺乏互动：访多谈少或谈多访少，要么是没完没了的提问，甚至把提问变成答案，把节目变成主持人的提问秀；要么是主持人角色忽略不计，提问一带而过，由被访者信马由缰、滔滔不绝。

理想的电视新闻访谈节目，至少需要做到以下三点：第一是提前对访谈对象（社会人物或新闻人物）进行“彻查”，穿透其前世今生、成长环境、性格特征及其社会影响力（对社会的贡献或造成的危害）；第二是在认真分析、精准穿透社会大众心理的基础上，充当大众的代言人进行提问。提问要针对不同的新闻事件、不同的社会现象和不同的人物性格，想大众之所想、急大众之所急、问大众之所问，进行巧妙的议程设置，或开门见山、直奔主题，或环顾左右、曲径通幽、迂回包抄；第三是在整个访谈过程中，要保持流畅自如的高频互动，这样才能牢牢把控访谈的主动性，才能完成议程设置的初衷，达到释大众之所疑，解大众之所惑的效果。在汕头台选送的作品《激发新活力新动能 农业机械化“点石成金”振兴乡村》中，主持人与访谈对象的高频交流互动非常自然、融洽，没有违和感，看似随意的聊天背后是作者进行议程设置的底层逻辑，层层递进，逐步深入，展现了当下现代农业和乡村振兴的关键节点和发展过程。

在如今媒体融合的全媒体时代，快餐文化盛行，有的媒体往往是顾及一点，

不计其余，捡了芝麻、丢了西瓜，甚至只有芝麻、不见西瓜。不难看出，以上访谈节目必备的三点，也是媒体的核心价值所在，是非优秀媒体和绝大多数自媒体难以企及的核心价值。

（三）现场直播时段不足

尽管全媒体时代众声喧哗、热闹非凡，但往往在社会发生大事要事的时候，电视收视率就会陡然飙升，且长期以来一直如此，说明每逢大事要事，社会大众往往还是看电视、看大屏，其中对电视新闻事件的现场直播是首选。以广州台选送的作品《终于等到你——广州荔湾区芳村片区解封5G+4K+360°VR全媒体直播》为例，该节目在荔湾芳村片区解封不到3分钟即在广州综合频道、新闻频道并机直播，即便没有提前宣传（因解封时间不确定，无法提前推介此次直播），且是在下午的收视低谷时段，电视端收视率依然较平时上涨近20倍。

对预期发生和突然发生的新闻事件进行现场直播，应该坚持以对事件的现场直播为主，以演播室直播和视频资料为辅，因为这是媒体对于直播所涉事件的应急反应能力、穿透能力（分析背后成因、事件性质和对社会造成的影响）、事件现场把控能力（现场众多直播点的挑选、现场主持解说和现场多机位镜头的把控等）等报道和传播能力的综合体现，而这些能力，也是非优秀媒体和绝大多数自媒体（单个手机直播视频）所不具备的能力，是全媒体时代优秀媒体的核心价值。广州台选送的直播类作品《终于等到你——广州荔湾区芳村片区解封5G+4K+360°VR全媒体直播》和广东台选送的直播类作品《第13届中国国际航空航天博览会——筑梦云天》较好地体现了这种核心价值。

在各机构选送的“电视新闻现场直播”作品中，全是预期发生的新闻事件（基本不需要应急反应能力），但即使如此，不少作品也普遍存在着这样的短板：新闻事件现场直播时段比较少，前期制作的资料性、背景性视频以及演播室的时段比较多。尽管前期视频和演播室直播时段必不可少，但不能比现场直播时段多。这些短板无疑暴露出媒体核心价值和核心能力的欠缺和不足。

（四）全媒体呈现、向爆款自媒体学习

检视影视机构的电视新闻作品，不能单纯就事论事，只是在传统电视大屏的圈圈内兜兜转转，必须将作品（产品）置于全媒体的环境之中，以全媒体坐标衡量与辨明其发展路径。

1. 以全媒体观念高度统领、以全媒体思维深度嵌入

全媒体是媒体融合的趋势，尤其是传统影视机构，必须顺应这个趋势、赶上这个趋势，因此，任何一个电视新闻作品（产品），都要用全媒体观念进行统领，以全媒体思维深度嵌入其策、采、制、编、发、播全过程的每个环节。

2. 大屏作品（产品）必须自带全媒体基因

目前，传统影视机构的电视新闻作品（产品）主要在大屏呈现，但其创作生产者必须做到作品（产品）要自带全媒体基因，能够实现全媒体分发呈现。

这里所说的全媒体分发呈现，主要是两类：

（1）大屏直播同步分发小屏即作品原版分发的全媒体样式。

如广州台选送的作品《终于等到你——广州荔湾区芳村片区解封 5G + 4K + 360°VR 全媒体直播》在大屏直播的同时，同步在全媒体渠道播发，覆盖花城 + App、花城 FM App、广州广播电视台视频号及微博、广州 ing 抖音号及快手号、沃视频 App、触电新闻、凤凰网、搜狐新闻、中国网等二十几个新媒体平台，全网浏览人次超过 350 万。其中，仅广州广播电视台视频号单一平台浏览人次就超过 50 万，创下该号创建以来单场直播最高纪录。

绝大多数媒体都能做到大屏作品原版分发的全媒体样式，这已经成为惯例，不同之处在于原版分发呈现的是自有全媒体平台还是平台型全媒体平台抑或二者兼有，以及在全网引起的关注程度。这其实只是把作品“一稿多投”，对于作品的创作方来说并非难事。

（2）作品（产品）经过再度加工后改版分发的全媒体样式。

随着 5G 与超高清视频的普及，全媒体时代最重要的两大特征越来越明显：信息碎片化和社会大众处于高度移动状态。这两大特征互为表里、结为一体，猛烈冲击与重新塑造着人类社会所有的媒介形态和互动方式。

为顺应全媒体分发呈现，大屏电视作品（产品）不管是原版分发还是加工后改版分发，至少要做到以下三个方面：

第一，节奏明显快捷。当今社会主流群体尤其是年轻群体相较过去，大多处于高度移动状态。移动社会节奏越来越快，电视作品（产品）的叙述方式除了特定情形之外，节奏必须明显和快捷，叙事不能拖泥带水，要快速推进。

第二，单元相对独立。大屏叙事方式，少不了起承转合的铺垫与迂回，但还是应尽可能在议程设置上，做到每一个叙述单元相对独立且呈现相对闭环状态，这样不仅体现出明快的节奏感，更便于直接切条或再度加工改版后以全媒体样式分发呈现。节奏明快与单元相对独立对于大屏作品来说尤为重要，这是将大屏作品经过直接切条（某种程度也是改版）或再度加工改版进行全媒体样式分发的基础，没有这个基础，则没有大屏作品的媒体融合。

其实，现在很多新媒体平台和自媒体主动将有些已经具备全媒体基因的大屏内容切条后分发，赢得了超高的流量与很好的收益，这非常值得传统广播影视机构重视和学习，特别是新媒体如何选择内容、如何切条、如何提炼单元亮点以及如何再度加工。当然，近些年来，传统广播影视机构纷纷主动出击，直接开发新媒体矩阵，直接进行新媒体作品（产品）的生产与分发，也取得了不俗的效果，但这不在本文讨论的范畴。

第三，持之以恒提升媒体的核心价值，就是前面所说优秀的媒体对于社会现象和新闻事件的穿透能力、应急能力和传播能力。没有这些能力构成的核心价值，无法做好大屏作品（产品）原版或改版的全媒体样式呈现。

新东方转型，以直播带货火爆全网，长相平平的董宇辉老师成为最红网红，新抖 2022 年 6 月数据显示“东方甄选”仅用 30 天时间涨粉 1 587 万，累计观看人次达到 1. 97 亿，累计销售额达到 4. 12 亿元，其背后凸显出新东方的核心价值：在快捷语速、中英文对照直播带货的背后，是东西方文化熔为一炉，是历史地理、人生起伏无所不包，是售卖的大米中也有诗和远方……这样的直播带货，卖的不是货物，卖的是文化，是新东方固有的核心价值，是新东方将其课堂文化与直播带货融为一体的创新。

3. 前路漫漫、任重道远

从全省广播影视奖评选看，传统影视机构核心价值的缺失、与全媒体时代的违和所凸显出的弱项与短板，再次说明其转型与媒体融合之途前路漫漫、任重道远。

三、关于作品选送参评的几个问题

从广播影视机构选送参评的电视作品看，有几个问题值得重视：

（一）不少作品没有大屏播出版标识

此次评选，发现一批作品没有大屏播出版标识。按照规定，没有大屏播出版标识（台标）不能入评，因为无法判断作品是播出的初始版本还是后来经过加工修改的版本。如果是网络版，那么就应该另循网络路径（影视奖有专门的网络作品报送通道）报送。没有大屏播出版标识，再好的作品也不能入评，所以有一些不错的作品被挡在奖项的门外，虽可惜，但无奈。

（二）不少作品不能完全符合报送条件

电视新闻评论作品至少应该是评多于述，但不少评论类作品是述多评少，甚至与电视新闻专题类节目无异，包括一些获奖作品也是如此。电视新闻现场直播作品应该是现场直播时长的比例不低于作品总时长的 50%，但有不少直播类作品现场直播的比例过低，大量采用预制的视频时段来填充。

（三）有的作品一稿两投

同一机构选送的某个类别作品（要求报送两期）其中 1/2 的篇幅内容与其选

送的另一个类别作品完全相同。某种程度上讲，这50%的一稿两投等于是自己抄自己，至少是抄一半。广播影视奖要求报送的是作品，不是产品，作品是创作完成的，创作就应该是独一无二；而产品是生产完成的，可以批量复制。

（四）装错篮子的现象比比皆是

不少选送的作品装错篮子，尤其是把电视新闻专题作品，放入电视新闻评论和电视新闻访谈类别中送评，究其原因，可能一是对报送作品类别理解不够，二是评论类和访谈类作品不够，以专题作品来凑数。欠缺评论节目，等于欠缺媒体的观点和态度，欠缺媒体的核心价值。

四、关于评选的建议

近年来，全省广播影视奖的评选不断进步，效果越来越好，如实行网络评审在先，集中评审在后非常好，大大节省了评委的时间，提升了评审效率，而且背靠背的评审，有利于保证评审的公正公平。这里，仅就笔者个人认为的需要改进之处建议如下：

（1）一稿两投作品均应取消获奖资格，理由如前，不赘述。

（2）将电视新闻栏目和电视新闻节目编排两个类别合并，在实际评选过程中，这两个类别的作品相似的成分很多甚至重合，几乎看不出什么明显的区别。

（3）取消对同一机构获一二等奖名额限制的规定。该规定导致的结果是有的一等奖作品的质量明显低于同类二等奖甚至三等奖的作品。这也是笔者在前面列举的个案中有不少二等奖、三等奖甚至未能获奖作品的原因。笔者认为一等奖作品是标杆，是全省广播影视机构都要学习的专业样板，主要还是应看质量，二等奖可适度平衡，以免过度集中，三等奖可向粤东粤西粤北以及区县基层机构适度倾斜，同时，为防止因评委构成带来的偏差和不公正，可以规定评委不能对来自本机构的作品发表意见和投票，只能由来自其他机构的评委发表意见和投票。

（4）保证集中讨论的时间。现在的讨论时间不够充足（也许是疫情所致），实际上仅仅是履行投票的流程。尽管各位评委在集中讨论之前都在网上审看过作品，但是见仁见智，有时存在较大的分歧，因此还是要在集中讨论之时进行充分深入的交流，理不辩不明，如果各位评委能够充分表达自己意见（不含本机构作品），在此基础上再进行投票表决（不含本机构作品），就可以将一叶障目、以偏概全的差错降到最低。

（朱毅，2021年度广东省广播影视奖电视新闻二组组长、广播电视机构退休专家、高级编辑）

守正创新　百花齐放
——2021 年度广东省广播影视奖复评电视节目一组评选综述

程永婳

在 2021 年度广东省广播影视奖复评电视节目一组评选中，共收到参评作品 86 件，其中电视栏目 18 件，电视社教节目 22 件，动画片（网络动画片）11 件，纪录片（网络纪录片）35 件。通过广东省广播影视奖评选系统分头推选和线上会议集中评选，评出一等奖 4 件，二等奖 16 件，三等奖 32 件，共计 52 件，获奖作品为参评作品总数的 60%。

一、获奖作品覆盖面广泛

（一）总体获奖情况分布

广东广播电视台获奖占比为 19%，全省 21 个地级以上市中有 16 家广播电视台获奖，占比 64%，社会制作机构及其他单位获奖占比 17%。其中，广东广播电视台获奖 10 件，占比 19%；广州市广播电视台获奖 5 件，占比 10%；深圳广播电影电视集团获奖 5 件，占比 10%；珠海等 14 家地级市广播电视台获奖 23 件，占比 44%；社会制作机构获奖 8 件，占比 15%；其他单位获奖 1 件，占比 2%。（见图 1）

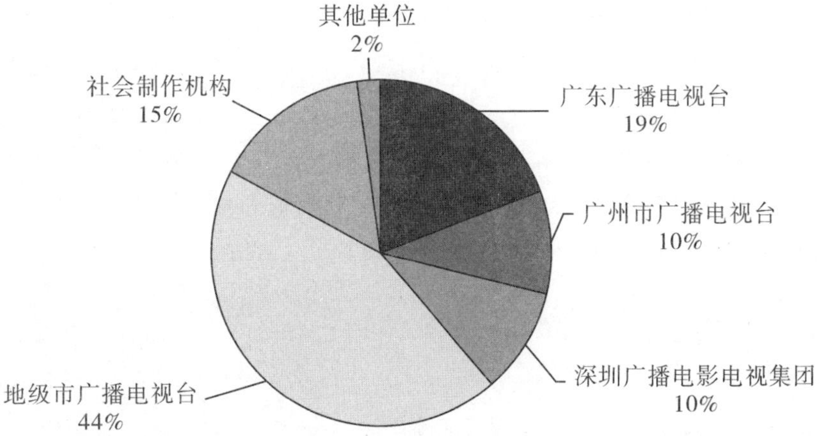

图 1　总体获奖情况分布

（二）一等奖作品分布

广东广播电视台、广州市广播电视台、深圳广播电影电视集团、深圳华侨城文化集团有限公司各 1 件。

（三）二等奖作品分布

广东广播电视台 4 件，深圳广播电影电视集团 2 件，惠州、佛山、江门、梅州、韶关、中山等地级市广播电视台 6 件，华强方特（深圳）动漫有限公司等社会制作机构 3 件，广东省公安厅 1 件。（见图 2）

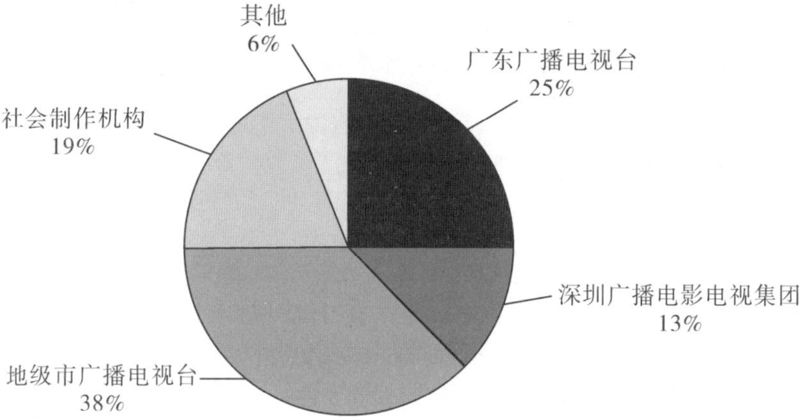

图 2　二等奖分布

（四）三等奖作品分布

广东广播电视台 5 件，广州市广播电视台 4 件，深圳广播电影电视集团 2 件，珠海市广播电视台 3 件，东莞、梅州、肇庆等三家地市广播电视台分别 2 件，潮州、佛山、河源、惠州、清远、汕头、韶关、湛江等八家地级市广播电视台分别 1 件，社会制作机构 4 件。从数据分析可以看出，三等奖作品中地级市广播电视台获奖作品超过半壁江山。（见图 3）

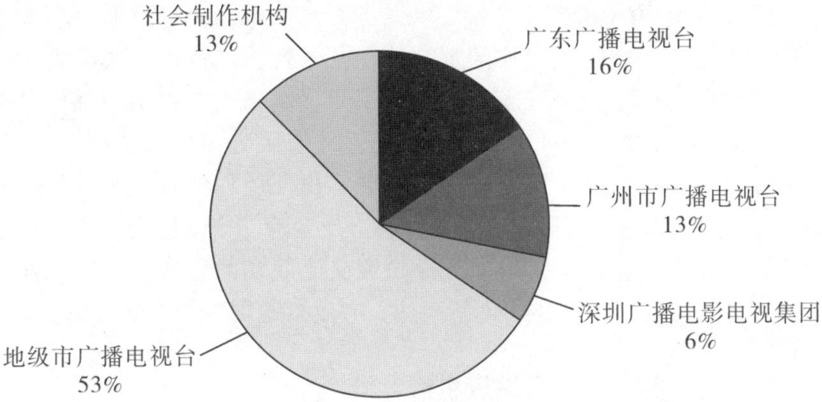

图 3　三等奖分布

二、参评作品聚焦主题主线

（一）庆祝建党百年作品立意高远

2021 年是中国共产党成立一百周年。本组参评作品中，关于庆祝建党百年主题的占本组参评作品比例接近 40%，相当部分作品表现优秀。如，电视社教节目一等奖作品《行进大湾区“红色起点”》第一集《信仰成诗》（广东广播电视台）以“寻访红色遗迹 + 历史场景重现 + 红色文化体验”为主要形式，将实地寻访、影视还原、深度体验、跨时空对话等多种创新电视手法进行艺术融合，给观众营造强烈代入感，将一堂生动的党史课搬上了荧屏。节目注重青年人视角、年轻化表达，采用原创诗篇、手绘作品、游戏体验等方式，将革命故事讲好、说透，让百年党史浸润少年心田，使革命精神薪火相传真正走心、走实。该节目 2021 年曾获国家广播电视总局专题点评。电视社教节目二等奖作品《奋斗百年路　启航新征程　惠州市庆祝共产党成立 100 周年大型主题党课》（惠州广播电视台）以“感人”“自豪”“奋进”为主基调，打造融 3D 动画、视频、现场朗诵、歌舞、话剧、讲述、跨时空连线、声光电氛围等多种艺术手段为一体的大型主题党课，用大量的珍贵史料镜头和航空画面生动展现了百年来惠州人民生产生活发生的历史巨变，热情讴歌了党的领导下东江大地革命、建设、改革的壮美画卷和骄人成就，主题鲜明、史料真实、形式新颖、直击人心。纪录片（网络纪录片）一等奖作品《一代天娇——红线女》（广州市广播电视台）从艺术成就、人生经历、精神追求等多层面全景式记录了人民艺术家红线女忠于党、忠于粤剧、忠于人民的艺术足迹，打造了富含广府韵味的岭南名片，挖掘红线女所代表的岭南人文，采用先进的电影拍摄技术完成情景再现，艺术化地再现红线女一生中的重要节点和人生亮点，其中粤剧大老倌的出演和多种艺术手法的运用大大地增强了影片的观赏性和艺术性，该片也入选国家广播电视总局 2021 年第二季度优秀国产纪录片推荐目录。纪录片（网络纪录片）二等奖作品《勇敢者的征程》（深圳市腾讯计算机系统有限公司）以“建党 100 周年，重走荣光之路”为主题，以探险视角重新展示长征历程的意义，以国际化视野和语态讲述“中国故事”，采取家国情怀与户外探险的全新结合，实景还原长征与革命征程面临的生存极限，以中外探险家交流互动的形式，体现中外主创的国际合作精神，实现红色文化的创新表达，有效打通国内与国际传播。

（二）助力乡村振兴作品贴近生活

在本组参评作品中，乡村振兴题材的作品占比近 14%。该类作品主题紧扣时代脉搏，以小切口、大主题的表现手法，关注教育、医疗、安居等民生领域发生的重大变化，热情讴歌党和国家精准扶贫和乡村振兴政策。如，电视社教节目二等奖作品《携手》（深圳广播电影电视集团）采用大量采访和一个个真实故事，聚焦深圳对口新疆地区的热点民生问题，展现当地百姓日益提升的获得感、幸福感。电视栏目三等奖作品《乡村振兴大擂台》（河源广播电视台）以轻松诙谐的格调，全方位、多角度展现河源农村真实崭新的风貌，引导社会各界更多关注、积极支持乡村振兴。纪录片（网络纪录片）三等奖作品《跑夺》（珠海广播电视台）紧扣乡村振兴教育先行的主题，以独特视角、通过纪实跟拍手法，真实记录帮扶智障少年走出深山接受特殊教育的故事，展现东西部帮扶协作取得的显著成果；纪录片（网络纪录片）三等奖作品《明明的长征》（韶关广播电视台）准确把握时代脉搏，跟拍一位红军后代放弃城里的生意而投身乡村振兴事业十年如一日的艰辛历程，生动塑造了新时代农民的典型，向观众传递积极正向的价值观。

（三）其他题材参评作品精彩纷呈

本组其他参评作品中，还有涉及生态文明、中华文化、军事法治、三项工程（粤菜师傅、广东技工、南粤家政）以及医疗卫生、美食生活等方面的题材。其中，电视栏目一等奖作品《我的白大褂·王牌科室》（深圳广播电影电视集团）以创意叙事手法，开创“非虚构剧”的全新形态，用三个月的完整记录周期，通过纪实拍摄，真实呈现医护工作者救死扶伤道路上的奉献精神，引导观众对医疗行业的看法，树立正确和谐的社会医疗观，缓解医患矛盾。动画片（网络动画片）一等奖作品《小凉帽 3 之白豚湾奇遇》（深圳华侨城文化集团有限公司）曾获国家广播电视总局 2021 年第三季度优秀国产电视动画片，该片取材于中国传统文化，以广东非物质文化遗产“凉帽”为文化载体，汲取中国经典民间故事元素，结合现代城镇和乡村生活展开创作，潜移默化地引导少年儿童正确看待文化传承、自然保护和自身成长，画面清新明亮，突出表现美丽的岭南田园自然风光及客家文化。纪录片（网络纪录片）二等奖作品《〈秘境神草〉第三季》（广东广播电视台）通过多种拍摄技术手段，全景式地讲述人与自然、人与本草的中国故事，展现了中国中草药文化的神奇魅力，深入挖掘中华优秀文化价值内涵，激发中华优秀传统文化的生机与活力，该节目被国家广播电视总局推荐为2021 年第二季度优秀国产纪录片。

三、问题与建议

（一）参评节目同质扎堆现象明显

纵观本组参评作品，电视社教节目参评 22 件作品中，与庆祝建党百年主题相关的作品有 10 件，占同类节目的 45%；纪录片（网络纪录片）参评 35 件作品中，与庆祝建党百年主题相关的作品达 20 件，占同类节目的 57%。部分节目千篇一律，缺少创新、缺乏创意，甚至出现不同送评单位的作品题目一模一样，作品内容主题相同，这容易引起审美疲劳，难以从众多参评作品中脱颖而出。建议节目创作者聚焦重大主题时，要在内容上突出本地特色、在形式上彰显创新特点，减少相仿相似，避免雷同。

（二）动画片（网络动画片）参评作品太少

广东是电视动画创作大省，“十三五”期间全省共制作发行电视动画片 319 部 128 649 分钟，发行数量全国第一，2021 年度以 69 部 21 465 分钟大幅度领先于其他省份，超过全国总产量的四分之一。但进入本次广播影视奖复评阶段的动画片（网络动画片）仅 11 部，其中还有类似公益广告性质的动画作品参评，很难全面代表广东电视动画（网络动画）的质量与水平。建议主办单位从参评条件设定方面充分考虑动画行业特点，鼓励和吸引更多的动画作品参评，同时要更广泛地发动动画制作机构积极参加广播影视奖评选。

（程永婳，2021 年度广东省广播影视奖电视节目一组组长、广东省广播电视局宣传管理处处长）

用精品佳作为时代讴歌

——2021 年度广东省广播影视奖电视节目二组作品综述

唐涤非

2021 年，是“十四五”开局之年，也是中国共产党成立 100 周年。面对新的年景、新的征程、新的目标，广东省广播影视发挥自身资源与平台优势，以更加稳健的步伐，守正创新，为正能量画像、为大时代讴歌，贡献了多元优质的广播影视文化产品。

一、概况

从广东省广播影视奖电视节目二组评审的电视少儿节目、电视综艺节目、电视文化节目、电视剧（网络剧）四大类参评节目看，参评节目 71 件。其中特别奖 1 件，一等奖 4 件，二等奖 11 件，三等奖 25 件。通过下图可以看到，四大类获奖作品呈现出以下特点：一是广东广播电视台、广州市广播电视台、深圳广播电影电视集团三家单位齐头并进，不但获奖数多，而且获奖等级高，特别是广州市广播电视台摘得 2 个一等奖，令人刮目相看；二是获奖类别及项目分布较广，几乎覆盖所有参评单位，东莞广播电视台、珠海广播电视台和汕头广播电视台在市县广播电视台中表现亮眼，业绩骄人；三是获奖层次及数量分布不均，广东广播电视台、广州市广播电视台、深圳广播电影电视集团在获奖排行中稳居榜首，是广东广播电视的中流砥柱，其他市县广播电视台受地缘、人才、设备等因素的制约，节目表现不太尽如人意，但其扬长避短，调整战略方案，在特色上寻找出路，故而整体表现不容小觑。

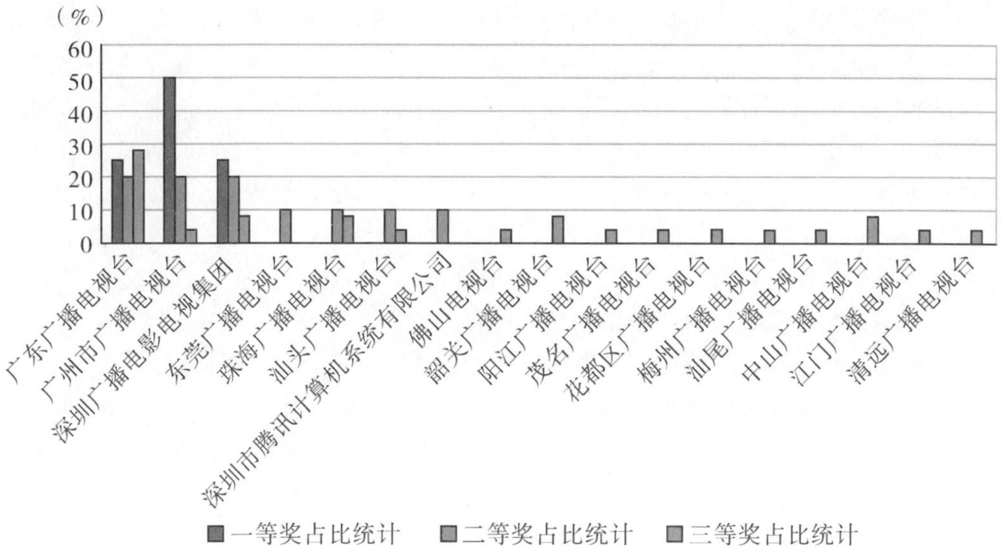

图 1　获奖单位及占比统计

细看参评节目，整体呈现出以下几方面的优点：一是重大主题节目的质量较高，肩负起了主流媒体的文艺使命与责任担当；二是开拓了大小屏互动的多元化传播格局，以电视的优质内容为核心，通过跨屏幕互动实现了受众覆盖面的拓展；三是老品牌节目在保持既有的深度和品位的同时，又有了创新和突破；四是一批制作精良、收视抢眼的电视节目接连登场。当然，广东广播影视在整体呈现出去娱乐化、去流量化等显著特点外，电视少儿节目、电视综艺节目、电视文化节目、电视剧（网络剧）四类节目也在始于 2021 年的文娱领域治理中，坚持守正出新的创作原则，在努力塑造着各自独特的荧屏文化风景线。

二、电视少儿节目

这次参评作品总体质量较高，其中不乏精品之作。纵观这次选送的 18 件少儿节目作品，制作者普遍具有极强的少儿本位意识，在节目创意和制作中，除了紧扣少儿受众的需求和意愿，制作者们还特别重视节目如何引发少儿受众的关注。评委们欣喜地看到，在这些节目中，少儿成为节目的真正主人，少儿的愿望得到了节目的尊重，少儿的思维也因节目而得到了启发，概括起来有以下几个特点：

1. 从策划到制作：贴近少儿多样需求

少儿节目对象主要是少年儿童，少儿期间的社会心理发展对其日后能否健康成长具有重要的意义和深远的影响。对此，各制作单位在节目创意上狠下功夫，针对少儿对家长和老师具有强烈的依赖感等心理特点，创作出了如《孩子的秘密之不想回家的孩子》《龙岗第一课——小学生心理自救指南》等一系列呵护少儿纯真童趣，贴合少儿心理需求的优质节目。尤其是《孩子的秘密之不想回家的孩子》获得了评委们的高度评价，节目敏锐地抓住了少儿成长中遭遇的种种问题，如小小少年因为繁重的学业所带来的压力、困于父母的长期缺席而导致的孤独……节目为此搭建起由孩子、家长、学校、社会构成的“少年勇气台”“超级家长会”等全景式平台，通过节目提供的平台，孩子们可以向父母袒露心声，可以把对爸爸妈妈的意见及怨气等在此全部倾诉出来。这档节目之所以成功，是因为其准确定位为“健康成长心理释放的少儿节目”，适时把握住了孩子们在成长过程中的心理特点，并由此开创了少儿节目策划设计新格局。

纵观此次参评的电视少儿节目作品，通过如《到红星闪亮的地方去之边海行》《我也要做消防员》《少年派》等节目，可以看出各台在满足少儿视听需求的基础上，为了让少儿节目更好看，力求在节目内容、编排、形态和传播方式上更精细，更有“少儿味”。尤其是一些节目通过后期所配的涂鸦式特效等，改进传播形式，加大视觉冲击力，以此来吸引受众的眼球。如《消防开学第一课》，孩子们在节目中的行为表现，很多时候只是小小的举动，可能并不突出，如果没有字幕，观众很容易忽略。节目用小喇叭或消防栓等手绘动画，把孩子们的行为加以突显强调，以此提高观众对孩子们消防行为的关注度；对于年龄小的受众来说，这样的强调有利于其潜移默化的模仿、学习。又如《小时代——二十四节气（立秋）》，节目大量采用鲜亮的颜色、细腻优美的动画、诗句俗语的童体字字幕，再加上缓慢的故事情节等，为孩子们巧妙地展示了立秋的节气知识及风俗，在充分开发孩子们的想象力和思考力的同时，把艺术性、娱乐性与教育性完美地结合起来，给观众留下了深刻的印象，真正实现了寓教于乐。

2. 从形式到内容：打造少儿精神家园

在众多收获口碑的节目背后，处处体现着创作人员的用心。针对少儿认知上呈现出单纯、幼稚、天真的特点，编导们在不同的情境、不同的故事中，着力于幻想王国的搭建、游戏精神的张扬、温情生活的展现，通过幻想、比拟、夸张、荒诞等艺术手法，塑造出一个个可以突破时空和生活常规制约的奇幻境界，让孩子们在节目的欣赏过程中，认知世界，陶冶性情，从而达成少儿视角观照下的生活现实。

如《2021 凯叔魔幻童话之夜》中“故事大王”凯叔及凯叔 IP 宇宙全员艾小坡、鸡飞飞、麦小米、宝拉、凯糊涂等逐一亮相于舞台，用孩子们喜欢的方式，以故事思维将 13 个魔法串联起来，现场不仅能看到艾小坡变大变小、李白腾空飞天，还有凯叔横空消失、纸牌魔术等多个魔术，带领孩子们进入一个奇幻的魔法世界！《2021 凯叔魔幻童话之夜》从独特的视角切入，不单为孩子及屏幕前众多受众奉献了一台有欢乐、有温度、有力量且更有质量的视听盛宴，更是为孩子们传递了“打不倒”的精神。而《白雪公主历险记》则是“旧瓶装新酒”，装出了新意思，节目的新内容不单贴近小演员的生活，更适宜表达展示，也更贴近新时代的表达：公主不再是一个等着王子来搭救的角色，她应该更独立、更自主、更有担当。

三、电视综艺节目

2021 年，因为新冠病毒感染疫情对人群的集聚和流动有极大的影响，从而导致有些节目创意和制作受阻或停工，在新困境中，广东广播影视充分利用自身特点与资源积累，让其在疫情之下反而产生了不少具有高收视率和品牌声誉的好节目，如《春响·2021 广州新春交响音乐会》《中山市庆祝中国共产党成立 100 周年文艺演出》《唱支山歌给党听》《一江月　珠澳情——2021 年珠海市中秋晚会》等。

反观综艺娱乐欢歌的背后，各级电视台的地方性既是局限，又是立身之本，各广播电视台发挥自身优势，凸显地方特色，打造自己的核心竞争力。在选送的电视综艺节目中，如《乐高大师》《国乐大典》《技惊四座》《“四海潮音”全球潮剧票友汇戏曲综艺晚会》《滨海绿城　好心电白》等节目，认准定位，坚持自身的文化特色导向，把中国传统文化与娱乐时尚等元素进行了有机融合，制作出蕴含本民族传统文化和具有本民族传统审美意味的节目，不但符合观众的胃口，更提升了节目个性，增强了传播效果，提高了市场占有率和受众的品牌忠诚度，将资源优势转化为节目优势，在激烈的电视媒介竞争中，开拓出了别具一格的新天地。

1. 凸显民族特性的审美品格

虽然各台情况各有差异，但在民族与传统文化特色的挖掘方面，大家都非常下功夫，展现出了一定的实力。如《技惊四座》《粤味好功夫》《一江月　珠澳情——2021 年珠海市中秋晚会》《唱支山歌给党听》《中山市庆祝中国共产党成立 100 周年文艺演出》《粤语好声音——乐队风暴》等，在节目中不但自信地展现出了中国精神、中国气派、中国温度和中国情感，同时更为观众营造了独有的中国电视氛围。如《乐高大师》播出后引发了观众强烈关注，节目用一方小小的积木激活文化穿透力，将中国的神话、古建筑、民族物件等极具特色的内容注入每期选手需要搭建的主题，选手通过对中国文化的理解，搭建出了“盘古开天”“月宫玉兔”“牛郎织女”“龙宫还宝”等惊艳的中国风乐高作品，实现了在现代背景下对本民族文化和传统精神的挖掘和重构，以独特的审美形式为民族美学传统与审美品格作了一个现代延续。还有如《“四海潮音”全球潮剧票友汇戏曲综艺晚会》，在水袖翻飞、唱念做打间，在充满古蕴的潮音曲调里，将极富民族特色的地方传统戏曲与节目进行了深度融合，不但抚慰了众多国内外潮人的思乡之情，更是充分展现了潮剧艺术古雅遗风的美学特征。

2. 植根于民族传统文化的内容和制作

结合民族与传统文化，怎样才能制作出内容多元化、风格多样化的节目呢？在《国乐大典》的节目中，国乐手们通过演绎不同的音乐主题，展现出对经典国乐曲目的理解及表达，让观众直观感受到民族乐器在舞台上的呈现方式与艺术价值。节目中年轻国乐手们将流行曲风、现代音乐制作手法带入传统民乐的表达，在齐心合力的演奏中，让古老的乐器奏出了不老的音符。节目在戏曲、舞蹈、吟唱、吟诵、话剧、诗赋等多种中国文化元素的合力下，全方位展示了中华民族音乐文化的精髓。节目不但点燃了人们对于中国传统乐器、传统曲目的热情，更为国乐发展注入了强劲的活力。

《百年风华　青春中国——流淌的歌声 2021》，将时代性与社会内涵相结合，以歌为媒讲述家国记忆，弘扬中国精神，凝聚中国力量。节目突破圈层限制，邀请广东音乐之声、太平洋影音有限公司等一起，紧紧围绕“歌曲、历史、情境、人物、物件、话题”6 个关键词，在营造出的“1 + N”沉浸式场景氛围中，讲述中国故事。

四、电视文化节目

梳理选送的 21 件电视文化节目，可以管窥 2021 年广东广播影视电视文化节目概况。如《出彩丹青》《光芒——追寻海陆丰红色印记 14 集系列专题》《跨越山海的祝福——2021 年春节文化交流活动（江门—霍尼亚拉）》《唱支山歌给党听》等节目都做到了以精耕细作去亲近受众，以平凡故事抒发百姓情怀，以微观视角呈现重大主题，不仅在收视率上收获可圈可点的成绩，同时节目也因为其蕴含的人文意识而呈现出勃勃生机。

1. 创作者：用身边事构筑时代的“我们”

从本次推选的电视文化节目看，节目的创作者们在保持节目题材多样性的同时，多数立足于当地，通过记录身边事来真实反映百姓的生活，以浓厚的生活气息构筑广播电视节目新景观的“我们”。如《每一个春天》《时代先声——广州文艺百年大展》《我是姚璇秋》《大埔瓷匠》《传世匠造·窑望》等节目，以浓厚的人文情怀，将镜头对准了平常生活中的艺术创作者，记录了他们的智慧、生活、情感和梦想，以及背后的艰辛历程和付出，向人们展示了一个充满活力与创造力的中国。还有如《发现新广州》《上川橹罟方粽》等节目展现的是寻常人的寻常生活，在浓浓的人间烟火气息中，不但迅速拉近和观众的距离，同时更是对电视文化节目题材选择的破圈和开拓。

2. 创作方式：以平凡的视角展现史诗般气质

评阅这次选送的电视文化节目，发现其不但题材丰富多彩，制作上也愈来愈工整、完美。优秀共产党员报告剧《红棉花开》将传统戏剧与新技术（4K 影像技术与增强现实技术、扩展现实技术）相结合，营造出全新的舞台情境，创造了沉浸式视听体验；《时代先声——广州文艺百年大展》采用对名人生活细节的捕捉，让节目更加接地气、有说服力；《〈信・念〉红色书信诵读系列》之①鲍荣②叶少初③邝戈在强调以声动人、以声塑形的方式中，让模糊身影从尘封的历史中走出来，在画面、音乐、音响等完美流畅的配合下，达到了“见信如面”的效果。

在对既有的创造模式求得完美的同时，也有一些节目突破原有的样式，用精准的镜头语言和流畅的情节叙事，从最平凡的生活出发，展现出以小见大，以近见远的精神追求。如《〈四库全书〉探秘》，让观众重新了解到国宝级古籍《四库全书》的历史延展脉络，看到始于百年前的不同时代、不同身份、不同地域的人们携手于烽火中护书，到新世纪后辈秉承前人精神，不辞劳怨地守书。节目将这段鲜为人知的历史展现在观众面前，从中亦可以看见延续的历史文脉和中华文明，同时更加坚定地构筑起我们的文化自信。还有如《水的智慧》，节目以“水”为脉络，采用一种“回眸”的方式，为观众描绘了一幅清晰的“历史・文化”画卷。摄制组聚焦四川都江堰，穿越时空隧道，走进历史现场，借助 PBR 实时渲染和三维技术等，生动再现都江堰水利工程背后的科学原理，解读千年不衰的水利工程在建设上的奥秘和奇迹，展示了人与自然完美融合的科学之美，让观众得以全新审视至今仍在发挥作用的工程所承载的历史经验和智慧。

五、电视剧（网络剧）

在今年选送的电视剧（网络剧）里，《扫黑风暴》《夺金》《韩愈来了》等电视剧（网络剧）都体现出了强烈的创新意识，题材的选择、镜头语言的运用、内涵哲理的表达等，都凸显出创作者在创作中变革求新的努力和对社会方方面面的关注，显现出创作者强烈的社会责任感。

1. 内容聚焦主题为时代讴歌

一些题材严肃的文艺片虽然未必像商业片那样具有很强的观赏性和娱乐性，但它却能让观众在观影过程中引发情感的共鸣，得到心灵的净化和思想的提升，并由此获得审美愉悦。如《夺金》，电影通过聚焦三代乒乓人的奋斗史，展现了中国人的国家荣誉感和自豪感。《韩愈来了》，以广东潮州的传统文化为切入点，诠释潮州的历史人文和当代风采，带火了潮州的传统文化和特色美食，让千年古城潮州“潮”了起来。还有如《情满大湾》《外来媳妇本地郎之一间客房两头难》《你是我的荣耀》等电视剧（网络剧）在满足观众娱乐和审美需要的同时，让观众能更深入地认识社会、历史和人生，由此收获一些有益的启迪和感悟。

2. 镜头聚焦时代精神的展现

回看今年选送的电视剧（网络剧），创作者们都非常娴熟地在用镜头讲话，透过镜头表达了对现实生活的看法和评价，充分发挥了电视剧（网络剧）的社会影响力。例如在《扫黑风暴》中，导演采用富有寓意的镜头，让主角李成阳在潮服和警服的服饰对比间，以鲜明的形象和跳跃的跨度，形成了内涵丰富、耐人寻味的视觉冲击，将影片的主旨进行了艺术化的呈现，彰显了新时代公平正义和以人民为中心的价值观。《七十二家房客第十七部》《外来媳妇本地郎之一间客房两头难》等电视剧（网络剧）凭借其独特的风格样式和艺术语汇，成为化平凡为非凡的优秀作品。一个个电视剧（网络剧）创作者，以其精益求精的艺术匠心，成功地塑造了一系列生动的艺术形象，他们以个体群像展现了大时代的波澜壮阔，在镜头语汇的延伸中，提升了观众的家国情怀。

六、总结

纵观整体，这次节目评选的参评单位多，覆盖面广，较为全面地反映了广东省各级电视台电视少儿节目、电视综艺节目、电视文化节目、电视剧（网络剧）的发展现状。当我们如数家珍地评述榜上有名的佼佼者时，个别节目的问题和不足也是值得关注的：如送评时有的单位缺乏申报技巧，出现节目报错类别的情况；有的单位制作不够精心，主持人的主持词里出现了不该有的硬伤；个别晚会节目里充斥着大量的领导介绍；歌曲节目里出现乐音不准等情况。在各台相比较间，市县台的节目问题稍多，副省级以上电视台的节目虽也难免，但程度稍轻。

以上是围绕四类广播电视节目的评述，深有“站着说话不腰疼”的感觉，评述时也就难离压力和喜悦。所谓压力，是由于文章篇幅和作者能力的局限，笔者只做了一些初步的梳理，不免挂一漏万；而为之喜悦的是，在过去的一年中，广东广播电视取得了众多令人瞩目的成绩，制作了一大批构思新颖、格调健康、特色鲜明、制作精良的颇具影响力的广播电视佳作。

立足当下展望明年，我们可以有更高的期待！

（唐涤非，2021年度广东省广播影视奖电视节目二组评委、华南农业大学副教授）

创新表达方式　讲好广东故事
——2021 年度广东省广播影视奖新媒体新闻作品评选综述

王玉玮

所谓新媒体新闻，即依托新媒体进行传播的新闻。相较于传统新闻，无论是新闻的叙事方式，还是新闻语言的表达，新媒体新闻都出现了一些颠覆性的变化。2021 年度广东省广播影视奖新媒体新闻组包括新媒体新闻短视频、新媒体新闻专题、新媒体新闻现场直播、创意互动作品、新媒体版面编排、全媒体传播作品 6 个子类别，共计 104 件获奖作品（见下表）。

表 1　新媒体新闻参评和获奖情况

单位：件

项目	参评总数	获奖总数	一等奖	二等奖	三等奖
新媒体新闻短视频	38	23	1	7	15
新媒体新闻专题	28	17	1	5	11
新媒体新闻现场直播	25	15	1	5	9
创意互动作品	27	16	1	5	10
新媒体版面编排	27	16	1	5	10
全媒体传播作品	29	17	1	5	11
总计	174	104	6	32	66

2021 年度广东省广播影视奖新媒体新闻组作品体现了《关于加快推进媒体深度融合发展的意见》的方向要求，媒体在融合理念、融合方式、融合效果上积极寻求突破，展现了融合的坚守与创新。

一、贴近社会现实　凸显时代特征

新闻是历史的底稿，凸显时代和社会的特征，满足人民群众的精神需求。2021 年度广东省广播影视奖新媒体新闻获奖作品主题高度聚焦，其中关于建党 100 周年以及粤港澳大湾区发展的作品较为丰富与多样。这一方面反映了媒体的价值取向，另一方面也反映了深度融合的内容落点。广东广播电视台《“一百年正青春”百年党史百米彩绘长卷融媒项目》选取了中国共产党百年发展历程中的100个重大事件为表现对象，全方面展现了中国共产党百年宏伟历程。作品采用彩绘插图这一表现形式，将100张插图制作成动画，同时融答题、动效、浏览简介等为一体，尤其是一些页面中设计的枪炮声、历史原声与电影原声，能为受众营造出沉浸式的历史现场感。同时，作品选取的事件比较典型，创新了作品的表达方式，互动性强，能让党史变得更为鲜活，进而实现党史学习的跨代际传播。佛山电视台《号角》选择的三位主人公分别是老中青三代党员，他们有各自时代的烙印，有当年从警的热血，也有老党员带新党员的传承。从他们的故事中，观众可以感受到一代代党员民警的薪火相传，传承警训警魂。

正逢中国共产党成立100周年以及粤港澳大湾区加快建设之际，如何在粤港澳大湾区的大视野下串联起、讲述好湾区故事，更是成为广东广播影视工作者的使命。东莞广播电视台《东莞这条铁路在海底“挖洞”创多项国内之最》，作品现场感强，画面拍摄精美。尤其是记者准确捕捉工程的关键环节，通过提前采拍，用延时画面记录下生产过程，并采用多机位现场拍摄形式，将刀盘下井及海底盾构掘进的全过程，用3D动画、实景延时拍摄等形式清晰完整地呈现在了观众眼前。另外，作品报道意义重大，深江铁路建成通车后，不仅将大大缩短珠江口东西两岸的交通时间，促进东莞加速融入粤港澳大湾区，助力打造粤港澳大湾区半小时生活圈、经济圈，辐射带动粤东粤西与珠三角区域协调发展，同时能引领带动广东省加快构建“一核一带一区”区域发展新格局，实现高质量发展。广州市广播电视台《从广州出发——第130届广交会4K+5G+360°VR沉浸式全媒体互动直播》，作品通过观展、访谈、互动等多种表现形式全景式地呈现第130届广交会的盛况，直播分为A区、B区、C区和新港东路等几个点进行。在内容上突出“四个首次”（首次线上线下融合举办、首次以促进国内国际双循环为主题、首次举办国家级珠江国际贸易论坛、首次在线下设立“乡村振兴特色产品”展区），作品聚焦世界五百强、粤港澳大湾区、广州本土名企以及乡村振兴企业等热点展区，同时穿插“大咖”访谈，通过他们讲述自己的广交会情缘，展现广交会的历史以及百余届广交会对世界经济发展的贡献。

建设粤港澳大湾区是新时代推动形成全面开放新格局的新举措，也是推动“一国两制”事业发展的新实践。新媒体新闻逐步应用到粤港澳大湾区报道之中，其运用VR、H5等新型传播形态，全方位报道大湾区的伟大建设成果，讲好湾区发展故事。珠海广播电视台《第一天！横琴粤澳深度合作区这样开启!》以横琴粤澳深度合作区挂牌当天一系列“首发”“首创”“首单”等业务高效运转的纪实展现，体现出合作区的运作是粤澳两地的所期所盼，这也是《横琴粤澳深度合作区建设总体方案》正式落地实施的生动实践。作品通过一系列第一现场画面和两地居民、政府代表的同期声表达真实展现了合作区的热度以及大家对美好未来的期待。短视频充分发挥视频优势，以时间为轴线、以空间为引线串联起一个个真实事件，通过画面和同期声的合理运用，展现出合作区高效运转的第一天的同时，也让观众对合作区美好的未来充满了憧憬和希望。广东广播电视台《200 秒带你看懂“横琴粤澳深度合作区”有多牛》采用网络视频 vlog 的方式，让观众跟随记者一起边走边看边体验，增强了报道的亲近感，兼具说服力和感染力。全片不仅用英文表达，同时借鉴了西方受众的传播习惯，以易于接受的语言、角度、方式，有效提升了信息接受度。同时，视频采用了航拍、移动延时摄影、升格等融媒视觉呈现方式，主动将科技基因注入媒体传播链条中，提升了内容分发的精准性和海外传播的实效性。

二、创新表达形式 增强互动性体验

随着科学技术的不断发展，新闻传播的发展变革除了来自内需的自我革命外，还有外部的技术与环境的推动。媒体机构把目标从简单的“做大”调整为加速“相融”。新媒体作品创作者借助这个风口把内容的创新延伸为借助新科技的创新、内容分发的创新、视频展现的创新，同时提出更多的技术需求和融合要求，再反作用于新媒体传播技术，助推其发展更具时代方向。广州市广播电视台《广交世界 互利天下》版面设计以用户信息需求为导向，一页集纳了有关广交会的所有报道内容，包括电视报道和新媒体报道，其中一个大专题包含两个小专题，网友每天浏览同一个页面就能了解最新最快最全面的广交会报道。而且版面里面集纳的每条报道都设置了关键词为网友进行导读，方便网友通过关键词自行决定是否进一步点击进入浏览详细报道。在呈现形式方面，在综合考虑内容重要性的基础上，作品通过多元化的排版，加入海报、图片、视频等，让整个新媒体版面更具美学价值。广东广播电视台经济科教频道和股市广播《“暗访者之漂洋过海”剧情游戏》以“H5”表现样式，采用了年轻人喜爱的漫画风格，以报道走私“洋垃圾”事件的真实故事为背景，情节紧张且惊险，场景设计真实考究。作品通过剧情闯关的形式，让观众直接地体验到记者调查工作的日常，理解新闻工作者的价值、意义和使命。《“歌声中的百年征程”音乐长图》以 H5 互动为特色，以经典歌曲为载体，用歌曲串联百年党史，以小见大、化繁为简，锁定历史长河中值得关注的精彩瞬间，并通过那些具有感染力的经典歌曲片段，传达百年间奋斗前进的红色精神。作品从音乐的视角出发，以 10 个乐章为主线，选取 10 首经典红歌，包括了党史事件、党史人物、革命遗址、辉煌成就等内容，同时具备音频、文字、图片、H5、长图、互动等要素，具有十足的创意感、互动感、沉浸感、体验感。深圳广播电影电视集团《深圳欢迎孟晚舟回家》选取孟晚舟乘坐中国政府包机回国抵达深圳这一行程为直播对象，题材重大，主题鲜明。在直播的过程中，记者在深圳地表、宝安机场、高速路口以及隔离酒店等地，滚动连线，动态直播，全方位、多层面呈现了深圳人民全程欢迎孟晚舟回家的热烈气氛。直播动态推出图片、短视频以及海报等，表现形式丰富，而慢直播信号实时接入，能提供更多元的视角。清远广播电视台《连樟嬗变》展现了连樟村的当下与蜕变，反映了清远破解城乡二元结构的具体实践，其主题鲜明，意义重大。在优美的连樟画卷中，作品呈现出连樟村的商业街、农家乐、民宿等城乡“大合唱”的转变，以农村人的脱贫故事生动地阐释了连樟村的幸福征程。作品表现形式新颖活泼，图片、音频、视频以及互动特效界面、竖版排版、卡通人物的对话、“云游幸福村”的设计都让作品丰富生动又富有情趣。作品特效包装精美，剪辑流畅，互动体验感强。江门广播电视台《火了！科技赋能“小鸟天堂”，在江门感受生态之美……》从慢直播、H5 电子地图看小鸟天堂国家湿地公园，到深入了解小鸟天堂是如何做到以科技赋能生态保育的，以及当列车穿梭，江门是如何通过全球首例高速铁路拱形全封闭声屏障做到人、树、鸟、湿地和谐共生的。小鸟天堂 H5 电子地图以巴金著名散文《鸟的天堂》为开篇，开启小鸟天堂的“云旅程”！电子地图清晰的布局展示出景区内现有的主要区域，并配以相关介绍与指引，更有航拍视频、记者 vlog 带领观众透过屏幕一“游”小鸟天堂，让人无论身处何地都有身临其境的感受。

与传统媒体相比，新媒体具有很强的交互性，其传播方式是双向的。“如网络媒体是一种传播者和受传者之间双向的互动式传播，传播者几乎在发出信息的同时就能得到反馈信息。互动性是新媒体区别于以往媒体的最突出优势之一，主要体现在：信息的传播者和信息的接受者之间在信息的交流选择是双向的。”① 深圳广播电影电视集团《图鉴时光博物馆》作品运用 VR 虚拟技术、动态 3D 动画等手段搭建“图鉴时光博物馆”。线上数字博物馆以全景博物馆的形式呈现，生动形象地展示了中国共产党成立 100 周年以来我国老百姓生活中衣食住行等日新月异的变化，同时增添丰富有趣的互动模式，展示 + 答题 + 互动 + 祝福“一键四连”，充分体现了融媒体产品的交互性、多样性，让用户在体验的过程中，将知识性、观赏性和参与性融为一体，给用户以第一视角的近距离体验感，真听真看真感受。《带你走近党代会——互动学党史，致敬建党 100 周年》以党的一大到十九大为主线，通过 H5 沉浸式横屏画卷展现了党的百年奋斗光辉历程，并用互动打卡问答的形式展示了相关的历史细节。精美的绘画、动听的音乐和生动的有声问答，以别样的形式带大家学习回顾百年党史。在交互方面，作品除了加入动画、音乐、声效外，还设置了互动打卡环节，用户通过打卡，可以选择一个与该届党代会密切相关的关键词，增强年轻群体对相关问题的代

① 孙永鲁著：《新媒体时代思想政治教育传播学创新研究》，北京：新华出版社，2021 年，第 119 页。

入感。“长卷插画 + 视频动画 + 多维动效 + 互动打卡 + 社交分享”给用户多项选择，并在互动中出现不同场景。佛山广播电视台《穿越百年的拳拳之心》整体给人以浓郁的“佛山气质”，H5 在主题表现上，将拳拳之心的含义和功夫动作相结合，以六大典型人物为串联主题，以长漫画图文交互方式，让观看、体验者在视觉、互动体验方面，都感受到了一种舒适感。

三、平民化的叙事　个性化的表达

新闻主题报道除了追求宏大叙事外，还要聚焦基层实践、贴近基层群众，将镜头对准人和事，把主题报道做新做细。新媒体新闻作品以人见情、以事说理，将个体叙事融入重大主题报道中，报道“接地气、沾泥土、带露水”的新闻，以鲜活性和生动性吸引受众。“最优秀的作品不但揭示人物性格真相，而且还在其讲述过程中展现人物内在本性中的弧光或变化，无论变好还是变坏。”[①]韶关广播电视台《升旗！这位 85 岁的老人持续了 39 年》使用竖屏拍摄，加以图集、音频、视频、交互式体验等多种报道形式，全景地展现了张增应 39 年的坚守。张增应老人扛在肩上的不仅是国旗，更是一种使命担当，因为他在传递一份责任，坚守一份信仰。张增应从 1982 年开始每天坚持在家门口升国旗，39 年里 2 万多次的升旗、降旗，仅国旗就换了 20 面，看似平凡的举动蕴含着崇高的信仰。作品以小切口折射大主题，以小故事呈现大图景，并在层层铺垫中真实客观地展现普通党员的优秀品质和信仰力量。作品通过短视频、音频、手绘漫画长图、H5 交互等形式，特别是“我是升旗手”的互动设计，不但增强产品互动性，提升网民参与度，还让每个参与的网民都有极强的代入感和沉浸感。

江门市广播电视台《冠军背后的最美爱情故事》开场以比赛直播的旁白和直播现场有运动员摔倒的画面，烘托出陈健新在雨天比赛的紧张氛围。与此同时，陈健新家人、乡亲们“快一点”的加油声与现场妻子紧握双拳、忧心忡忡的神态形成鲜明对比。记者抓住这一细节进行采访，陈健新妻子用颤抖的双手边哭边说：“我叫他慢一点。”细节到位，感染力强。该作品无论是镜头的捕捉、采访的运用，还是音乐的配合都恰到好处。除了具有新闻准确、朴实、生动的特征外，作品还兼有电影艺术的画面美、小说艺术的形象美、散文艺术的意境美。它勾画出的真实场景、感人气氛，让观众看到了真情实感，回味无穷，其感染力无疑是巨大的。观众除了被运动员不屈不挠的体育精神激励外，还被他背后动人的爱情故事感染。

广东广播电视台《冠军辈出　看广东跳水队如何书写传奇》以广东跳水队

① ［美］罗伯特·麦基著，周铁东译：《故事——材质、结构、风格和银幕制作的原理》，天津：天津人民出版社，2014 年，第 113 页。

教练的第一视角，记录了广东跳水运动员的日常，既有进行时的记录，也有历史场景的展现。作品充分展现了中国独有的跳水人才培养模式，以及全红婵、谢思埸等世界冠军背后广东跳水队代代传承的不断拼搏、奋勇向前的体育精神，内容真实，情感真挚。作品在第十四届全运会举行期间，在全世界目光都集中在横空出世的跳水小将全红婵时推出，以极快的速度抢占了话题热度，在青年群体里反响十分热烈，具有较强的传播力、影响力。

珠海广播电视台《百年光阴一线连！珠海百岁党员滕天华的故事，一根线画出来了》在展现建党百年这一宏大主题的作品中让人印象深刻。作品通过动画、手绘、简笔画的创作手法，以第一人称的自述，用一根特别的线，讲述了一段延续百年的感人故事，无论是创意、绘画还是整体音乐的配合等方面，都让观者能很快沉浸到作品中。

2021 年度广东省广播影视奖新媒体新闻作品中主题鲜明、题材丰富、内容多元、形式新颖、融合传播的作品纷纷涌现，然而，仍然存在爆款作品数量偏少以及技术创新不足等问题。广东省广播影视奖新媒体新闻作品奖项设置应坚定价值引领与舆论导向，鼓励内容的创新与表达，推动技术的创新使用，确保正确引导媒体融合新闻生产的发展方向。

（王玉玮，2021 年度广东省广播影视奖新媒体新闻组评委、暨南大学新闻传播学院广播电视系主任、教授、博士生导师）

讴歌时代精神　传递湾区之声
——2021 年度广东省广播影视奖网络视听组参评作品综述

张步中

2021 年广东省广播影视奖评选活动已落下帷幕，网络视听组节目评选包括网络音频节目、网络电影（微电影）节目、网络直播节目、网络综艺节目、网络短视频、网络专题节目六大类别，参评作品共计 143 件。本届评奖展示了广东省广播影视创作的丰硕成果，同时反映出省内影视节目的制作水平。从数量上看，各单位参评积极性较高，报送作品数量多；从质量上看，评选作品题材多样，地域特色鲜明，展现了岭南地区不同风俗文化的独特魅力，多数作品能奏响时代主旋律，稳抓社会热点，传递社会正能量，表现出较高的思想性与艺术性，彰显广东省广播影视创作的生机与活力。同时，本次评选也反映出作品在选题、内容创新、网络视听制作等方面出现的一些问题。以下将按作品类别，从优势与不足两方面来阐述本届广播影视奖网络视听组参评作品的创作特征。

一、回望百年建党征程，网络音频节目凸显专业特性

本次广东省广播影视奖参评的网络音频节目一共有 13 个，其中有 9 个短音频和 4 个广播剧作品，作品优点突出，体现出广东广电艺术的较强水平。

（一）制作精细，网络音频节目优势突出

网络音频节目整体质量较高，在选材、编排、后期制作上均表现突出，较好地发挥了音频节目的优势特征，综合来看主要有以下优点：

1. 主题鲜明，立意深刻

从主题选取上，本次参评作品的主题丰富多样、立意深刻，有建党百年、抗美援朝、新时代科技发展、防疫生活等，从全民热议的党政热点到贴近百姓的生活日常，不一而足。由此可见，网络音频节目没有囿于只有声音没有画面的劣势，而是大胆地广泛选题，用独特优势表达人们喜闻乐见的各种内容。

2. 编排精细，构思巧妙

从节目编排上，大多数作品经过精心编排，专业性和知识性较强。如《百年征程为人民，砥砺初心向复兴》，以总—分—总的结构串联起整个节目，结构严整，依照时间顺序回顾了建党百年历程中的重要时刻，内容、情感层层递进。

又如《高质量，新发展，科技时代乘风破浪》，运用昨天与今天不同生活场景对比突出科技进步，设计比较巧妙。

3. 制作精良，感染力强

从节目制作上，本次参评的大多数作品制作水平精良，播音员专业性强，声音丰富多变、有感染力，各种音乐、音响搭配协调，提升了整个作品的质感。微广播剧《袁庚传：改革现场》以改革开放先驱者为中心策划广播剧，以重要人物来反映改革开放的历史，本身就有重大价值与意义。编导运用人物声、喝茶声、火车声、敲门声等营造出不同环境下的现场感，声音非常丰富，增强了作品的可听性。

（二）形式创新不足，内容传播力有待提升

本次参评节目也暴露出当下网络音频节目的一些弊病，主要有以下问题：

1. 固守传统，缺乏形式创新

尽管媒体技术日新月异，但是部分节目制作主体固守传统，节目形式创新性有待提高。例如《给孩子的365个睡前故事——海鸥姑娘》节目形式较老套，缺少丰富的音乐、音响来提升质量，整个作品稍显单调、乏味。又如《飞扬971特别策划：皮亚佐拉诞辰100周年》，仅是单纯的采访剪辑，没有其他设计。

2. 叙事平淡，缺乏戏剧性

对于音频节目的特点把握不足，造成广播剧没有“剧”的特点、作品找不到合适切入点、无法吸引听众等问题。如《“听党史”三河坝战役》，以宏大叙事叙述宏大历史，全篇以主持人解说词铺陈，让人很难入戏。如果作品能够以这场战役中的动人细节或有趣的故事为切入点，自然带出这段历史，想必能够更加抓耳。

3. 导入过长，易流失听众

创作者对网络传播特点认识不足，反映在具体作品中就出现长篇大论、难以吸引人的问题。例如广播剧《我家的防疫生活》，虽然情节诙谐有趣，不可否认是一部尚不错的作品，但是作品开头的背景提要较长，入题太慢，容易使听众疲劳。当今媒介出现短平快的趋势，音频节目相对于电视节目来说需要人们付出更多的注意力成本，一旦不能在短时间内迅速抓住听众兴趣，就很容易流失听众，哪怕后面的内容再精良也无济于事了。另外，此节目已获2020年网络视听节目一等奖，第二年一般就不要再送了。

二、讲述时代人物故事，网络电影（微电影）节目彰显中国特色

本次广东省广播影视奖网络电影（微电影）类别的14件参赛作品，总体上质量较高，主题丰富多样、各具特色，内容积极向上、弘扬社会主义核心价值

观，但部分作品在主题表达、视听制作方面存在一定的问题，整体在剧作上都存在短板。下面将从优点和不足两个方面进行阐述。

（一）独特视角切入热点议题，电影作品完成度高

本次参赛的网络电影作品在独具中国特色的故事内容的框架下，密切关注当下热点话题，通过电影化的视听表达，在带来视听享受的同时，具有良好的社会效益。

1. 关注热点话题，叙事视角独特

本次参赛的许多作品，都是以普通人的视角作为切入点，来反映脱贫、抗疫、反诈、打击邪教等热点问题，积极响应了党对于民生问题的关切。如《凤归梧桐》以高才生顾志诚为叙事视角，既讲述了脱贫攻坚和乡村振兴的时代故事，又聚焦于当下青年群体对于青春和梦想的思考。故事还融合了当地文俗“双凤舞”以及新兴的“直播带货”的经济模式。故事独具中国文化特色和时代特征，真实动人，并弘扬了社会正能量。《幸福云翔》以一个社区工作者云翔为切入点，关注就业、反诈、抗疫、空巢老人等民生问题。用青年基层党员云翔的小故事，阐释了各行各业通过践行社会主义核心价值观，在普通岗位上发光发热以实现自我价值的大道理，有助于广大青年真正领会为人民服务的深刻意义。《我的妈妈是记者》通过孩子的视角去看待记者这一职位，合理地讲述了人民记者如何奔赴前线，关注人间疾苦，为人民发声的故事，也通过孩子对母亲的尊敬与热爱展现了人民记者不畏艰险、勇于担当的精神面貌，传播了正能量，弘扬了真善美。

2. 视听运用灵活，带来良好观感

在视听制作方面，整体上作品完成度都比较高，能够灵活地运用视听语言和叙事手法来讲故事，具有良好的视听体验。例如，《东海人鱼传2》的开场使用升格处理的近景镜头来凸显落水众人的狰狞表情、动作以及烘托情况紧急，加以全景的俯拍，展现了众人的贪婪与丑恶的嘴脸。而打斗场面对于剪辑节奏、镜头运动的把控，音乐、音响的使用准确而精彩，观赏性高。并且该片在特效、构图、镜头运动、场面调度上都有一定的水准，为观众带来了一场视听盛宴。《拼图》的视听语言简洁而准确，不过度依赖台词，能够灵活地用镜头讲故事。利用地球仪、放大镜等物件展现男孩对大千世界的向往，暗示母亲的后续行动；利用镜头虚焦将母亲的重要行动推后展示给观众，既推动了叙事，又铺垫了故事高潮。

此外，还有不少作品能够灵活地运用平行蒙太奇、复现蒙太奇、闪回等叙事手法。如《播火者》运用平行蒙太奇，将杨匏安和赖宣治这两条不同时空的叙事线穿插表现，产生“隔空对话”的效果，引导出“变与不变”的观点——

时代变迁，播下火种的精神却永不会褪色，为党和人民事业奉献自我、砥砺前行的信念永不会改。必须提醒的是，将一个体育老师和一个中国早期的马克思主义传播者相提并论是否妥当还是值得商榷的。

（二）镜头语言存在不足，部分作品缺乏电影特征

总体来说，本次参赛的作品在视听制作和剧作上都存在一定短板，导致整体上缺乏电影化的特征，没有特别出彩的作品。

1. 镜头不够简练，连接逻辑混乱

大部分作品在视听表达上不够简练，部分镜头连接存在逻辑问题，使得故事的展现不够清楚，主题不够突出。如《一梦·临川》桃林男女主人公相遇的场景中，镜头全景、近景的连接逻辑错误，镜头的上摇用意不明，导致人物的空间关系混乱；紫钗出现的镜头存在前后剪辑错误；部分镜头相似，对于叙事并无用处。《凤归梧桐》中多次景别运用不符合具体情境，人物对话使用全景背拍，不能够展现对话时的人物情绪和动作表情，使得画面呆滞，人物不具亲和力。《高要"四大才子"中秋寻"香"之旅》多为近景、中景景别和固定镜头，景别不够丰富、镜头运动单一，并且构图缺乏美感。这些问题在一定程度上影响了故事的呈现，使得其缺乏中秋节日氛围，主题不够突出。而部分作品在声音的制作上也存在声画不同步的低级错误，影响观众的观感。

2. 剧情较为平淡，逻辑问题突出

在剧作上，部分作品的剧情较为单调平淡，矛盾冲突不够明显，不符合电影的叙事结构。一些作品剧情生硬，逻辑经不住推敲。例如《城中村美食：外国小哥品川菜，这一口辣，刺激上头!》《红色热土　百年初心　广东红色故事汇之冯铿——左联五烈士中唯一的女烈士》《我是南澳女民兵》三个作品故事较为平淡，缺乏矛盾冲突，更多的目的在于直接展示，而非电影化的叙事表达，缺乏电影特征。又如《凤归梧桐》，剧作上对父亲不愿看病的动机表达模糊，使得一个为人民服务的老支书形象显得生硬，缺乏观众认同，其与儿子的矛盾让人难以理解。而主人公人物弧光的闪现缺乏明确的激励点，剧情难以令人信服。《东海人鱼传2》中矛盾双方（沈梅为首的反派和严龙王为首的正义方）冲突进展中危机的解决较为简单，与场景设置的冲突层面和激烈程度不相匹配，导致落差巨大，不能满足观众期待。

综上所述，本次的参赛作品具有一定的制作水平，能够把握时代的主题，讲好中国特色故事，但在以电影艺术为本体的表达上仍具有一定的进步空间。

三、技术赋权内容生产，网络直播节目关注社会民生

网络直播节目是依托互联网平台，以直播为特征，进行实时表演、展示、

互动的节目形式。它往往关注转瞬即逝的突发事件、处于变化发展中的事物，或是需要调动观众互动参与的内容。凭借同步交流的优势，主播可以与线上观众进行深入交互，这不仅能调动用户主动参与，增强观看体验，提升内容的亲近性与沉浸感，而且这种未经反复排练的、极具临场感的呈现方式能带来更强的真实感。本次参评的网络直播节目一共有 21 件，其优势与不足如下：

（一）紧扣时代发展主题，直播内容多维呈现

网络直播节目的参评作品在主题表达上具有一定的深度和社会意义，借助直播技术全方位展示内容的广度与深度，信息量充分，贴近性强。

1. 聚焦时代发展，紧贴社会现实

节目紧贴时代发展，关注现实生活。《全民投票查餐厅：网红茶餐厅食品安全巡查》关注百姓舌尖上的安全，以突击检查的方式造访网红餐厅，检查后厨卫生情况，并进行现场执法整改，与观众一同进行社会监督。《在莞过年》在除夕这个特殊的日子里将镜头对准异地过年的医护人员，并搭建云端对话平台，让援鄂医疗队的老战友们重逢，彰显浓厚的人文关怀；《好心南塘　十里碧道徒步行》围绕乡村振兴的时代背景，借助徒步的方式游览乡村美景，呈现乡村新面貌，进一步激发群众的热情与信心。

2. 结构清晰明了，布局层次分明

结构的合理布局也能够将多个部分凝聚为一个整体，创造“1 + 1 > 2”的效果。《猎德花龙去哪儿?》选取“龙舟”这一代表性的符号，设置三个场景，在博物馆介绍龙舟的历史、在村史馆讲述与龙舟相关的民风民俗，最后走进幼儿园感受龙舟文化的传承，清晰展现龙舟文化的过去、现在和未来。《【探村直播】阳光、沙滩和海浪，这个暑假玩转闸坡》以主播探村的形式，将闸坡镇的三个景点串联成线，在游览十里银滩、博物馆和悬崖泳池的过程中，讲述闸坡镇得天独厚的自然生态资源、海上丝绸之路的历史文化和发展网红旅游产业致富的故事，全方位、多层次地展现海岛的魅力。

3. 内容生动扎实，信息体量丰富

长达数小时的直播节目需要丰富的信息内容为支撑，才能持续吸引观众的注意力。《2021 秋季“开学安全教育第一课”》邀请专家走进校园进行公益宣讲，从电梯安全、食品安全、用盐安全、儿童产品安全，到禁毒科普、预防金融诈骗，以短片科普、主题演讲和知识问答等多种方式，帮助学生全面树立安全观念。《巾帼心向党，奋斗新征程——鹤山市 2021 年庆“三八”“融入湾区·她风采”云上分享会》将先进人物视频展播、先进表彰、典型人物故事分享、文艺表演和留言抽奖等环节相结合，生动地展现女性群体的精神和力量。

4. 主持人表现专业，富有亲近性和感染力

《同学，请接招——党的十九届六中全会专场》和《【探村直播】阳光、沙

滩和海浪，这个暑假玩转闸坡》，主播都身着与节目主题相匹配的服饰，并且能够在没有材料辅助下长时间流利地对镜讲述，显示出较强的专业素养和充足的事前准备。

（二）未能把握网络直播特性，仍需培养受众思维

网络直播节目虽在主题表现上较为突出，但其互动性、摄制水平表现较弱，仍需培养受众思维，进一步提升受众观看体验，不足之处有以下几点：

1. 内容选择有待考量，部分选题不适合直播

一方面，许多内容和话题并不适合采取直播的形式。如《猎德花龙去哪儿?》关注龙舟文化的历史渊源、当下现状与传承发展，具备较高的文化价值，然而这类节目时新性不足，反而更适合做成专题片。另一方面，还有节目直接将线下的报告会、文艺演出和宣传活动进行网络同步直播，如《深圳全球创新人才论坛》《“唱支赞歌给党听”深圳市庆祝中国共产党成立100周年党员群众歌会》《2021“天才梦想秀”舞蹈大赛总决赛》《院士专家陪您战疫情》等节目主要服务于线下观众，只是直接搬上互联网，不符合本次网络直播节目的参评标准。

2. 缺乏互动交流，难以拉近传受距离

大多数节目在构思与制作时，未能对线上观众予以足够重视，没有发挥直播实时互动的优势。《好心南塘　十里碧道徒步行》中主播局限于为观众讲解内容，仅与采访对象进行互动沟通，忽视了与线上观众对话的必要性。尽管《巾帼心向党，奋斗新征程——鹤山市2021年庆“三八”“融入湾区·她风采”云上分享会》等节目尝试设置红包抽奖活动，力图调动线上观众的参与热情，但是互动环节形式单一，奖励的吸引力弱，难以持续留住观众。

3. 声画制作不佳，观看体验较差

网络直播节目往往需要前期的周密设计与仔细编排，对主播、摄像和导播等工作人员的要求较高，需多方合作才能顺利完成一场直播。然而，在具体实践中往往出现多重问题，一方面，画面的清晰度和艺术性都有所欠缺，《情浓三江　醉美芦苞——FM90.6人气主播元宵带你畅游诗意芦苞》《请签收！Sunny向你送来一张出发中国航展的机票》等作品的清晰度相对较差，缺少构图美感，镜头也随意晃动，容易造成眩晕感。另一方面，不同场景的音量落差较大，如《国庆欢乐行　平安你“禺”我》中主会场主持人的声音过小，在场景切换时前后音量差异较为明显，影响观看体验。

4. 直播时间过长，影响传播效果

本次评选的时长要求是“不超过180分钟”，从具体实践来看，多数节目没有超过120分钟，却已经显得过于冗长，引发观众观看过程中强烈的疲惫感。

尤其是《百年辉煌　我心向党——广东省互联网行业“百名书记讲党课”首场云党课直播》《深圳全球创新人才论坛》等讲座授课类内容，观众更容易产生倦怠感。

5. 存在摆拍问题，削弱内容真实性

直播原本借助未经排练、极具临场感的画面带来真实的观看体验，但是部分节目在编排设计过程中出现摆拍等问题。《你好上镜之送给最美的教师》中主播谈及这是一场突击式采访，但是在与师生的互动问答时表演的痕迹显而易见。同样，《2021 清远市网络直播“查”餐厅第三场连山专场》原本是对校园食品安全进行检查，却演变成质检员为主播讲述检查项目和流程的作秀摆拍，未能发挥带领线上观众进行社会监督的作用。

四、多元形态大放异彩，网络综艺节目融入地方特色

本次报送网络综艺节目类别评选的作品共计 27 件，大多数节目都能有意识地注重视听语言的表达，在镜头景别角度、主观音乐使用等方面可圈可点，给观众的视觉冲击感强，具有较高艺术欣赏力和审美价值，值得赞扬。但在节目效果呈现上，部分作品仍表现较差。整体来看，网络综艺节目有以下优劣势：

（一）宏大主题融合地方特色，形式创新彰显文化自信

参评作品题材丰富，主题深刻，其中晚会节目数量居多，编排富有地域特色，有意识地将当地的文化传统与电视节目进行融合，彰显地方文化自信，起到文化推广与传承的作用。

1. 当地特色鲜明，贴近性强

许多地方台报送的节目将本地的特色融入了主流价值的宣传，使得整个节目更加贴近目标受众。如《红色东江颂》中，在展现党一百年奋斗历程的宏大叙事中穿插了惠州人民所作的贡献，并将其结合史实资料进行展现，使得节目更具有地方特点，符合目标受众心理，产生心理共鸣。《“百炼成钢再铸辉煌”谢岗镇庆祝新中国成立 72 周年歌会》以情景演绎、歌舞等形式呈现东莞谢岗镇劳动人民爱国爱党、凝心聚力，奋发进取、昂扬向上的精神风貌。《“春意到家乡　就地过大年”之广东省中山市：南粤名城贺新春　客家围屋念乡情》选用造型独特的客家土楼作为拍摄取景地，地域特色浓厚，很好地突出了“就地”这个关键词。

节目集合云南昭通在中山务工人员一起过年，在弘扬中山传统美食、民俗文化的同时，展示对口帮扶昭通脱贫攻坚取得的成果，内容丰富，意义深刻。

2. 传承非遗文化，彰显文化魅力

多部作品利用非遗文化与节目内容进行形式创新，展现当地深厚的文化底

蕴，增强文化自信。如《粤韵新声颂党恩暨我们的节日·中秋——粤剧曲艺晚会》以英雄为原型，对传统曲艺进行再创新，歌颂党的光辉历程，宣扬爱国爱党精神，充分体现了粤剧戏曲文化的魅力，对传承非遗文化有一定意义。《凤鸡传奇》借助一家对于“舞凤鸡”这一传统技艺的认识，扩大到非物质文化遗产的传承问题，戏剧化的情节使得整部作品引人入胜，发人深省，大大提高了节目的吸引力，帮助广大观众深入了解传承非物质文化遗产的意义，同时也展现了中华民族丰富多彩的文化，坚定文化自信，引导人们形成正确的人生观和世界观。

3. 贴近社会现实，宣扬主流价值

在报送的节目中，在宣扬主流价值观的同时十分注重从普通群体身上关注各种社会问题，以真实案例为节目内容，传播正能量。在《令人心动的 offer》（第三季）中，就借助观察实习生和导师的交流学习体现医者的高尚品德，以小见大，摆脱了原本宣教式的语态，更显亲近平和。如最美教师的颁奖节目就将目光聚焦在一线教师身上，通过他们身上的可贵品质和感人事迹来增强社会尊师重道的风尚，传达了正确的价值观。

（二）同质化严重，网络综艺摄制效果表现不佳

部分网络综艺节目在主题选择、摄制效果表现上仍存在诸多不足。整体来看，网络综艺节目有以下问题：

1. 主题撞车，缺乏新意

在本次评选报送节目中，以党成立百年为主题的节目很多，同质化明显。虽然有的节目结合了地方特色，但在整体叙事结构上仍然少有突破。这类节目往往是以时间发展为线索进行呈现的，这就难免在一些重要事件呈现的选择上撞车，本次参评作品鲜有主题突出、立意深刻的精品佳作。

2. “网感”不足，缺乏互动性

多数参评作品的“网感”特征不够鲜明，未能走出传统电视节目的固化模式，一些网络综艺节目的呈现效果与电视综艺节目相差无几，仅是将电视作品通过网页端进行播放。其展现的特征并不符合网络综艺节目的特色，网络互动性基本体现不出来。

3. 晚会节目摄制效果差，缺少后期包装

所报送的节目多为晚会录制节目，虽有部分佳作在视听呈现上表现良好，但总体上在用光、色彩效果方面的呈现不尽如人意，许多节目忽略了对光线的运用，没有让光线与节目有机统一，只起到照明效果，十分遗憾。一些节目的摄制效果欠佳，仅采用固定镜头拍摄，镜头表现单一，声音的录制效果也较一般，个别节目主持人麦克风音量过高，音质不佳，视听效果较差。

4. 节目定位有误，综艺特征不明显

个别节目没能区分短视频与网络综艺的差别，在制作体量上不符合网络综艺要求。时长过于简短的作品，主观上更像一个网络短视频，综艺特点不够突出。竖屏制作的作品也更适用于短视频传播，不大符合综艺节目形式。

五、紧扣粤港澳大湾区特色，网络短视频寻求创新表达

本次网络短视频参赛作品共 34 件，总体质量较高，主题积极向上，内容形式契合短视频生产和传播规律，向外展示了粤港澳大湾区的形象。作者创作中对短视频理念的准确把握对于粤港澳大湾区形象的展示无疑是加分项，但部分作品在选题立意、内容创新、视听制作、传播效果等方面还有很多不足。

（一）积极探索形式创新，网络短视频作品优点显著

本次网络短视频的参赛作品向外展示了粤港澳大湾区的形象，作者创作中对短视频理念的准确把握对于粤港澳大湾区形象的展示无疑是增色不少。

1. 选题寻求新颖表达，凸显社会价值

此次参赛作品的很多选题都极具社会价值，同时做到了创新性的表达，在有趣的内容展示中传递社会正能量。《七一前的觉醒夜》形式非常新颖，以定格动画拍摄表现中国共产党是如何成立的，创意非常棒，“网感”十足；短视频《乡村“新衣”》用年轻人 + 中老年人混搭说唱的新颖形式，将新旧元素结合，绘就了一幅农民富足、乡村美丽、产业升级的乡村振兴新图景，选题很有社会价值。视频很有“网感”，开头设计尤其吸引人，非常适合新媒体时代的传播；《咸水歌：红船精神代代传》将“跑船文化”和红船作为“红色摇篮”的故事巧妙结合，不落俗套；《绣花功夫藏着幸福密码》通过“绣花功夫”将传统文化与现代治国理念联系起来，给传统文化注入了新的内涵。《岭南中医赋》采用了说唱加主旋律的方式，使听众更容易产生共鸣、作品更易于传播。这些选题不仅涵盖建党百年、传统文化等宏大话题，同时也把目光聚焦到和我们生活息息相关的具体事件上，这种多样性的、有意义的选题对于粤港澳大湾区魅力的展示有很大帮助。

2. 视听表现多样，协力服务主题

很多参赛短视频已经抛弃了单调的内容呈现，而开始探寻更好的视听表现手法，以便更好地服务主题。像《真的爱你》大量使用航拍的形式，多种机位拍摄出来的画面很有美感，给观众耳目一新的感觉；《这里，藏着一片“水下森林”》潜入水下拍摄，丰富画面内容；《深圳 2050：2050 年的深圳如何突破想象？德国小伙儿“说唱”给你听》选取多种特效，拓宽了短视频的表现形式；《穿越广交会》通过虚实场景的结合生动地展现了广交会的前世今生；《揭阳》

采用了“穿越”的表现形式，从不同的感官去直观见证揭阳的变化。

3. 立足短视频特性，寻找传播爆点

一些参赛短视频极具“网感”，很容易激起观众转发的欲望，达到大规模传播的目的。例如，《咸水歌：红船精神代代传》《成团1921》《真的爱你》《粤港澳大湾区：唱支山歌给党听》《乡村“新衣”》利用歌曲为主要表现形式，歌曲在网络短视频传播中具有天然的优势，很容易就能成为爆款；《这或许就是传承吧！中国香港媳妇郭晶晶现场追星跳水梦之队》短短的一段素材具备多个良好网络传播效果的元素，包括冬奥会、体育明星、爱国、内地与香港等社会热点话题，在网络上很容易引起大范围传播；《我看见——致敬公安英烈》以极真挚的感情和极强的感染力，通过对观众情绪的感染，在互联网上得到了广泛的传播，遗憾的是评审规则是时长不得超过5分钟，该作品超时了。

（二）忽视短视频形式特征，作品呈现不足待改正

毋庸讳言，本次网络短视频不少作品也还有较大的提升空间，只有认识到存在的不足，未来才能利用短视频更好地传递社会价值。

1. 视听呈现较差，质量参差不齐

在本次评审中，可看到短视频类的作品视听表现整体较为多样，制作者大多都采用了创新的视听表达形式，但某些作品的制作质量还是欠佳，有一定的提升空间。从画面上来看，《接种疫苗，你准备好了吗》这条短视频几乎都是手机自拍内容，并且视频画面模糊，不够清晰；《致敬中国医生》中医生工作的画面太少，且摆拍的画面太多，有些尴尬；《真的爱你》全部都是航拍镜头加音乐，画面之间没有太大的逻辑性；此外还有一手素材缺乏，图片在视频里占比过多，素材选取不合适等问题也是很多网络短视频作品的通病，应该得到重视。从声音上来看，《画面珍贵！广州从化五指山月牙湖现“棉花团”奇观》配音存在喷麦的现象；《潮汕卤鹅》背景音乐和音效比较粗糙；《7条路1.6万平米的坚守，有她们凌晨的身影才有美丽的风景》人物同期声选择不够全面；《这里，藏着一片“水下森林”》背景音乐从头铺到尾，变化性不强，比较沉闷。声画呈现上，《我的爱唱给你听》《深圳2050：2050年的深圳如何突破想象？德国小伙儿“说唱”给你听》中一些地方声音与画面不贴合，出现“声画两张皮”的现象。

2. 缺乏网络特色，影响传播效果

此次部分网络短视频参赛作品存在形式老套，不符合短视频传播规律的问题。比如《7条路1.6万平米的坚守，有她们凌晨的身影才有美丽的风景》依旧使用传统的新闻采访形式，在新媒体上的传播受限；《不一样，又怎样?》《致敬中国医生》节奏过慢，不适合网络时代的快节奏和碎片化传播；还有一些视

频时长较长，但表达内容有限，例如《粤港澳大湾区：唱支山歌给党听》《梁建坤：不忘初心传技艺　牢记使命育人才》很容易让观众觉得重复冗长，不符合网络短视频的传播特点。并不是时长短的视频就叫短视频，短视频在选题、拍摄、故事、节奏等方面都有相应的要求，在创作时一定要依据短视频类别的参赛要求，不要简单地把一些时长比较短的网络专题片直接拿来当短视频参赛。

3. 创作态度敷衍，报送为了凑数

本次参与评选的作品整体质量都较高，制作较为精良。但有部分作品的创作态度却十分敷衍，将别的形式的作品截取一段或改成竖屏，就以为是短视频，可以拿来参赛了。例如《帮我加个号，好不好?》就是在竖屏短视频的模板中插入一段横屏形式的电视节目片段，本该属于综艺节目类作品，稍微二次加工后就摇身一变成了短视频作品，这显然有些敷衍；再如《2021，致敬每一个奔跑的平凡者!》直接把公众号推文录屏下来当作短视频作品，配乐也和视频内容存在脱节，非常敷衍也非常不负责任。如果把这类作品放在短视频平台，反而会让受众对电视台产生反感，降低电视台的口碑，应严厉批评，杜绝该类作品再次参赛。

4. 红色主题有误，建党历史搞混

表现中国共产党成立 100 周年的主题是 2021 年创作的重头戏，各参赛单位倾力打造自己的作品，希望能脱颖而出可以理解，但涉及红色主题我们一定要遵循历史事实，表述严谨不得有误。《成团 1921》以动画 + rap 说唱，寓教于乐地让青年人了解红船精神，传承红色基因，创意是好的，但作品稍加推敲就会发现问题很大。一是把中国共产党建党与“成团”简单画等号，这样的理解就不恰当了；二是画面使用犯有常识性错误，一大地址是上海一楼旧式石库门住宅建筑，而不是现在出现在画面中的遵义会议旧址；三是毛泽东本人在当时的地位，仅是 13 人中的普通一员，现在画面突出其四五次。另外，毛泽东去安源的镜头上面写的是 1921 年夏，应该是 1921 年秋，且又一次配上了遵义会议旧址；四是歌词“拿起麻将开始搓，画舫上的歌女”之类的表述虽然有与历史相符之处，但表现中国共产党成立这样严肃的主题，能否这样表述值得商榷。

六、契合网络传播效果，网络专题节目展现时代价值

本次网络专题节目共收到 32 件作品。总体来看，送审节目的质量水准较往年有着一定的提升。作品整体在选题立意上表现较为突出，制作精细，部分作品还表现出了较强的“网感”，有利于吸引年轻受众观看，但同时节目段落过渡不自然、人物表演痕迹明显、特效处理不恰当等不足也较为突显，以下分而述之。

（一）选题价值突出，网络专题节目视听效果佳

就本次参评的网络专题节目作品整体而言，其具有的共同优点主要包括两方面：选题价值意义大和拍摄制作的技术水准高。

1. 聚焦红色故事，选题意义重大

总的来看，参赛作品在选题策划上颇下了一番功夫，主要围绕党史故事、脱贫攻坚、民俗文化、乡村振兴等主题展开，既强调记录党史理论，传承红色故事，又聚焦挖掘新题材、大事件，回应国家政策号召，同时也注重把握社会时事热点，满足群众信息文化需求。

在建党100周年和粤港澳大湾区发展的背景下，多个专题节目都聚焦党史讲述和大湾区社会经济交流。其中，《穿越百年追寻你——沉浸式党史课堂》系列视频选题独到且制作用心，依托VR、AI、3D等技术带领受众走进历史深处，讲述党的百年光辉历程，在建党100周年的重要历史节点展现出重大的历史价值和时代意义，也因此从所有参赛作品中脱颖而出。又如《画说海陆丰红色故事》以画作为切入点，讲述海陆丰地区的党史，在细小之处完成较为宏大的叙事，更加突显地方党史这一特色，具有鲜明的地域特色，大大增强了节目的亲切感。同时，广东地区从古至今的文化思想兼收并蓄，百花齐放，底蕴深厚，因此，可供专题节目挖掘的选题众多。部分参赛作品颇为关注本地区的民俗文化传播，尤其在许多优秀传统文化濒临失传的当下，以影像方式记录传承民俗文化正成为可行之举。像《从十三行到广交会，这些老广的“金句”穿越了三百多年》《大美佛山》《影像中山志》《粤菜师傅·四海同享之千厨潮味》等作品都聚焦弘扬传统地域文化、传承民间手工技艺。

2. 运用新兴技术，视听效果俱佳

虽然网络专题节目的时长通常并不长，但是其画面呈现的内容也是非常丰富的。尤其在互联网平台上，丰富生动的视听元素对于提升节目的“网感”和传播效果意义重大。在送审作品中，航拍镜头的运用极为丰富，其中《航拍珠海》更是以航拍为主打特点，《影像中山志》也几乎全程都是航拍镜头，且质量都相对较高。这样的好处是能让受众以一种新视角去领略不一样的地方风情。《“庞玮解说版”深圳光影秀来了!》中，航拍镜头的使用很好地展现了灯光秀的恢宏壮观。相较于视野较为狭窄的实地拍摄，航拍更能让人眼前为之一亮。

另外，多数专题节目的声音元素丰富，采用不同的同期声、多样的配乐以及专业的解说词，起到了渲染烘托叙事氛围、引导叙事节奏、帮助观众沉浸其中的效果。例如《湾区哥哥的思政课》《从十三行到广交会，这些老广的“金句”穿越了三百多年》《山河血脉》等节目就运用了丰富的背景音乐、特效音响、人物采访等，音频多数质量较高、现场感强，在提升视频内容丰富度的同

时，也实现了采访对象、采访内容的多样化，大大增强了节目的真实感和说服力。

（二）叙事与包装效果欠佳，作品质量有待提升

32 件送审的网络专题作品中，不足之处也同样较为明显，主要包括节目段落过渡不自然、人物表演痕迹明显、特效处理不恰当三方面。

1. 叙事结构不清晰，段落衔接不顺畅

在 32 件作品之中，《湾区哥哥的思政课》《中国意志如何破解“美国陷阱”?》《这个“西伯利亚”没有“冬天”——记广东省敬业奉献道德模范聂桂清》等访谈类、走访类作品都存在段落结构不清晰的问题。各期视频的联系不紧密，难以体现衔接性，整体观看起来具有断裂感。节目显得零碎，缺乏条理，节奏颇为跳脱。此外，《侨批中的党史》《清远姑娘短视频系列》《航拍珠海》（第三季）等作品也都或多或少地存在此类问题。

2. 摆拍痕迹较明显，人物表演不自然

部分作品为了引入叙述内容，通常会选择设定一个小剧场式专题情景来引入话题，但问题在于场景搭建、主持人服装设计等布景道具质量不佳，直接影响了节目的整体效果，弱化了节目真实感，并且出镜人在镜头前表现僵硬、不自然，刻意摆拍的痕迹明显，容易让人出戏。例如《山河血脉》片尾采用儿童朗诵形式，但儿童朗诵时表情不够自然，呈现出了一定的表演痕迹；《大美佛山》中的人物采访也不够自然，人物表现较为拘谨，画面尴尬。

3. 后期处理不恰当，特效效果不佳

作为网络专题节目，通过后期剪辑加花体字幕和特效转场来吸引年轻受众本无可厚非，但本次送审作品中，有不少都出现了滥用字幕转场的情况，体现为字幕频繁出现、转场过于花哨，破坏了作品风格的统一性。例如在《穿越百年追寻你——沉浸式党史课堂》中，本应该是庄严正式的党史叙述场景，由于节目制作组加入了较多特效字幕，一下子就破坏了整体氛围。此外，部分作品片头均习惯以特效画面开启，但质量不佳的“五毛特效”往往让人失去观看兴趣，影响节目的整体质感和观看体验。

总的来说，2021 年广东省广播影视奖网络视听组参评作品整体都呈现出良好的精神风貌，生动地展现了广东省各地的新时代新风采。参评作品主题丰富多样，或是高扬红色旗帜，深入学习党的历史，传承先辈的革命精神；或是扎根本地传统，致力于对外传播本土文化，增强文化自信；或是紧扣时事热点，回应公众关切。多数作品都能以弘扬社会主义核心价值观为己任，产生了较为深远的社会影响。但整体上看也存在暂未达到网络视听标准的作品，出现“网感”不足、互动性不强的问题，不少作品只是简单地将传统电视媒体内容搬运

到网络平台播出，并未对内容进行整合。个别作品定位有误，在时长、画幅、形式等方面不符合参评类别要求，需要加以注意。对于社会价值的坚守和对视频内容的不懈追求是每一个视听创作者一直坚守的使命，希望所有视听创作者未来能够继续砥砺前行，继承传统，开辟新径，多创精品佳作。

（张步中，2021年度广东省广播影视奖网络视听组组长、华南理工大学新闻与传播学院教授、博士生导师）

不忘初心　坚守理想
——2021 年度广东省广播影视奖广播播音主持作品综述

徐明珠

本次评选中，广播播音主持组共收到来自 25 个播出机构的参评作品，其中广播新闻播音作品 14 件、广播节目播音作品 24 件、广播主持作品 20 件。根据评选标准“准确生动、应变机敏，具有较高的思想和业务水平、独特的创作风格、鲜明的时代特征，体现广播电视语言传播的风格、魅力与实际效果”的要求，评委们各自展开初评，综合考虑内容题材、制作质量、主持人的态度状态及语言表达生动性等因素，结合初评和评议规则，再进行复评。评选出一等奖作品 2 件，分别为广播新闻播音一等奖作品——深圳广播电影电视集团《1062 新闻快报》（2021 年 11 月 29 日）、广播节目播音一等奖作品——广东广播电视台《走近广州十三行》，广播主持一等奖作品空缺；评选出广播新闻播音、广播节目播音、广播主持三个类别作品的二等奖共 11 件，三等奖共 14 件。

本年度三个类别的评选中，广播节目播音作品整体质量较为稳定，广播常态化播音没有太大的变化，基本功方面没有明显倒退，尤其省台和深圳台的主播们保持了一定水平，在播音方面一直坚持业务的良好状态，而广播主持作品方面，有些难能可贵的作品，紧随热点和先进科技题材，虽然内容不够透彻和成熟，但主持人的自我意识还是到位的，相对较弱的是地方台的播音作品，不少作品体裁宏大，主播却无法驾驭，因此选择题材非常重要。

本年度的参评作品内容广泛，大部分能贴合年度事件，尤其是获奖作品，题材较重大或重要，节目手法丰富，主持人创作态度积极饱满，应变机敏，充分运用广播元素，内容涉及时政、文化、民生等社会热点，反映社会现实，既有政府的声音，又有民众的呼声，较真实地反映出各台日常播出的节目形态，体现了各地各台的播音员、主持人的状况，总的来说，省台、深圳台等大台送评积极，作品质量较好。

在这次播音节目评选中，广播新闻播音作品相对往年有所进步，尽管都是日常节目，但播音员的播出状态和语言功力都较好，表达清新，自然提神，节奏舒展，也不失新闻表达的客观。而广播节目播音方面有些作品却有待商榷，这次有多件送评作品内容为建党 100 周年题材，讲述党的历史和共产党员早期在当地的斗争故事，也有一些是宣传先进共产党员的感人故事。显然，播音员驾驭此类稿件的能力有待提高，而一些民生节目和有地方特色的作品，播音员能娓娓道来，很有画面感。再有个别作品内容琐碎，题材并未能全面反映2021年度主题。本次报送广播主持作品20件，由于评选标准规定一个机构一等奖不得在同类作品中超过1/4，其他机构作品如不够突出，且评委看法又无法达成一致，经过评委三轮投票无法产生一等奖作品，则只能空缺。本次部分作品在体现思想性、传播价值方面尚有许多不足，亟待提升，部分作品在播音员、主持人的语态方面还停留在过去，没有时代感，缺乏创新意识，和整个大环境和空间脱节。播音员和主持人的讲述能力还有待更大提高，只要有稿件便不会说话，不是用力过度就是“甩调调”（固定调子），还有个别节目张冠李戴，内容和节目定位风马牛不相及，后续再探讨。有的主持人对主持播音认知不到位，拿腔拿调的情况时有出现，语音也不太规范。

二、作品分析

1. 广播新闻播音作品

广播新闻播音作品质量依旧是省台、深圳台、珠海台居前，播出质量较高，播音员的语音、节奏、表达、播报状态都比较成熟，而地级台和县级台略显参差不齐，大部分仍停留在表达单一的播读，有些作品没有准确的基调、语音不准，出现男女声对播音频不均衡、对播不协调等情况，更严重的是，尽管新闻是以播读形式出现，但往往很多地级台和县级台的播音员一味追求速度，表达不清，层次不明，没有重点句、重点意思，混沌一片，新闻不是绕口令，表述不清晰的新闻内容，就失去了传播的意义。

广播新闻播音作品要求语音标准，语言规范，简洁明快，平稳顺畅，播报时能体现出新闻内容的新鲜点，播说结合，抑扬顿挫，富于受众乐意接受的节奏感，因此获得广播新闻播音一等奖的作品是深圳广播电影电视集团送评的《1062新闻快报》（2021年11月29日）。

该节目立足深圳本地资讯，放眼全国与全球重大新闻时事，按照新闻的重要性、及时性、服务性等编排原则，重点关注了新冠病毒感染疫情的最新动态，包括深圳本地的防疫提醒与国内通报的最新病例，以及全球关注的新冠病毒变异株奥密克戎。同时也通过一组《要闻简报》，梳理了国内外普遍受听众关心的民生新闻与出行服务信息。两位播音员对稿件理解到位，基调准确，由始至终状态积极稳定，情绪饱满，语调明快。在对稿件进行二度创作的过程中，播音员通过对新闻稿件的播报，清晰明朗地向听众播送了消息内容，也通过有声语言准确阐明了新闻态度，播出了新闻信息的“意思”，播出了新闻态度的“精气神”，对象感强，有交流感。

情绪饱满，态度鲜明：播音员的播音状态是传递给听众最直观的听觉感受，积极饱满的表达欲和诉说欲，直接影响听众对新闻的关注和接受。两位主持人情绪饱满，状态积极，配合默契，基调符合节目定位。节奏明快但不失清晰，整体流畅，牢牢把握新闻基调，与听众积极交流，将文字转化为话语，使新闻稿“活”起来。语音准确规范，声音圆润集中，刚柔并济，富有弹性；表达准确、鲜明、生动，思想感情与语言技巧相统一，语言形式与新闻体裁风格统一，格朴实大方，显示城市广播主流媒体强烈的社会责任感。

重点明确，表达准确：播音员充分备稿，理解编辑意图，播音时有组织区分，语句抱团，语意明晰；有强调重点，目的鲜明，逻辑严密；有思考判断，态度明朗，传情生动，从语言表达上体现着新闻内容的语义情理、信息核心。理解能力和态度是对新闻播音的基本要求，主播掌握了这两个基本要素，才能使受众接收到准确的信息，该节目主播以稳重得体的声音和扎实的语言基本功，较好地处理了新闻类节目的播读，不做作，不卖弄，尤其后半部分表现尤为突出，字里行间都表现得流畅自然，一气呵成。通过播音业务的主观表现力，提高了新闻的传播力，体现了播音员的业务技巧，并以此服务于信息传达的根本目的。

灵活处理，变化得当：新闻播音创作需要基本功做支撑，两位主持人在节目中表现出了扎实的基本功底，备稿充分，在二度创作的基础上令每条新闻都有了不同的内涵和变化。在处理深圳本地新闻时，语态亲切热情，表现出对深圳本地发生事件的亲近感、自豪感；在处理疫情新闻时，态度严正关切，提醒受众注意，情绪把控冷静客观；在处理国际新闻时，则能做到理性对待，态度不偏不倚。新闻的新鲜感、快节奏让节目充满了时代感，脱离了陈旧和乏味的样态，让听众精神振奋，每条新闻都能准确清晰地传递到听众的耳朵和心里，体现了媒体良好的责任意识和精神风貌。

在许多广播新闻播音作品中，播音员普遍存在着状态疲懒、腔调单一、缺乏传播欲等问题，但该作品中两位播音员始终调动着二度创作积极性，新闻态度明朗、热情，时刻体现播音员的传播主体意识。男女播音员均体现出扎实的专业功底、良好的服务意识，通过生动的有声表达，提高了新闻的传播效果，实现了新闻播音的创作价值，共同完成了一次比较优秀的新闻传播。如果男女播音员在对播中配合得更加默契，在语速和节奏方面进一步提高一致性，达到和谐统一的合作状态，则更加完美。作为新闻播音员，最需要的是坚持，坚持正确的业务理念，坚持正确的工作态度，坚持一如既往的最佳播报状态。

除了一等奖作品表现出色外，获得二等奖的作品是珠海广播电视台的《珠海晚新闻——横琴粤澳深度合作区建设总体方案》，佛山人民广播电台的《佛山电台晚新闻》（2021 年 12 月 18 日），在新闻播报方面，富于时代的节奏感，清新明快，不拖泥带水，内容也贴合百姓关注的热点，均为较好的作品。

在14件广播新闻播音作品中，部分作品还是不尽如人意，感觉不太投入，从内容到播音没有显著提高，令人耳目一新的节目基本没有。不少播音员为了省事省力，索性就按自己的习惯停顿、拉调，这非常不合适。新闻不是体现个人意志的东西，必须有客观的基调、工整的语句、明晰的表达、纯正的语音，以达到真正的传播效果。

2. 广播节目播音作品

广播节目播音作品共24件，以建党百年等重大题材为主，也有以科技、新概念为题材的作品。广播节目播音作品除了要求主持人语音标准、语言规范，还要求有声语言与节目内容、音乐、音效等元素紧密结合，恰如其分，升华节目内容主题，有较强感染力和艺术性。基于以上要求获得广播节目播音一等奖的作品是由广东广播电视台送评的《走进广州十三行》。这一节目关注的是广州历史文化记忆，选择具有影响力和代表性的广州十三行，让人们了解它曾经的辉煌和对今天的影响。主持稿规范严谨，颇具文采，主持人饱含对历史的敬重以及对本土地域文化的热爱之情，或浓墨重彩诉说或细致入微讲述，感染力强，是一期精心策划和录制的节目。该名主持人语音标准，基调准确，娓娓道来，主播描述画面感的能力较强，向我们生动展示了广州十三行的前世今生，声音形象的塑造符合节目气质。主持人特别突出的表现是较好地掌握了广播专题片配音的技巧，声画结合贴切，虽然听众看不见稿件所描述的景观，但主持人运用声音和描述的魅力再现情景，很好地让听众感受到了所描绘的景象，说明主持人有备而来，将稿件内容吃透拿稳，层次划分得当，重点突出，段落意思交代得较为清晰。专题片音效是广播中的第二语言，最考验主持人素质的是与配乐的结合，该名主持人能巧妙地配合背景音乐的起承转合，恰如其分地烘托了作品内容。尤为有趣的是作品用粤语播说，地方特色更显浓郁，听者更觉亲切。本期节目的版头介绍配音由普通话播音员完成，与整个节目的粤语配音稍显不搭，还有一点不足是运用的配音元素太多，稍显凌乱，但从题材到播讲都不失为一个好作品。

广播节目播音二等奖作品是深圳广播电影电视集团的《晋一说科技——“糖丸爷爷”的故事》，该节目搜集获得“人民科学家”国家荣誉的科学家的生平事迹，通过讲故事的方式编辑录制，使听众能从生动的故事中真切领悟“科学家精神”。在抗击疫情的背景下，11月20日恰逢世界儿童日，该节目选编被称为“糖丸爷爷”的人民科学家顾方舟的感人事迹，通过主持人的二度创作，让听众了解了枯燥的科研工作背后科学家们的辛勤奉献，大力弘扬了“科学家精神”，拉近了与科研人员的距离，同时收获了一定的科学知识。尤其在抗击疫情的当下，听众也能通过对科学家感人故事的共情，增强对一线科研医疗人员的体谅与信任。节目在结构上遵循了广播节目“重点在前”的传播规律，同时灵活将一些情景片段插叙再现，将平铺直叙的科学家生平变为生动的故事，牢牢抓住听众的注意力。

主持人对作品理解深刻，基调准确，表述到位；情感真挚，语态亲和；节奏把控得当，娓娓道来，仿佛带领听众亲历故事中的场景，从而激发出更强烈的共情，并将“科学家精神”深深映照在听者心里，生动且真实，但讲述的层次感可再加强。

遗憾的是由于获奖作品有一定的要求和原则，故有些较出色的作品无法进入更理想的奖次。

广播节目播音作品也存在一些缺憾，播音节目大部分是建党百年题材，由于体裁宏大、音效场面壮观，非常考验主播的功力，包括对历史事件的了解、对基本功的要求、对基调的把握、对情绪气息的合理运用、讲述能力的高低等，这不是轻而易举就能做到的，很多地级台或县级台的主播往往对这种大题材难以驾驭，面对这种严肃且讲述要求极高的内容，我们不少地级台的主播只能是心有余而力上的不足，过于在表面上用力，一字一顿，听众听得累，主播也播得累，节目效果也不理想，甚至暴露了作为专业人员应该有的专业基本功上的不足，如同中学生读课文一般，这个实在太牵强了，所以要想有评奖的竞争力，还是放下调子做自己最擅长最接地气的节目好。另外还有一种情况，是为了完成宣传任务，硬生生将建党百年题材的人物故事套在一个《游戏人生》的栏目里，把一个悲壮的革命者故事套在定位完全相反的栏目里，这实在欠妥。在送评的播音作品中，主播们的叙述能力还需要进一步增强，如果总也走不出播读的圈子，讲述能力越来越弱，那是会被大自媒体环境淘汰的，要做到播中有你讲中有我，把自己置于稿件内容中，想要有生动有趣的表达，必须要用心体会和感知才行。

3. 广播主持作品

本年度 20 件广播主持作品中，有不少是日播节目，题材普遍偏轻，个别内容琐碎，但也有一些具有亮点的作品。广播主持作品除了对语音语言有基本要求以外，还要求主持人在对节目的掌控能力、与节目对象的互动水平和节目播出的总体效果等各方面要有出色的表现。但由于奖项冲突，不得不割舍最理想的一件作品作为头选作品。经过评委三轮投票，最终无法产生另外一件具有一等奖资格的作品，一等奖只能遗憾空缺。

尽管一等奖空缺，也不乏几个相对出色的主持作品，在题材上涉及对热门话题“元宇宙”的探讨、日常播出的交通节目，还有一些科普话题等，都是不错的节目，内容形式紧凑，主持人善于灵活应变，交流感强，对内容的把握也比较到位，但不甚理想和出错的作品也很多。有些作品投进广播主持的篮子，实际上却是个典型的播音作品，没有任何交流感，一字一句读稿子，这样的问题年年出现；还有些主持人喜欢把玩声音，用一种慵懒的方式、含混不清的语言嘟嘟囔囔自说自话，当然或许少数受众会喜欢，但送评节目似乎不能只代表一种大众的认可；再有就是主持人与嘉宾交流缺少知识点的碰撞，主持人信心不足，只能做到一问一答，这也是老生常谈的问题。

三、播音主持的重要性

年年评奖，亮点和惊喜却少之又少，在全媒体时代播音主持不进则退，长期固守一种模式，恐怕难以有所突破，播音主持并非声音的工具，而是成品的最终呈现，眼下最重要的是丰富播音员和主持人的知识体系储备，培养眼观六路和耳听八方的能力、灵活有趣的精气神、发自内心的热爱等，要充分发挥好一个有高度、有思想、有见解、有判断力的播音员和主持人才是做好节目、在全媒体时代占有一席之地的关键。

（徐明珠，2021年度广东省广播影视奖广播播音主持组组长、播音主持）

坚守　创新　前行

——2021 年度广东省广播影视奖电视播音主持作品综述

杨继红

一、总体情况

本次评选的电视播音主持作品共 80 件，其中电视新闻播音作品 29 件、电视节目播音作品 25 件、电视节目主持作品 26 件，分别来自全省的 22 个播出机构。经过初评、复评、终评三个环节的评议及投票，评选出一等奖 3 件、二等奖 15 件、三等奖 30 件。

作为广东省广播影视作品的奖项之一，获奖作品基本涵盖了年度政治、经济和社会领域的重点工作、重要活动和重大典型，也反映出广东省新闻传媒业自身成长与变革的历程。评委们一致认为，评奖既要坚持高标准、高质量，又要兼顾到方方面面的实际情况，在初评及复评过程中一直秉持着与时俱进、求真务实的传统，以评选出有思想、有温度、有品质的精品力作为己任。初评阶段，评委们分头对每 1 件参评作品的视频及文稿进行认真的审看，提交了各自的意见。复评过程中首先向评委通报初评情况，在集中审看的基础上，本着评出“准确生动，应变机敏，具有较高的思想水平、独特的创作风格、鲜明的时代特征，体现广播电视语言传播的风格、魅力与实际效果”的优秀播音主持作品的原则，深入透彻地展开评议，经过投票，最终评选出电视新闻播音作品一等奖 1 件：佛山电视台《六点半新闻》（2021 年 7 月 1 日），广东广播电视台《广东新闻联播》（2021 年 6 月 29 日）等 5 件作品获得二等奖，以及三等奖 11 件。评选出电视节目播音作品一等奖 1 件：广东广播电视台《文化珠江：建党百年特别策划——红棉花开：潮州人的骄傲》；潮州广播电视台《人民英雄麦贤得》等 5 件作品获得二等奖，以及三等奖 9 件。评选出电视节目主持作品一等奖 1 件：深圳广播电影电视集团《图鉴中国——我们的一百年 · 基建》，广东广播电视台《从农场到餐桌——凝赤苹果》等 5 件作品获得二等奖，以及三等奖 10 件。

从电视播音主持送评作品的整体来看，本年度的参评作品基本符合评奖标准，体现了坚持以人民为中心，为新时代中国特色社会主义服务；坚持正确的政治方向、舆论导向、价值取向，为党和国家的工作大局服务；体现出贴近生活、贴近实际、贴近群众的要求；大部分作品主题鲜明，感染力强，影响力大，形式活泼，不少作品传播手法新颖；获奖作品中喜见思想性、艺术性、观赏性有机统一的佳品力作。评委们一致认为，作品基本反映了目前全省广播电视系统电视节目播音与主持的总体水平与现状，同时存在不报送、送评数量少、作品质量差的情况，全省 19 个地级市中有 6 个台没有送作品参评；从评选结果看，共有 4 个播出机构的送评作品没能获奖；评委们在复评中分析到，究其原因，不外乎以下几点：一是缺乏打造精品的意识，能力有限；二是按照电视播音主持作品评选规定，参评作品“作者需持有中华人民共和国广播电视播音员主持人证”，据了解，广东省目前持证上岗的播音员、主持人比例还不够高，尤其是基层台，一部分无证播音员、主持人的作品无法送评；三是评选办法中的“基本质量标准”严格把控节目质量，阻止了有各种差错的作品参评，甚至连访谈嘉宾也不得存在“3 个以上非原则性口误”，如此一来，部分有各种质量问题的作品不能获奖；四是播音员、主持人对播音主持作品的送评认识不清，不重视作品题材，认为只是评选语言表达技巧；五是播出机构对电视播音主持作品的评选规则缺乏透彻了解，送评不规范以致落选。

二、获奖作品分析

（1）聚焦年度重大主题。

长期以来，相比新闻、节目等类别的作品，播音主持参评作品的题材普遍偏轻，不少人甚至认为播音主持是声音、语言表达的展示，对送评作品的内容题材重视不够，相当部分作品在体现思想性与传播价值方面存在许多不足。今年的大部分送评作品都有意识地关注了年度重大主题，充分体现出播音员、主持人们对参评作品内容重要性有了深刻认识：好内容是好作品的关键，而播音主持语言表达是基于文稿的二度创作。

2021 年是中国共产党成立一百周年，送评作品中有 15 件以此为主题，获得一等奖的 3 件作品均为建党百年主题。获得电视新闻播音一等奖的作品：佛山电视台《六点半新闻》（2021 年 7 月 1 日），这是一档在 7 月 1 日播出的新闻节目，正值庆祝建党百年之日，新闻主题集中，题材重大，内容丰富，信息量大。两位主播情绪饱满，播音富有激情，对新闻内容理解到位，热烈而不喧闹，自豪而不失庄重，分寸得当，整体既符合新闻的内容基调，又符合节目定位，交流感强，充分体现出其良好扎实的专业功底。面对重大题材，两位主播提早介入参与编辑环节，对内容胸有成竹，串联自然流畅，表达张弛有道，语音标准，节奏得当，停连重音准确，语意清晰；在播报方式上播说结合，语态自然，语言流动性强；在播报状态上，始终情绪饱满、心理节奏一致，既体现出新闻播音必备的规范性，同时展示出新闻播音的庄重性和鼓舞性，具有鲜明的时代感。

众所周知，新闻播音语言要求准确清晰、态度鲜明、明快生动。好的新闻播音，需具有新鲜感、节奏感，既不失庄重规范又要有亲和力，易学难精。尤其二人合作完成一档新闻节目对播，要做到同频共振，难度更大。

获得电视节目主持一等奖的作品深圳广播电影电视集团《图鉴中国——我们的一百年·基建》，是深圳卫视推出的经典对比照分享节目，以新旧对比照呈现社会发展和时代巨变，在建党百年的重大主题下，聚焦共和国百年基建发展历程。节目选题立意新颖，构思巧妙，大题材小切口，以多种可视手法将高大上的主旋律做得相当有可看性、说服力、感染力。主持人仪态端庄而不失活跃，状态轻松而不失严谨，语态亲和自然，情绪把握符合节目基调要求。主持人在直播前做了扎实的准备工作，对当期节目的主题、背景、内容、嘉宾等都较为熟悉，理解透彻。在主持过程中，与嘉宾配合默契，互动得体，对节目节奏与推进把控准确，融入度高，充分体现了大体量、多元素的节目中主持人良好的综合素养，以及融媒体环境下主持人的复合能力和游刃有余的现场驾驭功底。主持人对节目的驾驭能力较强，邀请行业领域的专家、时代参与者、城市建设者等嘉宾，有叙有议，有评论有采访，多种语态无缝转换，熟练完成各个环节的过渡与衔接，节目整体推进完整顺畅。

获得电视新闻播音二等奖的作品广东广播电视台《广东新闻联播》(2021 年 6 月 29 日)，围绕“七一”主题，题材重大，时效性强。两位主播均具备良好的新闻播音素质，对新闻的背景、脉络有较深入的了解，在新闻播报中强调重点、抒发情感，播音状态稳定，有较强的权威感。两位主播情绪饱满，基调准确，整体呈现效果较好。出镜形象上，两位新闻主播形象阳光、亲和，庄重大气，与节目主要内容吻合。两位主播把握新闻的基调，停连重音表达准确，语意清晰，规范中不失朝气。获得电视新闻播音二等奖的广州广播电视台《广视新闻》(2021 年 7 月 1 日)，是一档主要时政新闻直播节目，恰逢建党百年重大主题，节目内容丰富多样，有播报，有讲述，有交流，有连线播音，风格严谨，不失活泼，有态度有力度。主播吐字清晰，断句准确，情绪饱满，状态积极，通过在演播室内的串联和互动，将各种屏幕呈现形式有机地整合在一起，深度展示、解读，并实现了重大主题内容的生动高效信息抵达。主播在兼具新闻客观性权威感的同时，不失都市感，接地气，主持人不仅完成好自己的主持工作，还要配合特效呈现，完整准确高质地呈现了节目内容。

获得电视节目主持作品二等奖的惠州广播电视台《〈奋斗百年路，启程新征程〉惠州市庆祝中国共产党成立 100 周年大型主题党课》，选题紧扣建党百年主题，篇章环节多，展现手法多样。这是一堂 90 分钟的党课，融合舞剧、话剧、亲历者讲述、先烈后人回忆、专家连线等多种形式，非常考验主持人的综合能力。在整场节目中主持人表现出良好的控场能力，形象端庄，与党课的气氛相吻合，看得出来主持人花了大量时间精力进行准备，不是简单的背台本，而是把内容消化了之后再用自己的语言讲出来，传递重要信息的同时让观众易于接受。

在聚焦年度重大主题方面，反映广东省经济建设成就的有13件送评作品，关注乡村振兴的有10件作品，充分体现了主流媒体的担当。获得电视节目主持作品二等奖的广东广播电视台《飞越广东·奋进凯歌——宝藏生态区》，是广东广播电视台2021年推出的大型融媒系列直播节目，采用5G直播、航拍和虚拟演播室等多种呈现方式，多路记者分赴各地，亲身体验北部生态发展区的生态保护、绿色经济等。采用直播连线、记者vlog以及专访等多种角度，最终通过主持人在演播室内的串联和互动，将各种呈现形式有机地整合在一起，深度展示、解读北部生态发展区如何在保护生态环境的前提下，实现了经济的高质量发展。节目内容丰富多样，节目语态轻松活泼，主持人提前介入，对节目内容非常熟悉，在演播室进行的串联和互动比较精准自如。

（2）以体裁为分类依据，为主持人的播音主持创作提供了更大的空间，主持人的能力得以多方位表现。

广东省的广播影视作品奖评选自2019年开始将电视播音作品分为“新闻播音”与“节目播音”两个项目，以区分此二类作品在播音方面的不同之处。新闻播音要求语音标准，语言规范，语态以播报为主，具有鲜明的时代特色；节目播音则要求主持人的有声语言与节目内容、画面、配乐等元素结合恰切，有较强感染力和艺术性。几年来，各台电视节目播音作品的数量和质量都有了非常大的提升，令人欣喜。本年度参评的25件电视节目播音作品中，电视专题片、纪录片的配音作品超过了三分之一，而且质量上乘，可圈可点。获得电视节目播音二等奖的作品潮州广播电视台《人民英雄麦贤得》，是一个讴歌英雄麦贤得的电视配音作品，题材符合主旋律要求，有温度，有感染力，振奋人心，充满正能量。作品制作精良，构思精巧，文稿写作精致，节目综合力表现强，在内容表现方面能调动多种音视频元素，创作整体基调积极向上，可看性强。播音员在作品的播音创作过程中，表现出较为突出的理解力和专业素养，将配音充分与作品的其他表现元素有机融合。具体来看，播音员深入理解了作品的主题意义，对文稿内容非常熟悉，对节目的基调和节奏把控得当，并采用恰当的语调和语速表现。播音员在配音过程中，运用多种发声技巧，立体塑造了平凡与非凡、真实与伟大、细腻与大爱兼具的平民英雄形象。播音员声音情感真挚，情绪饱满，语意清晰，用声音刻画主人公形象时深情、细腻、温暖又不失大气，代入感强，弘扬了英雄忠诚的品格，传承了红色精神。

获得电视节目播音二等奖的作品《生灵守护者》，是广东广播电视台电视融媒中心特别策划的四集纪录片《闪耀平凡路》的其中一集。该纪录片选取广东数位青年党员的故事作为主线，刻画了他们在平凡的岗位上兢兢业业、不辞劳苦、忘我付出、开拓创新的精神品质。主持人对系列节目的大主题与本期节目的小主题理解透彻，并结合作品以小见大的特点，用看似平淡的语言述说出榜样力量的伟大，情真意切，画面、音乐、解说达到音画一体的效果。主持人语音基础较好，语言流畅，叙述感强，较为贴合作品，重音停连、节奏的变化也较为准确。

同样获得电视节目播音二等奖的作品中山广播电视台《百年同心侨》第一篇章《烽火丹心》，讲述的是以孙中山先生为代表的中山华侨的感人故事，作品题材较好，播音员参与到作品前期的创作过程中，因此对内容有更深刻的认识，节目中有现场串联词，有前期的采访，还有后期的配音，播音员对基调的把握、语态的拿捏都比较准确，片中情感衔接流畅，情绪状态自始至终保持一致，各种形态过渡自然。主持人的语言生动流畅，重音停连准确，节奏较好。

获得二等奖的广东广播电视台电视节目主持作品《从农场到餐桌——凝赤苹果》，主持人是节目的主要策划人，克服高原反应等干扰因素深入实地调研，深度参与节目制作的各个环节，这为节目主持过程中的语言准确表达和访谈过程中的自如交流打下了良好的基础。主持人不仅向观众推荐了苹果，更以苹果背后的果农故事带出了农村故事、援藏故事、爱乡爱国的故事，主持人在节目制作的全流程中展现出了全方位的复合能力，展现出了当代主持人应有的风采。

深圳广播电影电视集团的《深圳非遗》专题系列以主持人实地探访和全景式影像记录的专题形式进行创作。作品《探寻琥珀的奥秘》获得二等奖。主持人同时也是制片人，全程参与了前期地域踩点、中期文案撰写、后期内容制作和成片视听审核。主持人对节目的融入程度非常高，自如地与嘉宾进行访谈，在知识科普的同时，也让作品本身充满共鸣共情的意识。节目整体节奏得当，不急不缓，在平静的叙说中传达了关于琥珀的常识，主持人访谈功力深厚，认真聆听，领会到位，能将嘉宾话语的精髓迅速归纳出来传达给观众，不露痕迹地驾驭节目进程，条理清晰，较好地体现了节目内容及主题。

（3）方言电视播音主持节目质量越来越高，影响力越来越大。

在广东省珠江三角洲地区，粤语播出的各类节目均有相当不错的收视率；在潮汕地区及客家地区，用潮汕方言、客家方言播出的节目也广受好评。本年度作品评选中，有8个方言节目分获一、二、三等奖，其中一等奖作品中有两件为粤语播出，展现出较高的专业水准。获得电视节目播音一等奖的作品广东广播电视台《文化珠江：建党百年特别策划——红棉花开：潮州人的骄傲》，为主旋律纪录片的配音，讲述的是“左联潮州六杰”的故事。这类题材的纪录片配音需要主持人对历史、文化、文稿内容，包括画面、音乐等有更加深入的前期准备，因为要解决好故事讲述过程的生动性与庄重性、代入感与宏大感、情绪饱满度与分寸感之间的矛盾，颇有难度，要求较高。在这个作品的创作中，主持人能很好地理解文本，对内容理解到位、感受到位，定位把握比较精准，起伏之间感情饱满，以沉稳有力的声音进行富有历史厚重感、极具感染力的讲述。基调正确，饱含深情地全程融入作品的情节情绪中，规范中不失生动，自然流畅中又带着变化起伏。表达上张弛有道，层次分明，节奏感较强，处处体现出主持人扎实的专业基本功底与创作热情。特别是讲到冯铿的故事时，主持人感情真挚，声情并茂，感染力极强。该作品策划、制作堪称精良，高水平的配音与画面、主题、内容完美结合，整体上既能代入那段历史的具体时空，又具有宏大的叙事感，实属佳品。

获得电视新闻播音一等奖的作品佛山电视台《六点半新闻》（2021年7月1日）以及获得电视新闻播音二等奖的广州广播电视台《广视新闻》（2021年7月1日），均为粤语播出的新闻节目，主播们的粤语语音标准，具有扎实的新闻播音基本功，准确、熟练、生动，态度鲜明，力度到位，交流感好，有较强的新鲜感，彰显主流媒体新闻节目庄重规范的同时又接地气，具有较强的吸引力和感染力，堪称标杆。

三、存在问题

本次评选较之过去，送错类别的现象基本没有，说明播音员、主持人们对评选的规则把握较准确，但同时存在的问题也不少，大致有以下几种：

（1）电视新闻播音的水平参差不齐，优劣之间的差距越来越大，业务较强的广东台、深圳台、广州台、珠海台、佛山台等的新闻节目质量和播音水平明显优于其他台。最突出的佛山电视台已经连续四年获得电视新闻播音一等奖，新闻播音实力确实很强。把本次参评作品中“建党百年”题材的电视新闻放在一起来比较，个中高下非常明显，新闻本身质量高的，确实为播音员的播音创作提供了很好的文本基础。

（2）部分播音员、主持人缺少对业务精益求精的态度，错别音、停连重音错误等瑕疵屡屡出现；基本功不扎实，语态传统陈旧，照本宣科，相当部分的播音员、主持人甚至做不到规范，更无从谈及创新与时代感。

（3）欠缺传播意识，作品中常见“熟练”地完成既定程序、机械念稿的“工具型”主持人，没态度，缺温度，少力度。

（4）送评不合乎标准，较常见的是文稿缺失，尤其是记者采访、嘉宾话语等。此外，个别甚至存在疑似重新剪辑录制，还有主持人缺乏常识，存在措辞不准确等现象。

四、在坚守中创新前行

融媒时代下，传统主流媒体的传播力与影响力受到挑战，我们必须正视的是，各种新媒体不断出现，传播观念已经发生了很大变化。媒体的融合是由技术进步推动的，是充分利用媒介载体把广播电视、报纸等既有共同点又存在互补性的不同媒体，在人力、内容、宣传等方面进行全面整合，实现资源通融、内容兼融、宣传互融、意义共融的新型媒体。当技术越来越不停地迭代进步，主持人的门槛越来越低，受众更加关注的是主持人的人格魅力以及能带来怎样的内容。

坚守，坚守什么，为什么坚守？答案是坚守播音主持的专业原则和专业标准，坚守传统的规范，同时结合富于时代感的表达。无论在哪种传播平台上，播音员、主持人的职业特点都是出声、露脸，在网络平台也并不意味着可以降低专业标准。就某种意义而言，主持人职业是一种语言职业，其职业能力主要表现为口语表达能力，但语言从来就不仅仅是语言本身的事，优秀主持人的口语不仅关乎技巧，更超越技巧。良好的语言能力，就是能够得体地表达思想感情，能够准确地理解他人的话语文章，并能够利用恰当的方式作出反馈。

创新，何为创新，如何创新？融媒时代的传播模式属于分众化传播、差异化推送，在建立个性化平台的同时，有核心思想的价值观引领的平台明显更具有引导力与传播份额。如今，新闻信息的传播形式有很多，不只通过一种形式传播，同一种形式内也会融合其他形式的表达方式，电视的新闻播音如果只停留在规范播读上，而缺少了叙事清楚和新鲜感强，便没有了鼓动性、引导性，也就产生不了传播力。从播报转变为解读、告知，这就是播音的创新。主持人要提高知识储备和业务水平，掌握融合技能，主动适应新时代新要求，做好新媒体内容的二度创作，努力成为全媒型、专家型播音员、主持人，使自己成为专业领域内的行家里手。

主持人作为传播载体，言由心生的基本要求是有讲好中国故事的传播信仰。主持人保持良好的专业状态，具有较强的专业素养，同时有鲜明的观点与正能量的传播思维才能从根本上征服不同传播媒介的受众。主持人的职业能力不仅仅是语言能力，它还蕴含素养、勇气、关怀、智慧、策略，充满创造性，更深的意义是它的人文性、社会性、政治性、科学性、艺术性与创造性，是一项能力、一门学问、一种艺术。

播音员、主持人要坚守主流媒体的责任与担当，争做党的政策主张的传播者、时代风云的记录者、社会进步的推动者、公平正义的守望者和中国故事的讲述者。

（杨继红，2021 年度广东省广播影视奖电视播音主持组组长、广东省广播影视协会播音主持专业委员会主任委员、高级编辑）

基础扎实　精品迭出
——2021年度广东省广播影视奖公益广告作品组评选综述

星　亮

2021年度广东省广播影视奖评审工作于2022年7月结束。本年度公益广告组共收到116件报送作品，经公益广告评审专家组在线评审和线下评审，再经终评会审议，共有69件公益广告作品获得了本年度的广东省广播影视奖。总体来看，2021年度广东省广播影视奖公益广告组的作品呈现出基础扎实、精品迭出的特点。

一、2021年度广播影视奖公益广告组基本情况

1. 全省各类公益广告作品报送情况

本年度广东省广播影视奖评审委员会共收到符合评审要求的公益广告作品116件，总数较上年度减少68件。其中，广播公益广告长作品33件、广播公益广告短作品13件、电视公益广告长作品49件、电视公益广告短作品21件，各类作品的报送数量均较2020年度有所减少。根据公布的广东省广播影视奖评选办法的规定，本年度公益广告组的评审类别中，去除了网络视听类的公益广告作品。

2. 公益广告组的奖项设置

针对近几年公益广告作品报送和评奖中反映出的一些问题，评委会对2021年度广东省广播影视奖公益广告作品组的奖项设置进行了一些调整，主要是在作品分类中，去除了网络视听这一作品类别。此外，对各类作品的时长范围也进行了一些调整。经调整，本年度公益广告作品组的奖项设置为四类三等，即在奖项类别的设置上，设置了广播公益广告长作品（时长在45秒以上2分钟以内）、广播公益广告短作品（时长在45秒及以内）、电视公益广告长作品（时长在45秒以上3分钟以内），以及电视公益广告短作品（时长为45秒及以内）共四类；而在奖项级别的设置上，则与以往历届一样，每一类作品均分设一二三等奖，各级奖项的获奖数量则按相关要求进行了相应分配。

为保证公益广告作品的评审质量，评委会除对公益广告作品的评审设定了明确的总体评审标准外，还就四类作品的评审进一步明确了具体的分类评审标准，为评审工作的顺利进行提供了有效的指导。

3. 公益广告作品组获奖情况

本年度广东省广播影视奖公益广告作品组的评审工作严格按照《2021 年度广东省广播影视奖评选办法》的相关规定组织实施，组成了以暨南大学新闻与传播学院广告系星亮教授为组长的评审小组，评审小组经线上评分和线下复评，从 116 件报送作品中评选出了 69 件候选获奖作品，经终评会评审，最终确认广东广播电视台报送的《百年恰是风华正茂时》等 4 件作品获公益广告组一等奖，广州市广播电视台报送的《“自强不息　厚德载物”——中华优秀传统文化源远流长》等 21 件作品获公益广告组二等奖，汕头广播电视台报送的《疫苗接种宣传·课堂篇》等 44 件作品获公益广告组三等奖。

2021 年度广东广播影视奖公益广告组的报送作品和获奖作品基本分布情况如下表所示：

表 1　2021 年度广东广播影视奖公益广告组报送及获奖作品数量分布

单位：件

作品类别	参评作品数	获奖作品数			
		一等奖	二等奖	三等奖	合计
广播公益广告长作品	33	1	6	13	20
广播公益广告短作品	13	1	2	5	8
电视公益广告长作品	49	1	9	18	28
电视公益广告短作品	21	1	4	8	13
合计	116	4	21	44	69

二、2021 年度公益广告作品组报送作品的主要特点

整体来看，2021 年度广东省广播影视奖公益广告作品组的报送作品呈现出基础扎实和精品迭出这两个突出特点。

1. 作品创作基础更加扎实

从报送的 116 件作品特别是获奖的 69 件作品来看，无论是从选题策略的巧思来看，还是就广告创意的表现而言，抑或是从作品制作的质量来讲，与往年相比，本年度报送作品的水平普遍较高，而获奖作品的质量进步则更为明显。其中最突出的一个表现就是，在 116 件报送作品中，公益广告作品的“新闻”痕迹普遍减少，而“广告”的特征则明显增强，表明长期困扰广电系统公益广告创作的“专业性不强”的问题已得到有效解决。特别值得关注的是，本年度公益广告组一、二等奖的获奖作品有不少由县区级播出机构和社会机构报送，

其中，社会机构的表现尤为突出，表明高等级奖项不再是传统大台的专属领地，获奖主体类别和级别多样化的特征愈加明显。本年度公益广告组报送作品的上述变化，一定程度上反映出全省广电系统公益广告的工作基础得到了明显增强，整体创作实力有了明显进步。更进一步而言，这种变化的取得，主要得益于公益广告纳入新闻奖的评审后所产生的基础性调整作用。换言之，近年来，在评审工作的引导下，各报送主体在专业团队建设、项目经费支持、创作能力提升等基础性工作方面，取得了扎扎实实的进步，全省广电系统公益广告工作的基础条件和基本能力建设都取得了极大的提高。

2. 公益广告创作精品迭出

从获奖的69件作品来看，可以毫不夸张地讲，本年度获奖作品总体质量之高，实为自公益广告纳入全省广播影视奖评审以来的一个新高峰。其中最为突出的表现就是，在四个类别的获奖作品中，高质量精品比比皆是，一、二等奖作品之间的质量差异并不十分明显，以至于在一些类别的作品评审中，出现了评委票数分布离散度较大、需要反复讨论才能确定一件作品获奖等级的情况，这在以往几届的评审中，还是比较少见的情形，说明各报送单位的作品质量普遍较高，用精品迭出来形容也不为过，而评委们对这些优秀精品的点评，则更具体地指出了这些获奖作品的精妙所在。

《百年恰是风华正茂时》是广东广播电视台报送的优秀作品，获得了本年度广播公益广告长作品一等奖。评委洪峰对该作品的基本评价是题材重大、声音丰富、演播精美，制作精良，并认为该作品“运用并列、排比、抒情、比喻等手法，通过场景切入、音效模拟再现、循序渐进的方式，浓缩展现中国共产党100年来的奋斗历程与成就，凸显了我党无惧风雨，以不变的初心接受历史的考验，始终保持着青春与活力。整个作品一气呵成、铿锵有力地点出了“中国共产党，百年恰是风华正茂时”这一中心思想。在声音元素的运用上，作品把多种环境音效与人声进行场景模拟，实现场景的自然转换，让听众身临其境。另外，作品配乐大气而又充满了激昂与正能量，善于用环境音响进行主题烘托，实现语意的层层递进与主题升华，整个作品在听觉上丰满、生动，展现了声音的魅力”。

获得本年度广播公益广告短作品一等奖的作品是《建党百年宣传之80字入党誓词》。评委杜静对该作品的基本评价是“题材大，切口小，构思精巧”“声情并茂，易于传播”，虽然入党誓词仅有短短的80个字，但该作品用“艰难跋涉的历程很长”“热血铸就的传奇很长”来解读其中所蕴含的深意，使得“这一‘短’一‘长’形成了鲜明对比，誓词诵读声音铿锵，党员的同期声‘我是党员我先上’‘我是党员我奉献’‘我是党员我带头’诚挚、生动、炽烈，语言的精炼更彰显寓意的深刻与绵长，短促有力的对比更让听众过耳不忘”，由此“在立意上形成了与听众的共情、与时代的共鸣”。

广东多多影视传媒有限公司是一家专业制作机构，该公司报送的作品《狮魂》获得了本年度电视公益广告长作品的一等奖。评委余得通认为“作品主题和选题看似普通，但若将其置于大国崛起、民族复兴的大背景下审视，则可感受到其中所隐含的强烈的‘醒狮国魂’的内在精神，与观众产生了深刻的共鸣”，从而使得该作品“立意高远，喻大意于寻常”。除此以外，他还对该作品的制作水准褒扬有加，认为“整件作品情节连贯顺畅，节奏沉稳，画面充满力量，光影调度讲究，演员表演到位，声音自信大气，整体效果非常突出。配音配乐方面，作品背景音乐风格独特，配音解说感染力强，能给人留下深刻印象，不看画面也能让人感受到它所表达的深意；后期制作方面，画面剪辑节奏鲜明、特效处理恰到好处，高质量的画面效果为后期的制作打下了良好的基础；文案创作方面，用醒狮的独白和年轻人奋进前行的画面进行对话，最后用‘我是一头醒狮，你也是’作为结束，触动人心，强化了‘醒狮蕴国魂’的主题立意”。

由广州市广播电视台报送的作品《你今天写字了吗》获得了电视公益广告短作品一等奖。评委李卓文在点评该作品时认为，该作品“主题鲜明，对白有趣，生动展现了‘中华汉字，世界之光’这一主题”。从创作角度来看，该作品“故事虽短但有趣且有创意”。从制作角度来看，该作品“画面剪辑流畅，利用电脑虚拟技术后期制作能够给整个视频增色不少，让观众视角焕然一新”。而从呈现方式来看，“作品在呈现上不是简单地罗列日常生活中写别字、用错字的尴尬，而是采用了轴向旋转拍摄的技法，给单调而常规的生活场景赋予了别样的视觉感受。作品始终以明快的色调营造出一种写汉字、用汉字的快乐场景，尤其是最后的点题画面，有画龙点睛之效”。从整体效果来看，该作品“画面清新，特效丰富但并不杂乱，信息明确，对小学生及其家长等群体具有广泛的教育意义”。可说是从多侧面点明了一件优秀公益广告作品的精髓所在。

三、本年度公益广告作品存在的主要问题

虽然本年度公益广告组的作品质量普遍较高，但在作品之外的一些问题仍需引起人们的重视：

其一，作品形态普遍较为传统。从视听传播的大环境来看，我们已处在智能化传播的时代，视听传播的主战场已从广播电视迁移到了网络平台。与传统广播电视相比，网络平台对视听作品的创意基点、表现策略和呈现方式有着较为不同的要求，对视听公益广告作品的要求也同样如此。因此，视听公益广告作品的创作应积极适应网络传播环境的要求，并在创意基点、表现策略和呈现方式上有所体现。对每年一度的广播影视奖评审工作而言，则应在报送的公益广告作品中，至少有一部分或一小部分作品符合这一要求。但令人感到遗憾的是，本年度报送的 116 件参评作品中，基本无符合这一要求的作品。

其二，从公益广告到公益传播，是近年来国际国内公益广告事业发展的一个主要趋势。广电系统在公益传播项目的设定、执行和内容呈现方面，具有得天独厚的优势。而扶贫、抗疫等重大主题和重大事件，也为大型公益传播项目的策划与实施提供了必要条件，理应成为各相关主体创新公益广告活动模式、提升公益广告活动层次的突破点。但从近年来全省公益广告组的报送作品来看，相关主体对这一趋势的认识还普遍不足。

四、对广播电视公益广告创作的建议

（1）应鼓励各级各类创作主体紧贴时代要求，创作出更适应网络传播环境要求、更符合智能化传播特征的公益广告作品。

（2）应鼓励各级各类创作主体充分认识公益广告发展的基本趋势，积极探索公益传播项目的策划、实施与内容呈现，提升全省广电系统公益广告工作的层次。

（星亮，2021 年度广东省广播影视奖公益广告组评委、暨南大学广告系教授、博士生导师）

勇于探索，善于总结，不断进步
——2021 年度广东省广播影视奖社科论文作品综述

谭若风

2021 年度全省共有 55 篇论文作品参评，包括广播电视内容创作研究论文 25 篇、广播电视融合发展研究论文 21 篇、广播电视播音主持研究论文 9 篇。论文选题涵盖了媒体融合节目形态创新、融媒体时代节目流程再造、新时代主旋律节目创作经验、5G、4K、云综艺云直播、客户端、MCN 新模式、直播带货、记者/主持人网红化、融媒体中心建设等不同领域。内容题材包含中国共产党建党 100 周年、脱贫攻坚、乡村振兴、大湾区建设以及抗疫等年度热点。2021 年是主旋律宣传的大年，传统媒体人责无旁贷扛起了主流宣传的大旗，在面对“硬题材”如何做到“软着陆”这个焦点上，不同传播方式的媒体人各出奇招，大显身手。选送的这些论文作品都体现出各层级广电媒体人的作为与担当，以大题材小切口，结合自身的实践和探索，作出了有价值的思考和总结。

综合来看，本年度的参评论文总体水平相对来说比较接近，缺少令人印象深刻的优秀作品。从获奖情况来看，省台、广州台和深圳台约占了获奖数量的 57%，地级台和县级台约占 43%；从质量来看，省台颇具优势，获奖作品占 36%，并有一件一等奖作品；地方台虽然由于各种原因，总体质量不及省市台，但其中也有一些用心之作。

获得本年度一等奖的广播电视内容创作研究论文作品是《坚持主流价值观，输出舆论正能量 ——广播评论节目〈成峰观点〉的实践探索》（作者：牛日成）。新闻评论特别是广播新闻评论，在融媒体传播的环境下是较为稀缺的类型。秉持评论是新闻媒体的旗帜与灵魂的理念，2019 年元旦开播的广播评论栏目《成峰观点》获得第三十一届中国新闻奖一等奖，足以证明该栏目得到中国新闻界的认可和赞誉。总结研究逆势而上的优质广播新闻评论节目，该文既有先天的选题优势，同时，该文也是对广播在新传播格局下如何守正创新，从碎片化为主要特征的短评、快评之中突围而出，彰显广播的媒体喉舌优势方面做了成功的探索。该文基于具体实践，总结提升成功的经验规律，理据扎实，对业界启发性较强。文章在讲述《成峰观点》栏目开办的主旨和发展后，从新闻内容和传播手段两方面总结经验。特别是引用了“单篇评论在广东广播电视台‘触电新闻’App 阅读量达‘10 万 +’已成常态”为论据，以具体数字说明该栏目通过新媒体多渠道同步发布的传播方式，有效提升了广播评论节目的阅读量和影响力，具有较典型的成功示范意义。该文发表在中国新闻传播类核心刊物《新闻战线》上，在一定程度上说明已得到学界认可。

获得本年度一等奖的广播电视融合发展研究论文作品是《5G技术对新媒体传播的促进及远景分析》（作者：行炜）。该文以电视直播如何利用5G技术为切入点，以“壹深圳”近几年在电视直播中应用5G技术的实践为依据，通过大量翔实的技术数据和多次生动具体的直播节目所取得的效果，阐述5G技术的运用改变着传统电视直播形态和生产流程，为电视直播带来良好的社会和经济效益。该作品还进一步探讨了5G和“云处理”结合后将对电视直播带来更大的提升空间，对推动媒体的融合有更广阔的发展前景。该文虽然是以技术学术论述为主，但结合多场5G电视直播的具体描述，使得作品将电视的传播技术性和传播内容的创新性较好地融为一体。我国的5G技术在世界上占有优势地位，深圳是我国率先实现5G全覆盖的城市。随着5G在全国覆盖率的提升，在电视直播中利用5G的情况将会越来越普遍。该文对广电媒体在5G背景下如何利用直播，以及推动媒体融合有着很好的先行示范和启发意义。

两篇获得一等奖的论文，在传统内容生产的权威优势上作了有见地的论述，在融合发展方面对5G新技术的应用前景做了有益的探索和总结。坚持自身公信力的优势，同时拥抱新技术，使广电媒体人更坚定信心，在困境中探索前行。

在获得广播电视内容创作研究论文二等奖的5篇论文中，题材相对集中在本年度的重大宣传主题上：中国共产党建党100周年、脱贫攻坚、乡村振兴、抗疫以及大湾区建设；内容则在纪录片拍摄、宣传手法创新以及如何打造高流量内容产品等方面做出了研究和探索。论文均能紧密结合实践，总结提炼出有价值的内容创作规律，为业界提供有益的思考范本。

获得广播电视内容创作研究论文二等奖的其中2篇论文作品《如何创作好历史纪录片——浅析纪录片〈第一次握手——中国共产党第三次全国代表大会纪实〉》（作者：董莹）和《扶贫纪录片的“非典型”呈现——以纪录长片〈厚土之上〉为例》（作者：江礼贤），均为对重大题材纪录片拍摄的研究和总结。前者作者结合自己的实践，从历史纪录片制作的切入角度、细节挖掘、表现手段、价值导向和创作态度等方面入手，运用对比、例证、分析等进行研究与论证，探讨历史纪录片如何摆脱循规蹈矩的制播方式，在尊重史实的基础上，增强表现力和感染力。作品记录的是从业者的思考与体悟，细节满满。例如，怎样翻查史料，在纷繁的历史背景下抽丝剥茧；怎样运用史料，选取历史中的细节故事；怎样对关键信息进行正面宣传……虽然作品稍欠理论提升，但仍然体现了作者较高的思考能力和研究水平。后者作者通过对纪录片《厚土之上》选题策划、创作模式、拍摄手法等元素的解构分析，紧密结合拍摄和制作全过程，主要从“底层视角表现宏大主题”“‘直接电影’彰显纪实力量”“诗意建构增添记录美学”三个方面深入剖析了影片的艺术特色，突出揭示了主旋律纪录片《厚土之上》的创新性、多元化创作方式。作者站在一个影片导演的角度去探讨研究纪录片创作的理论问题，使理论研究与节目创作生产相辅相成，达成相互助力、彼此成就的目的。该论文作品立足实践，论点清晰，论据充分有力，行文流畅，结构严谨，对主旋律纪录片、乡村题材纪录片的创作提出深入的思考和探索，具有较强的应用价值及创新性和实践指导意义。

在庆祝中国共产党建党 100 周年、我国宣布脱贫攻坚取得了全面胜利的伟大时刻，纪录片无疑是最能够反映重大题材、重要事件、重要成果的良好手段。它能够深入细致地还原事实，用镜头充分地展现主题所需要的素材，把真实的事实呈现在观众眼前，使之身临其境，感同身受，是最具说服力的宣传方式之一。这两部纪录片在尊重历史、讲好故事方面，真正达到了“记录新时代、讴歌新时代”的使命。

获得广播电视内容创作研究论文二等奖的作品《探索共情传播，讲好抗疫故事——广东广播电视台抗疫系列报道超 70 亿流量的启示》（作者：黄天文、刘冬），敏锐观察并深刻剖析了报道中的细节，列举实例，充分阐明产生共情的原因、途径、机制，文章架构立体、案例充实。论文还围绕电视同期声的感染力、短视频传播的张力，探索了电视元素表达优势与短视频传播优势之间相融相通的联结点，研究节目主题、人物、结构、手法中凸显的视觉元素、听觉元素、情感元素、故事元素、文化元素，将共情的原理抽丝剥茧，层次深入，不仅具有研究性、理论性，还颇具可读性。抗疫报道生动细腻的叙事手法与广大受众同频共振，将共情传播做到了极致，借助“融”力量和矩阵优势，带来了良好的传播效果。在竞争激烈的信息红海中，带来了“流量媒体”的受众反响。该论文作品对特定新闻背景下的内容实践进行了创新性分析和研究，体现了深耕新闻领域的专业洞察，不仅具有较强的解析力，还对新闻实操带来了现实意义。

广电供给侧结构性改革是近年来广电产业关注的大事，同时也是一项需要广电行业和其他领域多方配套支持的系统工程。仅就广电自身而言，改革也涉及多个方面，显然 4K 电视迭代不能解决所有问题，但 4K +5G 等新技术的出现能否为改革找到突围路径？获得广播电视融合发展研究论文二等奖的论文作品《4K 电视迭代对广电供给侧改革和产业升级作用研究》（作者：周敏）从这个方面提出了思考。文章从实践出发，提出“4K 影像将引发新一轮视听产业生态和传播格局的变革”“创新传播逻辑和电视语汇是广电供给侧改革的突围路径”“深度融合与 4K 版权开发是广电产业升级的优先选项”“以政策引导和 4K 产业链协同构筑 4K 电视生态”等观点和体会。同时也指出，4K 电视生态仍比较脆弱，主要依靠政策引导和经费扶持进行 4K 效果展示，难以形成产业闭环的现状，并对此提出了预警。既有思考，也指出难点堵点，正是该文的价值所在。该论文作品在思考科技融合的同时，仍然坚定地指出电视必须牢记内容为王。

无独有偶，另外一篇获得广播电视融合发展研究论文二等奖的作品则从内容为王出发，提出了情绪为王的新观点，也受到了评委的关注。论文《从“内容为王”到“情绪为王”——“情绪效率”语境下的电视转型实践》（作者：黄佳殷），选题颇具新意，能体现作者在传统媒体和新媒体此消彼长、主流媒体和自媒体激烈竞争、受众时间和接受方式日益碎片化的当今媒体环境下，对广播电视应如何顺应时代潮流、适应碎片化短平快传播进行的研究和思考。作品创新性地提出广播电视作品在内容的基础上，更需要注重情绪效率的观点，并在此基础上以提高“情绪效率”为目标，倒逼广播电视内容生产改革的两个发展方向，提出了以情绪驱动力推动主流宣传的设想，对广播电视在新时期转型升级提出了一种建设性的思路。

本年度的广播电视播音主持研究论文，由于选送的篇目数量不足，未能产生一等奖。总体来看，播音主持研究论文无论数量还是质量都未如人意。事实上，广电业内不乏优秀的播音员、主持人，论文是行业内良好的学习交流渠道，建议更多的同业积极参与，分享自身的专业经验，在传统媒体不断受到自媒体冲击的当下，更应该抱团取暖相互促进提高。

获得二等奖的 2 篇论文作品中，较为突出的是《中医药文化纪录片的有声语言传播探析——以广东卫视纪录片〈秘境神草〉配音创作为例》（作者：康毅）。人文地理纪录片《秘境神草》作为国内电视领域一部系统呈现野生本草的纪录片，它以纪实手法，在博大的自然秘境里，追踪普通人家寻找野生本草的足迹，讲述最质朴的人与自然的故事。该论文的作者担任了三季纪录片的解说，作品就如何把纪录片声音创作的形式美与内在美达至和谐统一进行了深入的探讨，从做好话语建构分析谈起，就话语形式、话语结构、话语技巧等三个方面，详尽论述了有声语言的创作必须以故事讲述能力、声音创作能力、语言共情能力与信息传播能力作为有力支撑。文本解码和声音编码是否到位，也会直接影响到纪录片作品的艺术性和受众的共情效果，当然更会影响作品的传播力。最后，该文还进一步深挖了“解说的衔接与转场”在该纪录片中的文化内涵与价值。作者在论文中基于丰富的配音实践，结合播音主持学相关学理，从创作态度、创作技巧、配音风格三个方面，梳理了自身的创作感悟，对配音创作实践作了深入总结和规律性反思，视角新颖、观点独到，为配音演员、主持人等相关从业者提供了较为明确的实操建议。

本年度参评的 55 篇论文作品中，还存在一些问题，主要是：

第一，论文作品缺少新颖、新锐的观点，不少文章缺乏创新性、吸引力。

第二，大部分论文主要关注实践操作，理论提升不足。

第三，选题相对比较集中，对业界的新动态关注度还不够。

第四，有的论文存在错别字、标点符号错误、多字、漏字等情况。

第五，个别论文存在“放错篮子”的情况，导致失去了评优资格。

在传统媒体不断遭遇新挑战的当下，业界同仁仍然坚守阵地，融入时代，尝新创新，积极反思，不断探索，充分体现了广东广电媒体人敢作敢为的精神。

（谭若风，2021 年度广东省广播影视奖社科论文组评委、广州市广播电视台新闻主任编辑）

大力推广新科技应用　全面推进媒体融合发展
——2021年度广东省广播影视奖科技项目评审综述

魏志辉

2021年度广东省广播影视奖科技项目在评审项目设置方面，除了以往的"广播电视技术论文"外，新增了"广播电视工程项目"和"广播电视科技创新应用"两个项目，这对调动广播电视科技工作者的积极性和创造性，促进广东省广播电视工程技术高质量建设和新科技创新推广应用都将起到积极作用。

此次科技项目评审中，共收到广播电视技术论文15篇、广播电视工程项目18个、广播电视科技创新应用10个。在类别方面，无论是技术论文、广电工程建设还是新科技应用，都大量聚焦在4K/8K、5G 、IP、云平台、智慧广电、大数据应用等技术方面，表明这些技术目前正在成为广电行业发展转型的热点和风向标。这些新技术的大量应用，积极推动媒体深度融合发展，为广播电视高质量发展提供新动能。

表1　送评科技项目类型分布

类型	广播电视技术论文（15篇）	广播电视工程项目（18个）	广播电视科技创新应用（10个）
4K/8K	6	3	5
IP技术	—	2	2
智慧广电（大数据）	1	5	5
媒体融合	2	5	1
云技术	2	1	—
5G	2	—	—
传统广电技术	4	3	—

注：部分项目涉及多个技术应用，因此统计数据有重叠。

一、4K超高清技术

自从2017年广东广播电视台在国内率先进行了4K超高清电视频道的试播，

4K 应用在广东省的发展就走在全国前列，4K 制作、播出、编码传输等都已在全省各地进行了大量实践和应用，这些成果也反映在这次科技项目报送的数量上，涉及 4K 技术的项目共有 14 个，是送评项目中占比最高的，也反映出 4K 技术在广东省各级广播电视台的大量应用与发展普及。

广东广播电视台送评论文《一种 4K 超高清电视测试信号的设计制作及应用》被评为广播电视技术论文一等奖。4K 制播系统中电缆的正确连接是确保系统安全稳定运行和信号高质量传输的基础。该论文以 4K 技术一个很小的应用环节为切入点，结合 4K 节目制作播出实际应用中的需求，在研究 4 链路 SDI 接口的 4K 超高清图像分割映射标准的基础上，原创性设计制作了一种 2SI、SQD 测试图的 4K 测试信号，并通过实验对设计方案进行验证，将研发成果成功应用到节目制播的生产实践中。这使技术人员在对 4K 系统设备连接检查及日常运维中，能快速识别确认视频电缆的连接状态，检查 4K 显示设备的显示能力。论文紧扣广播电视技术前沿，所提解决方案对保障 4K 电视安全播出和制播质量具有积极意义，对行业发展有着非常好的借鉴作用，同时，论文也反映出作者具有扎实的理论功底和较强的实际操作能力，体现了结合实际需求对 4K 技术原创性的研发创新和应用，被评为技术论文一等奖。

广州市广播电视台送评的“基于 IP 架构的主备全链路 4K 超高清频道播控系统”被评为广播电视科技创新应用一等奖。广州广播电视台构建了基于 IP 架构的主备全链路 4K 超高清频道播控系统，该项目在 4K 播出系统技术创新方面具有多个亮点：①构建了 IP 架构主备全链路 4K 超高清频道播控系统，研发了“IP + 基带”并行混合输出的国产视频服务器，是国内首个基于 ST2110 + ST 2022 -7标准建设的 IP 播控系统；②采用专用硬件的后置 IP 切换台，支持宽色域、高动态的图文播出，提升了播控系统的综合能力；③在 IP 和基带异构系统中引入延时矩阵和 BB/PTP 同步系统，解决了异构链路延时不一致问题，提高了主备链路应急切换的准确度；④采用 BS 架构，优化了制作域节目送播流程，降低了系统互连难度，提升了整备效率。该项目采用了多项新技术新工艺，具有创新性，对广电行业向 4K 和 IP 化方向转型升级有积极的推广借鉴意义，因此被评为一等奖。

二、IP 技术应用

IP 化是广播电视技术的发展趋势，在广播电视制作播出领域，以及信号传输领域，都大量采用了基于互联网协议的通用 IT 技术设备。广东省广播电视网络股份有限公司送评的“广东广电有线网络 IP 化技术体系及规模化部署项目”被评为广播电视工程项目一等奖。广电网络要实现从数字电视服务提供商到智慧广电综合信息服务提供商的转型，技术体系与业务体系 IP 化是关键所在。该项目以推动有线电视网络高质量创新性发展为主线，以IP化、云化、智慧化、融合化为方向，推动有线电视网络“云、网、端”资源要素的有效整合、融通共享和智能协同，建立IP化技术体系，特别是建立IP化的直播电视技术体系，着力构建高速、泛在、智慧、安全的新型有线电视网络。广东广电网络以“安全不降低”“体验更优化”“投资更经济”“业务全镜像”“管理同平台”“呈现全一致”六项原则开展IP化技术体系规划，同时结合自身技术特点与管控要求，提出了支持分级运营、可管可控的IP电视技术方案，其技术框架包括信源子系统、播控子系统、网络子系统、安全子系统、智能终端五大部分，并制订实施方案，在全省范围内进行规模部署，于2019年6月实现有线网络IP端到端的贯通。该项目能有效提升用户的业务体验，增强业务对用户的黏性，促使广电产业链由封闭走向开放，有利于广电网络的产业转型升级，因此被评为一等奖。

广东广播电视台送评的“广东广播电视台高清/超高清播控中心技术系统”被评为广播电视工程项目二等奖。该项目顺应当前广电技术4K、IP化、云化、智慧化的发展趋势，实现了广播电视制播平台云化、互联网协议（IP）化等新一代信息技术在电视播出平台的成功应用，推动了电视制播体系从数字化、网络化向融合化、智慧化转变。SDI和IP一体化混合播控架构、电视播总控全IP化信号处理及传输链路、高清与4K超高清节目的统一播出整备等全新IP化制播架构在省级广播电视台的成功应用，有助于加快推进IP制播化融合演进，其设计和建设经验的总结，对提高IP化制播体系的可靠性、稳定性、兼容性有重要促进作用。该项目中基于数据化的播出综合信息管理系统，针对广电技术系统的运维管理提出了新的智慧化解决方案。技术系统、业务流程、运维保障的一体化设计建设，以智慧化发展赋能广播电视播控系统，有利于广播电视高质量发展和确保安全播出。该项目具有多个创新点，对推进电视播出技术系统向4K、IP化、云化、智慧化方向发展具有较高的借鉴和推广价值。

三、云技术应用

广州市广播电视台送评的《基于云平台的新媒体生产系统》被评为广播电视技术论文二等奖，该论文阐述了广州市广播电视台在媒体融合发展的推动下，在云平台基础上搭建了一套新媒体生产系统。文章从硬件和软件两个方面介绍了系统的平台架构、网络拓扑、功能实现和在实践中的效果，为解决传统媒体向新媒体生产系统的融合贯通提供了解决方案，同时为新媒体生产系统的稿件生产提供可靠流程。该论文总体结构合理，思路清晰，观点鲜明，对现实工作有一定借鉴意义。

四、智慧广电应用

深圳广播电影电视集团送评的“智能媒资及内容大数据公共服务平台”被评为广播电视工程项目二等奖。该项目通过整合现有媒资系统，打造了一个基于多云混合云、微服务容器、SDN 及云原生架构的智能媒资管理及内容大数据智能化服务平台。通过六大人工智能引擎，结合大数据和云计算技术，对数字化的视频元数据进行标引，对媒资内容进行智能结构化、标签化展示，构建了一套包括 1 个门户、3 大中台、8 大模块，融合了多家主流智能引擎处理方法和内容结构化业务流程的服务平台，实现了多模态媒体内容结构化处理和内容大数据洞察功能，实现了全台统一内容管理、统一检索，并最终实现了对内支撑服务全媒体一体化内容智能化生产运营、对外输出基于内容大数据的智能云服务。平台与现有广播电视生产系统和新媒体 IMP 平台等进行互联，以适配当前互联网快速迭代需求下的广电业务新形态，促进广播电视从数字网络化向智慧化发展，从功能业务型向创新服务型转变。项目依托智能 AI、内容资源和大数据服务能力，能够以多租户、云原生服务、CI/CD 方式为第三方应用提供技术调用与集成，推进“新闻+政务服务商务”的应用创新和行业大数据应用。该项目具有创新性，社会效益和经济效益较好，对行业有较高的推广价值。

五、从获奖项目看当前广电技术转型升级的趋势与特点

1. 新技术应用明显加快

互联网技术在传播领域的广泛应用，尤其是掌上电脑、智能手机等移动端的普及与推广，深刻改变了传统媒体的生态环境，给传统广电行业带来了颠覆性的冲击和挑战。传统广播电视开机率持续下降，受众规模持续缩小，大量受众和客户转移到了移动客户端和互联网电视，传统广电媒体市场份额日益萎缩，传统广播电视受众流失严重，广告经营收入大幅下滑，生存压力越来越大。如何在新媒体的“围猎”下突破重围、转型升级，拓展新的发展空间与事业新的增长点，既是党的宣传事业对传统广电媒体的要求，也是传统广电媒体自身生存发展和实现自救的迫切要求。而要实现这种转型升级发展，广播电视技术体系向 4K、IP 化、云化、智能化等发展就成为必然趋势，所以可以看到这些新技术应用的进程明显加快，推动节目制播效率、节目质量和传输效率大大提高，也促进了广播电视技术队伍在技术研发创新和应用实施能力等方面的进一步提升。随着未来 4K 超高清频道数量的增加，4K 超高清视频内容供给不断丰富，4K 超高清节目技术质量不断提升，4K 超高清视频生态不断完善，4K/8K 超高清将会成为满足人民群众精神文化生活升级需求的着力点，为数字经济和广电行业转型升级提供新动能。

2. 媒体深度融合加速推进

媒体融合是破解传统媒体困局的前进方向、根本遵循、必由之路，推动媒体融合发展是巩固宣传思想文化阵地、壮大主流思想舆论的战略举措，媒体融合已上升为国家战略，正在引领传媒产业的大变革大发展。广东省各级广电部门必须顺应潮流，以先进技术为支撑，加快推动媒体深度融合发展，推进全媒体传播体系建设，加快广电媒体转型迭代升级，实现传统端与移动端“此长彼长”，助力主流媒体进入主战场，提升广播电视媒体的传播力、引导力、影响力和公信力，加速构建新型主流媒体的现代传播新格局，更好地满足人民群众对美好生活的向往。

3. 智慧广电快速发展

广电行业以智慧广电工程为载体和平台，将AI、大数据等新一代信息技术与广电技术融合创新，推动媒体融合发展，打造智慧广电媒体，发展智慧广电网络，推进广播电视智慧生产、智慧传播、智慧监管，构建智慧广电发展体系，开展智慧广电生态建设，提高广电公共服务的质量水平，加快广电行业转型升级。

（魏志辉，2021年度广东省广播影视奖科技项目组评委、广东广播电视台电视播出部主任、正高级工程师）

类型多样，异彩纷呈
——2021 年度广东省广播影视奖优秀电影评述

刘海玲

2021 年，广东电影佳作频出，并呈现类型多样、异彩纷呈的创作样貌。《中国医生》获得 13 亿元票房，并获得中国电影金鸡奖、大众百花奖等多项提名及奖项。《白蛇传·情》以 2 000 万元票房创造了国内戏曲片最高票房纪录，并获金鸡奖等提名。《点点星光》获得中国电影金鸡奖最佳儿童片奖。动画电影《熊出没·狂野大陆》获得 5. 95 亿元票房，创造了粤产动画电影票房新高，并获得金鸡奖最佳美术片提名。犯罪类型片《一级指控》为粤港合拍，老戏骨云集。犯罪纪实风格影片《平安中国之守护者》斩获 5 383 万元票房。

2021 年度广东省广播影视优秀奖（电影组）进入复评影片 20 部。经过评委认真讨论和评选，评出一等奖 1 部、二等奖 4 部、三等奖 7 部，总计 12 部影片获得 2021 年度广东省广播影视奖优秀电影奖。

一、一等奖影片：至真至善至美的粤剧电影《白蛇传·情》

被称作“南国红豆”的粤剧，尝试与现代视听制作技术相结合的电影化路径，实践着文艺的“创造性转化、创新性发展”，成绩显著。《白蛇传·情》（张险峰导演，曾小敏、文汝清主演，珠江电影集团有限公司、广东粤剧院出品）做到了“真”“善”“美”的有机统一，应和时代节拍，呈现出新的价值。

“真者，精诚之至也，不精不诚，不能动人。”“真”既指艺术反映的社会生活的历史与现实的真实，如《白蛇传·情》取自中国民间爱情故事，在长期传播发展中已化为中华民族的文化心理原型。“真”还包含融注于艺术形象中的至真至诚。粤剧故事聚焦于爱情，落墨于最能激起人们普遍共鸣的美好浪漫的情感。白素贞真情告白：“至真至美至善，莫过于情之所至，携手一心一世人。”粤剧以其声情并茂的唱腔、眉眼顾盼的表情，把人物细腻美好的情感表现得淋漓尽致。其情真、情炽、情坚、情曲，叩击着观众的心弦。

粤剧文本抵达“情真”“情炽”“情坚”不算太难，难的是“情曲”。刘勰说“深文隐蔚，余味曲包”，就是说“曲”之难之贵。《白蛇传·情》令观众信服于人物情感的转折变化之“曲”。许仙经历对白素贞的爱恋、甜蜜、惊魂、失落、伤心再到幡然醒悟、真情忏悔，细腻感人。

粤剧人物的情感跌宕起伏，命运反转巨变，如曲径通幽般移步换景，又气韵贯通，令观众自然而然在“信”的前提下被故事深深吸引。

艺术的价值还在于探索大道至理，其核心是“尚善”。“仁”“义”“礼”“智”“信”共同构成核心价值，“和合共生”则是最高的价值理想。“善”不是一个抽象的名词，它闪耀在人物的每句台词、每个动作中。《白蛇传·情》一改传统故事法海教唆许仙以雄黄酒试探白娘子，而是许仙自己在节庆时备酒畅饮，真诚相敬，并最终被妻子的大义感动，“娘子她纵是蛇，为我拼却九死一生。人若无情不如妖，妖若有情亦如人”，许仙对爱的珍视和醒悟，令今人为之击节。传统故事中法海是凶神恶煞的反面形象，但本片使其成为“天道天规”的忠诚卫护者：“宇宙间，物归其类，岂能变改。”许仙形象在爱情结构中也由被动变为主动，编剧说，“最美的爱情应当是平等的”，从而自觉“融入符合时代的爱情观和价值观，希望能找到属于当代的心灵感悟”。在神话传说和历史故事中自觉融入现代价值观，使“尚善”的内涵具有了当代意义。

“真”与“善”的统一，已然构成了艺术的审美追求，但形式创造具有独立的审美价值，也使“真”“善”“美”的价值得以最终实现。

粤剧在长期的发展中吸纳了多元的音乐、戏剧元素，将梆子、二黄声腔与粤方言音韵完美结合，被称为中国南北戏曲艺术的集大成者。粤剧作为岭南文化的重要形式，表现出鲜明的开放性、包容性和灵活性。在电影化过程中，服饰、乐器、唱段不断调整和优化。粤剧电影呈现了舞台表演不具备的镜头表现力，如人物细腻的表情被精准捕捉和放大，镜头切换让人物形象全方位多景别立体呈现，审美客体与主体之间、镜头与镜头之间形成张力和意义，体现出了电影之美。

《白蛇传·情》尤其融入了现代数字制作技术，呈现粤剧电影因技术变革带来的赋形之美。美术出身的导演张险锋对《白蛇传·情》的影像风格有着自觉的美学意识，“西方油画讲的是立体、光影、层次、景深，但我们东方美学讲的是平面、气韵、内涵，更讲究那种留白，是更含蓄的一种美。那为什么不弘扬我们自己的气质呢?”。最终主创团队将美术风格定位为宋代山水画风。

白蛇传的故事起源于宋代，宋代也是中国山水画的黄金时期，是历代艺术精神和美术技法的集大成者，并寄予着中国文人的审美理想。苏畅在《宋代绘画美学研究》中概括为“儒道释融于山水，天人合一，乃宋代山水画之实相”。宋代绘画“阴阳反衬以观照天地六合。它化繁为简，藏境大于毫楮之中”。如梦如幻、如仙亦妖的浪漫爱情悲剧，讲求辞藻如诗一般的唱词，与“疏光映竹深，薄雾笼湖面，皴石卧拱桥，烟霞锁寒山”的画风相得益彰。戏曲本就是虚实相生、气韵生动、诗意盎然的中国传统艺术，与平远、淡雅、含蓄、留白、冲淡的中国写意风完美融合，创造性的艺术效果最终征服了很少看粤剧的青年观众，形成了“出圈”效应。

《白蛇传·情》在电影化过程中，实现了以情动人、以善化人、以美育人的艺术追求，真正做到了传承中华传统文化，讲好中国故事，传播中国精神。

二、二等奖影片：类型多样的《中国医生》《点点星光》《熊出没·狂野大陆》《一级指控》

《中国医生》（刘伟强导演，张涵予、袁泉等主演，广东博纳影业传媒有限公司出品）是献礼建党百年的重点电影项目。影片根据2020年中国抗击新冠病毒感染疫情的真实事件改编，全景式记录波澜壮阔、艰苦卓绝的抗疫感人故事，致敬了中国医生吃苦、奉献、担当的伟大品格和精湛医术，创造了积极向上的社会价值。影片的故事叙事和制作品质获得了医护人员、抗疫主管部门和普通观众的高度认可。

影片叙事宏大，真实全面地反映了中国军民万众同心抗击新冠病毒感染疫情的英雄事迹，塑造了以张竞予、文婷、陶峻等为代表的医护人员群像，凸显了中国主流价值观中的集体主义和奉献精神，而每个医生身上的英雄主义气质也在影片中得到了很好的表现。尤其是以陶峻为代表的广东援鄂医疗队，彰显了新时代广东医疗工作者在这场硬仗中的气派。影片没有一味地煽情、歌颂，而是以现实主义精神呈现了疫情暴发初期的混乱无序，直到后来众志成城下逐渐步入正轨，恢复正常的生活秩序。既有宏观、全景式的铺排呈现，又有细节故事、典型情节的穿插，在大时代、大场面、大事件中兼顾对个人温情与人性光辉的刻画，表现了“小家”与“大家”间的取舍，同时将全体医护人员不畏艰难、共同抗疫的伟大斗争故事精彩地展现在观众面前。

该片制作精良，具有史诗气派。如医疗级片场里的建筑包括医院楼道大厅、办公室等，都严格按照1∶1还原，所有的医疗设备都是真实的。因为医生的一言一行具有专业性，演员很容易被指责不专业。因此这部影片聘请了医学顾问团队，把医护人员真实的工作状态还原出来，甚至还有很多真实的医护人员参演。虽是全景式群像戏，但故事情节的叙事脉络清晰，简洁流畅，悬念迭起。本片于2021年全国上映，总票房超过13亿元，可谓取得了社会效益与经济效益双丰收。《中国医生》的成功，为应对突发事件时如何迅速捕捉、抓取新闻事件并快速有效地改编真实事件与原型人物，助推中国电影能够快速形成一套完善成熟的工业拍摄体系，讲好中国故事，树立了成功的典型。

《点点星光》（谢德炬、黄展昌导演，广州市广播电视台出品）改编自一个真实的故事。地处偏僻山区的花都七星小学，不会跳绳的体育老师赖宣治和出身贫寒的孩子们夜以继日刻苦训练，9年时间跳出33名世界跳绳冠军，打破10余项世界纪录。

电影用诗意的镜头语言展示了孩童的想象，队伍中有“高手”常指导队员要“心中无绳”，独自一人时则抬头望天、对经过的飞机说话，孩童老练又稚嫩的语言背后透出的是留守儿童的早熟与孤寂。双胞胎兄弟因为跳绳队发衣服与鞋子而申请加入，并决定得到衣物后就退队。但在跳绳训练过程中，他们找到了温暖，也获得了人格培育和自身成长。跳绳队队长常被家人催促尽快辍学打工，通过跳绳这个女孩为自己争取了更多的机会。电影中最动人的场景莫过于孩童们赶早训练，摇着手电筒走在乡间小路上，教练凭借他们挥舞手电的方式分辨着每一个学生，并对身边的同事说：他们一闪一闪的，像不像天上的星星？这用坚韧和想象铸就的点点星光，也照亮着他们通向更远的路。

影片里的人物故事真实动人，不假粉饰。角色的扮演者就是七星小学的跳绳队员自己。非职业演员的表演质朴自然，加之独特的岭南文化风貌，画面造型既真实又具有形式美感，是近年来广东电影难得的佳作，并获得了中国电影金鸡奖最佳儿童片奖。

《熊出没·狂野大陆》（丁亮、邵和麒导演，华强方特深圳动漫有限公司出品）作为《熊出没》系列的第七部动画电影，讲述了光头强为百万奖金参加能变身成动物的“狂野大陆”主题乐园，不料却发现了人工智能霍普操控人类的阴谋的故事。本影片延续了“铁三角”结对冒险的主题，讲述熊大、熊二和光头强一起闯荡新世界的冒险经历的同时，加入了奇幻元素，创造了一个全新的科幻世界。人类通过基因科技，自由地变身成各种各样的动物，如蜥蜴、熊、猴子、猫头鹰、老虎等。动物们活灵活现，各自都有特殊的技能、独特的个性。无论是“智慧担当”熊大、“搞笑担当”熊二，还是精明又悲情的光头强，都在电影中化身“野兽派超级英雄”。气势恢宏的科幻场景富有科技感、想象力。影片还探讨了“什么是真正的快乐”的主题，强调亲情重要性的同时，对于当下人工智能的发展进行了探讨与反思。本片获得多个电影节展奖项，并取得了总票房近6亿元的成绩，创下广东动画电影票房最高纪录。

《一级指控》（黄国辉导演，方中信、谭耀文、陈家乐主演，深圳鲲鹏影视文化传媒有限公司出品）讲述了一家声名卓著的律师事务所CK律所，其有法律界“常胜将军”美誉的合伙人之一雷有辉在十年前的成富商场倒塌案中令委托人败诉。城中首富郭世荣的女儿郭嘉仪在工作室中离奇暴毙，当年商户珠妈的孙儿李逸峰因在现场而作为嫌疑人被捕，并被控以一级谋杀罪名。珠妈面对孙儿被控谋杀而寻求法律援助。雷有辉律所的合伙人张美仪接受了这宗案子，派出律所新人何学铭负责。为了补偿十年前官司败诉的愧疚，雷有辉也决心协助何学铭为李逸峰沉冤昭雪。在调查过程中，雷有辉抽丝剥茧，发现案件另有隐情，却频遭阻碍，但最终将真凶绳之以法，考验了雷有辉的智慧和勇气。

《一级指控》中的人物塑造非常成功。雷有辉一开始只是把接管案子当成生意，随着故事进展，一个坚持正义且睿智理性的律师形象被凸显出来，并由一桩陈年积案牵扯出错综复杂的人物关系和矛盾交织的社会景观，给人以正义必将战胜邪恶的信念。

三、三等奖影片：小成本、正能量、大情怀

获得三等奖的影片《珍珠》《何以飞翔》《平安中国之守护者》《瑞喜爱小白》《非常主播》都属于中小成本制作的影片，加之两部系列动画电影《猪猪侠大电影恐龙日记》《潜艇总动员：地心游记》，形成了“小成本、正能量、大情怀”的共性特征。

《珍珠》（广州九天映画传媒有限公司出品）讲的是中年职业女性面对职业、婚恋、家庭的困境。年近四十的大龄女性珍珠试图在都市寻找真爱，她从对爱情抱有幻想，到在相亲过程中遭遇各种各样的委屈与挫折，最终自我意识逐渐觉醒，启示现代女性该如何去选择自己的生活，是人云亦云地活，是为了满足别人的期望而活，还是为了自己而活。影片弱化叙事，将镜头对准角色的动作和表情，拍出了真实、简单的人物轨迹。大量的长镜头与女主角珍珠深夜游荡于广州街头的画面，很有表现力地呈现了都市大龄女性的孤独心绪。广州老巷、古榕树、珠江、煲仔饭、粤语对白、粤语广播等元素的呈现，使得影片具有浓郁的广州气息。

《何以飞翔》（广州三希堂影视传媒有限公司出品）以澳门回归 20 年的发展变化为大背景，讲述了澳门本土青年何以翔家庭、婚姻、职场的人生经历：少年时代母亲远走台湾，因而留下精神创伤；大学毕业后为了恋人留在澳门执教，却因执着于探寻绘画的意义、忽视了艺术的实用性而遭到学生讥讽；随后又经历了“非典”冲击和金融危机，为赚快钱改做赌场荷官，疏忽了对家庭的照料……影片是何以翔个人生活经历框架下的一次精神探寻，呈现的是澳门人的文化记忆与身份认同。影片重塑澳门古朴清幽的城市空间景观，部分外景源自澳门的老建筑、旧街巷，如古朴肃穆的大三巴、黄白相间的何东图书馆、暖黄色的恋爱巷、树影婆娑的婆仔屋、土生葡人居住的阿婆井、第一座西式剧院岗顶剧院、经过修缮的传统中式风格的郑家大屋……即使表现何以翔和妻子成美做荷官时的赌场，也是以昏暗的局部环境来呈现，从而强化了澳门古朴、清幽、中西合璧的城市空间景观。以高更或凡·高的绘画为触发点，“我们从哪里来？我们是谁？我们到哪里去？”的灵魂追问，回荡在古老的西式建筑群中。意味深长的镜头，象征着澳门人在 100 多年殖民历史结束后普遍遇到的身份困境。“要走多远的路，才能找到家？”编导通过何以翔的人生选择所标识的价值取向，表征澳门人对祖国和民族的强烈认同和精神归属。

《平安中国之守护者》［中广天启（深圳）传媒有限公司出品］通过五个感

人的故事，以具体的案例为线索，以真实人物为原型，通过电影化的手法，彰显法院、检察院、公安、司法、国安五大部门的光荣使命。主题积极健康，有正能量，能对社会起到较好的价值引领作用，亦有较好的票房效应。

《瑞喜爱小白》（佛山华览影视文化发展有限公司出品）讲述何瑞喜当警察的丈夫在女儿出生前就在执行任务中牺牲。瑞喜不顾医生劝阻，冒着生命危险生下女儿秦小白，但也因此患有轻度的精神疾病。经历九死一生才生下女儿的瑞喜，以她滑稽而又近于疯狂的方式抚养小白成长。故事以广东已牺牲警察的故事为原型改编，属广东本土题材。主题积极、故事细腻、温情动人，且有一定的观赏趣味性。

《非常主播》（深圳市子砚影视文化传媒有限公司出品）以清远“乡村新闻官”为主题，讲述了新时代年轻人回乡创业，利用网红直播创新手段推广家乡生态旅游、提升农村文明水平、带领村民致富的故事。影片主题鲜明、导向明确、形式新颖，具备轻喜剧的轻松幽默，是一部紧密契合当代主旋律的农村扶贫题材影片。

《猪猪侠大电影恐龙日记》（广东咏声动漫股份有限公司出品）是以“猪猪侠”为主角创作的第六部3D动画电影。通过故事人物协同解决难题的情节，展示了猪猪侠不断克服和战胜种种困难与危机的能力，也展示了主人公在一次次挑战中收获的成长，最终实现了保卫美好家园的圆满结局，给少年儿童观众传递了正义、勇敢、坚持不懈的价值观以及守护家园的社会和情感教育。

《潜艇总动员：地心游记》（深圳市环球数码影视文化有限公司出品）是“潜艇”系列动画电影的第八部，讲述了神秘海底探险的故事。影片承袭一贯的优质画风，特效卓著，情节生动，并对角色进行升级，引入了新潜艇“逗号”“珍珠”“铁博士”等，外形更加亮眼，装备更加酷炫。影片制作水平也更加精益求精，并且在故事设计上有更大的想象空间，凸显冒险与求知两大主题，寓教于乐。

2021年度广东省广播影视奖优秀电影奖作品中，优质影片持续出现，类型多样、各具精彩，显示了广东电影人的执着追求和努力拼搏，显示了广东省出台的一系列电影扶持政策初见成效。但综观2021年广东省电影制作，依然存在艺术水准、制作水平良莠不齐的状况，在创新能力、故事能力、制作能力方面还有很大的提升空间。

（刘海玲，2021年度广东省广播影视奖电影组组长、广东省电影行业协会副会长、广东外语外贸大学中文学院创意写作研究中心主任）

▶ 2021年度广东省广播影视奖获奖作品精选点评 ◀

广播新闻作品·广播短消息

赣深高铁正式开通运营
河源进入“高铁时代” 广东实现“市市通高铁”

河源广播电视台 陈盛开 黄世翻 张文裕

今天上午，河源市人民翘首以盼的赣深高铁正式开通运营，结束了河源不通高铁的历史，广东也实现“市市通高铁”。

【现场音：由深圳北开往南昌西方向的G4640列车已到达河源东站……】

上午9点55分，随着首发列车驶入河源东站，河源人的高铁梦变成现实。不少市民专程前来搭乘首趟列车，感受高铁的速度和魅力。

【录音：我很早过来了，提前看一下河源开通高铁。/以前我坐车去深圳、广州这些地方都需要花好长时间，大概也要3个小时。现在高铁一开通，我们马上能够进入珠三角的一小时经济生活圈。/河源老百姓这个高铁梦终于实现了。】

赣深高铁是京九高铁最南段，是我国“八纵八横”高速铁路网的重要组成部分，贯穿江西赣州与广东河源、惠州、东莞、深圳等地，全长436公里，设计最高时速350公里，全线共设14个车站。

今后从河源坐高铁不仅可以直接出省，到深圳、广州等大湾区城市也更加快捷，加快了河源全域全面“融湾”“融深”步伐。

市交通运输局副局长曾明泉：【录音：赣深铁路是河源发展的腾飞之路。赣深铁路的通车实现了广东“市市通高铁”，结束了河源无高铁的历史，标志着河源进入“高铁时代”。】

【点评】

河源是广东最后一个通高铁的地级市，赣深高铁的开通运营，不仅让河源结束了不通高铁的历史，也让广东进入了“市市通高铁”的时代。赣深高铁的开通运营，不仅是河源当地的一件大事，也是广东全省的一件大事，意义非凡。这篇报道抓住了赣深高铁开通、首趟列车开进河源这个时间节点，极具新闻性。

本篇报道层次分明，音响丰富，听觉不错。既有现场音响，又有语言音响。既有河源当地群众对高铁开通的期盼，也有记者对赣深高铁基本情况的介绍，更有交通运输行业人士对赣深高铁的展望。

这篇报道围绕的一个中心就是，赣深高铁的开通，不仅为河源的交通建设带来崭新的飞跃，而且也将对河源的经济发展和社会生活带来巨大的变化。整篇报道传递着一股积极向上的正能量。

这篇报道的点睛之处在于，赣深高铁的开通运营，将会让河源这个山区市跟上全省的发展进程，加快融入大湾区的步伐。

（李　键）

广播短消息

国内首台中子全散射谱仪成功出束

东莞广播电视台　苏燕红　曹雪皎　刘　艳　田飞跃

中国散裂中子源多物理谱仪今天（1月26日）成功出束，中子束流与预期相符，标志着国内首台中子全散射谱仪研制与安装成功。

“下面我宣布打开中子开关……”上午8点39分，中国科学院院士、中国散裂中子源工程总指挥陈和生一声令下，国内首台中子全散射谱仪开关打开，谱仪成功出束。

谱仪是利用中子散射来测量物质的微观结构和动力学的装置，科学家们可以把不同的材料放置到谱仪装置，测量原子在物质中的位置，以及原子在物质中如何运动。

中科院高能物理研究所东莞研究部中子科学部副主任殷雯：以我们老百姓最常用的充电宝或者手机（电池）为例，为保证充电用电又快又安全，我们就要开展离子电池的结构研究，这个谱仪其中的一个主要应用就是研究电池结构和性能的关系。

位于东莞的中国散裂中子源是国家“十一五”期间重点建设的大科学装置，是国际前沿的高科技、多学科应用的大型研究平台。这台谱仪成功出束，让我国在晶体材料、纳米颗粒、非晶合金、液体等不同有序度材料领域的研究拥有了一台“超级显微镜”。

中国科学院高能物理研究所副所长陈延伟：整个装置的水平，跟国际上最先进的装置的水平是一样的。

【点评】

国内首台中子全散射谱仪的建造是一项专业性很强的系统工程。

它的成功出束，不仅对我国高能物理的发展有着重要的推动作用，而且对我国高端制造也有着非凡的示范作用。这篇报道的意义正在于此。

将专业的知识通俗化，将专业的术语平民化，这对于编辑记者的科学知识储备和语言驾驭能力都有很高的要求。这篇报道在不长的篇幅里层层递进，着重介绍了什么是中子全散射谱仪，以及中子全散射谱仪的建造过程和作用意义。最巧妙之处是利用了中科院高能物理研究所专家的一段有关电池充电的形象比喻，一下子就将中子全散射谱仪的作用说清楚了，让听众眼前一亮。

国内首台中子全散射谱仪能在新冠病毒感染疫情全球肆虐、建造过程严重受阻的情况下成功出束，更表现了中国科技工作者和大国工匠们勇于战胜困难、勇攀科技高峰的胆量和气概，报道这样的题材意义深远。

（李　键）

广播长消息

两个人的考场　一群人的守护

——新冠隔离病房里的特殊高考侧记

广东广播电视台　罗　苏

6月9日，高考结束。今年广州高考最特别的考场——广州医科大学附属市八医院的隔离病房里，两名隔离考生也在近30名医护人员的全力守护下顺利完成高考。广播新闻中心全媒体记者罗苏、通讯员刘琪莎报道。

说起刚刚经历的这场重要大考，高三学生小陈的脸上洋溢着按捺不住的喜悦，言语间透着满满的感动与感激。

【录音：国家对我们高考（的）关心，医护人员对我们生活、学习每个方面的关心，都很（让我）感动。】

高考前夕，17岁的高三考生小陈因被确诊为新冠无症状感染者被送到广州医科大学附属市八医院隔离治疗。本着“应考尽考、能考尽考、愿考尽考”的要求，医院在考生身体状况允许的前提下，专门挑选了两个相对独立的病房改造成由一张桌子和一张椅子组成的考场，并特别为考生定制了营养餐、开展心理辅导。

医院副院长罗红彬：【录音：为了高考，为了孩子，不管是教育部门还是我们医疗（部门）肯定全力以赴，为他们创造机会，保证健康，又让他们能顺利地考试。】

6月7日凌晨4：30，高考考生王平确诊后被送到医院。在考第一场语文时，王平有些低烧，医护人员给他服用了清热解毒的中药后得以缓解，最终他在医护人员的动态观察和悉心治疗下顺利完成了考试。

作为照顾两个考生的医疗团队主要负责人，章红艳每天都会接到许多电话，从省市各级教育部门到救治领导小组，全社会都在关注这两个考生的情况，从生活到备考，事无巨细。

【录音：最大的一个感受就是安全感，觉得学生在十几年的苦学生涯，到了决战的时候，不幸染上了新冠，但是我们的祖国、我们的党、我们的政府没有抛弃他、放弃他。感觉无论遇到什么样的事情，我们都不会漏掉任何一个人，真真切切地感受到了什么叫作不抛弃、不放弃！】

试卷的消毒封存是考试的重要一环，医院负责场内协助监考的四位护士在开考前已接受了相关培训。交卷后考卷在用紫外线照射后，再放进消毒柜进行二次消毒。医院副院长罗红彬表示，这次高考护考任务，医院安排了医疗、后勤、信息等多个团队参与，来全力保障考试的顺利进行。

【录音：每个考生有两个人来保障现场，外围还有一个整组的医疗团队。（记者）整组的医疗团队有多少人？（答）二十多个。】

6 月 9 日下午 6 点 15 分，考试结束了。医院为两名考生举行了一个简单而温馨的庆祝仪式，隔离病房里，掌声与祝福声此起彼伏。对于小陈和王平而言，这是一段一度让人惊慌失措却又倍感温暖的日子。他们说，自己会永远记住这个夏天，记住这场一群人守护的高考。

小陈：【录音：谢谢各位关心！在这之前我可能会比较偏向于设计或者做自己喜欢的事情，但我觉得不管我做什么，经历过这些事情之后，都会去做更多对社会有帮助、对他人有帮助的那些事业。希望大家能乐观地面对这个疫情，把这个难关过了！】

【点评】

2021 年 5 月下旬，广州遭遇了突如其来的新冠病毒感染疫情，在疫情防控任务最艰巨的时候迎来了高考。高考能不能正常举行？确诊的考生能不能参加高考？这些都是广大人民群众极其关心的社会热点问题。广州医科大学附属市八医院是新冠病毒感染确诊患者的定点收治医院，里面就有两位即将高考的考生，这场全国第一次在隔离病房设立考场的独特高考，是全社会都关注的焦点，因而具有极高的新闻价值。考场既要保证考生参加高考的权利，又要防止疫情的扩散，作品专门对试卷的消毒情况这个细节进行了详细的报道，起到解惑释疑的作用，善于运用新闻事实的细节是作品的一个特点。此外，作品运用具有鲜明特色的现场采访录音，使现场感突出，真实可信，广播特色鲜明。通过报道广州这两位在抗疫最前线考生的备考、考试情况，展现了广州在抗击疫情中的科学精准、从容应对，凸显广州这座大爱之城的温度，彰显“人民至上、生命至上”的理念。

（吴铭东）

广播长消息

横琴粤澳深度合作区今天正式成立
合作区建设火热开局

珠海广播电视台　黄　华　李灏菀　李　栋　孟江湧

【录音】（现场声）让我们以热烈的掌声有请韩正副总理、李希书记为横琴粤澳深度合作区管理委员会、执行委员会揭牌……（压混）

【导语】作为习近平总书记亲自谋划、亲自部署、亲自推动的重大决策，横琴粤澳深度合作区今天正式成立！新的管理机构挂牌第一天，随着第一张施工许可证、第一份规划许可证、第一批营业执照、第一个外资商业保理牌照的颁发，深度合作区建设火热起步、顺利开局！记者阳光报道。

【录音】（现场记者）听众朋友，我现在是在横琴粤澳深度合作区城市规划和建设局。为了使横琴尽快实现封关运作，横琴二线通道建设工程规划的许可证在这个局挂牌成立的第一天就完成了审批，现在正式颁发给建设单位—— 大横琴集团。

【正文】大横琴集团前期业务部经理肖祥：

【录音】我为他们这种办事的效率点赞！

【正文】横琴粤澳深度合作区城市规划和建设局城市规划管理处负责人赵明凯：

【录音】计划是在明年，二线的封关设施就建成。未来的横琴就是货物在一线便利通关，在二线是管住，同时人员就便利地往来横琴与澳门之间。

【正文】随后，合作区第一张建筑工程主体结构工程施工许可证颁发给了横琴东西汇文创综合体项目。东西汇董事长马志达是在横琴投资兴业的澳门青年，他高兴地说：

【录音】很开心！以前澳门就50万人口的市场，过来横琴就有一个更大的平台发展！

【正文】按照《横琴粤澳深度合作区建设总体方案》的要求，合作区将发展科技研发和高端制造产业、中医药等澳门品牌工业、文旅会展商贸产业、现代金融产业等促进澳门经济适度多元的新产业。合作区运作首日，前来商事服务局申请注册的企业就涉及会展服务、科技创新、文化创意、医疗康养等行业，而且企业创办人都是澳门青年，彰显了合作区对澳门创业青年的吸引力。澳汇（横琴）国际会展服务有限公司董事长卢德忠就说，能这么快拿到营业执照真是做梦都想不到。

【录音】很厉害，今天早上我们过来交所有文件，我们在澳门开公司起码都要一两个星期，这边几个小时，真的很厉害！

【正文】卢德忠对总体方案赞不绝口。他说，尤其是“允许在合作区内与澳门联合举办跨境会展过程中，为会展工作人员、专业参展人员和持有展会票务证明的境内外旅客依规办理多次出入境有效签证（注），在珠海、澳门之间可通过横琴口岸多次自由往返”的政策，简直是为琴澳会展行业量身定做的天大利好。

【录音】真的对我们来说是很方便、很好的一个政策！谢谢中央给我们的这个机会！所以我们在这里开公司！

【正文】几乎与此同时，横琴粤澳深度合作区金融发展局批准了首个外资商业保理牌照；新一批澳门医生获颁港澳医师短期行医执业证书，正式开始在横琴工作；在合作区经济发展局及口岸查验单位等的共同努力下，澳门机动车出入横琴的手续也进一步简化。合作区成立的第一天，澳门同胞就收获了满满的获得感，对合作区未来的发展更加充满信心。

【录音】对将来的发展，我有很大的信心！

【录音】这边的前景很好，我希望有多一些澳门年轻人可以来横琴这边发展！

【录音】我相信深合区挂牌以后会更加辉煌，更加灿烂！

【点评】

1. 主题重大、特色鲜明

横琴粤澳深度合作区管理机构揭牌，标志着横琴粤澳深度合作区正式成立，合作区建设进入了全面实施、加快推进的新阶段，为澳门长远发展注入新动力。作品及时抓住了这一重大新闻事件，以跟踪采访的形式翔实生动地描述了合作区成立第一天相关政府部门高效有序的各项工作，令人对合作区的未来发展充满信心。

2. 以小见大、角度切入独特、结构紧凑

作者精心选取了第一张施工许可证、第一份规划许可证、第一批营业执照、第一个外资商业保理牌照的颁发，以及对当事人的采访，不但体现出横琴粤澳深度合作区建设工作的高效率，更表现出合作区对澳门同胞的强烈吸引力，令他们有满满的获得感和满满的信心，对更加灿烂辉煌的未来充满期待。

3. 音效丰富、采访生动、时效性与可听性强

在横琴粤澳深度合作区成立当天采访并及时播出，具有极强的时效性。作品现场感强，有现场同期声、记者现场报道、人物采访现场等，报道的音响十分丰富，制作精良，整篇作品录音虽多，但安排有序，层次分明，短短三分多钟的新闻里浓缩了八位受访者的十段录音，整个报道都由这些生动的采访录音串联起来，很好地展现了合作区成立第一天繁忙有序的政府工作和参与群众发自内心的感受。

（罗永强）

广播系列、连续及组合报道

从“寥若晨星”到“繁星满天”
——佛山实施人才引领发展战略纪实

佛山人民广播电台　童思娜　付国华　邓之欣　谢　斌　温秋奋

习近平总书记强调，办好中国的事情，关键在党，关键在人，关键在人才。要坚持人才引领发展的战略地位，聚天下英才而用之，为 2050 年全面建成社会主义现代化强国打好人才基础。

改革开放 40 多年来，作为制造业大市，佛山在激烈的区域竞争中赢得先机、走在前列，关键就在于人才。“人才”这两个字，有着佛山曾经的苦涩记忆，饱含佛山所作的艰辛努力，显现佛山发展的强大动能，也赋予佛山对未来的美好期许。

系列报道《从“寥若晨星”到“繁星满天”——佛山实施人才引领发展战略纪实》。

第一篇：“洗脚上田”后的感悟

在顺德北滘的美的集团博物馆里，两位工程师踩单车赶路的雕像记录了“星期六工程师”的故事。美的企业文化负责人冯晓欣介绍：“20 世纪 80 年代的时候，由于技术人才的短缺，风扇的质量并不是太高。从 1985 年开始，美的就聘请国有企业的技术骨干兼职来做我们的周末工程师，协助美的发展技术。”

美的和“星期六工程师”的故事是佛山大部分乡镇企业发展路径的写照。二十世纪八九十年代，南海、顺德很多农民“洗脚上田”办工厂，受技术、人才等因素掣肘，纷纷向广佛等地的科研院所、国有企业的技术人员“借脑”。

1992 年，从江西景德镇来到佛陶集团当技术员的鲍杰军记得，他刚到佛山不久，每逢周末，就有人带着他去乡镇企业“炒更”。

“我们经常会去干通宵，做陶瓷装备。有一个企业说需要磨边机，当时我大概用一个月时间设计出应该是中国第一台磨边机。”

对于求贤若渴的佛山民营企业而言，“星期六工程师”为他们解决了技术难题，并且加速了制造装备国产化的进程。中山大学经济学系教授林江说：“‘星期六工程师’是在当时体制下比较灵活的一个反映，对解放生产力、促进我们民营经济的发展是非常有利的。”

“星期六工程师”是佛山发展对人才渴求的时代缩影。改革开放以来，佛山一直以开放包容的心态广纳贤才，社会各方凝聚起“人才是第一资源”的强烈共识：

——1995年，佛山创办全国地级市首个企业博士后科研工作站。

——2011年，佛山首次发布《重点发展领域紧缺人才需求目录》。

——2018年，佛山将人才工作列入“一把手工程”。

——2021年，佛山出台《柔性引才暂行办法》，鼓励不求所有、但求所用的引才模式。

当前，佛山正处在从制造大市向制造强市迈进的关键阶段，比历史上任何时期都更加渴求人才。然而受地理位置、高等院校数量和产业结构等影响，佛山人才队伍大而不强，领军、尖端人才稀缺的问题凸显。

新时代呼唤新人才。佛山正以前所未有的力度，狠抓人才工作，以满足发展对人才的渴求。

第二篇：“8 000名设计师”的叮嘱

秦磊是哈尔滨工业大学、广东工业大学的“双料”博士后。2011年，在帮箭牌卫浴维修进口喷釉系统时，秦磊得知国外设备售后既烦琐又昂贵，于是他带着团队，用一年多时间，研发出首台国产喷釉打磨机器人。这款机器人较进口设备成本降低一半，效率提高一倍，陶瓷企业纷纷上门寻求合作。

2013年，秦磊拉上几位技术伙伴一同创业，在佛山高新区成立汇博机器人有限公司。企业次年即入选佛山市科技创新团队，获得超千万元的财政补贴。佛山制造转型升级需要创新人才支撑。要想真正引进人才、留住人才，就必须为其提供用武之地。

位于顺德的广东工业设计城，也是佛山大力打造的创新平台之一。2012年底，习近平总书记在这里考察时，提出了“希望下次来时能看到8 000名设计师”的殷切期望。如今，这里已经聚集8 000多名设计人才，成为国内工业设计高地。和壹设计咨询有限公司创始人仇登伟说，园区为他们提供了完善的创业孵化服务和工业设计服务平台。

以创新平台为依托，佛山紧紧围绕产业链打造人才链，人才“磁聚”效应愈发明显。越来越多的“秦磊”们纷至沓来，他们的梦想在这里生根发芽，也为佛山制造提供源源不断的创新动力。

…………

第三篇："繁星满天"的未来

在顺德北滘的美的全球创新中心，来自五湖四海的各类人才正在将科技创新不断推向新高度。美的高端招聘中心负责人左冰介绍，目前美的研发人员数量超 1.6 万人，占全体员工 10.7%，其中外籍专家有 500 多人。

左冰："我们未来会布局全球的高科技技术领域的领军和高端人才，会在海外建立一些招聘中心，主要是欧洲跟美洲，包括日本。"

2018 年，《佛山市人才发展体制机制改革实施意见》发布，从管理体制，人才引进、培育等方面提出改革措施。

2021 年，佛山出台《柔性引才暂行办法》，鼓励用人单位通过顾问指导、短期兼职、项目合作等方式，引进人事、社保关系不在佛山的人才。

成为"GDP 万亿城市"后，佛山对人才的吸引力进一步加大。佛山的人才资源，从当初的"寥若晨星"发展为"繁星满天"。"十三五"期间，佛山人才资源总量超过 213 万人，引进各类领军人才 220 人，包括全职院士 2 名、国家重大人才工程专家 76 名。

佛山的人才结构也不断优化。截至 2020 年底，全市大专以上学历层次人才 153.3 万人，占常住人口 16.14%，其中博士 4 500 多人、硕士 4.1 万人；高级职称专业技术人才 3.2 万多人。

中央人才工作协调小组特聘专家、中国人事科学研究院原院长吴江表示："人才的体制机制，佛山有很多创新，也有很多好的经验。通过看准我们的创新方向，更加精准地来集聚人才。"

（文稿有删减）

【点评】

作品题材意义重大，社会关注度高。习近平总书记指出"人才是第一资源"。2021 年是中国共产党成立 100 周年的重要历史节点，在百年奋斗历程中，我们党始终重视培养人才、团结人才、引领人才、成就人才，百年大党求贤若渴、珍视人才的优良传统薪火相传。

作品策划周密，脉络清晰，角度全面，结构完整。作品先从改革开放初期珠江三角洲地区十分常见的"星期六工程师"现象开始，报道了佛山求贤若渴的迫切和人才建设的艰辛历程，之后报道了佛山围绕产业链打造人才链，吸引海内外的高素质人才到佛山创业安家，以及佛山的人才战略取得的丰硕成果，深刻反映了习近平总书记关于"要坚持人才引领发展的战略地位，聚天下英才而用之，为 2050 年全面建成社会主义现代化强国打好人才基础"重要指示在实践中的强大生命力。

作为系列报道，作品分别从渴求人才、打造平台、呵护人才以及储备人才四方面关注佛山人才工作，既有历史的回眸、现实的成就，也有对未来的展望。在制作层面，作品采写扎实，每一篇报道都从故事和案例切入主题，具有代表性和典型性，文字简洁、凝练，稿件层次推进自然流畅，同时使用了丰富的录音素材，可听性强，制作精良。

（何国平）

广播新闻评论

“围村收费”岂能“一围了之”？

广东广播电视台　龙俊峰　杨小杨　梁星月　金　亮

广东民声热线曝光东莞“围村停车收费”问题引发广泛关注，过去二十天，广东民声热线报料平台收到“围村收费”相关投诉超过 300 件，涉及广州、深圳、佛山、东莞、中山等珠三角城市。“围村收费”由来已久，当前正被各地当作解决城中村停车难、停车乱的有效经验大力复制推广，而由此引发的矛盾比以往更加突出，一些新的问题开始凸显，值得我们思考和警惕。

珠三角城市“围村收费”现象很普遍，而且近两年越来越多，为什么？一个众所周知的原因是车越来越多，停车位的增长远远赶不上汽车保有量的增长。以目前因为围村收费问题正处在舆论风口浪尖的东莞为例，截至 2022 年 6 月，机动车保有量已经超过 350 万辆，超越广州，仅次于深圳。据东莞停车资源普查数据统计，东莞停车泊位供给总量缺口超 200 万个。

城中村事实上已经成为很多珠三角城市的开放停车场，车辆乱停乱放造成的交通拥堵让城中村居民不满，消防通道时常被堵塞等乱象也让人感到不安，规范城中村停车管理迫在眉睫。“围村收费”被认为是解决城中村停车乱象的有效手段，不少城市纷纷效仿，遍地开花。华南城市研究会会长胡刚认为，围蔽收费是当前解决城中村停车问题最简单的方式。

2020 年，广东出台了《关于印发加强和改进全省城市停车管理工作指导意见的通知》，鼓励城中村实施物业管理模式，加强村内停车管理。近两年，广东城中村围蔽收费开始加速。近期，东莞、佛山、广州等地都有不少群众向广东民声热线反映，自己居住的城中村正在或者刚刚建设了围蔽收费设施。

“围村收费”确实让一些地方的停车问题得到改善，城中村的交通管理变得更加有序。但是，简单以村民自治的名义对城中村“一围了之”，已经出现诸多问题甚至违法现象，值得我们警惕和反思。

“一围了之”带来新的乱象。以围代管，村内交通状况、停车乱象并不会因为增加了收费、多了栏杆而直接改善。东莞市城中村居民说：“围了之后更乱。”

广州海珠区北山村，整村围蔽成北山围院停车场，一位网约车司机半夜把车停进村里，第二天被交警贴了罚单，同时还交了 18 块钱停车费。

中山沙溪镇龙山村，村里有一个小区，居民开车进出竟然要交过路费。

“一围了之”容易越界违法。广东民声热线曝光的东莞黄江镇社贝村，围村收费前至少经过了交通运输分局、交警大队、城管分局、应急管理分局、消防大队、规划管理所等6个不同职能部门组成的评审小组复函确认过，还提出过整改意见，白纸黑字写着：经复查合格，符合政策要求。村里拿着盖有这些部门公章的复函开始收费，并认为这是上级部门批准的。引发关注后再核查却发现，经过这么多部门评审过的“围村收费”竟然存在围蔽公路的明显违法问题。《中华人民共和国公路法》《公路安全保护条例》和《广东省农村公路条例》等都有规定，严禁在公路及公路用地范围内（含国、省、县、乡、村道）非法设卡、收费。

同样存在非法围蔽公路问题的不止一条村，也不止东莞。深圳市公安局交通警察局、东莞市交通运输局近日分别对“围村收费”问题进行过全市的核查，目前已经发现被非法围蔽的公路数十条，必须整改拆除的卡口过百个。法治广东研究中心主任宋儒亮指出，不能一味强调“村民自治”，合法是“围村收费”的前提。

城中村停车问题是城市管理中的难点问题，也是事关群众切身利益的痛点问题。广东民声热线在新媒体平台推送的围村收费短视频合集，播放量超过了3 000万，留言评论过10万，其中大部分表达了反对“围村收费”的意见。

“一围了之”也不利于外来人口融入城市。村民不掏钱，非户籍居民市场化收费，月保与房租相当，不少外地司机甚至连月保都申请不了，需要承担更高的停车费用，他们的生活成本几乎翻倍。南方日报评论员丁建庭指出，收停车费是小事，由此可能带来的隔阂值得深思。

现在的城中村，更多的人来自五湖四海，是在城市打拼的新广州人、新深圳人、新东莞人、新佛山人，但是他们不应该一直是“新人”。最近，广州、东莞已经有一些地方开始拆除收费围栏，宣布取消“围村收费”，深圳一些城中村也开始探索立体停车场、智慧共享停车等更多样化的方式来解决停车难题。“围村收费”看起来只是停车收费的小事，而引发争议的背后是如何做好基层治理的大文章。面对一哄而上的“围村收费”，必须用新发展理念重新审视、慎重决策，既要尊重“村民自治”，更应该积极推动城中村全体居民的共建共治，唯有如此，才能真正实现共建美丽家园、共享城市发展成果。

（文稿有删减）

【点评】

第一，节目选题有原创性。“围村收费”问题由来已久，节目关注到这个珠三角多地存在群众反映强烈的热点问题。从社会治理新格局的高度看待、解决“围村收费”问题，有新意。

第二，促进问题解决，发挥了媒体舆论监督作用。曝光多地城中村非法围蔽公路、违规收费乱象，推动城中村合法规范实施物业管理。东莞制定出台了《东莞市村（社区）停车规范管理指导意见》，广州、深圳、佛山等地积极开展核查整治，一大批问题得到整改，为倡导文明出行发挥了积极作用。

第三，论点鲜明，论证有力。对公众关注的话题进行梳理和引导，指出“围村收费”是解决城中村停车难、停车乱的一种探索，但“一围了之”也带来新的问题，不利于外来人口融入社会，不利于社会公平。

第四，论述结构完整，论据准确。节目深度解剖“围村收费”的历史成因、存在问题，逐步剖析问题背后的关键和核心，论述分析层层深入。

第五，音响元素多，广播特色明显。节目呈现了不同群体、不同身份采访对象的声音，有较强的广播特色。

（邓东力）

广播新闻专题

我的人生不设限
——苏炳添

广州市广播电视台　周名俊

他，顶着32岁的“高龄”，毅然站上东京奥运会百米飞人的赛道；

【电视解说原声，压混】在第四道，亚洲纪录保持者。

【苏炳添：我当时的分组非常强，有美国的选手，有南非的选手……所以说，必须要在这个赛场上由我来主导！】

他，突破伤病、退役的瓶颈，不断突破自我；

【电视解说原声，压混】比赛发枪！

【苏炳添：是不是我已经跑不动了？不是，我只是受伤了，我没有放弃自己。】

【电视解说原声，压混】起跑加速不错！

【苏炳添：要相信自己会王者归来。】

他，在挫折和探索中获取成功；

【电视解说原声，压混】顶住，加速！

【苏炳添：任何人，都不要给自己设置一个极限！】

【电视解说原声，压混】冲刺！

他，用自身实践告诉大家奋斗的意义。

【苏炳添：各位年轻的学生们一定要有梦想，要有敢想、敢去拼搏的心态。/学生粉丝：我觉得他这种精神是值得我去学习的。】

他就是“亚洲飞人”苏炳添！也是大家心目中的“苏神”！

【电视解说原声，压混】苏炳添小组第一，苏炳添创造了历史！

请听广播新闻专题报道《我的人生不设限——苏炳添》。

（一）宝剑锋从磨砺出，教人立尽梧桐影

东京奥运会之后，苏炳添成为广大青少年的偶像。为了更好传递正能量，苏炳添经常受邀参加校园交流分享活动。他身上奋斗、奋进，克服伤病、克服困难的精神鼓舞着年轻人。

苏炳添：我的努力换来了幸运，我不光能坚持到今天，而且还在不断突破。

我突破的极限越多，我对自己越有信心，这可能是我作为一个成年人，作为一个运动员，能给今天在这里听我讲故事的年轻人去总结的一个心灵鸡汤：要突破自我，首先要有很强大的意志力，要相信自己，要敢于走出舒适圈。不论是黄种人，任何人都好，都不要给自己设置一个极限。特别是各位年轻的学生们，一定要有梦想，要有敢想、敢去拼搏的心态。

苏炳添没有被“32 岁高龄”“亚洲人无法突破 10 秒”这些所谓的极限影响。他勉励广大学子：“不要被极限限制了你的创造力。”今年高一的熊锋是一名田径特长生，他在广东省中学生田径锦标赛跑出了 10 秒 88 的成绩。他坚信，10 秒 88 不是他的极限。

熊锋：他的精神很激励我，东京奥运会时，他的每一场比赛我都看得很清楚。（我）把他当作一个目标，可能正如他说的，不是让别人成为他，而是让别人成为自己，或者说我更想去超越他。

苏炳添绝对是校园里的“顶级流量”，“小粉丝们”都想探寻他成功的密码。

即使不是体育特长生，也希望能好好学习苏炳添身上抵御挫折、迎难而上的精神。

苏炳添：突破自己，除了雄心，还需要耐心。无论是在学习上、生活上，还是事业上遇到瓶颈，我建议大家首先去想想，自己原来的方法是不是合理？也可以回头想一想，当时自己的初心是什么？自己有没有更好地去做好？如果你觉得没有问题，自己已经尽力了，那么可以尝试改变训练方法。

除了分享奋斗经历，苏炳添也去田径场亲自示范。

就连华南师范大学附属中学的“学霸”们也刮起“追星”热潮，趁着下课时间，同学们分别站在跑道两边围观。看着学生们的“疯狂”举动，校长姚训琪却表示，支持同学们的这种“追星”行动。

姚训琪：苏炳添老师在东京奥运会上的表现，突破了我们黄种人的百米极限，让我们的孩子能从他身上了解他的故事，学他身上这种不断奋斗、奋进，克服伤病、克服困难的精神。

无论你是专业跑手还是普通学子，苏炳添的经历都会让你受益匪浅。苏炳添激励广大青少年，不要设置上限，一定要有敢梦、敢想、敢去拼搏的心态。

（二）扬帆起航出东海，长风破浪会有时

受疫情影响，2020 东京奥运会延期一年举行。对于老将苏炳添来说，他又老了一岁。赛前，很多人并不看好苏炳添，毕竟百米赛道向来是欧美选手的天下，况且他的年龄、身高、伤病都反映着自身的不足。百米半决赛，苏炳添的目标是争取进入决赛。

苏炳添：在半决赛出发的时候，我在进入赛道时又问了自己，这次参加奥

运会是我人生的第三次奥运会，如果我错过了这次奥运会进入决赛的机会，就没有下一次了。所以说，该如何去把握，是我们应该去考量的。

大家从起跑到冲刺，比的是速度、比的是节奏、比的是天赋。谁有舍我其谁的霸气，谁就能获得成功。

苏炳添：我当时的分组非常强，有美国的选手，有南非的选手，还有一位意大利的选手，他们同样都在今年创造了9秒8以内的成绩。我当时跟自己讲：在这个赛场上必须要由我来主导，就像百米半决赛的时候，我第一步就已经领先他们，从头领先到尾。这是我们年轻还有抓住机会的时候，该做的事情，只要大家有机会抓住可能性，就必须要一直坚持到底。

追求卓越的道路上，没有一帆风顺，苏炳添奔向9秒83的道路，是挫折与探索的反复过程。他乘风破浪，所谓的“人类极限理论”并没有将他击倒。

苏炳添：十年前，如果你要说黄种人能跑进10秒，很多专家就会说一些理论，包括人体解剖学理论来跟你分析它的难度。但是现在，你要是说黄种人有一天也可能打破博尔特的纪录，我相信他们可能没有这么快出来反驳你。

（三）大刀阔斧弃旧功，月宫折桂好事近

2013年苏炳添成绩遇到瓶颈，想再提升0.01秒都很困难。一次偶然的机会，苏炳添留意到外国选手的起跑细节，他渴望改变。但改变起跑方式意味着重新学一次跑步。对于已有肌肉记忆的运动员来说，首先要做的不是改变，而是遗忘——遗忘枪声响起后原本起跑的本能反应。如果改变不成功，现在的成绩也无法保持，这就是一场博弈。教练、专家都不敢保证一定会成功。

苏炳添：我也问了我的教练，包括专家，都没有得到一个非常肯定的答案。后来我找到了现在的教练，跟他说了我的想法之后，他给我做了一个小测验。他说，为什么我之前一定要强迫自己的左脚先迈出去，这就有些违反了我身体原来的自然反应。从那一刻开始，我就想改变过来。

随着技术改变后的日渐成熟，苏炳添终于适应了从47步增加到48步。推倒重来，不是放弃，而是要求自己重新开始，做得更好！

改变，让苏炳添蜕变，2018年他迎来短跑生涯的高峰。3月，苏炳添以6秒42打破了亚洲男子60米纪录；8月，他又以9秒92打破亚运会纪录的成绩夺冠。但偏偏这个时候，伤病影响了苏炳添继续前行。

苏炳添：其实2019年应该是我延续2018年最辉煌成绩最好的一年，但是那年，四月的一次训练（我）受伤了，伤病也是很严重。六月的时候，我到了瑞士，一边训练一边康复。我戴着耳机，自己走到运动场上，在100米的起跑点，跟自己内心说：是不是我已经跑不动了？但是我内心很快跟自己说：不是，我只是受伤了，就像一只小鸟一样，受伤了肯定会飞不起来。不是跑不动，等受

伤好的时候，又可以继续飞了。要相信自己在伤病之后，还会王者归来，所以我没有放弃自己。

伤病让苏炳添怀疑、迷茫，甚至一度出现了放弃的念头。但一段斜阳下的跑道音乐之旅，苏炳添豁然开朗，涅槃重生。如果苏炳添将 30 岁作为自己的年龄极限，那我们永远也看不到在东京起飞的苏炳添，也看不到第四次全运会之旅终于夺冠的苏炳添。

苏炳添：2021 年的时候，可能是我最后一次全运会了，我觉得我可能真的输不起了，如果再输的话，我已经没有办法再去参加下一届。

全运会 100 米决赛那天，恰好是中秋佳节。中国人常说“花好月圆夜”。那晚，在圆月映照下，苏炳添决赛轻松跑出 9 秒 95 夺冠。第 10 次突破 10 秒大关的苏炳添，创造了全运会的赛会纪录，收获了个人首枚全运会金牌，留下了职业生涯一个“十全十美”的注脚。

苏炳添：我是第一个坚持到第四届全运会才夺得冠军的人。遇到困难的时候，也许是上天在考验你，不要忘记自己的初心。我应该是在 2013 年之后才开始对百米的热爱，将它变成自己的事业。这样可能对这个百米事业，或者成绩才会有一个更大的提升。

他，顶着 32 岁的“高龄”，毅然站上东京奥运会百米飞人的赛道。

苏炳添：我当时的分组非常强，有美国的选手，有南非的选手……所以说，在这个赛场上必须要由我来主导！

苏炳添：要相信自己还会王者归来。

苏炳添：各位年轻的学生们一定要有梦想，要有敢想、敢去拼搏的心态。

学生粉丝：我觉得他这种精神值得我去学习。

他就是“亚洲飞人”苏炳添！也是大家心目中的“苏神”！

苏炳添小组第一，苏炳添创造了历史！

（文稿有删减）

【点评】

苏炳添在东京奥运会上取得骄人的成绩，成为举国瞩目的热点新闻人物。奥运会后，节目组采访到极具新闻价值的焦点人物苏炳添，作品通过三个相互关联的篇章回顾苏炳添体育生涯三个重要阶段，立体呈现苏炳添不屈不挠、不断突破自我的正面形象，鼓励人们挑战自我、突破人生极限。作品内涵丰富，故事性、可听性、感染力强。第一，作品社会意义大。作品从苏炳添参加校园分享活动入手，以苏炳添不断挑战自我、突破极限的故事，感染和激励新时代青少年奋勇追梦。第二，音效丰富，极具广播特色。作品的版头、版尾和三段片花都有苏炳添的话音，与奥运比赛现场声穿插，使人产生强烈的现场代入感。第三，结构合理，特色鲜明。作品分成“宝剑锋从磨砺出，教人立尽梧桐影”“扬帆起航出东海，长风破浪会有时”“大刀阔斧弃旧功，月宫折桂好事近”三个篇章，采用倒叙的结构，起承转合，生动呈现了苏炳添奋斗拼搏的积极形象。作品融入大量苏炳添的采访录音、演讲录音等声音元素，丰富了节目表现，增强了节目的可听性、感染力。节目讲述的事例生动，故事性强，容易获得听众的共鸣。

（邓东力）

广播新闻节目编排

《100 晚新闻》(2021 年 12 月 10 日)

惠州广播电视台 旷桂红 崔丹丹 陈 冲 吴 颖 杨 荧

1. “苏区”连“湾区”，发展新机遇，赣深高铁今天通车
2. 出行更方便，生活更幸福，赣深高铁开通获群众点赞
3. 赣深高铁重塑时空距离，市民旅游更方便，市区旅游集散作用更凸显
4. 专家观察：赣深高铁将助力沿线五市发展，惠州融深融湾以及与内地联动步伐都将大大加快
5. 仲恺高新区半导体显示产业链百亿投资启动暨惠州华星光电高世代模组扩产项目动工仪式今天举行
6. 中国首个抗新冠病毒特效药获批上市
7. 法国总统马克龙表示：法国明年将推动“欧洲战略主权”建设

(文稿有删减)

【点评】

广播新闻节目编排《100 晚新闻》以赣深高铁开通为重点构筑节目版面，主题鲜明，特点明显。

一、重点报道与信息量兼顾，精心策划组织，版面详略得当。编者以明晰的编辑思想统领全局，站位较高，开篇即以 8 篇稿件 23 分钟占总版面的 80% 着墨于“‘湾区’连‘苏区’”且达到广东实现所有地级市通高铁目标的赣深高铁当天开通上，重点十分突出。其余 20% 的版面精编 11 条简讯，内容涵盖了当地乃至国内外政治、经济、社会生活、文体等最新消息，信息量较大。

二、报道形式多样，编排手法丰富，节奏起伏有序，可听性强。该编排包含消息、录音报道、专家观察评述、背景资料链接、心愿清单互动等多种体裁和表现手法。特别是围绕赣深高铁开通这一重大主题，充分发挥广播特点，以不同的编辑手法让庞杂的内容“活”起来。随车采访喜悦出行的旅客的录音报道，音响鲜活自然贴地气，现场感强；“专家观察”评述简明扼要点出赣深高铁的重大意义；背景链接“从 1 到 10 数说赣深高铁”“赣深高铁之最”，

资料丰富，梳理有序，逻辑清晰；“心愿清单”集纳市民、听众的留言，改变“我说你听”的传统单向传播，让新闻联播式的作品也能与听众产生一定的互动。

（马杰颖）

广播新闻访谈节目

了不起的贡献

——中山企业为中国航天事业服务的故事

中山广播电视台　杨　沛　冯庆聪　袁雪芬　郑旋玲

10月16日凌晨，伴随着神舟十三号飞船的发射升空，“出差三人组”正式开启了他们为期半年的太空之旅。这是继神舟十二号飞船驻留3个月后驻留时间的又一次跃升，也意味着中国的航天事业再次取得巨大的突破。这些成绩不仅是中国航天人汗水的结晶，也凝聚了众多参与航天产品研发的民营企业的智慧。当中就包括了我们中山的两家企业。

上九天揽月，下五洋捉鳖，在征服浩瀚星辰的征程中，我们的航天员不仅要上得去更要留得住，随着中国航天员在轨时间的不断延长，衣食住行就成了必须解决的问题。以吃为例，如何让航天员从吃得饱到吃得好呢？除了不断改进的航天食品，2021年的开学第一课上，神舟十二号飞船的航天员更是向同学们展示了全球第一台太空微波炉，它便是由广东格兰仕集团有限公司中山航天微波炉研发团队研制的，小小的一台微波炉的背后又有着什么样的故事呢？

何俊辉工程师：是全球第一台！

主持人：在没有太空微波炉之前，航天员一般都是怎样饮食的？

何俊辉：以前最早的时候是用类似牙膏这种方式去做吃的，后面他们通过类似多士炉这样的加热方式去做，这个制约大，因为它的功率比较低，据了解大概只有两百瓦，它加热特定分量的食物时间可能要到差不多一个小时。

主持人：西方国家发展现代航天技术的时间比我们长，微波炉技术最初也是从国外引进的，为什么他们的空间站没有用上太空微波炉。

何俊辉：最大的可能就是干扰的问题，有可能会对上面空间站的信号传输数据有干扰，我们一直都在攻克这一点，对微波，还有对Wi-Fi信号的干扰问题，我们也做到了一个很好的屏蔽作用。

主持人：太空微波炉并不仅仅是将微波炉送上太空那么简单，在研发的过程中，你们需要解决什么样的问题才能满足实际需要？

何俊辉：核心舱的电压是用直流100V，它是通过太阳能发电的，上面的能源也比较稀缺，航天中心让我们在特定的功率范围内，要达到一定的加热效果，效率要高，而且烹调效果要好。要求重量要轻、体积要小，这是一个比较大的难点。航天食品有很多种，有不同的效果，我们在开发这个产品的时候，比较难的一个点就是对它的烹调均匀性，只能针对航天食品的尺寸进行设计，不断地调试，不断地去测试、推翻、测试、推翻，最终要达到一个非常好的效果。

微波炉有食品盒，食品盒是固定在腔体上面的，食品也是固定在食品盒上面，我们通过尼龙搭扣的方式去进行固定。

主持人：低能耗高功率、体积小重量轻、效果好，还要兼顾失重环境下的烹调，开发的难度可想而知。你们从 2011 年就开始了这款产品的研发，还有哪些困难是从前没有遇到过的？

何俊辉：它的结构强度。因为火箭上去的时候有 20 个 g 的重力加速度，这个跟我们民品的效果是完全不一样的。经过技术人员的研发设计，新开发了一款特殊的磁控管，是专门供航天微波炉的，这款磁控管能满足航天微波炉的要求。另外一个就是我们的腔体和外部结构，外部结构采用了航天铝材，它的特点是重量轻、强度高，设计的时候我们还使用一体成型的方式。这个产品从开发到现在，我们起码做了七个版本，就是不同的阶段，应航天中心要求，我们设计的时候遇到的困难、要解决的问题，只是针对结构这方面我们就改了七版。

主持人：产品定型伴随着天舟货运飞船进驻天和核心舱，其后的神舟十二号航天员进舱，才是考验的开始是吗？

何俊辉：航天员回复我们说没问题，我们心头整个大石头放下了。

主持人：现在神舟十三号航天员用的也是这个微波炉，而神舟十二号的航天员已经归航了，他们反映说这个微波炉的使用感觉怎么样？

何俊辉：他们回复用起来比较方便，然后吃起来口感也非常不错，而且速度比较快，这是微波炉加热的一个特点，烹饪一个三人份的主食，不到七分钟，这个效率就比较高，大大地缩减航天员在烹饪方面耗费的时间，航天中心也因为我们做的这个产品，给我们公司发来了感谢信，这是对我们工作的肯定。

主持人：应该说我们这次的研发任务顺利完成，回想起研发的过程，哪些事情你是最难以忘怀的？

何俊辉：因为这个产品的特殊性，时间比较紧，我们在比较短的时间内要完成这个任务，而且我们的产品是纯手工制作，涉及很多组装的问题。现在航天微波炉办公室上面还有两张床，就是以前我们加班的时候睡的。我们的黄工，不小心摔断腿了，航天中心要求我跟他都必须要去现场解决问题，交付产品，还做评审，他拿着拐杖二话不说直接就过去了。

主持人：谢谢何俊辉工程师，感谢你们的团队所做出的贡献。

如果说太空微波炉是一名太空新兵的话，第十一次伴随航天员出征的太力真空压缩袋可谓“久经沙场”，一个小小的真空袋又是如何助力中国航天发展的呢？随着航天员驻留时间的不断延长，它又发挥着怎样的作用呢？

主持人：接下来我们和王振昌总工程师聊一下，太力的产品已经是第十一次随飞船出征了。和以往相比，最近的两次有什么不一样的地方吗？

王振昌总工程师："神十二"和"神十三"，它的产品是沿用的，产品的保质期可以达到几年的时间，而且我们在阻隔性上也做了一些改进，提升了有十倍这样的一个量级。现在阻隔性已经大概降到 2 以下。量级提升了，所以它的味道各方面都控制得很好，现在航天员在天上也反馈这个非常好，非常舒适，没有什么异味。

主持人：也就是说我们这类产品最重要的指标就包括了阻隔性和密封度是吗？

王振昌：在阻隔性上有很大的提升，我觉得这个就可以解决异味的问题，控制得越严格，出来的味道越少，对于航天员工作生活的空间，环境保护这一块的保持就越有利。航天员使用之后，也给了很多好的评价，觉得这个产品确实好，特别是景海鹏，他上了三次天，最有发言权，他感觉这个环境好了，味道没有了，有些东西处理起来也更加方便了。

主持人：有很多听众也很关心，微信网友问，航天员驻留半年的时间，他们产生的废弃物怎么处理？

王振昌：用完的放在舱里面，把它收纳好，密封抽真空保管好，所以就不能让味道出来。我们现在对这个阻隔性的要求提高了很多倍，就是防止味道出来，收好之后放到对应的收纳容器里面放着，等到撤回的时候他们会把这些垃圾放在轨道舱。轨道舱不会回到地面，它是没有隔热层的，进入大气层之后就烧毁掉了，轨道舱所有的东西都烧毁，而返回舱返回到地面来。

主持人：当前我们的产品是以密封、坚固为主，未来对于这类航天产品的研发还有什么想法？

王振昌：现在航天员的衣服没有办法洗，穿完之后就丢掉，丢掉时也要把它收起来压缩，防止衣服发霉、滋生细菌。我们也在想，通过一个袋子可以装水或者是洗衣服的东西，洗完之后衣服就可以重复穿，减少携带物资的数量。三天换一件，你算一下三个人半年得换多少件衣服？就像食品的保鲜，苹果放半年的话可能就干掉了，我们也在研究他们如何能够吃到更加新鲜的水果、蔬菜等。天上吃不到新鲜蔬菜，全部是做熟了的，但是吃起来就没有味道，我们在做这个食品保鲜，在一个稳定的状态下延长它的保质期。我想如果航天员能在太空当中吃到新鲜的蔬菜，又是怎样的一种风景呢？

主持人：非常感谢王振昌总工程师，我们来采访省人大代表、中山经济研究院院长梁士伦，听听他的看法。

梁士伦：这次中山两种代表性的家用产品能进入太空，服务于中国的航天事业，这本身就进一步说明中山的传统制造业了不起，也说明中山的产品技术升级不断攀上新的高峰。在目前双循环、内循环为主导的大背景下，我也相信中山的产品一定可以在国内的市场上赢得消费者的认同。

主持人：能融入祖国航天技术的研发大军，这样的机遇激发着中山的民营企业不断开拓创新，带来的不仅是新的技术动能也包括了重振中山虎威的信心。感谢科研人员的付出，也期待着不久的将来能有更多的中山企业加入祖国大发展的大项目中，在奋进中擦亮“中山制造”的金字招牌，让我们一起，奋进新征程、建功新时代。

（文稿有删减）

【点评】

2021年中国先后成功发射了神舟十二、十三号载人飞船，航天热一波连着一波。航天员在太空中需要多种生活用品，这些物件虽小，但也是中国航天事业迈向星辰大海不可或缺的一部分。广播新闻访谈节目《了不起的贡献——中山企业为中国航天事业服务的故事》聚焦航天热点，独辟蹊径，从本土出发，挖掘到伴随着航天乘组一并进入太空的全球第一款太空微波炉和连续13次进入太空的压缩袋系列产品是由中山民营企业设计制造的，选取相关产品的主要研发者和工程师作为访谈对象，介绍这些产品发挥的作用和研发制作的难度及创新点，客观、生动地讲述一线研发人员夜以继日技术攻关、产品效能精益求精的故事。

该作品选题重大，立意较高，又富有本土特色。以小切口展现了大主题，更满足了受众对航天生活的好奇与关注。访谈嘉宾代表性强，各有特色且语言平实生动。节目故事性强，且巧妙地把专业内容通俗化，听来颇有趣味。作品制作精良，谈话主题集中，脉络清晰，主持人串联得当，特别是几段精心制作的片花起到画龙点睛、提纲挈领、承上启下的作用。

（马杰颖）

电视新闻作品·电视短消息

珠海：“打飞的”为海上作业人员打疫苗

珠海广播电视台　邓婉莹　胡志刚　甘颖恒　张　晔　吴国俊

为确保新冠疫苗“应接尽接”，4 月 24 日，我市医务人员乘坐直升机为南海白云气田的 127 名海上作业人员上门接种。

记者：我现在是在九洲机场，刚才医务人员对医疗物资进行逐项检查后，已经完成了托运。今天我们将到三个作业平台进行接种，直至三个作业平台完成接种。（上午）8 点我们正式起飞。飞行了一个半小时，我们终于来到了第一个海上作业平台。

中海油深圳分公司（白云气田）主要负责南海东部的油气开采，天然气经过地下管道输送到了珠海高栏和横琴两个终端处理厂。其中高栏的终端处理厂年产量达到了 60 多亿方，既保障了国家能源安全，又助力了粤港澳大湾区建设亚洲最大的深海油气平台——荔湾 3－1。

哈斯基石油中国有限公司员工李菲：感谢各位医务工作者，也感谢我们的祖国和我们党。

海油配餐公司斯里兰卡籍员工 NISHANTHA：我在中国 17 年了，中国给了我们斯里兰卡疫苗，所以这个（安排）很棒。我爱中国，我喜欢中国。

最后一站——番禺 34－1 平台，距离陆地约 256 千米，作业人员全为男性，平均年龄近 36 岁，准备有序半小时即完成接种。

中山大学附属第五医院健康管理中心护士长吴冰虹：他们是 28 天才回一次家，真的非常不容易，能给他们带来这些便利，我们也感到非常开心。

截至 4 月 25 日 14：00，珠海累计接种 1 494 334 人，成为全国首个新冠病毒疫苗 18～59 岁目标人群接种覆盖率超过 80% 的地级市。

【点评】

该消息策划周到，现场感强，播出及时，主题突出。以疫情防控接种新冠疫苗为重点，“打飞的”为远在南海海域的海上作业人员打疫苗，不仅展现了珠海高效、有序开展疫苗接种，加快构筑免疫屏障的决心与态度，更体现了党和国家永远以人民利益为重，不惜代价保障人民生命财产安全的实际行动，突显了人民至上、生命至上的价值理念，彰显了社会主义制度的优越性。

作品短小精悍、现场感强、视频包装手段丰富、制作精良。通过记者全程现场出镜解说、在线包装、双视窗、跟拍、航拍等表现手法，全方位多角度展现了医务人员乘坐直升机到海上作业平台打疫苗的艰辛，充分发挥了电视新闻可视化表达的特点。作品条理清晰、结构紧凑、一气呵成，短短的1分多钟，浓缩了全程12个多小时的最重要信息和最突出亮点，展现了记者扎实的采编功底。

场景丰富、结构巧妙。记者在独家报道的同时也力求打造新闻精品，该作品画面丰富，涵盖飞机起飞、机舱内、海上作业平台、接种疫苗现场等多个场景，以空间和时间两个维度布局新闻要素，让叙事更具张力，报道更有节奏，信息量更加丰富，体现了记者巧妙的构思。同时采访了接种疫苗的外籍人士，凸显了在全球抗疫过程中中国的大国担当。辅之详细数据佐证，让海上作业人员的接种疫苗情况更加透明翔实。

（温建营）

电视短消息

国内单体容量最大的海上风电场
——中广核汕尾后湖50万千瓦海上风电项目并网发电

汕尾广播电视台　欧天浩　翁柱东　曾　莹

今天上午（11月25日）11时18分，随着最后一台风机并网，中国广核集团汕尾后湖50万千瓦海上（风电）项目91台风机全部并网发电，成为国内单体容量最大的海上风电场。

汕尾后湖海上风电项目场址位于广东省汕尾市陆丰湖东镇南侧海域，场区中心离岸约12千米，水深23～26米，共计安装91台5.5兆瓦风电机组，配套建设东、西区2座220千伏海上升压站和1座陆上集控中心，项目年上网电量约14.89亿千瓦时，每年可节省标煤消耗约42.58万吨，减少二氧化碳排放量约86.05万吨。

中广核新能源海上风电（汕尾）有限公司总经理潘天国：经济效益和社会效益显著，将为广东新型电力系统构建、电力能源保障提供源源不断的绿色能源，为国家新能源产业发展、双碳目标实现贡献海上风电的力量。

国家碳达峰、碳中和目标提出以来，中广核积极响应国家号召，争当全国海上风电开发建设主力军。截至目前，中广核在粤海上风电已投运近100万千瓦，在建项目115万千瓦。

【点评】

中广核汕尾后湖50万千瓦海上风电场是目前国内单体容量最大的海上风电场，所处的环境地质情况复杂，施工难度极大，加上海上高空作业的危险性，它的建设一直是群众关注的热点。及时报道它的顺利建成，回应了社会和群众的重大关切，具有重大的新闻价值。记者在该海上风电场全部91台风机开机并网发电的当天，第一时间以洗练的语言、精准数据的大量运用，及时地报道了这一经济效益、社会效益显著的重大经济建设工程，时效性强，信息量大，充分显示了我国建设新型电力系统保障绿色能源供给的信心和能力，显示了我国实现碳达峰、碳中和目标所做的努力和取得的成效。该作品以现场播报的形式配上珍贵、精美的画面，极大地增加了消息的感染力和可信度，同时也满足了群众对重大工程建设的知情权，社会反响良好。

（何日丹）

电视长消息

香港新选制下首次选委会选举结果揭晓 顺利产生364个选委

广东广播电视台 朱　可　唐建恒　张　宇　黄子懿　吴帆航

20日清晨，2021年香港特区选举委员会界别分组一般选举投票结果陆续揭晓，364个需竞逐席位选委全部顺利产生。此次选举是完善香港特区选举制度后的首场选举，意义重大，象征着特区政治体制落实“爱国者治港”原则，坚持维护国家主权、安全和发展利益，确保“一国两制”实践行稳致远。

据统计，当日共有4 380人完成投票，投票率接近九成。据香港特区政府新闻网站更新的数据，法律界，建筑、测量、都市规划和园境界，以及科技创新界选民的投票率均达到100%。

华泰金融控股（香港）有限公司首席执行官、香港选举委员会第一界别商界（第三）选委王磊：随着今年新选举制度改革的推行，（在）去年通过的国安法的加持之下，香港应该来说进入了一个新的发展时代。对于下一阶段的香港，我认为应该在现有的基础之上，发展成为一个金融创科的双子星的产业体系，从而能够谱写出香港发展的新篇章。

香港民建联沙田支部主席、新界地区委员会界别选民祝庆台：就我本人来说，我选择选委的标准很简单，就是有能力。希望他们（当选后）可以为香港未来的繁荣、经济发展、社会民生多出一分力，到时选立法会议员或者特首的时候，都是希望共同推进香港的社会发展。

【点评】

第一，选题重大，报道及时。在新选举制度下，364个选委顺利选出，这本身就是香港政治生活中的一件大事，意义深远。记者一直追踪选举发展动态，在选举结果出来后第一时间加以报道，充分发挥了电视新闻的及时性，增强了传播力和影响力，彰显了“爱国者治港”和“完善选举制度”对于香港所具有的重大意义；第二，该新闻作品整个叙事从采访对象选择，到数据的选择和运用，再到语调语态选择，都特别追求客观。记者在该作品中，在有限的篇幅下尽最大可能扩大采访面，尽最大可能传递香港各界代表和广大民众的声音；对于“成功”的诠释，也不是由记者“说”出来的，而是通过“投票率接近九成”“部分界别投票率均达到100%”这样的数据来表达，增强了新闻内容传达的客观性，这既符合该类选题的特殊需求，也有益于新闻到达率和传播率的有效提升。

（张静民）

电视长消息

深圳帮扶干部与赣深高铁的五年之约

河源广播电视台　高　伟　杨一慧　汪希静　王婧怡

今天（12月10日），赣深高铁正式开通，河源驶入“高铁时代”，广东实现“市市通高铁”。在这个激动人心的时刻，对于派驻河源的深圳帮扶干部郑民良来说，更像是实现了一场跨越五年的约定。

早上9点，收拾好行装，郑民良从村里出发，乘车前往赣深高铁河源北站，准备乘坐上午11点33分的高铁回深圳。

郑民良，深国际派驻河源驻镇干部、驻村第一书记：特意选了今天，因为今天是赣深高铁开通的第一天，刚好有事回深圳向领导汇报工作。来河源到现在也快五年了，有时候工作经常需要往返两地，以前每次都是高速、国道、村道体验了个遍，单程有时候也要接近5个小时，说实话，还是不太方便，尤其在村里面。

郑民良现在的身份是深圳国际控股有限公司派驻河源的驻镇干部、驻村第一书记。2016年，他从深圳来到东源县上莞镇新民村；也就在这一年，赣深高铁正式动工。在脱贫攻坚的关键时期，他和其他的驻村干部一起，带领全村贫困户如期脱贫；从脱贫攻坚转入乡村振兴后，他选择了留下来继续奋斗。

郑民良：我来河源那年，（赣深）高铁正式动工，当时还是蛮期盼的，高铁开通之后，往返（深圳）河源两地更方便了。今天其实也正好五年了，特意过来乘车，也算是一个约定。

作为华中地区连通粤港澳大湾区的一条重要通道，赣深高铁北起江西赣州，南至广东深圳，途经赣粤两省5市，线路全长434公里，设计时速350公里。它的开通，使河源告别了不通高铁的历史，广东由此实现了“市市通高铁”。

在河源境内，共有和平北、龙川西、河源北、河源东4座高铁站，其中河源北站距离郑民良的驻点镇最近。

郑民良：以前交通不便利的时候，村民种得再好的东西也卖不出去，村里有再好的景色，游客也进不来，更别说致富了。现在高铁通车了，不光是我，咱们的村民们也非常期待。以前有句话说，旅游说走就走，现在这个高铁通车了，咱们农特产也可以说走就走。

乘高铁往返深圳、河源，郑民良说，这是个很好的体验；作为一名深圳帮扶干部，在河源的这几年，看着城乡面貌越来越美，村民生活越来越好，身处其中，很是自豪。

郑民良：今天，高铁通车了，可以说打通了整个河源（交通）的“任督二脉”，河源的发展一定会有明显的“加速度”，也希望在接下来的乡村振兴工作中，可以更好地对接“湾区”的政策、资金、人才，让河源跑出“高铁速度”。我坚信未来会有越来越多的年轻人及返乡人员与我们并肩作战。

【点评】

该作品利用赣深高铁正式开通的时间节点，围绕深圳帮扶干部郑民良在河源五年工作期间的环境变迁进行新闻特写，侧面刻画了赣深高铁正式开通后使得河源交通发展的便利程度和乡村振兴工作迈上了更高台阶。在有限的篇幅里，坚持叙事为主，记者讲述和主人公自述交叉呈现，今昔对比、时空交替，用尽可能客观、具体的事实，完成了“新近发生的事实的报道”。这种视角和切入口，让受众对“河源通高铁”这一历史事件的重要意义有了更直观的感受，同时也让报道多了一种纵深感和厚重感。

报道中展现了作为华中地区连通粤港澳大湾区重要通道的赣深高铁给河源带来的城乡变化、经济效益和政策扶持。“对口帮扶”“乡村振兴”“交通先行”“融湾融深”等元素又凸显了鲜明的时代特点，展现了主创人员在采编过程中对于新时代“独家新闻”的理解和追求，也体现了主创人员的新闻把控能力和采编能力。

在视听语言的编排上，具有独创性。首先，坚持自己配音，与主人公的同期声交叉呈现，多采用平视的镜头语言，以朋友间相互聊天的方式引起受众的兴趣、吸引观众的关注，最重要的是，通过受众已知的“河源通高铁”这一事件，将带来的各类机遇等置于特定的人物故事中体现，更容易找到与受众的共鸣点。其次，该新闻的镜头语言生动丰富，剪辑流畅，充分调动了多种镜头语言，视觉效果丰富。最后，新闻画面注意“时间”的呈现，明线上主人公郑民良从河源乘坐高铁前往深圳的时间记录，实际上，也以暗线的形式契合了主人公郑民良与“河源通高铁”的“五年之约”，具有一定的艺术性。

（温建营）

电视系列、连续及组合报道

幸会　中国共产党

深圳广播电影电视集团　曾子瑾　焦　喆　杨振东　黄　罡　乔　舟　陈　愜

今年是中国共产党成立100周年。今天的中国，经济实力和综合国力极大增强，人民生活显著改善，国际地位空前提高。中国共产党取得的巨大执政成就，引起国际社会的高度关注。“中国道路”“中国故事”“中国奇迹”成为国际舆论探讨的热门话题。深圳卫视《直播港澳台》推出系列专访《幸会　中国共产党》，邀请10位国际友人分享他们与中国共产党的故事。第五期的嘉宾是巴西劳工党创始人、前总统卢拉。他在接受记者专访时说，中国经济社会发展巨大成就得益于中共的正确决策。

（一）

幸会　中国共产党

卢拉：中国经济社会发展巨大成就得益于中共的正确决策

巴西劳工党创始人、前总统卢拉：我认为中国共产党制定了正确的政策，特别是在经济发展和国际关系方面，中国在过去几十年间，取得的经济增长令人叹为观止。经济的发展不仅要看一个国家的国际储备量，更要看国民的生活质量，中国的发展历程堪称卓越。我希望其他国家能学习中国。中国的发展不仅在于经济增长、外贸攀升、科技进步，更重要的是在于中国政府成功地把经济增长与社会发展相结合，将出口增长和国内市场发展结合在一起，这一理念十分重要。

现年76岁的卢拉于1980年创立了劳工党，2003年至2010年担任两届巴西总统。在他执政期间，巴西经济年均增长4.3%，重回世界经济十强行列。卢拉还推行了“零饥饿”和“家庭补助金”等民生计划，使得巴西贫困人口减少了超过五成。离任时，卢拉的支持率达到83%。近年来中巴双边关系发展迅速，党际交往密切，多名劳工党领导人曾访问过中国，与中共领导人开展广泛交流。卢拉说，“正是出于‘执政为民’的理念，中共才领导人民实现了生活水平的跃升”。

巴西劳工党创始人、前总统卢拉：我个人以及巴西劳工党都十分敬佩中国共产党，能够为如此众多的人口服务，还要保持经济快速发展，我认为这是很了不起的事，所以我很想学习中国共产党是如何办到的。我希望再次访华，更好地了解中国。

谈到中国发展的世界影响和南南合作，卢拉认为，中国的发展成就表明，发展应该惠民，应该推动社会融合和进步。中国可以成为许多国家的榜样。中国今天是，以后也将是南方国家的一个出色合作伙伴。

（二）

幸会　中国共产党

第六期的嘉宾是统一叙利亚共产党总书记纳杰姆丁·哈里特。他表示，中国积累了建设中国特色社会主义的宝贵经验，世界各国都可以从中受益。

统一叙利亚共产党总书记：中国发展经验是全世界的财富

统一叙利亚共产党总书记纳杰姆丁·哈里特：我曾两次访华，中间相隔 12 年。我注意到这 12 年里（中国）发生了巨大的发展变化，这体现在各式建筑、物质基础、民居和人民生活水平上。我们了解到中国人民的人均收入在这些年里翻了一番，这经验真正是中国式的，现在被称为中国特色社会主义。但不是说这经验只适用于中国，世界各国都能从中受益，特别是发展中国家，包括叙利亚。

统一叙利亚共产党总书记：中国减贫和防疫成就都具世界意义

哈里特高度称赞中国在抗击新冠病毒感染疫情和消除贫困方面取得的成就。他说，中国幅员辽阔、人口众多，能够通过采取有效措施成功抗击疫情，是一项了不起的成绩，也体现了中国医疗卫生系统的有效性。而中国脱贫攻坚战取得全面胜利，是具有世界意义的重大成就。

统一叙利亚共产党总书记纳杰姆丁·哈里特：另一个成就是消除（绝对）贫困，其意义重大，不仅限于中国，因为一个有 14 亿人口的国家消除了绝对贫困。那么，整个人类就有可能解决这一问题，这个成就的意义就具有人道主义和全球色彩。

哈里特认为，正是中国共产党良好的党群关系促进了中国的发展。

统一叙利亚共产党总书记纳杰姆丁·哈里特：中国共产党依靠人民，如果党和人民关系不紧密，中国共产党就不能取得成就。党的根本原则是依靠人民，为人民谋福利，为人民服务，这一理念意味着党群关系是推动中国发展的一个动力。

（三）

幸会　中国共产党

第八期的嘉宾是牛津大学中国研究中心主任拉纳·米特。

拉纳·米特：中国共产党领导下　中国逐步走到世界舞台中心

深圳卫视记者狄竞：过去 8 年来，您致力于向西方受众澄清中国在“二战”

中发挥的重要作用，感谢您付出的努力。在上一本书中您曾指出，中国自“二战”起就是一个负责任的大国。如今距离那场战争结束已过去将近80年。在您看来，今天中国在国际上的角色与当时相比有何变化？

牛津大学中国研究中心主任拉纳·米特：今天的中国是一个处在“整体和平、局部动荡”世界里的和平国家，掌握着前人无法想象的经济主权。与此同时，今天的中国还主动担负更多国际责任。总而言之，与80年前相比，今天的中国更加强大，也更能在国际社会上发挥更大的效力。

在拉纳·米特看来，在中国共产党的领导下，中国逐步走到世界舞台中心，以抗击新冠病毒感染疫情为例，中国的表现就格外亮眼。

牛津大学中国研究中心主任拉纳·米特：如今（中国）已研发并试验了多款疫苗。未来几年，一个重要环节就将是全球的疫苗接种，随后便会开始探索适应届时状况的新经济模式。而我坚信，无论未来世界局势进展如何，中国都将在其中扮演重要的角色。

作为长期研究中国的西方历史学者，米特强调，“以前的西方汉学家更多的是旁观中国，而我们这一辈则是要与中国一道书写中国”。

牛津大学中国研究中心主任拉纳·米特：要理解今日之中国，绝不能凭空臆想，而是得回溯那些纷繁复杂、风起云涌的历史场景。从这个意义上来说，我与同仁有一个共同的任务，就是将中国历史的叙事融入全球历史体系的主流，我们经常能看到一些西方学者仅把中国的历史作为额外的旁枝末节来研究，到头来却说“真正的世界历史在西方”。错了，实际上中国的历史也是全球历史的重要组成部分。

（文稿有删改）

【点评】

作品具备四个优点：

一，超前谋划，提前布局，营造热烈气氛。

二，大咖云集，背景多元，表述生动富有个性。

三，注重年轻化思路，丰富对外讲述中国共产党故事的叙事框架。

四，聚焦重大主题，发散多种角度，全力讲好“中国共产党为什么能”。

国际传播是庆祝建党百年报道的重要组成部分，而深圳被誉为中国共产党执政的一个杰作，在国际上具有相当关注度。一方面，本片从前期策划、采访拍摄到后期剪辑，都注重挖掘深圳元素，充分发挥深圳卫视《直播港澳台》的在地优势。另一方面，与外国政要和专家学者的专业化发言不同，系列节目还从历史角度出发，专访白求恩医生的堂孙、美国记者安娜·路易斯·斯特朗侄孙等人，前者阐释了共产主义精神和国际友谊长存，后者还原斯特朗如何无惧权威，将“一切反动派都是纸老虎”的论断传向国际的故事。这些外籍人士的讲述平实贴地，贴近年轻人的话语体系，也丰富了对外讲述中国共产党故事的叙事框架和形式。

（谭伟新）

电视新闻栏目

民生新观察

珠海广播电视台 魏 磊 林景静 王一格 李宇佳 刘芸嫒 杨佳颖

【栏目介绍】

2020年8月，珠海传媒集团依托《问政珠海》栏目，全新推出周播节目《民生新观察》。节目重点聚焦群众的烦心事、揪心事，以热点、难点、痛点问题切入，拓展新闻事件报道的深度与广度，通过舆论监督积极推动关注破解民生难点、痛点、堵点。

栏目编导通过与珠海市“12345”市民热线密切联动，将市民反映次数多、频率高、问题集中的事件挑选为节目素材。针对家长普遍反映孩子们在学校的早午餐吃不饱吃不好的问题，针对珠海市斗门区白蕉镇居民多次反映道路建设进展缓慢等问题，栏目记者通过前期调查、走访，获得大量真实材料，并邀请人大代表、政协委员、各职能部门相关负责人以及普通市民代表等作为嘉宾，走进演播室，参与节目录制。直面问题，寻找不足，落实整改。

《民生新观察》(2021年11月23日)

亮出你的观点，拥抱多元声音。在春节假期过后，全市的中小学校顺利开学，但是最近一段时间以来，我们也陆续接到了一些家长的反映，说疫情（防控）常态化之后，不少学校的午餐由过去的堂食变成了现在的盒饭供应。如此一来不少孩子们都表示，午饭在学校既吃不饱也吃不好。除此之外，下午放学之后一些学校提供的校内托管服务，孩子们只能坐在一起看书、自习、预习等，家长们希望学校提供一些丰富的、个性化的校内课后服务。本周的新观察话题，我们就先来关注一下。

记者先后走访了香山小学、文园中学、八中、十小等中小学校了解情况。不少学生和家长都说，疫情以来，很多学校的午餐由堂食供应变成了盒饭配送。谈及学校的盒饭午餐时，很多学生表示吃不饱也吃不好。

午饭后，不少家住学校附近的学生都会回家休息，而他们回家的必经之地——校外不远处的小吃摊却异常火爆，炸鸡排、烤冷面、奶茶、丸子等，孩子们几乎人手一个。这到底是小吃太有魅力，还是学校的饭菜真的不合胃口呢？

除了盒饭的口感、味道差之外，不少学生吐槽在盒饭里经常还有些意外的“惊喜”。还有不少学生天天带着老干妈等酱菜去学校，只为让饭菜口味“丰富”一点。可是家长们担心，长期如此将影响孩子的身体健康。为此，不少家长表示希望学校可以采取改善就餐方式、提高午餐价格等来让孩子们吃得安全、吃得营养。

学生家长：学校现在午餐的标准就是 10 块钱，所以现在物价、菜价、肉价都这么高的情况下，10 块钱也很难让食堂做出比较有营养的饭菜。如果要改进的话，是不是能够在餐费的标准上有所提高，比如说提高到 20 块钱或者 25 块钱？提高了，才有可能在食材上的选择更多一点。

主持人：原本是希望给学生带来便利，给家长减轻负担，但是在校内吃午饭，家长们有担忧，孩子们又不满意，这个问题能够如何解决，如何做得更好？今天我们请到了两位嘉宾来到演播室，他们分别是珠海市政协委员吴青海，另一位是香洲区政协委员禹华超。

主持人：其实二位今天除了有政协委员的身份以外，还有一个很共性的标签，那就是学生家长，有上初中的，有上小学的，想问一下您二位的孩子也在学校里边吃午餐吗？

香洲区政协委员禹华超：我的孩子不光在学校吃午餐，还在学校吃早餐。

珠海市政协委员吴青海：我小孩只在学校吃早餐。这有两个原因，第一个，为了有好的午休时间；第二，他好几次都不愿意吃早餐，然后强制交钱，强制吃。

主持人：去年疫情防控常态化、学校复课以后，为了避免孩子们有这种过于密集的集中或者是交叉，不少学校都是这样安排。以前大家蜂拥去食堂吃，现在改了，有的是分年级去，有的就是吃盒饭，直接打回教室里边去，吴青海委员您怎么看这事？

吴青海：因为饭菜确实是一个比较难做的事，众口难调。另外，我们也是可以改进的，搭配，包括配送的时间等，都是可以两三方改进。

禹华超：我们香洲区食堂，中午就 10 块钱一餐，希望我们教育部门在招标的时候，能够考虑到更多家长的诉求，营养菜谱能够更公开透明一些，推出一些个性化的套餐，在保证基本的前提下，有更多的搭配方式，可能更容易受学生的欢迎。

主持人：根据口味来选，而不是千篇一律。刚才短片中，有孩子说，什么虫子、蜗牛都有，那孩子们的食品安全，您觉得应该怎样保障？

禹华超：食品安全是一个长链条，从田间到餐桌，肯定会遇到各种各样的问题，但是，第一，我们要杜绝这种现象；第二，就是要明厨亮灶，比如要公开给家长，接受社会的监督；第三，落实陪餐制度非常重要。陪餐制度有三个细节需要注意，学校领导要跟学生同时就餐，同一时间就餐。就是要吃同样的饭菜，还要同桌就餐，要跟学生坐在一起，才会知道学生的菜是什么，出现什么问题，我们学校食堂主管的监督管理部门，应该更清楚学生的饭菜，食品安全是怎么回事，这样才能更好地打消我们学生和家长的顾虑。

禹华超：第一，从食品的角度，要溯源，油、米、蔬菜、水果定点采购，打上二维码了解怎么采购的。这个招标的时候，要严格把关。第二，互联网+，除了明厨亮灶，还要安装摄像头，家长也可以查，把第一个加进来，还要实行网格化的管理。

主持人魏磊：这样的公开化和监督，第一要常态化，第二要日常细节让我们的家长都看到，能够放心。

孩子们在学校的时间，中午吃饭那是一方面，还有另一方面，对于像爸妈下班晚的，孩子们放学早，这段时间又应该怎么办？其实在2019年的时候，珠海就把开展小学生课后服务列入了当年的民生十大实事中，正式启动了这项工作，两年多的时间过去了，这一项服务开展得怎么样？学生和家长是否满意？我们继续通过短片来了解一下。

【同期声】学生家长：第一，（校内）晚托限制了时间，比如说到了6点就必须接，外面机构可能会更晚一点。比如说我有什么事，会到得更迟一点。第二，说实话，外面收费更贵一点，服务会更好一些。比如说做完作业了，辅导老师会核对一下作业。

【正文】家长说，托管不是把学生留在学校看着就可以了，还希望孩子在校期间有学习有收获，但是老师日常工作已经满负荷，也不能把所有压力都压在老师身上。

【同期声】学生家长：最好就是除了作业，有一个20分钟的体育活动，在校内的体育活动。

【同期声】学生家长：各有利弊吧，其实我觉得学校也挺好的，专门辛苦老师去照看他们，老师工作量增加了，我们觉得也不好意思。

【同期声】学生家长：其实从心里说我们愿意把孩子留在学校，这样比较放心。所以我希望学校能够尝试一下和校外的这些培训或者托管机构合作，在放学后开设一些内容丰富的小课堂，家长可以支付一些费用，这样可以更好地利用放学后的这段时间。

吴青海：因为小孩4点多下课，这是一个宝贵的时间。假设现在中考考高中的话，5个指标要求是很严的，其实综合素质要求很高。

禹华超：现在我们的课后托管服务这块，做得比较差，没有起到相关的作用，我觉得政府主管部门应该把这块的短板给补上去，解决更多双职工家庭的苦恼。

主持人：其实有家长也提到了，一方面是老师，这上一天课了很累，还得改作业、准备教案等，可能没有那么多的精力放在孩子课后的托管上；另一方面，我们可能要求很多，但是学校是否有足够这样能力的老师和人才，是否能够满足咱们家长的需求？也有家长说了，校外的机构虽然贵一些，但是他们做的还让人感觉满意，有没有可能让二者相结合？

禹华超：家长的期望和我们学校推出的服务，这两个是不平衡的，怎么去解决呢？第一，我们可以采取政府购买服务的形式，让很多有资质的社会组织进入学校，比如像科协、环保协会、机器人协会，能够进入学校，给学生提供一些个性化的兴趣拓展的培训。还有，学校首先要把那些场地，如科室、功能室开放出来给这些社会组织。建立相应的机制推动学校把资源放开，与社会组织相结合的服务，才能够提供家长所需、学校所盼的这样一个服务。

主持人：吴委员，您这几年也是一直都在提相关的提案，您觉得校内外的这种结合，在执行起来或者推动起来，有没有什么难度？

吴青海：第一，动员学校的主体责任。第二，我们可以利用公益组织，比如家委会家长，有很多资源，比如说专业技术人员，假如我是足球教练，我就去给他们服务，还有退休的老教师、社区的退休干部，素质都挺高的，可以把一部分项目放到学校去。第三，就是购买服务。政府的财力毕竟有限，就自己出一点，我觉得也是可以探讨的。

主持人：在本周，就在咱们珠海，有一所学校已经开始启动了。金湾区第一小学，就启动了拓展课程，学校引入了近 30 家校外的专业机构，来拓展课后的服务，我们通过短片来了解一下。

【正文】拉丁舞、跆拳道、篮球……活动现场，各类拓展课程的教师和学生进行了才艺展示。据了解，拓展课程内容丰富，其中一、二年级共开设 29 门课程，三至六年级共开设 67 门课程。

【同期声】金湾区第一小学校长李湘云：这次我们引进了近 90 个课程，在每天下午的第三节课，能够免费让每个孩子上一节拓展课。我们引进了近 30 家校外专业机构，在国家、省、市的有关政策倡导下，我们想积极地去拓展这种课后的增值服务。

主持人：校外的机构走进学校，您二位觉得，学校方面应该注重些什么，机构方面应该做好些什么，才能够共同推进这样的情况？

禹华超：我觉得学校首先要有一个开放、包容的心态，能够让这些有资质、有信誉、有品牌的社会组织进入学校，通过行业协会和社会组织及学业共建的方式，把这块共同做起来，也能够让广大家长可以放心地把孩子送到学校来。挺好的，我觉得多培养一点兴趣，没什么不好，学生和家长都愿意。

（文稿有删改）

《民生新观察》（2021年10月23日）

（版面原因，以下略。只刊登上半年节目）

【点评】

舆论监督是近些年来主流媒体的一个难点，难就难在如何既能揭示社会运行中的一些短板，又能同步体现政府解决补上这些短板的过程，并在二者之间取得很好的平衡，这是主流媒体在舆论监督报道上的水平和智慧所在。《民生新观察》聚焦群众的烦心事、揪心事，紧紧抓住涉及民生的小事情、大问题，以热点、难点、痛点问题切入，通过校内午餐吃不饱、吃不好和斗门区道路以及学校建设进度缓慢等严重影响周围学生入学等问题的披露、探讨和解决，很好地体现了这种平衡，是近年来难得一见的舆论监督优质节目。此外，该栏目还有以下几个特点：一是栏目选题都是所在城市的民生热点，话题设定立足客观且有态度，记者调查与追问有理有据，对问题与市民的意见呈现全面；二是节目形态有一定的档次，演播厅座谈与记者调查结合紧密，在节目中交错推动，特别是主持人知识储备充足，能够与嘉宾深度交流，使参与讨论的评论员把握观点的方向和主线，节目不断呈现出建设性观点；三是该节目用心制作，精心打造电视新闻访谈节目，往分析、解读、提供观点、提出建设性意见的作用努力，这既是广电媒体的社会责任感，也是对自身媒介价值的坚守与张扬。

（李俊良）

电视新闻评论

“漫”评两会：“爱国者治港”香港才有明天！

广东广播电视台　黄晓龙　陈炳旭　马晓旭　肖洋洋

重申“爱国者治港”原则，对于维持香港社会的长治久安来说，只是一个起点。那么如何源源不断地培养爱国者呢？

“漫”评两会，今天我们来聊聊“爱国者治港”。来看一下我们创作的主题漫画。爱国教育，这是青少年成长教育的关键一环。当我们看到孩子在仰望国旗时眼里闪着光，以国为荣、为国争光，我们的祖国才会有未来。要选出优秀的“爱国者”离不开好的爱国教育，那么香港的爱国主义教育现状如何呢？过去很长一段时间，爱国主义教育的缺位让香港青年缺乏对祖国的客观了解，没有了解当然就谈不上认同。

在2019年“修例风波”中，部分香港青少年受到外部势力的煽动走上了歧途，对此，曾经担任香港浸会大学校长的全国政协委员陈新滋认为应该提供充分的交流机会让香港青少年加深对祖国的认识。那么接下来我们一起来听一听他怎么说。

全国政协委员、中国科学院院士陈新滋：我们现在的学生有个问题——对于中国的历史都不太了解。将来的教育应该把中国文化里面好的东西更多地展示，让我们的年轻人对自己的文化有自信，不要动不动就是美国人怎么说、英国人怎么说。其实我们的学生假如了解鸦片战争的话，他就不会拿着英国国旗在那里挥舞。所以我认为中国历史应该成为必修的一课，将来香港公务员考试的话，一定要考中国历史。

主持人：其实爱国教育既包括课堂也包括实践。事实上，粤港澳大湾区也在为香港的未来提供更大的发展空间。不少香港青年纷纷来到内地创业、工作，香港与湾区城市之间的合作在逐渐扩大，交流融合也在逐渐加强。接下来我们来连线一下在深圳前海创业的香港青年陈升。

香港创业青年、学学科技CEO陈升：更重要的是需要走出香港来到内地，通过在内地生活、学习、工作去认识祖国。比如我们自己刚刚来到前海的时候，政府为我们提供了免费的场地，帮我们想办法、找对接。这个过程中，不仅让我们更了解内地的环境，也扩大了人脉，体会到的是诚意。更重要的是，还是需要通过具体的项目以及合作增进交流。国内的市场发展很快，通过订单使他们（香港人）更主动地去了解国内市场。

主持人：亲身体验更有说服力。我们有理由相信，更多香港青年将发挥“国家所需，香港所长”，投身粤港澳大湾区的建设。有了爱国教育的基础才能选出优秀的爱国者，有了优秀的爱国者来治理香港，香港就一定会有光明的未来。好的，今天的“漫”评两会就到这里。

【点评】

在全国人大高票通过关于完善香港特别行政区选举制度的决定当天，主创团队及时推出评论报道，通过实事阐述说明“爱国者治港，香港才有明天”的主题。作品呈现以下特点：

一，主题重大，意义深远。完善香港选举制度，落实爱港者治港，确保“一国两制”实践行稳致远，在“一国两制”实践进程中具有里程碑意义，该事件为当天的热点话题，关注度极高。

二，观点鲜明，论据充足。作品紧扣“爱国者治港”这一主题，将“香港管治权必须牢牢掌握在爱国者手中”“培养优秀爱国者离不开爱国主义教育”“香港青年需积极融入大湾区、融入内地发展大局”“如何培养爱国者”等多方的观点清晰地传递给观众，在社会舆论场坚定发声，让中央对香港的政策法规得到有效宣传。

三，多元表达，效果突出。主创团队创新性地创作主题漫画，以漫画为特色，结合三维前置虚拟动画技术、双视窗、云采访、主持人评论等多种表达形式，赋予了可视化的记忆点和观赏性，使评论观点的表达更深入人心，传播更有效，为电视新闻评论节目创新提供了新模式、新思路，具有启发和借鉴意义。

四，双屏共振，传播有力。主创团队充分利用新媒体优势，在大屏节目播出前，率先将《爱国爱港，伴随我成长》主题漫画发布在短视频网站，吸引小屏受众，通过大小屏渠道双管齐下、共同发力，有效聚集了更多的关注。

（范　文）

新闻电视专题

彭士禄

汕尾广播电视台 周贵良 陈鹏飞 李 宽 陈海珊 叶怡苗 陈逸斯

他是彭湃之子，继承烈士遗志，以身许国；

他四岁成为孤儿，八岁坐牢，吃百家饭、姓百家姓；

他在贫苦百姓护佑中长大，在党的培养教育下成才；

他是中国核潜艇第一任总设计师，中国第一座核电站主要技术负责人，将一生所学奉献祖国；

彭士禄，中国工程院资深院士、中国核潜艇第一任总设计师：只要祖国需要，我愿意贡献一切！我非常爱我的核事业，也非常爱我的国家。

他是中国核动力事业拓荒牛；

他是彭士禄。

【彭士禄】

2021 年 3 月 30 日，伴随着激昂的《英雄核潜艇》之歌，亲友们帮走完 96 岁人生的彭士禄完成了遗愿：丧事从简，不留骨灰，把骨灰撒在葫芦岛海域。

这一片海域对彭士禄来说有着重要意义。1974 年 8 月 1 日，这一天也是彭士禄的政治生日，中国第一艘核潜艇“长征一号”在这里列入海军战斗序列，中国成为世界上第五个拥有核潜艇的国家。

国之重器，以命铸之，在后续核潜艇的调试运行试验中，彭士禄突发疾病，所幸抢救及时，从死神手中夺回性命，在这里他历经了生死关头，无怨无悔。

彭士禄女儿彭洁：当时他正在船厂调试这个核潜艇的试验当中，突发急性胃穿孔，马上就派了专机送海军总医院，进行手术，胃切除了 3/4 。

彭士禄等科研人员以这种不怕牺牲的毅力、不眠不休的努力，让新中国在没有外援、缺少资料、计算工具原始的情况下，成功研制出核潜艇，创造了世界核潜艇研制史上前所未有的高速度，上马 3 年后开工，开工 2 年后下水，下水 4 年后入列海军形成战力。而支撑所有科研人员树立起强大信念的正是毛泽东主席的批示。

【彭士禄生前采访】

彭士禄，中国工程院资深院士、中国核潜艇第一任总设计师：第一个最深的体会就是毛主席讲的，核潜艇一万年要搞出来，所以我们要靠自力更生。

1970年8月30日，中国第一座核潜艇陆上模式堆动力装置正式启动，成功提升至满功率；12月26日，中国第一艘核潜艇在葫芦岛海域顺利下水，艇上4.6万个零部件，需要材料300多种，没有一颗外国螺丝。

【彭士禄生前采访】

彭士禄，中国工程院资深院士、中国核潜艇第一任总设计师：要有（核动）力（要达到），满功率（核潜）艇就下水。

彭士禄女儿彭洁：陆上模式堆达到满功率的那一刻是他终生最难忘的，因为达到满功率就说明我们国家发出了陆上第1度的核电，意味着建造核潜艇我们有动力了，也发出了这种核能的电，所以这是一个很关键的时刻，他应该是终生难忘的。另外一个就是第一艘核潜艇下水的时刻。

作为总设计师，彭士禄明白，核潜艇对于一个国家和民族的意义重大，他为能够承担这样重大的使命感到光荣和自豪。其间，他勇于任事，敢于承担，指导和协调解决了核潜艇研制、生产中的许多重大技术问题，被同事们尊称为“彭拍板”“彭大胆”。

【彭士禄生前采访】

彭士禄，中国工程院资深院士、中国核潜艇第一任总设计师：我要表态，我是负责人，我不表态，怎么行？我说可以，没问题。

彭士禄女儿彭洁：当时研制核潜艇面临的困难是难以想象的，一个是缺乏国外的援助；一个是缺乏技术资料，而且根本没有过成功的经验。所以在这样的情况下去研制核潜艇是极其困难的，特别是核动力装置这一块，关键技术就是解决核潜艇的心脏问题——核动力装置。中央专委也为核动力装置的问题开了几次专委会，他听取了各方面的意见，拍板解决了许多问题，所以大家都对他很敬佩，就送给他绰号叫“彭大胆”“彭拍板”。

这敢于大胆拍板的背后，源于彭士禄对科学数据的敏感与掌握。做决策前，彭士禄定会仔细做好调查研究、积累第一手数据资料，这个习惯跟随彭士禄一辈子，从研制核潜艇到建设核电站，从办公场所到现场工地，从深山基地到海边厂房。

1983年，彭士禄服从祖国需要，由军转民搞和平利用核能发电。他回到广东老家主持建设核电站，任广东省委常委、广东大亚湾核电站总指挥。

凭着一丝不苟的执着与专注，彭士禄先后主持了秦山一期核电站、大亚湾核电站、秦山二期核电站的初创工作，特别是在技术路线上起到了重要的关键作用。

“柱立则墙固，梁横则屋成”，作为拓荒者与奠基者之一，彭士禄为中国核动力事业发展理清思路，培基固本，立柱架梁。彭士禄曾在自述信中写道：“我一生做的工作，虽沧海一滴，但就是要为人民做奉献，默默地、自强不息地去耕耘、开荒、铺路。”

彭士禄女儿彭洁：父亲其实一辈子都在做垦荒牛。他主持第一座核潜艇陆上模式堆的设计、建造和运行，他又主持了第一艘核潜艇的设计建造、力推第一座核电站采用的技术路线、组织引进了第一座百万千瓦级核电站——大亚湾核电站。他还指挥自主设计建造第一座商用大型核电站，也就是秦山二期核电站。

彭士禄，1925年11月出生于广东海丰，他的父亲彭湃是中国共产党早期重要领导人，被毛泽东主席誉为“中国农民运动大王”。他与父亲唯一的合照拍摄于1926年的初春，留下手书“彭湃和他的小乖乖”的年轻父亲是一个纯粹的共产党人，他执意要让后代传承红色基因，他给坐在胸前、不到四岁的大儿子取名彭绛人，寓意红色的人儿，给左手环抱、不到半岁的彭士禄起原名彭赤湿，寓意红色的湿地。出生于工商大地主家庭的彭湃，曾东渡日本求学，信仰共产主义定能救国图强，归国后，他付诸行动，背叛原生阶级，解放自己家的佃农。

1927年11月，中国共产党领导建立起了中国第一个红色苏维埃政权——海陆丰苏维埃政府，并实施土地革命、没收分配土地。国民党反动派对红色政权进行疯狂反扑，对彭湃及其家人恨之入骨，誓言赶尽杀绝。1928年9月，彭士禄母亲蔡素屏被敌人逮捕杀害；1929年8月，彭湃因叛徒出卖在上海英勇就义；彭家满门忠烈，有六人被认定为烈士。沦为孤儿时，彭士禄不到4岁。

彭士禄女儿彭洁：从他父母去世牺牲以后，也就是1928年苏维埃政权失败的开始，他就过起了颠沛流离的生活。那个时候他才是真正的隐姓埋名，他吃百家饭、穿百家衣、姓百家姓，不管到哪一家，他都有一个新的名字。

虽有贫苦百姓的护佑，但年幼的彭士禄仍被国民党反动派抓进监狱两次，曾被拍照登报邀功，成为小政治犯受到折磨，侥幸历大难而不死。

直至1940年，彭士禄才由党组织送往革命圣地延安，但途中险阻重重，两名共产党员为护送彭士禄献出宝贵的生命。在重庆中转时，周恩来总理第一次见到了彭士禄。周总理的言传身教让已经十五岁的彭士禄渐渐明白父母、亲人及身边共产党人的牺牲是为了什么。同时，他也更加懂得父亲彭湃与周恩来总理的革命情谊，共产党人之间的患难与共、志同道合。

彭士禄女儿彭洁：爷爷彭湃和周总理在广州一起工作过，共同参加领导了

“八一”南昌起义。因为都是前敌委员会，之后又（一起）在上海工作，所以爷爷在上海被捕，周恩来设法营救，几次营救都没有成功。1929年的8月30日，爷爷牺牲的当晚，周恩来又流着眼泪写了一份宣言，其中有一句话就是“谁不知广东有彭湃，谁不知彭湃是中国农民运动的领袖”。

毛泽东主席也在著作中多次提及彭湃，充分肯定海陆丰农民运动，并曾在接见彭士禄的奶奶周凤时说：“彭湃是我们的好同志，您是彭湃同志的好母亲!”

秉承红色家风，铭记谆谆教诲，来到革命圣地延安，彭士禄学习与工作都不甘人后。在延安大学中学部后起争先成为学习标兵，先进事迹刊登于《解放日报》；在延安大学自然科学院，因成绩优异被评为化工系模范学生；在延安中央医院，因工作突出被评为模范护士。

1945年8月1日，因表现出色，经组织批准破例免预备期，彭士禄成为一名光荣的中国共产党员。这一天就是彭士禄的政治生日。29年后即1974年的这一天，彭士禄把中国第一艘核潜艇“长征一号”交付海军使用，中国成为继美、苏、英、法之后世界上第五个拥有核潜艇的国家；而18年前的1927年的这一天，他的父亲彭湃领导、参与的“八一”南昌起义，打响了中国共产党武装反抗国民党反动派的第一枪。

彭士禄女儿彭洁：爷爷和父亲是忠于理想的两代人：爷爷是为了中华民族的站起来在奋斗着，父亲是为了中华民族的强起来在奋斗着。我的父亲继承了爷爷无私奉献、敢为人先的精神，他是用科学报国的手段，为祖国的建设事业奉献他自己的力量。

2017年，彭士禄将何梁何利基金最高奖项“科学与技术成就奖”颁发给自己的百万港币奖金一分不留全部捐出，为中国核动力事业培养人才。其间，操办手续的彭洁再次感受到父亲彭士禄坚守的那份赤诚初心。

正是这种家国情怀，让彭士禄难忘乡愁，一辈子牵挂着生于斯、长于斯的海陆丰革命老区，他出谋划策为家乡的发展大业“引凤筑巢”，他情系民生为家乡的公益事业慷慨奉献，他殷切期盼家乡各项事业蒸蒸日上，而家乡也不曾忘记这个在外的游子，把彭士禄视为海陆丰革命老区的骄傲。2020年11月，彭士禄荣获中国工程界最高奖“光华工程科技成就奖”，汕尾市委、市政府联合给彭士禄发出贺信，彭士禄迅速回信，信中向家乡的父老乡亲们问好，祝愿家乡越来越美好。

【彭士禄生前采访】

彭士禄，中国工程院资深院士、中国核潜艇第一任总设计师：向家乡人民问好，我爱你，汕尾!

2021年5月底，彭士禄被追授为“时代楷模”，他的故事，感动了亿万国人。在中央电视台《时代楷模发布厅》上，追授决定这样说道：中共中央宣传部决定，追授彭士禄同志“时代楷模”称号，号召广大党员干部特别是科技工作者，以英雄模范为榜样，更加紧密地团结在以习近平同志为核心的党中央周围，立足两个大局，心怀“国之大者”，勤于创造、勇于奋斗，乘风破浪、开拓进取，从党的百年奋斗历程中感悟信仰的力量，在新的伟大征程上书写新的奋斗史诗，以优异成绩庆祝中国共产党成立 100 周年。

【点评】

题材重大、选材典型，是庆祝中国共产党成立 100 周年的好题材。该专题采用“一日、两人、家国”明暗线多层次的叙事结构，运用电视声画综合立体呈现的优势打破时空界限锻造视听精品，真实还原彭士禄“感党恩、听党话、跟党走”的心路历程，客观讲述彭士禄以身许国、科技报国、“甘做隐姓埋名人、誓干惊天动地事”，无私拓荒中国核动力事业的感人故事。该片注重细节，感染力强，有彭士禄在中国第一艘核潜艇“长征一号”工作中突发胃穿孔，胃被切除 3/4……多个细节。片中历史资料翔实，穿插彭家大量珍贵历史照片及各类音视频资料，且运用得当，采访感人，结尾部分很高光，在中央宣传部追授彭士禄“时代楷模”荣誉授勋仪式中结束形成圆满叙事闭环，没有豪情状语，却让人肃然起敬，久久不忘。

（叶晓明）

电视新闻节目编排

“韶关起飞”特别报道

韶关广播电视台 蒋林蕾 杨 倩 周韵珊 彭 娟 欧育琳 李政璋

2021 年 11 月 27 日《民生关注》节目编排单
（上）14 分 21 秒
1. 韶关丹霞机场今天正式通航　旅客体验“首航游”
2. 记者 vlog：粤北首个飞行“大盲盒”我开了
3. 韶关丹霞机场通航小攻略（特效动画）
4. 建设者：与韶关丹霞机场的故事
片花：各界人士的祝福
（下）13 分 20 秒
5. 历史回望：战火中的韶关航空业
6. 方寸忆峥嵘　从邮票看韶关航空史
7. “韶关制造”助丹霞机场“展翅腾飞”
8. 记者探秘：飞机上的环保小餐盒

【上半节内容提要】

特别报道　韶关丹霞机场今天正式通航　首批游客体验韶关直飞北京

历史回望　战火中的韶关航空业

立足当下　“韶关制造”助韶关航空“展翅腾飞”

【点评】

一，韶关丹霞机场开通填补了粤北地区民用机场的空白，节目还深挖历史，展现了韶关在战争年代曾有机场且设计制造我国早期国产飞机，与周恩来等人有深厚渊源，题材对广东有较大意义。

二，节目策划意图明显，整期节目都围绕新机场首航展开，全面梳理建设前后、机场内外的多方面信息，体裁、角度、高度等各有不同，符合项目参评要求。

三，视觉包装有专门设计与节目主题较为契合，且设计有档次、大气，视觉观赏舒适。

四，编排条理清晰，逻辑顺畅，从机场本身到机场外围，从首航当天到历史回顾，将韶关拥有自己的机场延伸到城市过去与现在的蜕变，内容层层递进又缓缓铺展，能激发本地受众的城市认同感和发展凝聚力，也对韶关乃至广东的建设成果起到外宣作用。

（李国荣）

电视新闻访谈节目

激发新活力新动能　农业机械化“点石成金”振兴乡村

汕头广播电视台　陈彦伊　林　林　陈浩然　陈　晓

今天我们一起走进潮阳区的关埠镇，来共同了解现代农业产业园。两位嘉宾，一位是“全国种粮大户”、汕头市锦丰农机专业合作社的社长林宋文；另一位是我们合作社的总经理，也是刚刚获得了“广东十大杰出精勤农民”荣誉称号的林岳锋。

主持人：林社长，刚才我在介绍您的时候，有一个名称，叫作“全国种粮大户”，拿到这个“全国种粮大户”一定是有一个规模的种植面积，规模怎么样？

林宋文：成为种粮大户，种植面积要2 000亩以上，这个规模才可以报上去申请“全国种粮大户”的。

主持人：现在我们的亩产怎么样？种了哪些品种？

林宋文：种丝苗为主，还有杂交水稻。杂交水稻，我们这边一年有两季——早稻和晚稻，一季产有1 400多斤稻谷。

主持人：那还是很不错的一个产量，可以这样说，规模现在已经挺大了，也拿到了“全国种粮大户”的一个称号了，怎么来运营呢？

林岳锋：我们现在主要是靠合作社，合作社的社员93户。2013年我爸获得“全国种粮大户”的时候是2 000亩，而我们合作社从2015年成立的合作社8户，到现在已经发展到93户了，种植面积也达到了8 350多亩。

主持人：那是很大的规模，4倍多了。

林岳锋：已经这么多倍，基本上也实现了水稻生产全程机械化。

主持人：现代农业产业园，“现代”二字您的理解是怎样的？

林岳锋：你说到“现代”这个词我就突然想到一句话，跟传统农业对比，以前的农民，应该说是晒太阳，现在的新农民晒的是月亮，不但“晒太阳”，还要“晒月亮”，因为以前种粮食几乎是在太阳底下干活，而现在干活，像收割机，虽然说在太阳底下，但还有空调在收割机里面。除了干农活，我们还要干销售，还要做品牌建设，晚上还要做网站、做直播。

主持人：以前种田和现在相比是大变样了。

林宋文：以前每个人插秧，（一天大约）七分地。现在开插秧机，包括运秧、放秧，三个人一天可以插50亩地。

林岳锋：整体来说，效率至少要提高30倍，效率相对高了。

主持人：现在“90后”去田间作业没有那么辛苦，但反而对科学管养的要求提高了。我们怎么来管理整个田间的作业？

林岳锋：现在我们的家庭成员主要分成三块，我父亲主要是全面管理，包括整个企业的运营。我弟弟主要是管理种植农业的生产，也整天在田里，他大部分的工作是在太阳底下，所以他的肤色也比较黑。我负责的比较轻松一点，虽然说是体力轻松，但是脑力不轻松。

主持人：今天我们在现场也看到，开了一些现代的机械设备。

林岳锋：这个是收割机。传统农业是用人工去收的，一个人一天最多也就割半亩田，现在这辆收割机，高峰期顺利的情况下一天能够割60亩，120倍的效率，所以说机械化真的是好。里面还有空调，开空调就不会那么辛苦了，一个人就办了很多人的事情，1个人顶过去120个人。

林岳锋：这辆是耕田机，以前耕田是用锄头，速度很慢。现在一天能够耕地40亩，相当于100倍以上的效率。

林岳锋：我们做品牌规划，建立品牌。因为做好农业不单单要生产，还要做好品牌销售这一块。现在整个规模也大了，需要管理跟经营，有经营得有理念，管理经营得好，有效益了我们才能更好地带动周边的农户，大家奔小康。

主持人：你说的要有品牌理念，还要做网络营销，这些都是需要我们动脑去做的。

林岳锋：我说一下我们潮阳丝苗米的品牌，现在丝苗米本身质量就不输进口大米，但是我们潮阳丝苗米，就缺少这个品牌建设，所以现在我们要重点打造这个品牌，来对标国际或者国内的优质好米，增加它的附加值。

林岳锋：我们现在主要是销往广东省内，虽然说有挂在网上，也有卖往外省，但主要还是在广东省内。线上线下我都是同时在打造，开拓销售渠道。丝苗米的品质不比进口的优质大米还有国内的优质大米差，为什么呢？因为丝苗米其实已经有1 000多年的历史了，我们种出来的丝苗米有它的特性，外形比较长，口感（软硬）是比较适中的，还有香味特别足，这个是丝苗米独特之处。

主持人：其实两季的产量还是挺高的，8 000亩如果按亩产量来算的话就有8 000吨。

林岳锋：其实现在因为有机械化的加入，提高了效率的同时，也意味着有很多东西从不可控变成可控了。

主持人：您是90后，按理说如果是在农村生活的孩子们，可能以后就想往城市里面跑，觉得城市的生活新奇，觉得在城市里待着比在农村要舒服。可是你回到家乡跟爸爸一块干这个事情，为什么有这样的想法？

林岳锋：因为我们本身也是农村长大的，我对农村是特别有感情的，我做事也比较专一，以前选择的是建筑行业，那个时候也特别辛苦，有时候都可能干通宵。我对农村特别有感情，我们潮汕本地人，大多数都往外面走，去打拼，那时没办法，虽然说喜欢农村，但是那时就随着这种精神到外面去打拼。后来，家里说我爸做这行业，这个平台已经搭建好了，需要有年轻的力量回来，我想回来，而且做农业也真的特别有意义。

主持人：在你那展厅里看到了几台无人机，这无人机现在主要是做什么工作的？

林岳锋：先从这个水稻种植工序来说吧，第一种是直播，直播可以省掉育秧跟插秧环节，直接将种子播到田里。这种做法省工，而且效率很快，像插秧机，虽然一天能够插 40 亩，但是这个无人机，你猜一下多少亩？200 亩啊，又提高了很多，要相比人工的话，那就太夸张了，要提高 200 多倍了。但是，也有一定的技术要求，因为它跟天气、水、土地的平整度有很大的关系，虽然说效率提高，但是对其他的技术要求还是比较高的。第二种是无人机植保，以前我们施肥、喷药都是用人工，现在全部用无人机。最多的话，一天能够喷到 1 000亩一台，无人机的引入也是提高了很大的效率。

主持人：刚才我们的节目一开始提到了整个合作设施有 90 多户的加入，那他们也是每个人都有这些设备？还是说所有的这些农机就提供给大家使用？

林岳锋：我们的社员，有的是带地入社，有的是他自己去种，自己承包两三百亩、三四百亩，但是我们这边的机械比较齐全，会租赁给他们，用成本价租赁，帮他们耕田、帮他们插秧，帮他们飞播、帮他们收割，还有烘干。

主持人：这么大的一个场地就是烘干的场所。

林岳锋：我们现在一天能够烘出 600 吨，相当于 1 200 亩水稻的量，一天就能烘出这么多量。

主持人：因为我们的龙头企业在这里，也带动了周围的居民参与到我们的合作社里。现代农业的引入，到底给我们农民带来了什么实实在在的好处？

林岳锋：一个就是现在这些土地不撂荒了。不撂荒对于每一个村、每位农民都是受益的。还有一个就是，农民将土地转租给我们，他的效益是提高的。

林岳锋：还可以到我合作社务农，合作社一年下来可能需要几千个工次，这几千个工次就是本地的农民来做的。

主持人：现代农业的发展，叫现代农业产业园，不仅仅要提高土地效益，提高产量，更重要的是带动周边的所有邻居，让我们的农户能够增收增产。其实周边农户的发展也是需要技术来支撑的，我们有没有在这方面帮助他们？

林岳锋：我们现在也定期开设一些农业技术培训班，让本地的农户免费过来参加学习，我们也会请专业的农艺师给本地农户讲课。

主持人：未来对丝苗米有什么样的期许？有什么打算吗？

林岳锋：接下来我们会继续引进科技农业种植技术，然后打造广东丝苗米品牌，让全国人民都能够吃到广东丝苗米。

主持人：也就是说我们最大的目标，就是让这个品牌能走出去，让更多人认识我们的丝苗米，知道我们广东人的饭碗里面装的是我们潮阳的丝苗米，这就是我们最大的一个目标了。

（文稿有删改）

【点评】

围绕振兴乡村的主题，在“中国农民丰收节”的契机推出，时效性抓得不错。

这次访谈的人物很优秀也很鲜活，是一对深耕农业的父子：父亲是老一辈的“全国种粮大户”，儿子是2021 年度新鲜出炉的“广东十大杰出精勤农民”，都是乡村振兴的主力和人才，他们的精神风貌也很有代表性。

访谈话题也很鲜活，“无人机”“直播”“人均插秧面积”等话题，展现出现代农业与传统农业的不同，父子俩认知差异大，但都深深热爱这片土地。访谈互动中既有两代人理念思想的激烈碰撞，又有互相理解认可的传承助力，是振兴乡村的真实写照。

值得一提的是，主持人与访谈对象的交流互动非常自然、融洽，看似随意的聊天，背后是创作者进行议程设置的底层逻辑，层层递进，逐步深入，展现了当下现代农业和乡村振兴的发展过程。

主题通过与这对父子的访谈得到了较好的传达：发展现代农业、振兴乡村关键之路在于机械化，有了机械化，才能谈得上规模化，继而才能赋能于网络，进行品牌运营和远程销售。

总的来看，访谈主题集中、脉络清晰、结构完整，语言简洁生动、流畅准确；主持人的提问、转承自然得体，对现场节奏把握适度；航拍等当地农业生产背景资料运用得当，画面清晰；整个访谈过程质朴、真诚、接地气，以点带面，真实地展现了农业机械化在乡村振兴中“点石成金”的作用。

（万　霞）

电视对外新闻和对港澳台节目

我们的升旗礼

广州市广播电视台　董荷冬　陈智恒　帅亦文　李　梓

这部分的《湾区全媒睇》，我们走出厂景，来到黄楚标中学，一起看看香港的同学是怎样认真学习升旗的。跟我来。

梁绰盈，香港黄楚标中学学生：我叫梁绰盈，是中一的学生，我看到师兄师姐升国旗的时候觉得很激动很自豪。

周紫晴，香港黄楚标中学学生：我是周紫晴，中一学生，我从四年级下学期开始学习升旗。

从小就加入升旗队，绰盈和紫晴已变身“小师姐”。在黄楚标中学，星期一升国旗唱国歌这个仪式自建校18年来一直延续至今。加入学校升旗队、挥旗、敬礼……在同学们眼中是一份荣耀。

许振隆，香港黄楚标中学校长：可以透过这个教育，让同学加深对国家的情感，认识国家过去与未来。

许振隆同时是香港升旗队总会总监。在2002年7月1日成立的香港升旗队总会，致力于增强香港人特别是青少年的国家认同感，宣传国旗、国徽、国歌背后的故事，广泛推广和内地的爱国交流活动。经过多年发展，升旗队已经有五个年龄梯队，最小的队员是从幼儿园小朋友里挑选出来的。

蔡敬怡，香港佛教联合会佛教慈光幼儿园升旗队持旗手：扬开国旗那一刻很有型，学了要站好不要驼背。

吕晋弘，香港佛教联合会佛教慈光幼儿园升旗队队员：（国旗）是红色，还有5粒黄色星星，国庆即国家生日，10月1日。

今年国庆节香港多地举办了升国旗活动，在国歌声中，更多香港人深刻体会到“有国才有家”。根据香港《国旗及国徽（修订）条例》，2022年1月1日开始，全港学校每周举行1次升旗礼，上课日每日升挂国旗。许振隆说，爱国教育就应该从小朋友开始做起。

许振隆，香港黄楚标中学校长、香港升旗队总会总监：任何的教育，年纪越小开始越好，要建立他们对国家的认同感，对国家的承担感，（明年）回归25

周年，我相信是一个好的开始，也明确了老百姓怎么看他们自己与香港社会的关系，以及香港与国家的紧密联系。

吕晋弘，香港佛教联合会佛教慈光幼儿园升旗队队员：香港是属于中国的。

周紫晴，香港黄楚标中学学生：国旗象征着国家，拿着国旗，我会觉得很自豪。

梁绰盈，香港黄楚标中学学生：（唱国歌）我们万众一心，冒着敌人的炮火，前进，冒着敌人的炮火，前进！前进！前进进！

许振隆，香港黄楚标中学校长、香港升旗队总会总监：身为中国人，爱自己的国家，爱自己的土地，是值得光荣的事情。

（文稿有删改）

【点评】

中共十九届六中全会审议通过《中共中央关于党的百年奋斗重大成就和历史经验的决议》，坚定落实“爱国者治港”，确保香港“一国两制”行稳致远，为香港的未来发展指明了方向。根据香港《国旗及国徽（修订）条例》，全港中小学在每个上课日升挂国旗，以及每周举行一次升国旗仪式。

作品围绕“爱国爱港”这一主题，从坚持 18 年升国旗的香港黄楚标中学和一间幼儿园的升旗队这两个具体个案入手，反映特区政府及香港各界持续加大力度开展爱国主义教育，致力于推广升挂国旗文化和“爱国从娃娃抓起”的情况。作品以一线采访、多角度报道，从中学“资深”升旗手与幼儿园升旗手的视角出发，展现香港多个学校升国旗趋向常态化，展示国旗、国徽及国歌等教育课程的推广进度，记录国庆期间香港社会多个团体自发组织庆典和升旗礼的场景和香港各界在国家认同和爱国精神方面的显著进步和发展情况。

《湾区全媒睇》节目播出，直接面对香港各界观众，传播力更具实效，覆盖香港受众超过 100 万，在境外主要互联网播发平台播放量近 30 万人次，在海外华侨华人聚集的“华人头条”App 播放量超过 20 万人次，得到了香港政界机构和政府高层的充分肯定。香港升旗队总会还将作品分享至各基层社区升旗队，香港教育界悉心浇灌的国民教育成果得到基层社区升旗队成员的纷纷点赞和倾力分享，在香港民众中形成良好的互动传播效果。

（朱　毅）

新闻媒体作品·新媒体新闻短视频

东莞这条铁路在海底“挖洞”创多项国内之最

东莞广播电视台　谢慧龙　潘少均　唐佳雯　肖　宁

【正文字幕】2021 东莞虎门
深江铁路珠江口隧道工程
起于东莞滨海湾站　止于南沙万顷沙

【同期声】中铁十四局深江铁路珠江口隧道工程项目书记张伟：深江铁路深江一号盾构刀盘准备起吊。吊装区域准备就绪。起吊！

【正文字幕】珠江口隧道工程隧道全长 13.69 公里
全线下穿珠江入海口

【正文字幕】最大埋深 106 米　高水压施工区域 110 米
为目前国内埋深最大、水压最高的水下盾构隧道

【采访】中铁十四局深江铁路珠江口隧道工程项目总工程师陈兴飞：位于珠江口 106 米海底之下，作为目前我国最大水压的海底盾构隧道，与世界上另外一条隧道，在水压方面也是并列世界第一。本工程的顺利实施，也将会为我国后续海底长大隧道施工积累宝贵的经验。

【正文字幕】深江铁路是粤港澳大湾区重大交通项目

设计时速 250 公里/小时　预计 2025 年建成通车

【采访】中铁十四局深江铁路珠江口隧道工程项目负责人李兵：项目的建设今后不仅方便周边居民的出行，更有力地推动了粤港澳大湾区的经济发展，实现了深圳前海自贸片区到广州南沙自贸片区的半小时高速互通互联。

【点评】

该作品现场感强，画面拍摄精美。特别是记者准确捕捉到该项目工程绝大部分在地底施工，在海床下挖掘隧道，盾构机刀盘巨大，施工难度大，通过提前采拍，用延时画面记录下生产过程。采用多机位现场拍摄形式，将刀盘下井及海底盾构掘进的全过程用 3D 动画、实景延时拍摄等形式，清晰完整地呈现在了观众眼前。此外，该报道意义重大。“深江高铁”是国家“八纵八横”高速铁路网中沿海通道的重要组成部分，途经深圳、广州、东莞、中山、江门五个地市，是目前国内最大埋深、最大水压的水下隧道，盾构段最大水压力为世界之最。其中，作为粤港澳大湾区重大交通项目——深江铁路重要控制工程、跨越狮子洋的珠江口隧道工程，盾构机长距离掘进后必须精准实现对接，犹如在大海中穿针引线，对盾构机掘进过程中的动态控制要求极为苛刻。珠江口隧道工程建成后将成为又一世界级的超级工程，更为世界海底隧道工程技术提供独特的样本和宝贵的经验。因此，对该工程的关注与报道，对东莞经济社会发展、深度融入粤港澳大湾区，稳步迈进万亿元 GDP、千万人口城市，具有重要作用和积极意义。

（黄少江）

新媒体新闻专题

百年光阴一线连！珠海百岁党员滕天华的故事，一根线画出来了

珠海广播电视台 彭赞峰 戴丹梅 种筱娜 孟 鑫 刘永刚 韩 茵

滕天华：我叫滕天华，今年 100 岁，是一名共产党员。我与党同龄，每次想到这里，我的思绪就像一根线一样，带着我重温百年岁月。

滕天华：1921 年，我出生在广西乡下。小时候家里穷，父母却从没喊过苦，还坚持让我上学。

幼年滕天华：妈妈，给你吃番薯。

滕天华妈妈：没事，妈妈吃过了，妈妈不饿，你吃。

滕天华：这时候，爸爸会拿出收藏的报纸，杨匏安介绍马克思主义的文章，他读了一遍又一遍。慢慢地，我了解了马克思主义，也对那个把人民放在心中最高位置的党充满了敬意和向往。

【解说词】

男学生：爷爷，你 16 岁时在哪里呢？

滕天华：1937 年，我 16 岁离开家乡参加革命，成了一名看护兵。

男学生：跟着军队，子弹就在眼前飞，你不怕吗？

滕天华：说不怕是假的，但更怕的是我们的国没了，我们的小家也保不住了。后来，我参加过许多场大大小小的战役，最惊险的时候，炸弹就掉在离我几米的地方爆炸。但我从没想过后退。

【同期声】

毛泽东：中华人民共和国、中央人民政府今天成立了。

【解说词】

滕天华：1949 年，也是这一年，我 28 岁，光荣入党了！在行军路上的一个小村庄，我拿到了党员证，看着鲜红的证书，泪止不住地流，太激动了！

【解说词】

滕天华：1975 年，我 54 岁，转业到了珠海工作。

男青年：听说那时的珠海，只有一条马路、一盏红绿灯、一家商店呢。

女青年：那可不是，大家想吃水果都要上外地才买得到！

【字幕】

1980 年，珠海经济特区成立。

【解说词】

滕天华：凭着一股闯劲，我们热火朝天地建设特区，路越修越宽，商品越来越多，我们的日子也越过越好。

【解说词】

滕天华爱人：那些年，我老伴一直有个愿望，就是看到澳门回归祖国。

滕天华：实现喽！1999 年 12 月，我在电视上看着中国人民解放军驻澳门部队从珠海拱北口岸进驻澳门，大家挥舞着旗帜，我也好开心。

【同期声】

习近平：我宣布，港珠澳大桥正式开通。

【解说词】

男青年（粤语）：从珠海去香港，要多长时间？

女青年（粤语）：现在开车四十几分钟就到啦。

滕天华：2018 年，港珠澳大桥通车，我 97 岁了。虽然腿脚走不动了，但我坚持上了大桥口岸，大桥近在眼前，我感受到了粤港澳大湾区的勃勃生机。

【解说词】

滕天华：100 年了，我亲眼看到我们的国家从贫到富、从弱到强，这是我最大的幸福。跟党走，就对了！

【点评】

建党百年，是充满好故事的题材，也是容易千人一面的题材。该作品找到了与众不同、以小见大的角度，且成功把好故事、好创意、好制作融为一体，堪称佳作。

主创团队前期做了不少准备工作：多次到老人家中进行采访、走访老人的家人同事，还翻阅了许多历史资料，采集到了大量鲜活、生动的素材。就在准备完毕进入创作时，老人由于年事已高，身体抱恙，无法继续拍摄，团队创作一度陷入僵局。在多次“头脑风暴”后决定不用文字，不拍视频，用一根线（简笔画）的形式串起百岁党员的百年故事。

该作品以人物真实故事为创作主线，通过第一人称自述和场景式对话方式，综合运用手绘、动画、多角色配音等多媒体表现形式，将百岁老人的人生故事放在建党百年、改革开放、珠海经济特区发展历程的宏大叙事背景下，用“一根线”巧妙串接，以小人物的视角来彰显大时代恢宏，一气呵成、打动人心。

该作品独树一帜，创新性地采用动画、手绘、简笔画的创作手法，在结构布局、画面构思、手绘细节、音乐风格、画面层次等方面精益求精，为观众带来了沉浸式的感官体验。百岁老人自述代入感强，画面细节丰富、饱含感情，真正实现了“每一帧都有力量”的传播效果，达到了内容、形式与主题思想的有机统一。

作品格调积极，品质优良，一经推出即引发了各大媒体转载传播，取得了良好的传播效果和社会效应。

（张　晋）

新媒体新闻现场直播

深圳欢迎孟晚舟回家

深圳广播电影电视集团　肖　静　靳阳懿　王鹤宁　李祥菲
黄　奋　金　岩　王莉芳　辛　鑫

孟晚舟平安抵达深圳！

9月25日晚，孟晚舟乘坐的包机抵达深圳宝安国际机场。孟晚舟一身红色衣服，和机身上的五星红旗一样绚丽夺目。

包机降落深圳前，机场塔台工作人员欢迎道："这里是中国深圳宝安机场，祖国永远是你最强大的依靠，孟晚舟女士欢迎归来！"

孟晚舟在机场发表简短讲话，她表示："有五星红旗的地方，就有信念的灯塔。如果信念有颜色，那一定是中国红！"

现场的欢迎人群唱起《歌唱祖国》。

深圳为你点亮，今夜，晚舟归航！

【点评】

一是该场直播及时把握了重大突发事件的时机，主动出击，并且精心设计主题，做到了精准巧妙。节目以"深圳欢迎孟晚舟回家"为主题，既通过地域化的定义，把敏感的政治事件软化，也诉诸情感牌，激发起受众的情感共鸣。二是整场直播节目充分体现新媒体直播的特点，4G包单机传输现场采访信号、一屏多框、慢直播、评论区留言互动等手法应用娴熟。三是内容组织契合受众期待。节目从深圳地标建筑平安大厦亮灯"欢迎孟晚舟回家"切入，点出直播主题，为即将飞抵深圳的孟晚舟营造出全城期待的气氛。分布在机场跑道制高点、机场迎接大厅、高速路口、华为总部等关键地点的几路记者接力报道，有力推进节目进程。四是全面整合各路资源，有效聚合央视、新华社、民航飞行图等信息，为受众提供最全面的信息，是当日同类直播产品中信息最为丰富多元的报道。

略有遗憾的是，整场直播长达5个小时，存在一些信号不稳定甚至黑场的情况，这固然是直播节目中常见的现象，但对于优质节目来说，高标准追求无止境。

（陈红艳）

新媒体创意互动作品

“暗访者之漂洋过海”剧情游戏

广东广播电视台经济科教频道和股市广播
梁欣仪　麦见柔　陈虹余　赖　禧　陈宇冰　丁海利　何浩铭　王敏玲

根据真实故事改编

P1 标题页

记者主题剧情游戏
“暗访者之漂洋过海”
＊根据真实故事改编
开启调查任务

P2 背景说明页

你是一名电视记者，最近有线人爆料称，某镇有人走私国外的旧衣服，将其翻新后进行售卖。这些“洋垃圾”流入市场有很严重的安全隐患。为了调查事情的真相，获取一手资料，你决定前往暗访。

P3 情景一＋选择

选择1：相信线人，直接联系他
选择2：自己先观察，打探情况

P4 记者走访搭讪

记者：老板，在附近哪里可以买到外面来的衣服？
店主：听你口音是外地人吧？镇上早就整改，没有那种衣服卖了。
独白：看来我的口音没办法获取当地人的信任，还得去联系线人。

P5 与线人一起搭摩的

旁白：和线人成功碰头后，你们准备搭摩的前往一个交易点。
线人：师傅，我们去A街9号。
司机：你们去那里干啥？

P6 摩的司机警惕 + 选择

旁白：这个目的地引起了司机的警惕心。面对他的提问，你回答：

选择 1：我是去那进货的

选择 2：我去看看，打算买点东西回老家

P7 一起与线人跟司机周旋

司机：这里没有什么值得买回家的，你们该不会是来调查的记者吧？

记者：我这样的哪里像记者？其实是老家的人都喜欢国外货，想买点回去摆摊。

旁白：线人也在一旁附和，凭借自己的本地口音获得了司机的信任。

P8 司机绕路

旁白：司机的疑虑消散，喊来其他摩的司机分别搭载你和线人。在巷子里绕了半个小时的路后，你们到达一栋民房门口。

P9 进入民房

旁白：房子表面看起来是普通的居民房，一进屋老板就把门关上，屋里大包小包的货物堆满了三分之一的地方，旁边还有人在分拣衣服。

P10 记者套话

旁白：你一边挑选衣服，一边和老板套话。

P11 老板催促下单 + 选择

老板：看了这么久，这是最低价了，你到底要多少？

旁白：你长时间的挑选和疑问引起了老板的不满，他催促你尽快下单。你决定：

P12 老板赶人

老板：看半天了还不买，算了算了，不做你生意了！

旁白：老板对你起了疑心，察觉你有问题，拒绝和你谈下去。

P13 结局 1

旁白：被老板赶走后，线人担心暴露，不愿意再带你去其他交易点。线索就此中断，你只能放弃调查。

P14 货物交易

旁白："钞能力"让你打消了老板的疑心。你从老板的口中了解到这些衣服都是从"上头"批发回来的，镇上做走私旧衣服生意的人还有很多。

P15 结束该店 + 选择

旁白：上一家店反映出的情况比较片面，为了获得更多信息，你决定：

选择 1：再多走访几家店

选择 2：直接去找当地最大的经销商

P16 很多小店

暗访后，你发现这些小店都是散户经营，经营者大多是当地居民，不同店卖的衣服类型也有所不同。

P17 绕路经销商

旁白：这次去的经销商的位置比散户更加隐蔽。

P18 锁四道门

旁白：经销商老板只允许一个人进去交易，因此你独自进入废弃的居民楼，而线人留在门口等你。大门足足有四道，老板一进门就把每道门都锁上。

P19 经销商场景

旁白：这栋楼里面是一个大仓库，面积几乎是散户店面的三倍。空气中弥漫着一股劣质消毒水的味道。

衣服成包地堆积在地面，有半座小山那么高，旁边还有两个人正在清点其中一包的数量。

P20 老板怀疑 + 选择

旁白：老板一上来就问你要什么货，你捞起其中一件衣服和老板交流，却发现衣服上竟然有干了的血迹，这时你会：

选择 1：假装没看到，花 6 000 元把这一捆衣服买下

选择 2：将拍摄设备偷偷对准血迹，拍下这些细节

P21 寄快递

旁白：交易完成，老板带你到一个小型快递点，将你选好的那捆衣服直接寄到预留的地址。为了掩人耳目，在你离开后，衣服才被运到快递点。

P22 填信息

旁白：这个小快递点里堆满了发往全国各地的货物，看形状都是些“洋垃圾”。而且快递点并不隶属于大家熟知的物流公司，寄件并不需要查验身份证。

P23 结局 2

旁白：你在暗访中虽然花了将近 1 万元买那些衣服，但成功获得多角度、全方位的信息。你赶回电视台整理资料，将“洋垃圾”的交易现状曝光出去。

P24 结局 3

旁白：但由于只有一家散户的信息，报道没有显现出镇上“洋垃圾”交易的猖獗，影响力有限。

P25 被发现

老板：你偷偷摸摸地在做什么？

旁白：老板发现你的动作后大喊一声，一把抢过设备并想把素材删掉。屋里的五六个人应声而出，把你团团围住。

P26 结局 4

旁白：你拉响提前准备好的警报器，并与对方周旋。屋外的线人听到响声立即报警，接下来就等警察营救了……

P27 结尾页 1

2021 年，广东经济科教频道的一位记者在小镇前后共蹲点半个多月，走访了当地十多家交易点，用镜头记录走私情况。该报道登上广东 3·15 晚会后，引起该地政府的高度重视，累计出动人员 4 265 人，对 20 000 多家住宅进行了排查，并且缴获了大量的走私旧衣服。

P28 结尾页 2

惊心动魄的暗访，只是记者最基础的工作。他们深入一线，以笔为矛刺破粉饰的幕布。他们揭露黑暗，却承担被报复的风险。

但始终有人坚持在这个岗位上。毕竟“许多同行感叹着工作多苦生活多难，但总在下一个新闻现场相遇”。

11 月 8 日记者节，广东经济科教频道向记者致敬，向真相致敬。

【点评】

记者是时代的记录者，也是真实的守望者。在第二十二个中国记者节来临之际，该作品以记者真实故事为原型，策划制作了一个沉浸式的记者主题剧情游戏 H5，以游戏化传播的方式，向用户传达记者调查工作的惊险、新闻报道的不易，通过角色扮演的方式，让体验者更能与记者这一职业共情，达到科普宣传的作用。作品取材于记者调查报道某地走私“洋垃圾”事件的真实故事，采用了时下流行的剧本杀的形式和年轻人喜爱的漫画风格，从当事人真实的调查报道经历出发，改编出一个剧情游戏，设置了 5 个场景，每个场景包含一道左右故事走向的选择题，共设 4 个结局，故事情节紧张且惊险，场景设计真实考究，也插入了烘托气氛的背景音乐及音效，可让用户沉浸在游戏当中，通过剧情闯关的形式，让观众直接体验记者调查工作的日常，理解新闻工作者的价值、意义和使命。该作品主题鲜明，寓意深远，沉浸感十足，体验感强，一经推出，在社交网络上引起强烈反响，用户反馈热烈，是一个主题鲜明的互动类作品，值得推荐。

（黄少江）

新媒体版面编排

广交世界　互利天下

广州市广播电视台　吕方晓　陈　瑜　谭瑞珊

第 130 届广交会于 10 月 15—19 日在广州市广交会琶洲展馆举办，会期 5 天，线上线下同时举行。这是广交会受新冠病毒感染疫情影响，连续三届在线上举行后，再次重回线下，采取线上线下同时举办的方式。同时也是疫情之下全球规模最大的实体展会。

一、【权威发布】习近平向第 130 届中国进出口商品交易会致贺信

10 月 14 日，国家主席习近平向第 130 届中国进出口商品交易会（广交会）致贺信。

二、【权威发布】李克强巡视第 130 届广交会企业馆

国务院总理李克强 10 月 14 日下午在广州巡视第 130 届广交会企业馆。

三、广交会专题

中国第一展：在广州　交朋友

四、【动态要闻】第 130 届广交会圆满落幕　线上线下融合成效显著

第 130 届广交会 10 月 19 日在线上线下圆满落幕。广交会新闻发言人、中国对外贸易中心副主任徐兵向中外媒体介绍了本届广交会总体运行情况。

五、【动态要闻】60 万人次进馆！第 130 届广交会圆满落幕

第 130 届广交会昨天（19 日）在线上线下圆满落幕。广交会方面今天（20 日）介绍，本届广交会 5 日，共约 2.6 万家中外企业参展，累计 60 万人次进馆。

六、【组织保障】130秒看“五好”——第130届广交会

七、【组织保障】讲好广州故事，我们这样做！

八、【广视述评】双循环“内外兼修”　新活力“全球共赢”

为期五天的第130届广交会今天（19日）圆满收官。

九、【组织保障】请查收，第130届广交会的圆满答卷！

十、【组织保障】两千地铁志愿者服务广交会　描绘最美“志愿红”

十一、【动态要闻】第130届广交会闭幕“广交”联通内外

十二、【组织保障】广交会新举措推动中国会展高质量发展

十三、满FUN广交会

第130届广交会马上闭幕了，作为当前全球最大规模的线下展会，你们打几分？

十四、【客商心声】不一样的广交会　他们想说……

十五、【动态要闻】粤企强创新新品受欢迎　线上线下联动共促双循环

十六、广交会今日闭幕　客商满载而归

为期五天的第130届广交会，今天来到最后一天，参会客商满载而归。

十七、【广货风采】品牌升级研发新品　广货“出海”有底气

这届广交会，广州交易团283家线下参展企业，带来自主研发新产品，借力广交会洞察行业趋势，积极参与市场竞争，广货“出海”拿订单更有底气。

十八、直播回放：会展高质量发展专家访谈会

十九、【动态要闻】大舞台大机遇　广交会成就天下客商

二十、【动态要闻】企业共话开放合作　共谋贸易创新

二十一、《Hey，朋友》——第130届广交会特别呈现、广州广播电视台原创Rap

二十二、【动态要闻】广交会“双循环”参展企业“爆”单？

二十三、【动态要闻】供采精准对接，面对面“淘”好货

二十四、【直播回放】第130届广交会参展企业代表媒体访谈会

二十五、【动态要闻】绣花功夫打造美丽广州　获广交会客商盛赞

二十六、【广视直击】广交会客商多元交通出行有保障

二十七、【媒体关注】全球瞩目！这直播，被世界三大社交平台同步推送

二十八、【直播回放】外向型企业媒体座谈会

二十九、【动态要闻】中国第一展 | 从展品看“中国制造”能力提升

三十、【动态要闻】“老朋友们”分享和广交会的不解之缘

三十一、【直播回放】又见“老友记”——广交会国际交流分享会

三十二、【动态要闻】广州城市发展文化传承获外宾点赞

三十三、【组织保障】吹响供水“集结号”　广交会用水有保障

三十四、【组织保障】税收赋能广交会　助企业加速融入“双循环”

三十五、【动态要闻】设计创新促进外贸产品升级　展中国创造力量

三十六、【动态要闻】广交会双循环活动　为供采双方搭桥谈生意

三十七、【直播回放】寻“最”广交会

三十八、【疫情防控】携手抗击疫情　广交会开启国际医疗合作新领域

三十九、【动态要闻】乘广交会东风　建广州国际消费中心城市

四十、【直播回放】广交会与广州国际消费中心城市建设新闻发布会

四十一、【动态要闻】广交会企业“秀”新品　“黑科技”亮眼

四十二、【权威发布】李克强出席第 130 届广交会暨珠江国际贸易论坛开幕式

四十三、【媒体关注】老友广交会，65 年春秋相伴

四十四、【疫情防控】“猎鹰号”入驻广交会展馆　核酸报告提速

四十五、【动态要闻】广交会首办国家级国际贸易论坛　探讨新业态新模式

四十六、【动态要闻】最强“购物车”！广交会首次线上线下同步举行

四十七、【媒体关注】敢饮“头啖汤”　广交会服务构建新发展格局

四十八、【媒体关注】“新兵老将”齐聚　广交会重塑再出发

四十九、【媒体关注】老广交新活力　与世界共享新机遇

五十、【广视快评】从“天子南库”到“天下南库”

五十一、【组织保障】广交会首日　701 名青年志愿者热情上岗

五十二、【动态要闻】驻华大使盛赞广交会　为经济复苏注入新动力

五十三、【动态要闻】疫情下全球规模最大实体展　大国担当获点赞

五十四、【直播回放】从广州出发——第 130 届广交会 4K + 5G + 360 度 VR 沉浸式全媒体

五十五、【动态要闻】广交会开门迎客　贸易盛会开启

五十六、【直播回放】第 130 届广交会专家访谈会

五十七、【媒体关注】开展了！超豪华阵容，全景逛广交会

五十八、The FAIR of China | Change of Sites Measure the Change of Time

五十九、【午间直击】广交会展馆现场情况

六十、【午间直击】广交会线下首设“乡村振兴”展区

六十一、【组织保障】市场监管局为广交会知识产权保驾护航

六十二、【媒体关注】广交会关键词：韧性　创新　潜力

六十三、【组织保障】科学管控　广州交警护航广交会

六十四、【广视快评】广交会　广州准备好了！

六十五、【组织保障】与广交会共成长　搭建餐饮文化“桥梁”

六十六、【动态要闻】开幕了！明早，360°看广交会

六十七、【宣传片】广交会召开　魅力海珠迎宾来

六十八、【直播回放】广州参展代表性企业访谈会

六十九、【疫情防控】广交会防疫服务保障之核酸检测

七十、【组织保障】交通保障升级！空港快线开行机场—展馆往返专线

七十一、Canton Fair Ⅲ ｜ Initiates IPR protection, boosts innovation

七十二、【组织保障】迎接广交会　海珠城管加强市容环境保洁

七十三、【广视快评】中国第一展 ｜ 重启线下办　广迎天下客

七十四、【媒体关注】这个会，这座城，外媒关注了六十多年

七十五、【媒体关注】来了！这是疫情下全球最大规模实体展会

七十六、The FAIR of China ｜ Our Guests, Our Friends

七十七、【信息提醒】"医捷惠"上线　广交会参会人员可享绿色服务

七十八、【广货风采】坐拥主场　广州企业带了啥去广交会?

七十九、【组织保障】24小时值守！广交会将实行特级保供电

八十、【组织保障】保驾护航！广交会服务保障工作有序开展

八十一、【组织保障】志愿护航广交会　奉献"广州街坊"力量

八十二、【权威发布】第130届广交会首次线上线下融合举办

八十三、【信息提醒】"医捷惠"上线，广交会参会人员就诊将有绿色通道

八十四、Canton Fair Ⅰ ｜ Not just businesses, but friends

八十五、【组织保障】广州万全准备　迎接线下广交会重开

八十六、【广视直击】广交会展馆附近交通管制情况

八十七、【信息提醒】地铁8号线将启用广交会专用时刻表

八十八、【组织保障】5 000出租车保障广交会　沿线公交设随车志愿者

八十九、【组织保障】保障广交会市容环境　广州城管这样干

九十、【信息提醒】广交会即将开幕！参展商需警惕这些骗局

九十一、【一图读懂】九组数字　解码广交会

九十二、【信息提醒】广交会交通出行攻略：设专线往市内道路及机场

九十三、【组织保障】白云机场服务"进驻"广交会！

九十四、【信息提醒】广交会来了，这些路段将实施交通管制！

九十五、【直播回放】第130届广交会保障工作新闻发布会

九十六、【动态要闻】第130届广交会开幕在即　广州全力以赴做好防疫工作

九十七、【组织保障】广交会期间地铁安检更严，八号线将增加上线列车

九十八、【直播回放】盛会待开　核酸先行

九十九、【组织保障】监督检查！广交会期间酒店旅馆客房不准哄抬价格

一百、【动态要闻】广交会首批进境展品今日入馆，有些什么呢?

一百零一、【疫情防控】广交会参会人员开展核酸检测

一百零二、【动态要闻】第 130 届广交会首批进境展品顺利入境

一百零三、【组织保障】开创展会知识产权保护先河　赋能创新发展

一百零四、【组织保障】严防疫情 1 500 名广交会志愿者准备好了！

一百零五、【疫情防控】广交会持证人员看过来！广州再增多家免费核酸检测机构

一百零六、【组织保障】广交会志愿服务培训开始啦！

一百零七、【组织保障】全力做好疫情防控各项工作　确保广交会安全圆满顺利

一百零八、【权威发布】这就是广交会吉祥物！可爱蜜蜂命名“好宝”“好妮”

一百零九、【组织保障】第 130 届广交会将至　酒店服务准备好了

一百一十、【广货风采】广交会：除了生意　还有朋友

一百一十一、【广视快评】广交会来了！疫情防控提档升级……

一百一十二、【权威发布】好宝与好妮！广交会吉祥物揭晓

一百一十三、【疫情防控】广交会核酸检测点　详情戳这里

一百一十四、【组织保障】展会知识产权“双保护”模式　了解一下→

一百一十五、【疫情防控】广交会展馆验证进入　免费核酸检测点开放

一百一十六、【疫情防控】广东今日起升级广交会期间疫情防控举措

一百一十七、【疫情防控】10 月 8 日起，广交会展馆实行防疫信息查验

一百一十八、【权威发布】广州市新型冠状病毒肺炎疫情防控指挥部关于第 130 届中国进出口商品交易会期间核酸检测工作的通告（第 27 号）

一百一十九、【组织保障】省市消防检查广交会展馆消防工作

一百二十、【权威发布】李克强将出席第 130 届中国进出口商品交易会暨珠江国际贸易论坛开幕式

一百二十一、【组织保障】张硕辅调研督导疫情防控和广交会服务保障工作

一百二十二、【疫情防控】广交会筹展开始　入场馆需 48 小时核酸报告

一百二十三、【动态要闻】广交会期间，广州酒店客房临时限价

一百二十四、【组织保障】广交会期间，琶洲地区将实施临时限行

一百二十五、【组织保障】广交会云推介平台全新亮相

一百二十六、【疫情防控】提档升级！广州发布广交会疫情防控措施

一百二十七、【组织保障】第 130 届广交会启动全球云推介　搭建“贸易之桥”

一百二十八、【动态要闻】第 130 届广交会媒体办证通道正式开启

一百二十九、【疫情防控】关于第 130 届广交会新冠肺炎疫情防控工作的预通知

一百三十、【组织保障】【视频】张硕辅调研第130届广交会城市服务保障工作

一百三十一、【权威发布】广交会将由三期调整为一期　防疫工作严谨

一百三十二、【权威发布】国新办介绍第130届广交会有关情况

一百三十三、【权威发布】疫情以来首次回归线下　第130届广交会下月开幕

一百三十四、【权威发布】第130届广交会广州市工作部署会召开

一百三十五、【动态要闻】马兴瑞调研第130届广交会筹备工作和广州琶洲人工智能与数字经济试验区

一百三十六、【权威发布】商务部：第130届广交会将首次线上线下融合举办

【点评】

第130届中国进出口商品交易会（简称“广交会”）在广州举办，这是广交会受新冠病毒感染疫情影响，连续三届在线上举办后，再次重回线下，采取“线上+线下”的方式同时举办，这也是疫情之下全球规模最大的实体展会。

做好这个大型活动的报道工作，是摆在媒体面前一个艰巨的任务。

作品版面内容丰富多样，编排有序，清晰明了，新媒体报道形式特征明显。以用户信息需求为导向，从本届广交会的预热报道开始，到广交会举办期间的各种直播、新闻报道、海报、短视频等，包括电视报道和新媒体报道，让网友们每天浏览同一个页面就能了解最新最快最全面的广交会报道。

在呈现形式方面，在综合考虑内容重要性的基础上，通过多元化的排版，加入海报、图片、视频等，让整个新媒体版面更具美学价值，吸引网友们读下去。

另外，版面里面集纳的每条报道的标题最前面都设置了关键词为网友进行导读，方便网友通过关键词自行决定是否进一步点击进入浏览详细报道。作品较好地对事件进行了新媒体形式的呈现报道。

（张兴电）

全媒体传播作品

“一百年正青春”百年党史百米彩绘长卷融媒项目

广东广播电视台　集体创作

为庆祝党的百年华诞，广东卫视积极响应中共中央《关于在全党开展党史学习教育的通知》，以“一百年正青春”为主题，邀请 27 位来自全国各地、平均年龄 25 岁的年轻插画师，共同绘制百年党史百米彩绘长卷。

长卷选取了中国革命、建设、改革、发展历程中的 100 个重大事件，划分为“新民主主义革命时期”“社会主义革命和建设时期”“改革开放和社会主义现代化建设新时期”“中国特色社会主义新时代”四大篇章。

经过数月的资料研读，超过 2 000 小时的潜心创作，主创团队将党史故事图像化、视觉化，一步一场景，一景一故事，全方位展现我党百年宏伟征程。

在长卷的基础上，还推出了“百年党史学习 H5”。用户可以通过手机答题、任务触发等交互形式，获取到“预埋”在画面里的党史知识点。

“一百年正青春”百年党史百米彩绘长卷融媒项目，通过年轻化的表达、青春化的呈现，构建起党史学习教育的全新场域。在这幅融入激昂青春的作品中，自豪感、使命感，以及跨越百年不变的信念感力透时光，与当代奋斗者产生精神共振与共鸣。

新民主主义革命时期

《五四运动》《开天辟地》《中国第一次工人运动高潮》《党的三大在广州召

开》《第一次国共合作》《广州农民运动讲习所》《南昌起义》《八七会议》《秋收起义》《广州起义》《井冈山会师》《古田会议》《红军长征》《遵义会议》《四渡赤水、飞夺泸定桥》《过雪山草地》《陕甘会师》《西安事变》《全国抗战爆发》《第二次国共合作的实现》《八路军开赴抗日前线》《新四军开赴抗日前线》《百团大战》《华南人民抗日游击队》《香港大营救》《延安整风》《党的七大》《抗日战争的伟大胜利》《粉碎国民党军队的进攻》《三大战役》《人民解放军占领南京》《进京赶考》《第一届政治协商会议》《筹建新中国》《开国大典》

社会主义革命和建设时期

《广州解放》《土地改革》《抗美援朝》《过渡时期总路线》《社会主义改造基本完成》《党的八大》《四个现代化》《两弹一星》《中国恢复在联合国合法席位》《1978 年全国科学大会》

改革开放和社会主义现代化建设新时期

《真理标准大讨论》《党的十一届三中全会》《联产承包责任制》《创办经济特区》《城市经济体制改革》《四项基本原则》《党和国家领导制度改革》《党的十二大》《沿海对外开放新格局》《“一国两制”构想》《党的十三大》《邓小平南方谈话》《党的十四大》《香港、澳门回归祖国》《党的十五大》《“九八”抗洪》《加入世界贸易组织》《党的十六大》《抗击“非典”》《全面取消农业税》《党的十七大》《汶川抗震救灾》《北京奥运会》《成功应对 2008 国际金融危机》《两岸“三通”成为现实》《时代工程》《上海世博会》

中国特色社会主义新时代

《党的十八大》《中国梦》《“五位一体”总体布局》《“四个自信”》《社会主义核心价值观》《设立烈士纪念日》《绿水青山》《“四个全面”战略布局》《脱贫攻坚战》《全军政治工作会议》《深化国防和军队改革》《构建人类命运共同体》《“一带一路”建设》《大国外交》《坚决维护国家主权、安全、发展利益》《党的十九大》《坚持党对一切工作的领导》《“不忘初心、牢记使命”主题教育》《国家制度和治理体系建设》《自贸试验区》《粤港澳大湾区建设》《新中国 70 周年庆典》《第一艘国产航母交付》《大国重器》《繁荣文艺》《抗击新冠肺炎疫情》《时代楷模》《党的十九届五中全会》《百年风华》

【点评】

“一百年正青春”百年党史百米彩绘长卷采用一步一场景、一景一故事的形式，将100年划分为“新民主主义革命时期”“社会主义革命和建设时期”“改革开放和社会主义现代化建设新时期”“中国特色社会主义新时代”四个阶段，并选取了100个具有鲜明时代意义和代表性的重大事件，全方位展现了中国共产党百年宏伟历程，作品题材重大。作品采用彩绘插图这一表现形式，将100张插图制作成动画，同时融答题、动效、浏览简介等为一体，尤其是一些页面中设计的枪炮声、历史原声与电影原声，能为受众营造出沉浸式的历史“现场感”。同时，作品采用年轻化的创新表达、青春化的主题呈现，增加了多元化的互动，有“H5”的发布、手机答题、给画面填色等交互式体验，实现党史学习教育的跨代际传播。年轻人可以通过手机答题、画面填色、触发页面声音等形式来进行交互体验，在观看的同时获取到“预埋”在画面里的党史知识点，极大地调动了年轻人的参与热情。

（王玉玮）

广播节目作品·广播栏目

从深圳出发

深圳广播电影电视集团　郎　爽　海　亮　张思鹏

【栏目介绍】

《从深圳出发》自2008年开播，作为一档开播13年的日播栏目，以深圳人健康旅游生活为切入口，广泛关注社会经济文化的方方面面，关注人民幸福生活，为听众提供专业、权威的出行资讯，历年来访谈旅游行业从业者、旅游爱好者近2 500人次。在疫情前，基于栏目平台，曾组织大型境内外自驾游和各种主题活动上百次，足迹遍布20余个国家和地区，引领深圳人探访多彩世界，也让世界了解深圳。

近两年来，新冠病毒感染疫情深刻改变着人们的旅游行为，本地游、云旅游、云观展等旅游新模式兴起，旅游新业态迎来发展新机遇。在此背景下，《从深圳出发》栏目转换思路积极探索，增加“爱心公益能量”，携手爱心企业打造公益主题活动，引领听众感受身边的自然生态，以另一种视野和方式“从深圳出发”，为旅游节目走出一条创新破局之路。

《远山音乐教室捐赠公益活动》（音视频直播）携手多方发起了“远山音乐教室”捐赠活动，通过捐赠乐器、在线爱心音乐课等方式助力提升山区的艺术教育水平，将爱心企业捐赠的尤克里里通过公益志愿者送到了四川大凉山德昌县金沙傈僳族乡中心完全小学，栏目以音视频同步直播的方式介绍了这次活动。《聊聊深圳梅沙自然观察年》激发公众认知生物多样性、感受自然保护生态的新热情，通过介绍“深圳梅沙自然观察大挑战”活动，鼓励市民发现和记录深圳梅沙片区丰富多样的动植物物种，用实际行动关注和参与生物多样性保护。

第一期　从深圳出发——远山音乐教室捐赠公益活动

（文字稿略）

第二期　从深圳出发——聊聊深圳梅沙自然观察年

很多朋友都希望能够留在深圳，不断地探索来自深圳这个自己生活的城市的精彩。其实深圳本身有很多的山海资源，这为我们充分探究，而且可持续探究提供了可能。我们在今天的节目当中就为大家介绍，在我们的山海之巅，在梅沙片区即将上演的这个活动。

主持人：你知不知道为什么叫“梅沙”？

主持人：“梅沙”不是地名吗？

主持人：为什么这个地方叫“梅沙”呢？这个地名原来是一个谐音，梅沙的“梅”以前不是这个梅花的“梅”，最早的时候应该是“霉”，在客家话里面“梅沙”的原意是“很细腻的、很松软的沙子”。

主持人：但是觉得那个“霉”好像容易引起歧义，所以换成这个“梅”。我们即将跟大家说到的梅沙片区的活动，具体是什么内容呢？它的名字叫作“梅沙自然观察年”，一年的时间，我们要做什么，每个人都可以参与其中吗？为此，我们专门为大家邀请到了活动主办方代表，深圳市社会公益基金会·爱栖自然保护行动者公益基金的发起人，同时也是创始人和总干事林吴颖。

主持人：吴颖，你看你有很多的（活动）都是跟自然、公益基金相关的，这个叫作“梅沙自然观察年”，并且有一个“首届梅沙自然观察大挑战”，这是一个什么样的活动？

林吴颖：城市里的人总是希望能够在自己身边去探索大自然这种美好，在我们的身边到底有怎样的美好？我来到深圳之后被这里的山海奇观大大震撼到了，没想到一个城市里可以有这么丰富的生物多样性。我是学生物的，所以来到这里之后我还是很惊叹于这里的这种生物多样性保留得如此之好。

主持人：关键是和城市的核心区、繁忙的都市距离这么近。

林吴颖：我们今年上半年做了一个“深圳城市自然挑战赛”，我们加入了全球的城市自然挑战赛（City Nature Challenge）。全球今年有 419 个城市加入，深圳是今年中国大陆唯一一个加入这个挑战的城市。

主持人：如果说是全球的规模，而我们深圳又作为中国唯一的入围城市，那挑战的是什么呢？

林吴颖：就是在同样短的时间里，哪个城市能够动员最多的居民，走进自然发现最多的物种。

主持人郎爽：在这次全球大挑战当中，我们深圳的成绩怎么样？

林吴颖：深圳在这次全球大挑战中虽然是第一次，但表现还是很不错的，我们一共提交了 17 320 条数据，发现了 3 000 多个物种，我觉得这个成绩还是很惊人的。就用了 10 天的时间，有 200 多个市民就能够发现这么多。

主持人：这个种类大概有哪些呢？

林吴颖：天上飞的，地上爬的，各种植物，还有各种各样的昆虫，当时还有很多潜水员潜到海里，去发现海里的生物。

主持人：我们这一次马上要进行的是“梅沙自然观察大挑战”，这个是世界级大挑战的一个缩影。我们现在就把它的范围放在了梅沙这个片区当中。

林吴颖：我们可以把这种城市尺度放到一个社区尺度来做这样的实践，从气候变化和人与生物多样性的关系角度切入，做这样一个新的实践的社区。

主持人：他们有一个原则，叫“零废弃”“低碳”“无痕山林”“生态友好”，还有“公益”。

林吴颖：“无痕山林”的意思，比如我们到自然中，不带走一片叶子，也不要带进去任何垃圾，就是尽可能地“轻轻的我来了，我也走了”，可能带走了一种享受。

主持人：根据上一次我们在深圳市内的范围，上传的物种最多的大概是什么？

林吴颖：我们统计了一下，前十大物种里面，有将近一半的物种都是外来入侵物种。比如说“白花鬼针草”，像一根针一样，黑黑的，果实也是那样，开白色的花，到处都是，我们在公园里或者道路边经常会看到它们。

主持人：说到探索之旅，这个不同于碳中和，这里面有什么样的表现呢？

林吴颖：首先是从我们的办赛理念来说，我们刚刚讲到零废弃和环保的一些原则，比如说启动仪式上我们会统计所有参会人员的碳足迹，他乘坐什么交通工具，有没有产生一次性垃圾，包括我们现场的茶歇最后产生了多少垃圾，多少是塑料垃圾，多少是果皮这种可降解的垃圾，等等。

主持人：您也是“爱栖自然”的创始人和总干事，这个名字最初的创意是什么呢？

林吴颖：“爱栖自然”其实是一个非常直接的概念，“爱”我们都知道，“栖”就是栖息地，就是动植物们生活的地方，我们就想要去关怀和热爱这些动植物生活的地方。

主持人：我们刚刚跟大家说到的“梅沙自然观察年”中很多的理念，其实也是在正常生活当中希望我们城市公民所遵守的一些理念。

主持人：而且他们好像加入咱们这次的“自然观察大挑战”之后，都要给自己组队，并且命名，这个命名真是五花八门，我看到有叫“自然精灵”的，有叫“野鹭子”的，还有一个叫“阳光草芷队”“听涛梅沙”，还有“悠悠探索”“上山下海小分队”“自由度挑战队”，等等。

（原稿有删减）

【点评】

《从深圳出发》作为一档开播 13 年的日播栏目，深耕文旅行业，有广泛的社会影响力。老牌节目走出直播间，音视频全媒体直播，焕发出新活力。选送的两期节目有着强烈的公益色彩，充满人文关怀。主持人逻辑清楚，语言干净，表现出极强的现场把控能力。从旅游到自然环境保护，过渡自然，条理清晰，具备栏目一等奖的素质。

节目一《远山音乐教室捐赠公益活动》通过采访一线记者、捐赠机构负责人、受捐助小学校长、活动志愿者等人物，展现了教育资源在特区与山区两地之间的流动与共享，响应了我国目前乡村振兴的政策号召。节目内容细节丰富，情感饱满，能够引起观众共鸣。主持人与采访对象之间交流感较强，控场能力较强，突出了节目主题并保证了节目整体的流畅性。节目二《聊聊深圳梅沙自然观察年》从探索大自然活动出发，邀请到相关公益基金负责人，为听众讲述身边的生物物种以及保护它们的方式，以上内容对于居民了解我国生物多样性战略与“双碳”目标具有一定的意义。

节目制作精良，彰显广播特色，采用大量现场音效，提高收听感染力，注重多媒体融合传播，通过声音和视频的现场直播，提高节目覆盖面和影响力。主持人驾驭节目的能力较强，体现出较强的策划和主持功力。

（刘颂杰）

广播社教节目

我的外公王明健

韶关广播电视台　李珊珊　曹　曦　王玲莉

在新中国波澜壮阔的历程中，“两弹一星”的研制成功极大地振奋着中华儿女的强国梦想。在这背后，一大批科技工作者隐姓埋名、舍生忘死、刻苦钻研，他们的精神与时代共存。韶关广播电视台庆祝中国共产党成立一百周年系列特别节目之《我的外公王明健》。

曾经，有这么一个军团，他们没有部队编号，将士们都隐姓埋名。曾经，有这么一个地方，它没有邮政编码，信箱代号是留给外界的唯一信息。

曾经，有这么一场战役，看不见硝烟却惊心动魄、影响至今。曾经，有这么一种奖励，原子弹项目 10 块钱，氢弹项目 10 块钱。

究竟是怎样一场战役，让他们甘愿奉献青春，奉献一生甚至奉献子孙呢？今天，我们要跟随一位“90 后”抖音博主，走进韶关群山深处这群特殊的人。

“我叫黄尔加，是一名“90 后”。我是厦门大学的一名在读研究生。我发的抖音视频里点击量最高的一条，是关于我的外公王明健的故事。”

外公给她留下的印象，永远是一个佝偻但倔强的背影。打记事开始，外公的身体就一直不好。盛夏酷暑，外公家的小房子里面没有空调也不开电扇，活泼好动的尔加只要玩一会儿就是满头大汗，可外公不仅不觉得热，身上还总要披着一件棉袄。

外公家潮湿的空气里，一年四季弥漫着外公身上的膏药味儿。他很瘦，在尔加看来，就像是一个原本胖胖的人漏了气，那一张张膏药有点儿像修补漏气的补丁。尔加记得，她曾经问过外公为什么贴这么多膏药，外公什么也没说，倒是妈妈开玩笑地说了一句：“那都是你外公的勋章。”尔加觉得，外公就是一个奇怪的老人。

小时候，外公总是不苟言笑，特别严厉，他的口头禅是“知识改变命运”。在外公的严格要求下，他们全家人学习都很认真，尔加也不例外。

虽然妈妈说外公早已经退休，但尔加总觉得外公一直在工作。因为在尔加的印象里，外公每天都坐在书桌前，不停地写，不停地算。人年纪大了，不都应该早睡早起吗？可在尔加的记忆中，凌晨迷茫睁开双眼时，总能看到外公案头那迷蒙的灯光和烟雾。尔加觉得，外公真是一个奇怪的老人。

直到 2014 年，举国上下庆祝原子弹成功爆炸五十周年，国家“两弹一星”办公室远道而来找到她外公，黄尔加才把“外公”和“英雄”这两个词联系在一起。

就是这位干瘦、佝偻、严肃、倔强还有点奇怪的老人，在共和国的史册上留下了一朵永不消散的“蘑菇云”。于是，尔加开始用她的镜头向更多人讲述她外公的故事。

外公一生清贫，他只住在韶关郊区的小房子里，水壶用了十几年，家具也用了 60 多年。从小到大黄尔加就看着外公不停地写，在烟壳纸上写，在一切可以利用的废纸上写，铅笔一定要用到最后一厘米，原来外公是在研究一道尚未解开的化学题。在他生命的最后几天，他仍在写。外公说他想把毕生经验都传给后辈，让后辈在化学研究上少走弯路。外公这一生淡泊名利，当“两弹一星”办公室问他有什么要求时，外公说：“我没有任何要求，只要祖国和人民需要我，我无上光荣。”

生活上外公也很朴素低调，没有太多讲究。唯独一样，外公有一个坚持多年的习惯，就是每年的 7 月 1 日，他都会集合起全家人，为他最敬爱的中国共产党庆祝生日。

2020 年的 7 月 1 日，外公在家里人的簇拥下，用他那瘦骨嶙峋、颤颤巍巍的手，给党和祖国留下了最后一个标准的军礼。6 天后，他便与世长辞。

这段被尔加记录下来的生日画面，让无数人都看得热泪盈眶。当时，虚弱的外公已经唱不出声音了，只有那努力张合的嘴唇，在顽强地表达着老人家对党的忠诚和对祖国的热爱。哪怕在病床上，外公也要一直坚持穿 65 式军装，用军用水杯喝水，这是这位朴素的老人对生活唯一的讲究。

直到临终前，他还特别嘱托黄尔加，为党庆祝生日这件事，以后就交给黄尔加了。还记得黄尔加入党转正的那一天，他给外公打了电话，外公连说三个：“好、好、好”。

1955 年，那时的外公还是一位雄心万丈、立志报国的热血青年。在中南矿冶学院读大学时，他曾经读到过一本介绍原子弹的俄文小册子。当时他就想，如果中国有原子弹，就不会被人欺负了。于是，外公暗下决心，今后就搞原子弹研究。

当时，中国的核工业体系还刚刚起步，没有正规的铀矿，没有冶炼工厂，而此时制造第一颗原子弹又急需 2 吨二氧化铀。怎么办？二机部部长宋任穷给年轻的外公提出了一个在当时来看几乎不可能实现的任务：在半年之内，建一个工厂，并生产出二氧化铀的原料——重铀酸铵。

铀矿石中，能作为核原料的只占很小一部分。半年内必须找到一种简单快速可行的办法，把那小部分铀“淘洗”出来。可这一没技术，二没设备，甚至连看都没看过！回家后的外公确实有点慌了。他绞尽脑汁、夜以继日地反复做试验，压力大到整夜睡不着觉。

而让黄尔加万万没有想到的是，竟然是洗澡的凉水，让外公找到了闻名后世的提取方法。

【中国第一颗原子弹的燃料功臣王明健录音】七月份北京很热的，而且很干燥。去洗澡堂冲个凉，把衣服一脱，把水管子一开，一下子，突然我想到了，为什么不能用稀硫酸给矿石洗澡呢？这样问题都解决了，找到这个门道了，很好，很兴奋，澡都不洗就跑出来了。

就在外公浑身湿漉漉地跑回宿舍后不久，中国第一张简法炼铀设计图诞生了！

带着设计图纸，外公率队来到了韶关翁源下庄，在一片时常有老虎出没的荒野中和工人们一起手拉肩扛，用不到60天时间，建成了中国第一间自办炼铀厂。后来，又经过了两年半的苦战，外公负责的水冶厂在简陋的铅板防护下，生产出了71.3吨的原子弹原料——重铀酸铵，这一产量占到了当时全国总量的67%。

【黄尔加录音】我现在在深圳工作，我的压力是非常大的，但我一直都很努力，我觉得我身上有一股韧性，这种韧性就来自外公从小对我的言传身教。就是凡事都要靠自己，只有自己努力得来的东西才是最有价值、最值得自豪和珍惜的。

奇迹的创造之路从来就不是一条坦途。铀，是放射性物质，用简易的防护铅板天天和它打交道，那是需要极大的勇气和付出的。

1959年8月，外公接到指令：10月1日前炼出1公斤纯金属铀，送往北京展览馆在国庆时展出。接到任务后，外公和助手立刻动身赶往北京，在一个废弃的车库里做试验。而意外就在这时发生了。

实验中，外公经历了两次含核辐射爆炸，身上多处烧伤，险些丢掉了性命。但这些危险，并没有吓退共产党员使命必达的决心。凭借着坚强的意志，外公越挫越勇，在随后一个多月的时间里，经历了上百次试验后，终于在北京成功提炼出1公斤纯金属铀。

这1公斤纯金属铀意味着什么？当它作为国庆献礼在北京展览馆展出时，就是在向世界宣告：中国离制造第一颗原子弹，不远了！

因为信念坚定，所以不惧磨难、不畏牺牲；因为爱得深沉，所以鞠躬尽瘁、初心永存。在后来的炼铀岁月中，外公接连受伤，颧骨、锁骨、肋骨和腰骨等都曾遭受骨折。他身上的膏药也就再没有断过。

在尔加的记忆里，是外公那佝偻的背，那脱不下的棉袄和那满身的膏药味陪着她长大的。那瘦弱的身板永远都在忙碌，哪怕离开前的几十天都没有停下来。

【王明健录音】吃饭，食堂送饭到厂房下面的水沟，都在水沟里洗手。大家盛了饭就吃，吃完之后喝碗水再去干。没有礼拜天，没有奖金，没有补休，白天干了晚上干，晚上干了白天干，没有夜班费。可是人人都干得这么有精神呐。

把青春和热血献给了祖国的外公原本也有机会回到北京，过上安逸的生活。但他说："炼铀技术还要改进啊！"不仅自己不回去，还向组织请求把妻儿从北京都调来韶关，在中国南方奇绝、隐蔽的青山绿水间，继续为祖国的核工业事业战斗不息，在中国的核工业史册上留下了辉煌的战绩。

【黄尔加录音】从新中国第一颗原子弹爆炸到今天，几十年过去，我们的国家发生了翻天覆地的变化。有时候我也会想，如果没有当年那颗原子弹的惊天一爆，没有无数革命先烈和建设者为国家的独立与富强所做出的牺牲和奉献，我们会有如今的幸福生活吗？外公的一生，无论是发明土法炼铀，为第一颗原子弹爆炸解决了燃料问题，还是在原子弹爆炸成功后继续留守深山创建水冶厂，他的心里全然没有个人利益，只想着为国家多做贡献。

今年的假期，黄尔加带着她的女儿糖糖回了一趟韶关，回到了外公的家。糖糖还认得照片里祖外公的模样，她看到祖外公家各种实验器皿和各种勋章，觉得新奇又好玩。黄尔加还带女儿去了当年外公工作过的下庄基地，如今这里已经建成了广东核工业教育基地。虽然女儿现在暂时看不懂，但黄尔加想在女儿心里埋下一颗同样的种子，希望她能像祖外公一样在自己擅长的领域发光发热，为社会奉献自己的才能。她永远记得外公说过的一句话：

【王明健录音】我最年轻的时候，参加了中国人民最需要最辉煌的事业，而且做出成绩为中国人民争了一口气，比给我什么都好！

【点评】

作为社教类作品，其社会教育意义无疑是创作者首要考虑的。《我的外公王明健》选题重大，立意高远，以"小窗子"折射大主题，讴歌时代主旋律。节目结合庆祝建党一百周年，向听众讲述了我国首颗原子弹核燃料功臣王明健的事迹，表现了主人公默默奉献、淡泊名利、不忘初心的高尚情操，具有积极的社会教育意义。

节目制作精良，广播声音元素丰富多彩，具有极强的感染力。作品既有主创人员现场采访的同期声，又有王明健老人生前接受采访的真实声音，并穿插了王明健家属的讲述和家庭庆祝党生日的现场录音，丰富的声音元素极大地增强了节目的可听性和感染力，让听者感到真切可信而同怀共鸣。

在融媒传播日显威力的当下，主创者并没有拘囿于传统媒体的平台孤岛，而是主动地借助新媒体平台去实现立体式、多维度的传播。节目除在广播中播出外，还通过“90后”女孩黄尔加（主人公外孙女）的抖音短视频进行多平台分发，大大提高了节目的覆盖面和影响力。这种融媒实践的自觉性、迫切性和创新性应在业界发扬光大。

（李志良）

广播少儿节目

神奇侦探队
——我是反诈小能手

惠州广播电视台 王艳萍 魏 晨

果儿：小朋友们大家好，欢迎来到《神奇侦探队》，我是果儿姐姐。

奇奇：嘿嘿！果儿姐姐，悄悄告诉你哦，刚刚有个人在 QQ 上加我为好友，说可以免费送我一个游戏皮肤耶！那可是奇奇我一直想要的！好贵的呢！

果儿：小朋友们，寒假快到了，当我们在尽情玩乐的时候，别忘了，无论是现实生活还是网络世界，都有很多诈骗行为。

奇奇：啊？诈骗？奇奇我还是第一次听说。果儿姐姐，你快说说，免费送游戏皮肤，怎么就是诈骗了？

果儿：奇奇，别着急。今天的《神奇侦探队》我们就和所有小朋友们一起，去网络世界探探险吧！

男孩：哎！这皮肤真帅！我什么时候才能有啊？

诈骗分子：快乐世界，皮肤免费领取，赶快添加客服 QQ 咨询。

诈骗分子：小朋友，姐姐告诉你，未成年人申领皮肤，是需要家长微信验证的，你需要拿到你家长的手机才可以哦。

男孩：姐姐，我拿到妈妈的手机了！

诈骗分子：真厉害！好，姐姐来教你怎么申领皮肤哦。

男孩：姐姐，是不是妈妈的银行账户被封掉了就取不出钱来了？

诈骗分子：是啊！被封掉，妈妈就不能取钱咯！

男孩：啊？那这样妈妈会打我的，你快帮帮我吧，姐姐！

诈骗分子：没关系，姐姐教你怎么解除异常。你点一下这个写着人脸验证的地方，然后拿着手机出去，对准妈妈的脸拍一下就可以了！

诈骗分子：可以了，小朋友，你做得真棒！现在你只需要耐心等到明天，就可以收到新的最酷的皮肤了！

手机提示音：转出 1 000 元 、转出 3 000 元、转出 2 000 元、转出 8 000 元。

妈妈：喂？110，我要报警！我的钱没了！

奇奇：天呐！果儿姐姐！太可怕了！我差一点就中圈套了！这网上免费送皮肤是假的，原来是要骗走爸爸妈妈手机里的钱！

果儿：很多小朋友在假期都进入了游戏的小天地，小玩儿一把没关系，但是一旦提到充值、转账、扫码，果儿姐姐在这儿要提醒所有的小朋友，千万别和刚刚“神奇探险时刻”里这位小男孩一样，为了免费皮肤，就上当了。

神奇探险时刻——神秘的粉丝团！

群主：@所有人，我这里有哥哥的演唱会回放记录，想看的需要扫码进入这个微信群。

群主：这里有一张图片，你可以按图片上的步骤操作观看。

女孩：嗯？要绑定银行卡？我哪有银行卡啊？群主群主，我还没成年，没有银行卡。

群主：这就非常严重了！我这边系统显示你是未成年人操作，导致商户现在被冻结了 6 万元，你要配合我们解冻，不配合的话我会向法院起诉你。

群主：现在，你必须全程听我的。很好！小妹妹，为了安全，你要把我和你的聊天记录、下载的软件、短信都给删掉！还有，打开你爸爸的微信钱包，把转账记录删掉！

一个月后

爸爸：天呐！我的银行卡里怎么少了 10 多万块钱！而且我根本没有收到短信啊！这是怎么回事！

奇奇：哎呀，果儿姐姐，今天的神奇探险时刻真的一个比一个吓人！以后，我要卸载 QQ、微信、抖音，反正……我不上网了！

遇到问题不用慌，神奇队长来帮忙！神奇在现场，出发！

马警官：我是惠州市反诈中心的马警官。在我们惠州地区，主要针对未成年人的诈骗手法就是刷单类诈骗和游戏装备类的诈骗。

小朋友他的明辨是非能力确实比较弱一点，但是作为父母，应该要去更多地关心小朋友使用手机的一些行为习惯，注意保护好个人隐私和密码。所以我们每个人都要安装好国家反诈中心 App，并且打开来电预警和短信预警功能，这个小朋友在操作这个手机的时候，其实支付宝跟国家反诈中心 App 已经有所提示了。

马警官：未知链接不点击，陌生来电不轻信。个人信息不透露，转账汇款多核实！

【点评】

一，优秀的节目首要的是要有好的题材。当今社会，少年儿童因为电信诈骗被骗，损失钱财的事件已日益成为社会热点话题。该节目选择了一个很好的热门题材，儿童反诈知识的普及刻不容缓！好的节目不只是要宏大的题材，更要有能充分发挥广播教育功能的节目，这也同样是好的题材。

二，优秀的节目必须要有好的表现形式。少儿节目最容易犯的错误就是忘记了“少儿”这个主体，以成年人的思维和语气来制作节目，要么老气横秋，要么说教性太强。节目中，作者通过自己“果儿姐姐”和变声演绎的第二角色“奇奇”相互搭档，同时加入了神奇队长“魏晨哥哥”的角色。用大人和孩子的视角相互碰撞，推进主题。该节目用孩子可以接受的语言，和孩子可以理解、听得明白的方式，给孩子普及儿童反诈知识。

三，优秀的节目必须制作精良。该节目运用的广播元素比较丰富，除了主持人的精彩演绎，还有小剧场、歌曲、快板、趣味答题等，生动有趣、通俗易懂的节目形式和内容，找准了少儿听众群体的特性和接受能力，不说教不枯燥，制作和收听效果优良。

（何　泓）

广播文学与戏曲节目

赛龙夺锦

广东广播电视台　佟　兵　谢倍伟

流水行云　何八月的故事（第2讲）

告别了道忠老伯，八月向学校走去，八月的学校是音乐骄子都要膜拜的茱莉亚音乐学院，与桑德斯教授约定的时间是上午10点半，时间还有几分钟，何八月就在走廊上等着，望着楼下来来往往的人流。

即将告别这里，八月有点不舍，毕竟这是一个一流的音乐学院，自己是在一流的氛围里成长和成熟的。

学院的楼道里走来走去的青年男女，八月单看外貌就大概可以猜出所学专业。音乐专业穿得最是随意，大多是随随便便套件或新或旧的套头衫，天凉了则在外面加件帽衫，而且有的年纪很小，茱莉亚音乐学院标榜的就是八岁到十八岁的神童，那些目不斜视、满脸傲气、被七月称为“小屁孩”的，往往有着不凡的天赋。而学戏剧的有时过于夸张，搭配得非常放肆，他们似乎忘了自己是在戏里还是戏外。大冬天还穿着紧身裤高筒靴甚至敢于大衣里就是一件背心出来晃进教学楼的，大多是舞蹈专业的，他们总是在出汗，对他们来说冷暖就是出汗收汗的快慢而已。

茱莉亚音乐学院的招生广告充满了让人嫉妒的骄傲——“我们只招收天才！”

这实在既让人羡慕，也让人忐忑，可能每个进出这里的学生都在问，从年轻自问到年老：“我是天才吗？”

十点半刚刚报时，门打开了，教授请八月进去。桑德斯的家族来自德国莱比锡，教授觉得莱比锡人天生就应该是音乐家。八月后来在家里的餐桌上分享了桑德斯的观点，没想到，何家很多人都赞同，他们也这么认为，沙湾人天生就该是音乐家。

桑德斯教授是一个非常“德国”的美国人，他的座驾是宝马，西装是雨果波士的，音响是KSD的，对他来说，德国的才是好的。八月进来时，教授并没有关掉正在听的一张唱碟，他示意八月坐下来一起听完。歌词估计是德语，何八月完全不懂，不过音乐不需要借助语言，民歌的特色，与正宗德国古典音乐的味道完全不一样，那种忧伤是贝多芬和巴赫都没有的，好像是从眼睛里流淌到心里的。

“这首歌是德国民歌，用了海涅的诗*lorelei*（《罗蕾莱》）填词”，桑德斯说。

八月知道这首诗，lorelei是海妖的名字，她用歌声魅惑过往的所有水手。“好听的声音都是先充满妖性，随后才有了神性，不可抗拒。”教授眨动了一下眼睛。

“奥古斯都”，老师叫着八月的英文名，“我们家来美国已经有80多年了，可是我还是觉得自己是一个德国人”。

桑德斯祖父的祖父是“一战”之后来到美国的德国人，“一战”后，欧洲特别是德国不再适合爱好和平的家庭生存，桑德斯一家就来到了美国。

“你看，奥古斯都，你有很好的领悟力，就像一只鸟有着美丽的翅膀，可是你没有根，你的美丽只能是你自己的，你要找到你的根，长成一棵大树，才能给别人带来快乐。音乐就是永远的一棵大树，贝多芬是一棵大树，莫扎特也是一棵大树，永远都不会倒下。”

“教授，您在我这个年纪找到根了吗?”八月的疑问一半是好奇，一半是困惑。

桑德斯一听，“哈哈”地笑了，“说句实话，没有”。

“那现在找到了吗?”

“我也不完全肯定。”桑德斯看看手表，直视着八月，转换了话题，“奥古斯都，还记得我面试你的情形吗?”

“记得，教授。”八月四年前要来纽约面试，父亲坚持要他带着琵琶来见面试官，也就是今天的桑德斯教授。

“我请你为我弹奏了一首什么曲子来着?”

“*Spring River and Moon Night*，春江花月夜。”

“你看，奥古斯都，三年前你打动我的，不是你的钢琴技巧，而是你的琵琶。曼哈顿的大街上不缺少爵士乐手、交响乐指挥、钢琴大师，总是有人在推动这些音乐前进，毕竟这些东西都是在这块土地生长出来的，他们天然就属于这里。”

桑德斯教授停了停，眼睛还看着八月，可神思似乎飘逸远去了。然后，他加重了语气，“西方的音乐对于你来说不是难题，但是，你和他们不同，你的根不在曼哈顿，而在中国，茱莉亚学院只是给你翅膀的地方，你从这里起飞，只有先飞回故乡的鸟，才可以飞得更远”。

桑德斯一面鼓励着八月，一面打开抽屉，取出一张票，“这个星期天，在林肯中心，有一个当代中国音乐节，他们请我去看，不过我觉得你比我更需要这张票”。

快到中午时分，何八月如约来到了西 88 街的“好又来”，这是一家香港移民开的港式茶餐厅。时值午饭时间，就餐的人很多，不仅有华人，还有黑人、白人，各个年龄段的师奶大叔、帅哥美女，应有尽有。

远远走来了何七月，就算是曼哈顿这样见多不怪、花样百出的地方，透过门廊的玻璃，八月一眼也能在人群中把她拽出来。今天何七月穿了一条波希米亚风格的拖地长裙，大红紧身中式棉袄，挎着一个白色的帆布环保袋，那是她老爸的销售人员给她捎来的赠品，上面有“百合热水器”五个大大的中文草书。

曼哈顿是艺术家的天堂，有大都会博物馆、大都会歌剧院、百老汇歌剧院、罗杰斯歌剧院、茱莉亚音乐学院等，不过，何七月学的与这些都无关，她被家里送来哥伦比亚大学读商业分析，目的就是以后回去继承家里的产业，做富二代掌门人。

八月总是调侃她聪明的脑子装满了对潮流的追求的感觉。每次，她爸爸来美国，都会请七月的一众朋友吃饭，看着来赴宴的哥伦比亚大学未来的商业精英，个个穿得中规中矩黑白灰，她爸爸都要对七月摇头叹气一番，这些骄子们早早就把自己收拾得和公司里的高管一样，只有宝贝女儿不理睬办公室文化，以为自作主张才是时尚、才是潮流。

何八月刚想开口长篇大论吐槽，何七月已经打消了他的念头，（粤语）“什么都别说”，“先什么都不用讲，吃好了再说，我饿死了，一个上午，都在那里吵 Project（项目）、设计、方案。下午还有两门课，今天中午要大吃一顿”。

不一会儿，两人的面前摆满了虾饺、烧卖、叉烧包、云吞，何七月还觉得不够，又点了一份西多士，出去买了两杯珍珠奶茶回来配西多士。

热腾腾的叉烧包被何七月掰开两半，动静一点也不淑女，只用了三四口就塞进肚子里，她像是一个浮上水面的潜游者，长出了一口气，回过神来。然后，望定八月，一边啜着奶茶，一边示意八月可以说话了。

“我要回中国去了。”何八月挑出最主要的部分。

“哦，为了毕业创作？”

“是的。”停了一会，八月又补充说，“也不完全是吧”。

“你有多少年没有回去过？”七月埋着头对付她碗里的凤爪。

“我不是回去，而是去。”八月纠正着七月的用词，“我有四五年没有去中国了”。

“那是要回去一下。”何七月不太在意地继续用着自己的词语表达。“我都有两年没回去了，都是他们来美国见我。”

“你都出来好几年了，也该回去看看父母了。”八月不知不觉顺应了七月的语势，回去与去有着不一样的意思，他的心情有了些许的转换，接着说下去：

“七月，你平时听 folk song（民歌）？或者 folk music（民乐）？”

“我听歌就是为了好听，读书太枯燥了就解解闷，和你不一样，这是你的功课。来了美国之后，我还真开始听我以前根本不听的那些民歌呢。”何七月叹了一口气，放下筷子，掏出了手机。

“不是《茉莉花》吧？”

（粤语）“说笑吧”，“开什么玩笑，你姐我怎么都有点专业水准啊”。七月故意侧头看了一眼八月。

七月递过来一只耳机，与八月靠得更近了一些：“听吧，张也的《高天上流云》，宋祖英的《康定情歌》，斯琴格日乐的《山歌好比春江水》，降央卓玛的《鸿雁》……哎呀，还有你们家的《雨打芭蕉》。”

两个小亲戚的头不知不觉靠在了一起，在一片喧嚣之外，在一阵匆忙之后，难得有片刻的安宁，何八月彻底放松了自己，从来没有如此认真地听着自己并不熟悉的旋律和唱法，他隐隐听到了召唤，听到了和哈德逊河不一样的流水声。此刻，他即将踏上一段寻根的道路，从曼哈顿的起步，就从七月的手机开始吧。

临别挥手时，七月露出少有的温情，凑近来揽了揽八月的肩膀，又拍了几下：（粤语）“记得哦”，“记着哦，等你的好戏”。她往前走了几步，又退回来，“八月，你是有使命的人”。七月扬起手，一闪身，就隐没在街侧的拐角。

留下八月愣怔在原地。他的心里有股情绪冲来撞去，七月不是原来的七月，他自己也好像不再是原来的自己，他们都是注定要发生变化的。他要出发上路了，唯一想抓住并确认的，就像刚才七月说的，他是有使命的人。

这点太重要了，对他的一生都很重要，对何家也很重要，说不定对他和七月的关系也同样重要。此去一回国，一切就肯定不再一样了。

八月面向七月消失的方向伫望了很久，就像他要竭力看清楚未来的轮廓一样。

长篇音乐广播小说连播《赛龙夺锦》

雨打芭蕉　何博众的故事（第 3 讲）（文稿略）

【点评】

长篇音乐广播小说连播《赛龙夺锦》的取胜之道在于创新。作为所有参评作品中唯一的长篇音乐广播小说，其创新性之强如鹤立鸡群，在形式上具有艺术的创新性，是在小说文本基础上的声音二度创作；在语言表达上，注意突出作品的地域性；在节奏上注意结合广东音乐的韵律，让语言与音乐和谐统一，有韵味；是长篇广播小说的2.0版本。该作品非常符合广播传播的特点，又适合在各种新媒体平台传播。耳熟能详的“岭南音乐+精彩故事+逼真的音效”，“语言艺术+音乐+文学”的文艺跨界融合产生了化学反应。作品可听性强、故事引人入胜，时代大背景下人物跌宕起伏的命运与一曲曲经典名曲交织在一起，形成春风化雨的“温柔”冲击力。该作品不愧是一部声音精品力作，对于广播节目的创新具有重大的意义，值得鼓励和表彰！

（王东辉）

广播文化节目

陶醉·酒香
——千年石湾

广东广播电视台 陈嘉慧 阙 颖 钟 坚 薛 晖 黄逸川 何宝祥

北纬23度，东经113度，坐落着广东佛山的石湾古镇。熊熊窑火，浓浓酒香，千年古风犹存，因为陶和酒是她的灵魂。石湾，“给我一天，还你千年”。《不辞长作岭南人——寻找广东的文化印记》，今天我们赏陶、品酒，来一场“陶醉·酒香”之石湾行。

柔柔的晨曦中，古镇渐渐醒来。小镇的人们如他们千百年前的祖先一样，辛勤劳作，生生不息。早上8点，被现代建筑环绕的南风古灶清风徐徐，石湾龙窑营造与烧制技艺项目代表性传承人苏乃灌，又被称作灌叔，像他平日一样，在有着500年历史的龙窑里生起柴火。几千件出自当地手艺人的陶艺作品，有动物造型、大小瓶罐，还有神态各异的公仔等，在34.4米长的龙窑里整齐摆放，透过龙窑上的洞口隐约感受到里面的熊熊火焰，如数百年前的烧窑景象历历在目。只是今日的龙窑烧制，见火不见烟，灌叔自豪地说：“烧龙窑从来都是烧木材的，很多烟呢！现在经过我和那些工人一起改造以后，烧的时候就没有烟了。这个就要靠科学、靠理论，我们这辈知道燃烧的原理，（于是）我们在龙窑里面实现了这个过程。（以前）窑烧的时候，附近的都投诉我们：‘你有很多烟啊！’你烧的时候那些烟都盖到人家房子里就不行，说不准我们烧。但是又矛盾啦！你不准烧的话，这是非遗传承啊！这是文物啊！要保护性使用啊，是吧？怎样取得平衡呢？就是一个目标，你把烟（弄）没有了，今天我们达到了这个（目标），人家就说：‘好，你们做到了！’”

在“烟火气”中不断自我历练，龙窑在现代古镇中薪火不断。

上午10点，在陈太吉酒庄，酿酒师傅蒸煮着第一轮米饭，酒香在酒厂上空飘荡。“石湾玉冰烧酒酿制技艺”省级非遗传承人郭波介绍说：我们酒厂190年历史也经历了非常不容易的发展，1830年陈太吉酒庄出产的米酒叫作大饼烧酒，一直发展到1895年，陈太吉酒庄的第三代（传人）发明了一个特殊的工艺，形成豉香型白酒的非常特别的（工艺）——浸泡肥猪肉。

叉烧搭着玉冰烧，成了父辈味蕾记忆中的绝配。清朝道光十年，即1830

年，佛山莲塘人陈屏贤创立陈太吉酒庄。历经 190 年七代传承，陈太吉酒庄始终在原址不间断生产经营，见证了粤酒生生不息的传承与发展过程。石湾玉冰烧酒酿制技艺到了今天，在传承中依然创新技艺和口味，郭波说：“随着国内酿酒技术迅猛发展，以及生产设备的发展，实现了工业化的生产，产量就几倍地增长。在豉香型白酒的传统工艺基础上，也经过我们后期技术人员研究，进行了一个传承与创新发展的历程。一推出之后就得到广大消费者的认可，所以企业在后来十几年的发展效益都是以百分之三四十的比例在增长，这就是我们的非遗传承人进行传承和创新的一项成就。”

中午 11 点，柏林艺术馆里，中国工艺美术大师、广东省非物质文化遗产“石湾陶塑技艺”传承人潘柏林，已经在他的工作室专注创作一件《水浒传》里面的人物作品。

【录音：石湾瓦甲天下，说明石湾是最厉害的！石湾的发展也真的厉害！陶瓷艺术是我的爱好，因为我生长在石湾，耳闻目染，石湾以前一贯都是以仙、道、佛的创作题材为主，我在（二十世纪）九十年代的时候，就搞了一个农村的路线，“回娘家”这个作品，有文化的（人）喜欢，没文化的（人）也喜欢，老人喜欢，外国人也喜欢。】

潘大师采用“披布纹”技法塑造衣纹，为石湾陶艺制作工艺带来新的生机。首创陶艺作品搭配天然枯木奇根，使大自然的鬼斧神工与人工雕塑完美配合。陶艺与其他艺术的跨界合作更是玩得出神入化。传承、创新，这是一门传统技艺源远流长的原因。潘大师在创作上做到了创新，让石湾公仔历经百年而弥新，那么传承呢？

【普语录音：我觉得石湾（陶艺）没有理论的支撑是走不远的，一个文化要保留下来，一定要总结它、发扬它。】

夕阳西下，落日余晖为有趣的公仔街抹上一层淡淡的金黄。古镇随暮色渐渐褪去白天的热闹，日复一日，徐徐睡去又从晨曦中醒来。人们辛勤劳作，安居乐业。传统与现代，传承与创新，亘古不变与日新月异，每天和谐交织。北纬 23 度，东经 113 度，坐落着千年石湾，这里有陶醉，这里有酒香。

【点评】

作品浓缩但精致。短短的 10 分钟向听众展开广东石湾古镇的一幅千年文化画卷。作品短小精悍，但不失细节的呈现。以石湾一天的时间轴线为基础，带出这个千年古镇的古风犹存和现代社会的融合进步。南风古灶、石湾米酒还有石湾陶塑技艺，每一个采访段的场景都犹如在眼前。采访语言提炼纯熟，正如“真传一句话”，表达到位，化繁为简。作品脉络清晰，音乐、音效得当，演绎情绪饱满，制作精良，整体听觉很有画面感。在当下快节奏的收听应用下，该作品无疑是一部难得的、精致且有影响力的示范精品。

（冯洁萍）

广播音乐节目

100年前，他们正青春
——交响幻想曲《中国1921》

广州市广播电视台　刘蔷薇　陈仰菡

1921年，在中国，有一群平均年龄仅28岁的年轻人，他们从五湖四海汇聚到上海石库门，共赴建党之约。谁能想到，正是他们，冲破沉沉黑夜，点燃革命星火，掀起了气壮山河的惊雷巨澜！

第一乐章《石破天惊》引子

著名作曲家李海鹰：这是一首青春颂，充满了理想，他们是（一群）忧国忧民，要为中华民族的命运去献身的人！

广州交响乐团团长陈擎：当时，因为100年前前路茫茫，中国处在一个非常迷茫的状态，十月革命一声炮响，给中国带来了马克思列宁主义。在每一个重要历史节点，我们的作曲家、我们的乐团，都应该发出我们自己的声音。

著名作曲家李海鹰：这个《南国春潮》（乐章）整个就是广东音乐，但是融在里面，听起来这个音乐就是一个新的东西。

广州交响乐团指挥景焕：整个交响曲应该是青春的乐章，是非常有活力的，可能跟你自己想象中的不是非常一样。

主持人：用音乐铸魂，为时代发声。为庆祝中国共产党成立一百周年，交响幻想曲《中国1921》于2021年6月30日在网络直播，这部作品时长40分钟，共分为9个乐章。由广东籍著名作曲家李海鹰创作，广州交响乐团演奏。在网络播出后，点击率目前仍在不断攀升，成为许多观众尤其是青年观众庆祝“七一”、重温历史的重要方式之一。

第一乐章《石破天惊》中段

主持人：交响幻想曲《中国1921》的切入点很巧妙，作品用独特的音乐语言，描绘了1921年前后，北京、上海、武汉、长沙、济南、广州及日本东京、法国巴黎等八地成立中国共产党早期组织，并最终突破重重困扰齐聚上海，召开中国共产党第一次全国代表大会，宣告中国共产党的成立。作品中的每一个乐章相应地展现了一个地方的中国共产党早期组织发展情况和当地音乐特色，带观众从历史纵深处回望初心。开篇以强烈的复合节奏推动，运用卡农方式再现，形象描绘了革命热血青年勇往直前、前赴后继地参与到革命当中的情景。

第一乐章《石破天惊》再现部

广州交响乐团指挥景焕：李老师把整个建党初期的 11 个地点变为 11 个乐章，他运用了当地非常有特色的曲调。其实这也是作曲家的高明之处，每个乐章都很有特色，听起来很多都是舞曲的节奏。

第二乐章《北平飞絮》前奏

主持人：您刚才听到的是交响幻想曲《中国 1921》的第二乐章《北平飞絮》。1920 年 10 月，李大钊等发起成立北京共产党早期组织。这一乐章正是用音乐展现了当时的情景。钟琴、竖琴、颤音琴如秋风飞絮，卷起万千思绪，大提琴独奏唱出京剧老生般荡气回肠的主题，弦乐时而高亢，时而低吟，雄浑而悲怆。

第二乐章《北平飞絮》大提琴独奏部分

著名作曲家李海鹰：比如说北京主题，有点像京剧，用大提琴来（表现）像“京剧老生”这样的独奏。

第四乐章《东瀛密巷》

主持人：《国际歌》元素的运用和再现，也是交响幻想曲《中国 1921》的一大创新之处。在第一乐章《石破天惊》里，十月革命一声炮响，给中国送来了马克思列宁主义。引子由打击乐、铜管乐奏出《国际歌》变形的强音，继而整个乐队以石破天惊的气势扑面而来。第一段，强烈的复合节奏，用大量不和谐和弦烘托出了“国难当头”的紧迫感。木管铜管奏出具有革命精神的主题，犹如一群思想觉醒的青年人凝结在一起，革命队伍在不断地壮大。中段钢片琴、竖琴、弦乐泛音组成晶莹剔透、忽隐忽现的茉莉花音调，与欧洲风格主题对置、叠置。当奇异、美妙的听觉升腾起对未来朦胧的憧憬时，战斗又开始了，这次的节奏更加强烈，主题以卡农再现的手法，强大的力量掀起巨浪，犹如万众一心众志成城，不可阻挡地冲向一切旧世界。

第五乐章《风起长沙》花鼓戏弦乐拨奏片段

主持人：1920 年秋冬之际的长沙，以毛泽东、何叔衡等新民学会骨干为核心，秘密组建了共产党早期组织。第五章节《风起长沙》用弦乐拨奏出湖南花鼓戏风格主题，活泼而热辣。

第五乐章《风起长沙》管乐片段

主持人：管乐的呼应，犹如为天地注入一股清新的能量，这股能量来自大地，带着改天换地的决心和预兆。

第七乐章《南国春潮》旱天雷引子

主持人：熟悉的《旱天雷》音乐变奏来了！灵动的复合节奏响起，本地的朋友们熟悉的广东音乐风格形成了第八乐章的基调。1921 年 1 月，陈独秀等在广州重新组建了广州共产党早期组织。

著名作曲家李海鹰：用了很多广东音乐的音调，《旱天雷》《帝女花》《娱乐升平》《平湖秋月》的影子都有在里面，但听起来是个新的东西。

第七乐章《南国春潮》帝女花变奏片段

主持人：第八乐章从隐约可闻的声音开始，很快积聚成强烈的旋风。中段描写了对美好未来的向往。动感的节奏回来了，一切是那么清新、生猛。

第七乐章《南国春潮》高潮部分

主持人：除了北京的京剧旋律、长沙的湖南花鼓戏、广东音乐等中国音乐元素，交响幻想曲《中国 1921》还从世界音乐等元素寻找灵感，运用了复合节奏，这在过去以历史为题材的作品里是很少见的。听到这里，听众朋友们也许会有这样的疑问，为什么要使用世界音乐元素？因为 1920 年秋，施存统等人在日本东京建立了旅日共产党早期组织，1921 年初，周恩来等人也在法国巴黎建立了由留学生中先进分子组成的共产党早期组织。因此，日本东京的摇摆华尔兹、法国巴黎的浪漫融汇在交响乐里，观众们一听到就有画面感，仿佛能看到彼时当地的风土人情。比较特别的是，第四乐章《东瀛密巷》用浓郁的日本调式融合摇摆华尔兹，它不是常规的圆舞曲节奏，而是从世界音乐取得的灵感，融合了爵士风格。

第九乐章《开天辟地》重叠再现部

主持人：不同于首章《国际歌》的变形运动，结尾的《国际歌》把乐曲推向最高潮，这群年轻人以及千千万万的后来者，从此开始了历经百年艰苦卓绝的奋斗，如雄浑壮丽的交响史诗一般，响彻大地，震动苍穹。

第九乐章《开天辟地》国际歌片段

著名作曲家李海鹰：我们的文化也需要有青春精神力量的作品，音乐是最好的（表达）。

主持人：交响幻想曲《中国 1921》以信仰、青春、激情、诗意绘就，展现出“为有牺牲多壮志，敢教日月换新天”的精神，让网友们久久难以平静。有年轻的网友说：“交响幻想曲《中国 1921》让人触摸到了可知可感可信的革命先辈。一百年前，他们其实是我们的同龄人。当他们为信仰而生，又为信仰而死，我们能体会到一种‘道之所在，虽千万人吾往矣’的坚定。”选择 1921 年作为切入口，也是为了提醒我们不要忘记革命先辈创立中国共产党的初心。觉醒年代，百年恰是风华正茂！从开天辟地，到改天换地，到翻天覆地，再到新时代取得历史性的成就，正因有一代又一代前赴后继的青年人对红色基因的传承。在百年奋斗历程中，中国共产党领导人民取得了举世瞩目的辉煌成就，书写了波澜壮阔的历史画卷，留下了弥足珍贵的宝贵经验和精神财富。

第九乐章《开天辟地》国际歌变奏片段

主持人：这部音乐作品今年 9 月会进行现场演出。届时将有更多人走进音乐厅，领略一百年前那群“同龄人”的初心之纯、主义之真、信仰之坚和理想之美。本期节目到这里要和大家说再见了，祝您在音乐里有个美好的夜晚。

【点评】

该节目在中国共产党成立 100 周年之际选取广东作曲家李海鹰创作的交响乐《中国 1921》作为解说和欣赏对象，应该说，选题的新闻性、地域性和典型性均表现充分。节目内容虽然洋溢着主旋律，充满着政治性，但是这种主旋律和政治性是选题本身所拥有的，不像过去的一些音乐节目为了主旋律而在解读过程中生硬地塞进主旋律的东西，为了宣扬政治而不恰当地贴上政治标签。本节目更多的是结合对音乐创造者的采访，就音乐本身及其蕴含的思想性和艺术价值让听众在充分欣赏音乐的过程中进行分析解读。因此，节目情感饱满，感染力强，具有很高的艺术价值。

（申启武）

广播剧

杨匏安

珠海广播电视台
尚　涛　唐春华　李　哲　赵晓怡　卢　翔　郭　宇　刘正仁　罗　薇

剧情简介：

1927年11月，杨匏安受到不公正的处分，撤销要职，返回故里。广州起义失败后，杨匏安仍怀揣对党的赤胆忠心，积极投身革命宣传。面对众人的不解和家庭的困境，他始终不曾动摇革命信念。最终，他用实际行动得到了家人和乡民的支持，树立了一位忠贞不渝的优秀共产主义战士形象。

总策划：尚涛
监　制：黄卫星
编　剧：尹晴画
广播剧本改编、导演：唐春华
后期制作：郭宇、唐春华
录音师：陈浩华

主要演员：
杨匏安　由李哲演播
陈　智　由赵珈琪演播
吴佩琪　由唐华演播
俞　伯　由卢翔演播
关秀英　由海岚演播
苏　明　由郝宁演播
小　徐　由晓辉演播
小　罗　由王路演播
玄　儿　由石浩森演播
辉　儿　由甜甜、李维丹演播
旁　白　由花晨演播
群　演　小树、霍琳、罗薇、正仁、大钊、张红等

【旁白】在广东省珠海市香洲区南屏镇北山脚下一所小学内，一个穿着长衫、戴着眼镜的青年半身塑像矗立在校园中央。青年手按一本经典，双目凝望远方，这便是华南传播马克思主义第一人，与李大钊并称“南杨北李”的杨匏安。

杨匏安的父亲早逝，家里生计全靠母亲做针线活支撑。他的母亲是个大家闺秀，受过旧式教育，爱好诗词、书法。她一辈子生过 9 个孩子，最后只有杨匏安一个人活了下来，所以她很重视对这唯一的孩子的教育，杨匏安从小就在母亲膝上跟着她诵读诗词古文。

【出音效：知了声。杨母陈智手摇蒲扇，幼时杨匏安抱着诗书摇头晃脑，跟着母亲一字一句诵读：】

《狱中题壁》

谭嗣同

望门投止思张俭，忍死须臾待杜根。

我自横刀向天笑，去留肝胆两昆仑！

【旁白】1921 年杨匏安参加革命，是我党早期政治理论家和革命活动家，中国马克思主义传播先驱，对中国的革命事业做出了不可磨灭的贡献，为官清廉的他一生有许多感人的事迹。其中，1927 年 11 月，杨匏安受到不公正的处分，撤销要职，返回故里。我们的故事，就从这里说起——

第一集

【旁白】这天，杨家祠中庭人头攒动。乡民窃窃私语，却又并不顾忌让旁人听见。他们在等待远行归来之人，有人满脸忧虑，有人不怀好意，更多的人是好奇而来。

众人：哎，听说了吗……听说了吗……你们看报纸了吗！

上面说杨匏安犯错误了……被贬职了……

这可不能瞎说啊……匏安什么人你们不清楚吗！别在这造谣！

报纸上都登了！没犯错误能挨处分吗！哎，我还知道……

好了好了，匏安一会就回来了！

别说了，别说了，来人了！

【发丝半白的陈智在人声鼎沸之时，上场】

【俞伯迎上】

俞伯：嫂子，杨老师快到了吗？

陈智：快了，也就片刻时间。乡邻们都是为我儿而来？辛苦大家这么惦记我们匏安！大家快坐。

俞伯：（略带忧虑）您有没有听说——

陈智：（平静）听说——

乡邻甲：嫂子！看报纸了吗！上面说中央监察委副主席杨匏安被削职了！

乡邻乙：听说他们在上海待不下去了，才回来的！

乡邻丙：那么大的官职，不晓得兜里装了多少油水！回乡的排场摆得开！

乡邻丁：我可听说杨匏安从来不多拿组织一分钱，除了糊口银钱，其余全交了党费！

乡邻甲：他要是有那么好，能被领导处分？

苏明：各位叔叔伯伯们，你们别瞎猜了，其中的内情我们都不知道，那说不定，说不定是组织搞错了！

乡邻乙：杨老师确实是个好老师，但有几个人在权势面前能不为所动呢？

陈智：杨匏安能。

乡邻丙：嫂子，你不要太笃定哦！

陈智：我相信我儿子，他不会像报上说的那样！你们了解匏安，从小看着长大，他什么人你们不清楚吗？我的儿子我知道。三岁看八十，七岁定终身，匏安喝着北山的水，吃着北山的饭，在大家眼皮子底下长大，他的品行各位是清楚的。

俞伯：对！匏安的人品信得过！

苏明：婶儿，我们相信杨老师！

忠伯：我们信得过，嫂子。

俞伯：对！杨老师的人品信得过！

苏明：婶娘，我们相信先生仔！

陈智：匏安马上就回来了，我有一事相求。

众人：嫂子，您说……

陈智：孩子在外面受了委屈，想着回家一趟，说明他是念着家乡的好啊。刚才的话，诸位就不要再说了，让匏安在家的这些日子清静清静，好好休息几天。我这个做母亲的，谢谢大家了！

俞伯：嫂子，您这是做什么？

【音效】人声渐歇，听见车马铃声响起。脚步声响起，木门推开。

【旁白】面对年近六旬的老人拱手作揖，众人面面相觑，见长辈恳求，心中多少有些羞怯不安。此时，屋外车马铃声响起。衣着朴素、一身疲惫的杨匏安拎着行李箱和吴佩琪、长子杨玄步入中庭。推门而入。杨匏安看着满庭满堂的人，稍有些意外。母亲陈智在苏明的搀扶下连忙起身，走上前去迎接。

【杨匏安与吴佩琪快步上前，跪于母亲面前】

【杨匏安看见母亲操劳过度，满手粗糙的老茧】

【人声突然安静】

杨匏安：妈！儿子媳妇回来了！儿子不孝，让您受苦了。

陈智：回来就好，回来就好。一路颠簸，辛苦了。叔叔伯伯知道你要回来，早早就过来了，大家都盼着你回来呢。

吴佩琪：妈，媳妇回来了。

陈智：哎，哎，佩琪也回来了，好啊好啊。

吴佩琪：玄儿，快来见过奶奶。

玄儿：奶奶好，我是玄儿。

陈智：好，好……乖孩子……来，快让奶奶看看，都长这么高了啊……

【旁白】吴佩琪拉过玄儿，玄儿规规矩矩给奶奶行礼。杨匏安行至一旁，向众位乡邻拱手行礼，挨个问好。

杨匏安：难得亲友前来，寒舍蓬荜生辉。别站着，大家快坐下吧。佩琪，去泡些茶。

吴佩琪：好。

乡邻甲：不必了，不必了。我们这就走了。

乡邻乙：走了走了。

乡邻丙：（小声）共产党的大官跟别党的官比，寒酸多了。

乡邻甲：（踢一脚）这话你就不能出去再说。

乡邻丁：家中有事，匏安，我们就先走了。

【大部分乡邻撤下。苏明、俞伯和几个进步青年留下，快步迎上】

【久别重逢，大家的激动之情溢于言表】

俞伯：匏安，你终于回来了！

苏明：先生仔，我们等你好久了！

杨匏安：俞老师，苏明？你都长成大小伙子了！

苏明：先生仔，你也大不了我几岁。

杨匏安：（笑）一日为师，终生为师。

苏明：先生仔是我们心中的偶像。听说您回来，我们都很激动。从《青年心理学》《马克思主义浅说》，还有粤汉铁路总工会、省港大罢工，您的一举一动，就像华南明灯，我们时刻关注着。现在形势如何，国共两党还能继续合作吗？您快跟我们说说——

俞伯：苏明，今天不谈工作。

陈智：无碍，苏明也是高兴。最关心你的就是他们几个，得知你要回来，他们比我还激动呢！

苏明：先生仔，报上说的我们不信，我们相信你！

俞伯：苏明！臭小子！（制止）

【旁白】俞伯是杨匏安曾经在小学任教时的同事，苏明是杨匏安的学生。久别重逢，大家的激动之情溢于言表。谈话间，众人想起杨匏安被削职处分一事，气氛一下子冷了下来。

杨匏安：我的事，你们知道了？妈，你也——

陈智：都知道了。

俞伯：要我说，好人坏人分不清，这个革命不做也罢！

陈智：日月昭昭，是非黑白自有分辨！

杨匏安：妈……

苏明：先生仔，我们有一首诗想背给你听！

杨匏安：好啊，来，我听听。

【诵读】官仓老鼠大如牛，见人开仓亦不走。健儿无粮百姓饥，谁遣朝朝入君口。

【旁白】苏明拉着几个伙伴一字排开，互使眼色，卖力表演《官仓鼠》，想让杨匏安开心一些，几人的表演逗得大家哈哈大笑。

俞伯：这是你当年蒙冤入狱后常念的诗。

学生甲：先生仔，要不是你当年揭露校长贪污真相，我们几个都读不上书了。

学生乙：您的恩情，没齿难忘。

学生丙：省港大罢工，您为了工人阶级的利益，被扣押入狱50多天！您的精神沸腾了我们报国的热血！

苏明：老师，是您告诉我们中国前行之方向，纵然是一时不顺，学生们也希望您万不可放弃信念！

【旁白】学生们双手攥拳以示加油，坚定的眼神让一身风尘的杨匏安和吴佩琪心生暖意。

杨匏安：放心吧，老师绝不放弃！

苏明：嗯！哈哈哈！

吴佩琪：我去准备饭菜，大家将就吃些？

苏明：不麻烦了，阿嫲，师娘。我们就是为了看看老师，看到了，我们就回去了。

杨匏安：苏明，我这些日子不走了。你们想知道的，我跟你们慢慢说。

苏明：老师，那我们先走了。改日再来拜访！

俞伯：那我也不打扰你们一家团聚了，有事叫我啊。

众人：老师，您好好休息……我们先回去了。

【转场】

陈智：许久不曾回来了，我早早收拾了厢房，等你们回来。

吴佩琪：妈，孩子们出行不便，这次只带了玄儿回来，其他孩子都由二妈在广州看护，就没有一起回来看您了。

杨匏安：妈，您喝茶。

陈智：哎，好。

【旁白】母亲接过茶杯，杨匏安发现母亲的双手已布满褶皱，心疼不已，他紧紧握住母亲的手。

杨匏安：妈，儿子不孝，让您受苦了。

陈智：回来了，就好好休息，其他的事就不要再想了。

杨匏安：一走近十年，只惦念革命事业，却愧对了母亲。

吴佩琪：妈，您不要怪匏安，他——

陈智：一身正气，两袖清风，妈明白的。

杨匏安：只可惜空怀一腔热情，在当下混沌局势之中，儿子束手无策。

陈智：古之立大事者，不惟有超世之才，亦必有坚忍不拔之志。不管旁人如何言道，你要走的路，我们全家一定支持！

第二集（文稿略）

第三集

【吴佩琪扶着陈智从厢房出，走到厅堂】

陈智：佩琪。

吴佩琪：妈。

陈智：你没劝劝他留下？

吴佩琪：从前劝，现在不劝了。能跟着去我就跟着，不能跟着，我就等着。

陈智：不怕？

吴佩琪：也怕，听到枪响就心惊肉跳，听到死人了就想去找。每次他回来，我都觉得是重新活了一回。

陈智：十多年，苦了你了。

吴佩琪：妈，您就不担心？
陈智：担心。不过，儿在外，父母也会“报喜不报忧”。

【二人断断续续地聊着。杨匏安看到两人，迎上】
杨匏安：婆媳之间在聊什么呢？
陈智：还能聊什么，聊我的儿子她的丈夫。
杨匏安：说我呢？

【杨匏安上前扶着母亲，吴佩琪站立一旁】
陈智：这……就要走了？
杨匏安：是，又要走了。
陈智：所去何处？
杨匏安：南洋，先去新加坡，再到马来。
吴佩琪：南洋？报上说那边很是不好。
陈智：什么时候回来？
杨匏安：此一去，未知归期。

【旁白】陈智扶着座椅微微一怔，复归平静，她缓缓坐下。吴佩琪心中难熬，不禁沉下脸来。陈智拍了拍吴佩琪的手，以示安慰。杨匏安见母亲和妻子显露伤感，顿时生出些许愧疚。

杨匏安：身为儿子，不能膝前尽孝；身为丈夫，不能朝夕相伴，是我的不是。盼着合家团聚，三世同堂，身逢乱世，总不能成行。朝朝盼暮暮，岁岁望年年，母亲要保重身体，佩琪多多担待，原谅我这不孝的儿子、疏离的丈夫。

陈智：儿啊……不必觉得亏欠。你幼年时，因家贫常受欺辱，我便教你诵读诗书，戊戌六君子谭嗣同，还记得吗？

杨匏安：儿子记得。望门投止思张俭，忍死须臾待杜根。我自横刀向天笑，去留肝胆两昆仑！

陈智：好儿子！阿妈年纪虽长，却不糊涂，你是忍辱负重顾全大局去执行任务。凭你这份气节，就能让那些糊涂的人明白，你是一位忠贞不渝的优秀共产主义战士！

杨匏安：阿妈，您这般支持我投身革命，是为什么？

陈智：我活了快60年了，在这个人欺人、人吃人的时代生存，我的九个孩子，只活下来你一个。作为母亲，要忍受何等的痛苦，为亲生骨肉撒一捧黄土。我却不是唯一遭受锥心刻骨之痛的人，千疮百孔的中华大地，日日夜夜，都有母亲肝肠寸断的哭嚎……我恨啊！我恨啊……可我还要在世间挣扎，要把你养大。好儿子，你是为了解救阿妈来的，第一次讲到你的革命，阿妈就心向往之，那是我从未见过的世界。即使此生难以亲眼见证，可是我的孩子、我的孙子能好好地活着，不必在黑暗中浮沉，这都是值得的！

杨匏安：阿妈，生而为人，我们都承受了太多苦难。生命只有一次，可精神却能延续，我的整个生命和全部精力，都将献给世界上最壮丽的事业！为了这一天早日到来，儿子甘愿赴汤蹈火，为人民的解放而九死不悔！

陈智：行动结束，阿妈迎接我杨家的英雄回家！

杨匏安：阿妈，儿子……走了。

【旁白】杨匏安堂前叩头，拜别母亲。妻子佩琪上前扶他起身，想到夫妻之别，一时潸然。

吴佩琪：你不让我同行，我就知道这是凶多吉少的路。

杨匏安：佩琪，家中就托付给你了。

吴佩琦：我求你，活着回来。伤了手，伤了脚，爬也要爬回来！一定要活着，我和孩子们等你回家。

【转场】码头

苏明：老师，船准备好了。

俞伯：匏安，一路顺风。

杨匏安：大家保重。

【旁白】杨匏安挥别家人，缓步下台阶，陈智立起身来目送儿子。佩琪再也压抑不住感情，她快步跑下，拉住杨匏安的衣袖。

杨匏安：佩琪，不要落泪，免得阿妈难过。还记得在广州我教你唱的那首国际歌吗？

吴佩琪：（哽咽点头）记得。

杨匏安：你唱得好极了，唱着歌送我出门吧。

【旁白】在佩琪带着哭腔的《国际歌》的歌声里，杨匏安大步向前，无畏而坚定地走向光明……

尾　声

【旁白】1931 年夏。雷声轰隆隆滚动而来，大雨倾盆而下。关秀英失魂落魄，跌跌撞撞推门而进。吴佩琦急忙迎上，扶住关秀英，陈智立于祠堂之下。

关秀英：（哭喊）佩琦……匏安没了！

【画外音】杨匏安拖着沉重的枷锁、脚链，意志坚决。

杨匏安：慷慨登车去，相期一节全。

残生无可恋，大敌正当前。

知止穷张俭，迟行笑褚渊。

从兹分手别，对视莫潸然。

【旁白】杨匏安的脚步停止，蓦然回首，与家人的对视仿佛穿越时空。他眉眼中的决绝与坚毅化去，语气柔和下来。

杨匏安：我从参加革命开始，早就把生死置之度外，死可以，变节不可。近日，有南京旧识来劝降，我不为所动……我走后，家人万不可接受他人财物，缝纫机虽穷不可卖去……别了，我的家人，别了，我的家乡！

【音效】开枪声

【旁白】在杨家，吴佩琦呆呆地看着黄花，跌坐在地。母亲陈智缓缓回身，望向宗祠，闪电划破黑夜，照亮苍穹。陈智深吸一口气，难以抑制肺腑的疼痛。一步踉跄，险些摔倒。老人家颤抖着努力挺直身体，她牵住吴佩琦和关秀英的手，坚定地说——

陈智：走，接我杨家的英雄……回家！

【点评】

广播剧《杨匏安》紧贴庆祝中国共产党建党100周年这个最重大的宣传主题，政治导向明确，制作精细，艺术性强，可听性好。全剧大气、感人。时代感与场景感强，让人如身临其境。仅仅三集的广播剧向大众展示了杨匏安一心为革命的立体形象。作品对人物的刻画细致，对话自然不造作，情节起伏跌宕，一众演员演绎精湛、到位，演播者有较高的艺术水平。剧中各种场景声效鲜活、灵动，恰如其分地展现场景，让人一边听作品一边置身于充满想象的空间。有声语言、音效、音乐，广播剧的三大表现手段都能在剧中得到充分的、高水平的体现。

（冯洁萍）

电视节目作品·电视栏目

我的白大褂·王牌科室

深圳广播电影电视集团　集体创作

主题：我们的重生记

科室：血液科

主角：王晓东

一、让人哭笑不得的闹腾少年陈一铭入院啦

1. 儿童医院外景 + 护士站的延时镜头 + 走廊镜头
2. 陈一铭妈妈收拾病床入住
3. 孟祥辉在治疗室给陈一铭扎针
4. 陈一铭回到病房突然摔下了床

二、王晓东开医嘱，陈一铭“生扑”

1. 王晓东在办公室和规培医生给病人开医嘱，陈一铭和妈妈来沟通
2. 王晓东简介陈一铭的情况

三、护士孟祥辉的叨叨日常

1. 孟祥辉给陈一铭做尿培养
2. 单采孟祥辉关于护士工作的感受

四、陈颖明和陈一铭在走廊走路、追赶嬉闹

1. 陈颖明在走廊刷步数日常
2. 陈一铭从病房出来加入陈颖明一同刷步数
3. 陈一铭和陈颖明打闹
4. 陈一铭妈妈单采讲述艰难的治疗过程
5. 陈一铭单采

五、王晓东到病房看陈一铭

1. 王晓东查房陈一铭
2. 陈一铭妈妈随即给王晓东送锦旗
3. 陈一铭妈妈送锦旗后的单采
4. 王晓东讲述陈一铭治疗的复杂性
5. 刘四喜主任表达医生的精神追求

六、王晓东出诊

1. 王晓东从铁门医生办公室出来走向门诊，走廊从空无一人到人声鼎沸
2. 王晓东与病人的各种对话
3. 王晓东讲述与病患之间的情感

七、陈颖明哭着想出院

1. 陈颖明哭着想出院
2. 陈颖明妈妈的单采表达内心的愧疚
3. 陈颖明的单采哭着表达对妈妈的爱意和内心的担忧

八、王晓东查房安慰陈颖明

1. 陈颖明妈妈打扫卫生
2. 王晓东查房安慰陈颖明
3. 王晓东单采表示对于孩子担忧的理解

九、陈颖明给王晓东送画，刘四喜主任给陈一铭开医嘱

1. 陈颖明给王晓东送画表达感谢，其他医生围观
2. 陈颖明和陈一铭做盔甲互动
3. 王晓东、刘四喜医生在办公室开医嘱
4. 刘四喜主任查房陈一铭
5. 陈一铭在走廊玩奥特曼，各种调皮
6. 陈一铭单采表达自己的心愿和对妈妈的感谢

十、陈颖明出院

1. 王晓东到病房鼓励陈颖明要加油
2. 陈颖明妈妈和陈一铭拜拜
3. 陈颖明和陈一铭击掌告别
4. 陈颖明擦掉病房里白板上自己的名字，到医生办公室和王晓东告别，在雨中坐上公交车离开

（文稿有删减）

主题：奇怪的过敏源（文稿略）
科室：皮肤科
主角：于波、姜彬

主题：特殊的孩子（文稿略）
科室：胸心外科
主角：吴文智、丁以群

主题：医患同行（文稿略）

科室：北大医院
主角：温晶晶、周喆刚

《我的白大褂·王牌科室》第六期（文稿略）
主题："掏肝"行动
科室：肝胆科
主角：李晓武、刘祥德

主题：超脑力突围
科室：神经外科
主角：黄国栋、沙小松

主题：意外与明天
科室：烧伤科
主角：吴军、范锟铻

主题：学霸的重生抉择
科室：脊柱外科
主角：陶慧人、魏彦哲

【点评】

《我的白大褂》是医生观察纪实节目，采用无解说全记录的方式，每期四个故事、四个场景，从不同类型的病例选择、医患沟通、治疗过程到患者康复，反映出医者的大爱情怀，诠释仁心仁术。本片有以下几个特点：

一是聚焦医疗行业，具有较强的社会价值。新冠病毒感染疫情以来，医疗行业受到前所未有之关注，节目主题切合当前社会热点，通过弘扬精湛的医术、高尚的医德医风，增进医患双方的信任与理解，对于重新构建和谐的医患关系有着很好的促进作用。在片中，我们可以看到有血有肉、可亲可感、大医精诚的医护人员，了解他们工作中碰到的各种问题，有助于人们更理解这份工作。同时，我们也看到了患者及家属真实的需求和期盼，以及顽强的生命和感人的亲情。二是从惠民生的角度反映出深圳这个先行示范区近年来的高质量发展。节目将镜头对准深圳四大医院八个王牌科室，选取具有代表性的王牌科室及医护人员，由此重点讲述了深圳公立三甲医院重点科室的医生形象和团队精神的形成，带出深圳作为全国首批公立医院改革试点城市之一，医疗卫生事业快速发展，“软”“硬”实力不断增强。深圳医疗这个最关乎民生的行业也正以“深圳速度”不断地高质量发展。三是节目制作精良，电视化手段丰富，记录翔实，真实可感。全片采用无解说全记录的方式，以多故事、多场景、多机位、多元素陈述患者在家人的陪伴下，从患病到治疗，再到康复的故事。在结构上，采用多线索、多机位、多景别、多视角构架全片，增加了叙事的流畅性、丰富性，取得了不错的传播效果。

（卢　战）

电视社教节目

行进大湾区“红色起点”
第一集　信仰成诗

广东广播电视台　秦海菲　吴　杰　朱志平　朱洋海　林　健　谢　剑

“近日有南京旧识来劝降，我不为所动。家中人千万不能接受那些人的钱和物。如果无法生活就立即南返。玄儿不可顽皮，缝纫机虽穷不可卖去。”

这就是杨匏安在就义前留下的一封家书，在信中他告诫家人千万不可接受国民党送来的钱和物，也不希望在自己牺牲之后，家人因为生计问题而给组织添麻烦。

在狱中国民党多次劝降都被他严词拒绝，蒋介石亲自把电话打到狱中，他就将话筒狠狠摔掉。“死可以，变节不行！”这就是杨匏安在牺牲前留下的铮铮誓言。他是一位用生命捍卫信仰的马克思主义战士。接下来就让我们从他传播马克思主义的起点——广州开始，追寻他的革命足迹。

第一集《信仰成诗》

中国共产党早期在广州红色活动的见证地，杨家祠是其中不得不提的一个地方。杨家祠与广东省立宣讲员养成所遗址小红楼、中共中央机关旧址春园、中国共产党第三次全国代表大会会址等一起，成为见证广东早期党组织活动的重要红色遗址。

广州杨家祠

中共广东省委党史研究室主任杨建伟：从 1919 年 11 月中旬到 12 月上旬，当时杨匏安就是在我们《广东中华新报》上发表了《马克斯（思）主义》一文。在这篇文章里，他详细地阐述了马克思主义唯物史观、阶级斗争学说、政治经济学原理，可以说这是华南地区全面系统介绍、宣传马克思主义基本原理最早的一篇理论文章。杨匏安的这篇文章，和李大钊同志的《我的马克思主义观》的下篇，几乎是同时间发表的。正是因为这个原因，杨匏安同志被称为华南地区系统传播马克思主义的第一人。

1921 年春天，我们广州共产主义小组也就是广东早期党组织正式成立。杨匏安同志当时就是我们最早的党员之一。当年由于条件所限，党缺乏活动场地，在这种背景下，杨匏安同志主动提出把自己的家让出来，作为我们党的活动场所。

杨建伟：老区委书记叫陈延年，是陈独秀的大儿子，没结过婚，没谈过恋爱。在龙华敌人叫他跪下，（他）就不跪，（说）我是共产党员，我不知道什么叫跪，用乱刀砍，把他碎尸了，尸体扔到黄浦江里。为民族谋复兴，他就是这样走过来的，很伟大。

中共三大会址纪念馆副馆长吴石坚：杨家祠在2019年，在省政府的部署下、在省市领导关怀下，这里进行了红色遗址的文物修缮。对杨匏安旧居修缮过程中，发现了五幅门头壁画，这五幅壁画是清代乾隆年间的作品，当时是由广州祠堂画师陈灼民创作的。

中共广东区委旧址

从1918年到1927年，杨匏安在广州工作和生活了近十年的时间。

“中国共产党广东区执行委员会旧址”所在的骑楼，四幢连成一片，砖木结构、木楼板。现在复原了二楼的传达室、会客室和三楼的中共广东区委各部委办公室。

1922年，中共中央决定将广东支部扩大为广东区执行委员会，又称两广区委或粤区委，领导广东广西的革命斗争。党的机关当时没有公开，于是用了“管东渠”这个名字向警察局登记，谐音广东区。后来“管东渠”就成了广东区委的代号。

在这座骑楼里，诞生了中国共产党历史上的第一个地方纪检监察机构——中共广东区委监察委员会。杨匏安正是当时中共广东区委监察委员会的四个委员之一。

中共广东省委党史研究室主任杨建伟：回顾杨匏安同志相对短暂的革命历程，他始终严于律己，按照党性原则为人处世、待人接物。党的三大以后，在国共合作的过程中，杨匏安在国民党中央身居要位，拿着很高的薪水，但是杨匏安同志把绝大部分薪水都上交给党组织作为党的活动经费，而他自己和家人却过着比较清苦的生活。在1927年党的五大上，在我们党的历史上第一个中央纪检监察机构，就是中央检察委员会，杨匏安同志当选为监察委员会副主席。

周恩来曾这样评价杨匏安：“为官清廉，一丝不苟，称得上是模范。”清白做人、不畏强权、投身斗争是杨匏安留给时代的缩影。他将信仰和初心融入生命之中，而这种信仰和初心，从小就刻画在他的骨血里。

杨匏安出生在广东省珠海市香洲区北山社区，香洲区境内的香山古道是南粤古道的重要组成部分。这是一条满载历史的古道，在这里仅需一天就可以从香山县抵达澳门。

自明清特别是近现代以来，香山古道沿线涌现出许多闻名中外、影响深远的重要人物。其中以杨匏安、苏兆征、林伟民为代表的珠海红色三杰，一直都是珠海人的骄傲，因此这条古道有另外一个名称，叫作群英故里。

从香山古道愚园出口往西六千米，就到了杨匏安的出生地南屏北山。他是北山人的骄傲，在这里处处都能感受到后人对烈士的敬仰之情。

杨匏安孙子杨岗：在广州杨家祠，省港大罢工委员会发放捐款，我的姑姑伯伯在麻袋里捡到了两三角的硬币。杨匏安看到了，就问这硬币哪来的？他们就说是从这麻袋里捡来的。然后（他说）这是公家的钱，不能够贪，必须要把它交回省港大罢工委员会，后来就交回去了。

在杨匏安的革命家庭里，还有两位伟大的女性，一个是我的曾祖母，还有一个是太婆，三位都是很了不起、很伟大的女性。在杨匏安牺牲以后，他们陆陆续续把子女全部送上了革命的道路。

杨匏安在这里出生，在这里长大。经历了辛亥革命之后，他深受进步思想的熏陶。在他二十岁的时候争取到了一笔助学金，于是游学日本横滨。那个时候他开始半工半读，初步接触了马克思主义理论学说，随后就成了坚定的马克思主义拥护者和传播者。

中共广东省委党史研究室宣传教育处处长谢涛："大江潮涌初园月，浅渚秋惊熟睡凫。借次清霜坚傲骨，拼将浊酒斗孱躯。多时不作还乡梦，旧种黄花尚有无。"我这个班从四年级一直带到六年级，一直在坚持着诗词的背诵，包括古代的诗词、杨匏安烈士的诗词等。到目前为止，他们已经能够背诵 278 首诗词了。我们的学校叫杨匏安纪念学校，是一所百年老校。校门由三面红旗组成，红色的旗帜代表老一辈革命家为创建新中国，摆脱旧中国半殖民地半封建社会的革命精神，激励我们后代努力学习，建设祖国的美好明天。这里是我们学校的红色文化墙，廉洁奉公、公忠不忘、坚韧不拔是杨匏安精神的精髓。前面有块石头，他是杨匏安最小的儿子杨文伟爷爷亲笔所题。学校把坚韧不拔这四个字刻在这块大石头上，是希望我们传承杨匏安精神，用杨匏安精神勉励我们奋发向上，做坚韧不拔的阳光少年。

清澈纯净的童声沁入人心。一路跟随，透过眼前这张稚嫩的脸庞，我们仿佛看到烈士的形象跨越时空，变得立体、真实。学校的孩子们就像杨匏安烈士播下的一粒粒种子，在潜移默化的陶冶中，他们感知、传承着先烈们的革命情操。

杨匏安纪念学校党支部书记副校长陈英岚：杨匏安纪念学校以烈士的名字命名，是一所靠精神站立的学校。多年来我们通过讲故事、演话剧、诵诗词的方式，传承革命精神。希望杨匏安烈士公忠不忘、坚韧不拔的红色种子，在这里扎根、生长、传承。

杨匏安革命道路大事记

1919年，五四运动后，杨匏安开始传播马克思主义。

1925年，杨匏安参与发动省港大罢工。

1927年，中国共产党第五次全国代表大会，杨匏安被选为中央监察委员会副主席。

1927年，“四一二”反革命政变后，蒋介石疯狂捕杀共产党人。

1931年7月，由于叛徒出卖，杨匏安等共产党员在上海被捕。

在狱中，杨匏安发现有难友垂头丧气，于是在他就义前夜写下这首《示狱友》诗相赠。

“慷慨登车去，相期一节全。残生无可恋，大敌正当前。知止穷张俭，迟行笑褚渊。从兹分手别。对视莫潸然。”

杨匏安的《示狱友》一诗，始终回荡在耳边，久久不息。1931年8月的一天晚上，他被国民党反动派秘密枪杀在淞沪警备司令部内的荒地上，时年35岁。他却在诗中写道“残生无可恋”。是真的不恋吗？父母尚未尽孝，妻儿仍需照料，叫人怎能不恋？只是，“大敌正当前”，唯有“相期一节全”！

杨匏安孙子杨峻、杨匏安纪念学校党支部书记副校长陈英岚、广东省自然资源厅古驿道保护指导组专家黎映宇：

敬爱的爷爷，我们始终不忘您的教诲，脚踏实地、光明磊落。爷爷您放心吧，我们做到了！

杨先生，您的故事一直激励着我们。我们会将您的革命精神，一代一代传承下去。

杨先生，你是从香山走出的革命先辈，你的思想光辉永照大地！

诗朗诵

《再听听故乡的海浪》

作者：吕囡囡

编导：林鲁阳、吕囡囡

演出：广东广播少年语言艺术团

您生于大海边，魂归波涛里；
您奋勇抵危难，擎灯于暗时。
枪声响起，您耳边是否激荡着故乡的海浪声？
您眉宇间展开的是曙光中的黎明！

再听听故乡的海浪吧！
您去国六千里，也心随云水长。
当您慷慨登车，临难全节，
可曾向着岭南回望？

再听听故乡的海浪，
一代代人记住了您传播的信仰。
星火续燃，发奋图强，
我们已经实现了您的梦想。

如今，您矗立海边，
依然铁骨铮铮，衣裾飞扬。
海浪向您诉说着近一个世纪的岁月峥嵘，
诉说着开天辟地的故事，
诉说着骊歌婉婉的柔肠，
诉说着多少奋斗的日与夜，
诉说着这两岸灯火如何被点亮，
还有，更远更远的壮阔篇章。

在杨匏安牺牲九十多年后的今天，他的家乡，地处粤港澳大湾区的广东珠海，已建成为花园城市，人民生活美好幸福，这片繁荣也正是无数先烈为之奋斗时的憧憬。

复旦大学教授高晓林：毛泽东说："人是要有一点精神的。"习近平总书记也说："我们是革命者，不要丧失革命精神。"在我们建党百年的光辉时刻，我们要教育和引导全党和全国人民，发扬红色传统、传承红色基因，鼓起新时代的精气神，迈进实现中华民族伟大复兴中国梦的新征程，以此告慰杨匏安等革命先烈。

【点评】

在中国共产党成立100周年和国家实施粤港澳大湾区战略之际，主创团队历时一年多精心策划和组织系列社教节目《行进大湾区"红色起点"》。作品题材重大，立意高，表达多元，将一堂生动的党史课搬上了荧屏，传播效果理想，主要体现以下创作特点：

一，大选题，小切口。节目以"寻访红色遗迹+历史场景重现+红色文化体验”为主要结构形式，创造性地将实地寻访、影视还原、深度体验、跨时空对话等多种创新电视手法进行艺术融合，采用人物口述、史料挖掘、情景模拟与影视资料相结合的叙述方法，将红色革命历史资源勾连当下的大湾区和深圳建设社会主义先行示范区建设，在追溯百年党史中感悟传承红色基因，在寻觅历史的脚步中体验湾区发展的“加速度”。

二，表达手法自然娴熟。节目叙事角度平实，却能打破时空限制。讲述人立足湾区之今日与革命先烈英勇奋斗之昨日展开时空对话，遥相呼应中铺展出一段波澜壮阔的红色岁月，搭建起跨越时间与空间的红色梦想之旅，故事性强，以史鉴今。

三，节目元素丰富多样。通过手绘作品展现、影视作品还原、实地寻访、小品、小话剧、原创诗朗诵、游戏体验等多种手段和方式，将革命故事讲好、说透，以年轻人视角作年轻化表达，营造出强烈的时代代入感，让革命精神的薪火相传真正走心、走实，可视性强，催人奋进。

四，融媒传播能力强。从策划、制作到宣传、播出，全过程大小屏联动，取得了收视率和影响力双丰收。

在制作方面，遗憾存在摆布、表演痕迹较浓的不足，送评推荐表中存在个别错别字、病句的现象。

（徐若清）

纪录片

一代天娇
——红线女

广州市广播电视台　邓　原　秦瑜东　王晓秋　蒙　菁　潘　钧
初谊平　汤路遥　曾裕尧　林燕冰

第一集

在浩瀚的宇宙中，有一个居住着人类的星球叫地球，人类在地球上创造了一个文明世界，也创造出了各种各样的艺术来满足自己的精神追求，其中一种伟大的艺术就是戏剧。有一种来自东方中国的传统戏剧艺术，被联合国教科文组织确定为非物质文化遗产，列入了人类要永久保护和传承下去的名册，它的名字叫粤剧。在粤剧数百年的历史中，众多优秀艺人的名字闪烁着熠熠光辉，其中，一个名字特别耀眼，她的声音被誉为人间天籁，以她的声音塑造的粤剧唱腔被称为红腔，以她的艺术风格建立的流派被称为红派，她的名字叫红线女。

红线女原名邝健廉，1925 年 12 月出生在广州，邝健廉的父亲邝亦渔，在广州黄沙善北街，开有著名药厂邝广济。如果生活没有改变，红线女的未来会是一位典型的西关小姐，享受着安逸的生活。

1938 年日军入侵广州，彻底改变了这一切，日军飞机的轰炸将邝广济彻底夷为平地，邝健廉沦为难民，随父亲邝亦渔和母亲谭银逃难到了澳门。

抗战胜利后，她在香港定居，此时的红线女二十几岁，正是她人生的黄金年华，也是她事业上的一个高峰时期。在当时的香港，粤剧很受观众欢迎，红线女凭借着粤剧《一代天娇》的成功，创立了自己特有的“红腔”，受到广大戏迷观众的认可与追捧，她被媒体誉为粤剧皇后。她的艺术风格也为日后风靡一时的红派艺术奠定了良好的基础。

从 1953 年起，红线女开始组建自己的粤剧团，冠名为“真善美粤剧团”，她将当时粤剧最著名的泰斗级人物马师曾、薛觉先等人囊括在旗下推出了《蝴蝶夫人》《清宫恨史》《昭君出塞》等一批艺术价值很高的精品剧目，取得了巨大的反响。

据不完全统计，从 1947 年她开始拍摄第一部电影，到 1955 年底，短短八年多的时间内她在香港就拍摄了近百部电影，最多的一年中竟高达二十三部。而且其中她主演的就有七十多部，1955年对红线女来说也是一个电影的收获之年，她拍摄了《人道》《天长地久》《原野》等十二部电影。值得一提的是1955年红线女拍摄了她的第一部国语电影《我是一个女人》，由此，她与长城电影公司的合作开始了，《我是一个女人》的拍摄为红线女打开了一扇透光之窗。

红线女看到了许多祖国建设的新面貌，让她耳目一新又十分好奇，这和香港的某些传闻中对内地描述的完全不一样。

这让红线女动了想要回去看看的念头。1955年，香港《大公报》社长费彝民与红线女见面，代表当时广东省省长陶铸邀请红线女参加国庆观礼活动，红线女已经活动的心顿时更加强烈了。

十七年前，就是从广州逃难到澳门，后来在澳门投身粤剧，最后在香港登上了事业的高峰，没想到1955年的她，竟然会沿着这条路线逆行，从香港再经澳门向广州而去。

第二集

1955年9月23日晚，红线女有些不安地来到广东迎宾馆，当时广东省的最高领导省长陶铸和广东省广州市的领导人在这里会见并宴请她，陶铸省长希望他们回来到处看看，红线女被感动了。共产党人就是讲究实事求是的，红线女的心渐渐宽松下来。

广州到北京的火车要走三天，红线女很快就被车窗外的景色所吸引。过长江，跨黄河，祖国大江大河在她眼前跃动，壮丽的景色让她感到无比的新鲜与心潮澎湃。

9月30日晚北京饭店张灯结彩，举行国宴，周恩来总理欢迎香港代表团，轮到红线女的时候，她说她是香港的，周总理说知道了，希望她到处看看。

周总理走过来跟红线女敬酒时，还是那句话："希望你跟大家到处看一看。"红线女感觉喝下的不是酒，而是一股暖流。

红线女在自传中详细描述了国庆大典：

"一九五五年十月一日的天安门广场，天安门一侧的观礼台上，凝聚着新中国文化艺术界的顶级名流，茅盾、夏衍、田汉、曹禺，以及梅兰芳、程砚秋、袁雪芬、常香玉等，我来到他们中间，梅兰芳先生他走过来跟我握手。随着毛泽东、周恩来、刘少奇、朱德等新中国的开国领袖们登上天安门，盛大的庆祝仪式开始了，第一次看到这么壮观的场面啊。"

经历过黑暗的人最珍惜光明，遭受过国破家散之痛的人也最希望祖国强大，站在新中国的首都北京、站在天安门广场上的红线女看着威武雄壮的大阅兵，真切地感受到祖国终于迎来了光明。

红线女在参加完国庆大典和在北京的活动之后，又登上了火车前往哈尔滨、大连、青岛、天津、上海、杭州等地进行参观。祖国日新月异的建设成果，社会上新的气象、人们新的精神面貌都给她留下了深刻的印象。

新中国的艺术家们有尊严、有社会地位，受到了广泛的尊重，既能在社会上扬眉吐气，也能用自己精湛的艺术回馈社会，回馈人民。

在广州，时任广东省省长的陶铸，更是开门见山诚邀红线女回来工作。红线女回忆："陶铸和我握手，他说粤剧需要你，你还是要回来好。"面对着直言直语的陶铸省长，红线女也爽快地答应，没有豪言壮语，没有故作扭捏，红线女决心已下。

十月底，红线女从内地赶回香港抓紧拍摄她已签约的几部电影，12 月 13 日晨，红线女终于完成所有已签合约的电影拍摄工作。

1955 年 12 月 14 日，这是一个值得纪念的日子，这一天红线女走进了新中国的怀抱，从此她的人生和新中国紧密相连，不离不弃，直至最终。

第三集（文稿略）

第四集

红线女艺术中心是广州市一个具有影响力的文化旅游景点，里面珍藏着红线女毕生的艺术成果，也展示了她的精彩艺术人生。

1956 年 5 月《搜书院》到北京演出，非常成功。周恩来总理自己买票来看《搜书院》，看完戏，他来到后台和演员主创们亲切地见面。周总理高度肯定和赞扬了这部戏给了大家热情的鼓励。

毛泽东主席、刘少奇委员长和邓小平副总理都看了演出。

1956 年下半年，《搜书院》被上海电影制片厂拍成电影，在全国上映，红线女的艺术形象和艺术特色在全国传扬。

1957 年 10 月，电影《搜书院》在香港二十多家电影院同时放映，半个月内观影达六十万人次。

1958 年 12 月上旬，红线女等人带团到武汉为中国共产党八届六中全会演出《关汉卿》，毛泽东主席、刘少奇、周恩来、朱德副主席出席观看。

1957 年，红线女跟中国国际艺术表演团体去参加莫斯科的国际艺术表演。在火车上，每天一吃完饭，她就走过去向程砚秋先生学习，她在车上跟他（程砚秋）学程腔。

1960 年，红线女在北京参加了以中国戏曲研究院梅兰芳大师为班主任的戏曲表演艺术研究班。

开国领袖们对戏剧文化和艺术家们的关心、重视和培养也是前所未有的，这是粤剧的盛世，也是中国戏剧的盛世。

毛泽东主席曾多次看过红线女的戏，并与她有过多次交流，毛主席对她是很关心的，他告诉红线女，“你是活着再活着，更活着变成了劳动人民的红线女”。

毛主席还给她写了鲁迅的诗句：横眉冷对千夫指，俯首甘为孺子牛。刘少奇同志对红线女的评价：“人民的艺术家。”胡耀邦为红线女题词：“祖国的骄傲。”李先念说：“红线女将领袖们的关心化为对自己思想上的指引和鼓励，严格要求自己，努力追求进步，不辞劳苦地深入广大民间基层，积极为工农兵和广大群众演出。”

1909年，红线女加入了中国共产党。

《山乡风云》中的女主角刘琴是解放军的神枪手女连长，和红线女以往创作的任何角色都不同，红线女以前的生活和艺术经历中，没有任何相似的积累可用，她只有从外到内剔筋换骨地去寻找新的灵魂。她调动了一切艺术手段去塑造这个人物的魅力。她在唱腔中揉进了小生的唱法，在身段中融汇了小武的身法，将传统的旧程式改造为表现现代人物的艺术手段，再次丰富发展了红腔红派艺术的天空。《山乡风云》获得了大成功，《山乡风云》是红线女艺术人生的又一大突破。粤剧界有三个里程碑：一是《搜书院》，是整理传统剧目的一个经典代表作。二是《关汉卿》，是新编历史剧的一个代表。三是《山乡风云》，是现代剧的一个经典代表。这三个里程碑，都融入了红线女的心血，留下了她的脚印。

第五集（文稿略）

第六集（文稿略）

第七集（文稿略）

第八集（文稿略）

第九集

在广州环市路上有一个闹中取静的地方叫华侨新村，华侨新村友爱路二十号在没有对外开放之前显得颇有些神秘，它的女主人叫邝健廉。知道这个名字的人不多，但她的另一个名字不知道的人也不多，她叫红线女。

红线女去世之后，她的旧居于2015年对外开放，不少人带着好奇的眼光走进这座宅院，他们急着想知道红线女的家与一般人的家究竟有什么不同。红线女从 1955 年底回到祖国内地之后，先暂时住在广州的海珠北路仓前街三十五号，于 1957 年搬进了这座华侨新村友爱路二十号，红线女一直在这座宅院中生活了五十几年。1998 年，这座建筑按照红线女的设想和意见翻新了一遍，以前的样貌就只能在一些老照片中看到了。

一个人的家最容易彰显她的个性、习惯和生活特点，也反映了她的格调情趣和爱好。由于红线女生前极少接受媒体在家中进行采访，她的家究竟是什么样子，外界知之不多。红线女有着普通人一样的亲情和爱心，她也和普通人一样需要亲情和爱心，这里悬挂着她母亲谭银的照片，摆放着她父母的合影，这是家的历史，也是家的根，这里也摆放着她与家人和亲人的不少合影。和亲人们团聚是红线女十分享受的时刻，到了晚年，尤其受到红线女的重视。

2006 年以后，每逢礼拜六、礼拜天她们都在金龙船喝茶，越到晚年她越重视亲情。小重孙马智仁的问世给红线女的晚年平添了不少乐趣，也给整个宅院带来了生气。孩子是红线女生活中最大的快乐，红线女也像普通人一样有着自己的一些嗜好，种花，养鱼，照相。但是，红线女不是普通人，她毕竟是粤剧演员，是艺术家，所以，这里也不仅是家，这里还是她办公、接待客人，练功与乐队操曲、教授学生读书学习和思考创作的地方。她在那里生活，在那里休息，但是很大（部分）的时间她是拿来工作的，其实那里也是她一个阵地，是她聚集很多同行和文化人的地方，整个红线女的天地大舞台，舞台小天地，分不清楚到底是在工作还是在休息，或者是在授徒，等等。

客厅陈设简约、大气，显示红线女的艺术品位。这里是红线女日常接待客人、教授学生和讨论工作的地方，墙边的这台钢琴显得古雅厚重，它是这个宅院中最具历史感的器物了，从 1957 年进入这里开始，到今天已经六十余年了，它见证了无数弟子和学生在这里初次“过堂”的情景。

“第一次去‘过堂’我现在还记得，（红线女）让我先唱一段给她听听，她给了我一个调，我就唱了一句首板。”“好了好了，不用唱了，唱两句，走两个身段看一下。”“第一次见面就这样，就是俗话说的‘过堂’。”

“妈妈对着钢琴弹两个音调，然后二姐（红虹）唱，我可以听得出来，我不会唱但会听。‘这句还差点’，‘这句转弯上去还差一些’，妈妈是这样教二姐（红虹）的，真的是逐个逐个音教的。”

据说红线女的厨艺不错，但品尝过她手艺的人着实不多，这张餐桌见证的更多是红线女日常的简约饮食和工作状态，红线女的早餐就是两个蘑菇、一碗面条、一个鸡蛋，她什么都会煮，有一道菜叫“摩摩鸡”，弄出来的鸡肉很好吃。

红线女不喜欢用手机，她所有对外的联系和沟通，都靠这台电话。她是个急性子，只要是工作，只要是艺术上的看法，只要她想起，不管什么时间、对方是什么人，她都会立刻拿起电话拨打过去。

茶几上放着纸笔，供红线女想起什么随时记下。她有这个习惯，每当她要进行重大演出之前，为了保护嗓子，她就不说话，只用字条与别人交流。

多年来，红线女写的字条包罗万象，形形色色，五花八门，形成了她的一种独特的交流方式，谢友良说："在我跟她排《春到梨园》这个戏的时候，我接到二十多张纸条，她经过思考全部写到纸中，再三提醒我要这样做。最有名的一张字条是写给邓小平的，开两会呢，邓小平就在台上吸烟，她说，我就写了一个条子，'邓伯伯，吸烟有害健康'，'今天是世界禁烟日'。邓小平看了一笑，把烟掐灭了。"

报纸是红线女了解外部世界最重要的渠道和信息来源，她家里订有多份报纸和杂志，读报成了她的一个生活习惯，重要的内容她会带回单位和大家一起学习讨论。作为一个人民的艺术家，她决不允许自己与世界隔绝，与社会隔绝，与生活隔绝，与时代隔绝。生活中的红线女同样透着一种大情怀。她平常不怎么看电视，但奥运会期间，她躺在床上也要为中国的健儿们摇旗呐喊，她一生都期盼祖国强大，当她看到我国第一艘航母下水的新闻后，竟然买了一艘辽宁号的模型摆放在红线女艺术中心大堂。

红线女和普通人最大的不同，就在于她的家里多了一个练功厅，台上一分钟，台下十年功。这间练功厅，见证了红线女在成为一名戏剧艺术大师的历程中洒落了多少汗水，付出了多少努力，也见证了她教授学生时费过多少心血和精神。"我们都经常去看她们，排戏、练功我就听得出哪句是二姐（红虹）唱，哪句是妈妈唱的，外面的人是听不出来的。"

那张著名的乒乓球台，就摆放在练功厅里，凡回忆起和红线女打乒乓球，都是令人格外开心的事情。"她喜欢打乒乓球，打得比我好，她曾经拿过广东省粤剧团乒乓球冠军。"

这里曾经摆放过毛泽东主席为她写的座右铭，这里曾经挂过一副她写的字，周恩来总理见过后很是欣赏，欣然索要而去。周总理去世后，邓颖超大姐将这幅字回赠给了红线女，并叮嘱她，还是要记着，红线女每天会在这里反思着自己。

红线女对金钱看得很淡，她一生中为国家、为慈善进行过无数次的义演义捐，晚年更是积极为粤剧事业、为艺术事业、为一切有需要的人和事慷慨解囊，而且绝不张扬。她曾向西藏话剧团捐赠了十万元，所有发生灾情的地方，我们粤剧界马上挺身而出，红老师带着罗品超、罗家宝、关国华、郑培英一众上街头开展大型义演，体现了我们粤剧人血浓于水、关注民生。2008 年汶川地震的时候，我帮她捐了四十万元，因为当时报纸的报道说四十万元就可以在灾区重建一所希望小学，红老师说省领导来慰问她，她想拿出这笔钱和大家一起分享，她的这份情和这份心意远远超过这笔钱的价值，我觉得是无价之宝。

读书是她学习的重要手段，她和郭沫若、巴金、老舍、曹禺、茅盾、冰心等文化巨匠也多有往来，鲁迅先生的作品是她非常喜爱的。红线女晚年把鲁迅先生笔下的祥林嫂搬上了粤剧舞台，获得了极大的成功。她也演出过巴金、郭沫若、曹禺等大师的作品。四大名著是红线女必看的经典书籍。红线女在书中吸取各种营养，也从书画中提升自己的气质和修为，她与国画大师关山月交情匪浅，她正式拜过杨善琛大师学画，她和林镛、苏华、林蓝一家更是朋友和学生，向他们学习绘画。她这一辈子很有风格，就是现在我们所看到的风格，纳入了一个更加高、更加大的境界，一个艺术人才的成长、成功，应该是多方面的修养。

中年以后，她身体状况不是很好，有像肌肉萎缩这些症状，但是由于她坚持练功，克服了这个疾病，所以她一直到八十多岁都能登台演出，有一种非凡的毅力跟创造的精神、献身的精神。

我们分明看到的是在高高的台阶上奋勇攀登绝不停止也从未停止的红线女，一个意气风发的红线女，这才是一个真正的红线女。即使在生活中，她也绝不做弱者。

华侨新村友爱路二十号，一个强者的家。

第十集

2013 年春节到来之际，红线女亲手启动了迎春花市的亮灯仪式，迎接新年的到来。这一年已经是她在红线女艺术中心工作的第十七个年头了，这里收藏、记录和展示了红线女生平的重要事迹和重要的艺术成果，展示了一个艺术家成长的历程。这个历程离不开党和国家及人民群众对她的关心及厚爱，这里也展示了她为祖国和人民、为民族的艺术事业所做出的贡献和付出的心血。

红线女在这里主持完成了对红腔红派艺术的研究成果和粤剧前辈们的优秀艺术结晶的诸多总结，这些成果已不仅属于她个人，更是我们民族优秀传统文化的组成部分，也是世界的宝贵文化财富。

红线女始终在和生命抢时间，即使在晚年，她也从未停止自己的艺术创作和艺术实践，仍在不断挑战自己的极限。在这里，她以七十几岁的高龄之身扮演了《西施喜》《貂蝉再拜月》《昭君乐》《长恨歌》中的四大美人，惟妙惟肖。红线女一旦走上舞台，岁月就无奈地退避三舍，“四大美人”真是创造了生命的奇迹，她还扮演了自己艺术生涯中唯一的老旦，她到老还是那么大胆创新。红线女在《祥林嫂》里的表演激情爆棚，应该是她的顶峰，既精致又准确，既传神又达意，声情并茂演绎得淋漓尽致。电影本来就是她心爱的艺术形式，到了晚年她因势利导，再次利用影视的手段来弘扬粤剧艺术，陆续拍摄了《红线女艺术之路》《平凡的使命》《红线女心路之桥》《艺海明珠》《余乐生平》《花城之春》等一系列艺术性纪录片和专题片，取得了良好的艺术效果，使人们不由得惊叹红线女早年双翼齐飞的情景又再次出现了。

2001年，为了吸引更多的青少年观众关注粤剧，红线女又萌发了一个大胆的想法，她要做一部粤剧动画电影，这个念头吓倒了一批人，也遭到了一批人的反对，但红线女就是红线女，绝不被困难和“不可能”三个字吓倒。经过了四年的漫长努力，红线女监制和亲自配音，世界上第一部粤剧动画电影《刁蛮公主憨驸马》终于诞生了。

红线女艺术中心是一个大课堂，红线女在这里呕心沥血地教授和培养各种人才，这里有她的徒弟，有她的学生，有专业的青年俊彦，也有非专业的爱好者，越到晚年她越是重视少儿培养。一提到粤剧，她就觉得这是她使命，所以谁想学她都教，她不是只教大师班，即使最基础的她也去尽心尽力地教，听到很小的小朋友都会唱粤曲的时候，我觉得她好像焕发出一种精神来，像看到了粤剧的生命力。

一个戏剧大师考虑的不仅是培养自己的接班人，而且是戏剧的接班人，甚至是观众的接班人，这是何等的眼光，何等的胸怀。人才的培养是红线女最关心的事情，粤剧急需编剧人才，她多次不厌其烦地呼吁甚至直接上书当时的省委书记张德江同志。在省委书记的支持下，中山大学开办了一个为期三年的粤剧编剧进修班，从2004年到2007年三年的全脱产学习，这个班请了全国二十多位戏剧评论家，有表演的、有编剧的、有评论家上过课。

这个编剧班培养出来的人才，大部分都已成为业务骨干，2018年，全省获奖的优秀粤剧剧目有三分之一出自他们的手笔，在缅怀红线女当年积极促成此事的同时，继续为编剧们创造条件，发挥他们更大的潜力，举办第二期编剧班的事情也提上了日程。

晚年的红线女，把工作视为幸福，她不顾身体衰弱，不辞辛劳，依然四处奔波，到学校，到基层，到乡镇，到农村，为广大群众演唱，和他们一起交流。为基层剧团的同志们加油打气，也深受广大群众的喜爱。2013年她的日程依然排得满满的，这一年，她不仅多次到剧场看省、市粤剧院与红豆剧团的演出，对后辈们表达关怀和鼓励，还专门去看了茂名、江门和吴川、新会等地方粤剧团的演出，甚至拿出自己的部分薪资表示对他们的支持和鼓励。

这一年，红线女和次子马鼎盛合作开拍了展示她艺术人生的另一部大型艺术影片《永恒的舞台》，当红线女神采奕奕地拍完片尾曲《艺海抒怀》时，全场的工作人员和观众们都为她的精彩演唱和大气磅礴的艺术情怀所感染，报以热烈的掌声。有人心疼地劝她可以歇一歇了，太阳都要下山，何况人呢。红线女说，要我不工作莫如死，再说，太阳每天都要起床的。

进入十月下旬以后，红线女因腰部剧烈疼痛被送进医院治疗，住院期间，红线女依然惦念着粤剧，她在得知首届世界广府人恳亲大会即将召开的消息后，坚定地对黎子流老市长表达，只要她站得起来，就一定会参加。她特意挑选了新的裤裙（裙褂），她觉得要以最美好的形象来见大家。“在上台之前，我发现她的腰向一个方向倾斜，侧着走，然后我就提醒她，她一听就马上把腰给立直了。前一晚还躺在医院，是上到台才挺直腰板，没上台都还是弓着的，要顺着，因为太疼了。”

11月13日，提前出院的红线女穿着一身新的裙褂出现在首届世界广府人恳亲大会会场。

“对不起，可惜我最近身体稍微差了一些，我腰疼，现在站也站得不好看了，见礼也见得不好看了，全都不好看，但是我的心是最好看的。”红线女是用尽了自己生命中所有的爱和所有的能量释放出了一种无比的魅力和超强的气场，让全场观众无不感动，无不为之欢呼鼓舞。

11月26日，红线女出席广东粤剧学校七八届四十周年志庆晚会，与同学们合唱《荔枝颂》；11月30日晚，在广州粤剧团成立六十周年志庆晚会上，红线女又一次唱起了《荔枝颂》。三次《荔枝颂》，对着来自世界的华人，对着自己心爱的学生，对着视如自己亲生孩子一般的剧团，红线女在人生的最后时光送上了自己全部的爱。不久之后，红线女突感不适，被送入医院急救。

噩耗传出，广州震动了，全国震动了，世界上有华人的地方都震动了。哀思悼念铺天盖地而来，人们以各种方式哀悼这位为中国戏剧艺术鞠躬尽瘁、死而后已的伟大艺术家。

专题纪录片《永恒的舞台》于12月13日在文艺界的追思会首映，虽然红线女未能在生前看到这部电影，但她的艺术将永远活在永恒的舞台之上。红线女是新中国舞台艺术最具代表性的人物之一，为新中国舞台艺术的繁荣奠定了重要的基础，也为新中国舞台艺术今后的发展起到了重要的推动作用。红线女应该是地方戏的代表人物，应该是属于21世纪出现的世界级的戏剧大师，是继梅兰芳以后出现的又一世界级戏剧大师，地方戏的领军人物非红线女莫属。

红线女在某种程度也是一个绝对冠军的人物，没有一个能跟她平起平坐的人物。红线女是中国共产党的优秀党员，她的心始终与党和人民紧密相连。红线女是卓越的爱国者，她一生和祖国荣辱与共、善始善终。红线女是深受广大人民群众爱戴的人民艺术家，她是岭南文化的灵魂人物之一，是中华民族优秀文化的杰出代表。

12月17日，络绎不绝的人们从四面八方赶来，在银河园白云厅送别他们心爱的“女姐”，现场播放的不是哀乐，而是她喜爱的那首《荔枝颂》。她不愿意给别人带来悲哀，她希望自己的声音永远给人带来享受。党和国家领导人习近平、李克强、张德江、俞正声、刘云山、王岐山、张高丽等所有第十八届中共中央政治局常委送的花圈摆在前列，这是党和国家对一位去世的艺术家给予的前所未有的最高礼遇，这也是对红线女一生贡献的最大肯定。她的精神将永垂不朽！

红线女艺术中心的外边，有红线女当年亲手栽下的两株荔枝树，人们惊奇地发现以前从未结果的荔枝树，在她去世之后竟然结出了鲜红可口的果实。人们更加惊讶的是走进红线女艺术中心，你会感到红线女似乎并没有离去，她的艺术感染力和迷人的魅力在这里依然鲜活亮丽，中心有她留下的非常宝贵的精神财富，就是团结、就是讲党性、就是讲大局意识，红线女艺术中心的全体员工秉承红线女的精神，努力开拓创新，精心打造着这张广州著名的文化旅游名片，他们希望把红线女艺术中心办成一个收集、整理红派艺术最完整、最丰富的艺术中心，也是举办粤剧艺术主题展最多的艺术中心，让红线女的身影和足迹继续走向全国，走向世界。他们整理出版了大量的新专刊和书籍，还用活态传承的方法，运用影视艺术的方式和举办红派艺术大赛的形式来扩大传播的效果，并创新性地推出了以红线女和马师曾为主题的粤剧《红的归来》，取得了不俗的反响，他们还加入了八家名人故居纪念馆联盟，以新开拓的展览方式让更多的人了解红线女的一生和粤剧艺术的精华。

她的弟子们和她众多的艺术受教者们已经成了粤剧界各方面的栋梁之材，红线女为之终生奋斗的粤剧事业正在走向新的春天，更多的粤剧青年人才在茁壮成长，更多青少年在接近粤剧、了解粤剧、喜欢粤剧，更多的民间社团和广大的粤剧爱好者们将粤剧融入日常生活之中，秉承红线女的精神。

广东粤剧促进会开始了新的征程，振兴粤剧的重大工程在一件一件地实现着，广州粤剧院的新址正在开工之中，红线女生前关心的《粤剧大辞典》完成之后，利在千秋的《粤剧表演艺术大全》编撰工作取得了卓越的成果。将众多经典粤剧搬上银幕的工作也在紧锣密鼓地进行，在新时代党和国家高度重视中华民族传统文化中建设和发展。

"我这次参加人大会议，我们广东团的会议习近平总书记来参加了，我提到了广东粤剧，然后习近平总书记第一句话就是'红线女'，所以当时我听到真的很开心，他记得红线女就是记得我们广东粤剧，因为红线女就是我们粤剧的品牌。习近平总书记视察粤剧艺术博物馆时，殷切嘱托要把粤剧传承好、发扬好，这是对广大粤剧人和粤剧事业建设的最大鼓舞和最大动力。粤剧人团结奋发共创美好的明天，将是对红线女的最大告慰。"

（文稿有删减）

【点评】

十集人文艺术纪录片《一代天娇——红线女》多层面全景式记录了红线女

一生践行着忠于党、忠于粤剧、忠于人民的艺术足迹。摄制团队不辞劳苦地跟随红线女生前的步伐，横跨亚、欧、美三大洲取景，赴北京、广州、贺州、香港、澳门及马来西亚、新加坡、加拿大、俄罗斯等地区和国家实地拍摄，采访了近150位专家亲友，查阅了数百万字的相关文字资料、大量的图片照片和影像资料，最终得以从艺术成就、人生经历、精神追求等层面全方位记录这位人民艺术家传奇的一生。

本片还特设“我眼中的红线女”环节，采用最先进的电影拍摄技术完成情景再现，艺术化地再现红线女一生中的重要节点和人生亮点。包括红线女与著名京剧演员张火丁、影视演员刘德华、亲传弟子欧凯明、粤剧演员郭凤女的交往轶事、渊源故事都将在片中呈现。其中粤剧大老倌的出演和多种艺术手法的运用大大地增强了影片的观赏性和艺术性。

该片制作精良，品质上乘，摄影、灯光、表演、置景都体现了摄制团队对艺术的追求。然而，刻意的精雕细刻和情景再现的扮演，或多或少影响了纪录片的真实性。

（黄慰汕）

动画片

小凉帽3之白豚湾奇遇

深圳华侨城文化集团有限公司　胡梅林

故事简介

生活在赤竹镇的6岁客家小女孩阿凉，从小耳濡目染，热爱自然并尊重所有生命。一场龙舟赛中，她从盗猎者的手里救下了白鹭，学会风的魔法，成为客家凉帽的传人。

神奇的凉帽可以和大自然发生共鸣，阿凉不光能听懂动物的语言，还借助凉帽独特的魔法在海底探险。她遇到很多有趣的动物和植物，还和黑商役使的猫头鹰、黄二狼、四叶鼠一伙斗智斗勇，保护自然和家园。

阿凉和可爱的阿妹在博学的小表哥的带领下又有了更多新发现——神秘的大海和秘境森林，一行人带着疑问和敬畏继续探索着自然，度过了成长中最愉快时光。

【点评】

本片入选总局推荐2021年第三季度优秀国产电视动画片目录。《小凉帽》系列动画根据著名作家胡梅林童话小说《会飞的小凉帽》改编创作，取材于中国传统文化，以广东非物质文化遗产“凉帽”为文化载体，汲取中国经典民间故事元素，结合现代城镇和乡村生活展开创作。故事以自然认知、家庭关爱、伙伴互助和人格成长为主线，倡导自然大爱的价值观，寓教于乐，潜移默化地引导少年儿童正确看待文化传承、自然保护和自身成长。动画片画面清新明亮，独创性地还原当代具有中国特色的乡土风貌，突出表现美丽的岭南田园自然风光及客家文化，为儿童展开了一幅幅生动美丽的东方田园生活画卷。

（何　军）

电视综艺节目

乐高大师

深圳广播电影电视集团　张　艺　朱文婕　张　军
张悦如　李晓君　张雯雯　吴　津　李乐萌　于广泽

才貌双全 Marvel R，乐造世界由你搭！欢迎来到由 R 汽车独家冠名的《乐高大师》。

1．主持人揭晓挑战

我们本期的主题就是创造自己心中的电影场景！电影世界包罗万象，既有对现实生活的真情记录，也有对虚拟世界的无尽想象。电影艺术的魅力无与伦比，每个人都可以用不同的人生经历和审美情趣勾勒出自己心中最美的电影故事。

今天，就请各位化身为导演，把想象倾注于乐高颗粒当中，用乐高积木来创造一个独一无二的电影故事。

2. 选手抽签

3. 注意事项

大家选择时必须果断，一旦手触碰到袋子就代表做出了选择，不能再更换。拿到袋子后先别打开，先返回原位。注意保密，别让隔壁组看见了。

其实大家拿到的都是八个凸起的砖块！所以这次的重点，并不是颗粒凸起的数量，而是砖块的颜色，色彩是电影语言的一部分，那些令人沉醉的电影画面，除了有着近乎完美的构图，还有着它们独具风格的色彩搭配，这些色彩不仅承担了重要的叙事功能，还蕴含着深刻的美学含义。

你们手中的砖块就决定了本次拼搭场景的主色调，每组将要从对应颜色的基底出发开始搭建。那么各位搭建的主题又是什么呢?

4．抽取场记板（电影类型）

在我面前的七块场记板后分别标有七个不同的电影类型，分别是动作、喜剧、爱情、科幻、悬疑、魔幻和童话。各组需要按照抽到的电影类型，另外结合刚才已经抽到的主色调进行搭建。我们将按照刚才抽取颗粒的反向顺序抽取电影类型。

这次选手们做设计的时候应该注意些什么?

本次比赛我们仍然会从常规的搭建技术、美学价值和故事创作能力三个维度对大家的作品进行考核，因为今天大家需要搭建的是一个完完全全由你们原创的电影场景，所以在三个维度中我们会更加看重你们的故事创作能力，你们需要好好利用你们抽到的色彩元素，合理地与电影主题结合，我们希望看到的是一个画面协调、让人感到舒服的场景。

为了让大家更好地表现电影场景，我们本期在原有砖块的基础上，还特别为大家开放了“乐高城市组”砖块屋，请看我的身后。乐高城市组，是以真实生活场景为灵感而设计，目的是寓教于乐，让孩子能够通过拼搭玩乐探索真实的世界。这次大家可以任意选取城市组的零件，加入自己本次的作品中，如果能够合理运用这些零件，一定会给你们的创作带来方便。接下来，就尽情地挥洒你们的创造力吧！

《乐高大师》搭建规则：

（1）每组需要为创作的电影片段拟定一个片名。作品请考虑电影中的重要元素，包括时代、地点、角色、情节以及主题思想等。

（2）作品中的所有角色、故事与场景均需为原创，不可复刻或抄袭原有的电影作品或 IP。如发现，将被取消参赛资格。

（3）“主色调”定义：颗粒抽签所得颜色为各组拼搭“主色调”，同色系的任何形态颗粒均为“主色调颗粒”。

（4）本次拼搭作品最终效果需直观呈现出主色调。

（5）本次搭建选手需要从给定主色调的基底出发进行搭建。

（6）砖块库中，不同主色调颗粒的数量和种类存在差别，请充分合理运用。

（7）“乐高城市组砖块屋”中的透明箱里装有不同城市组的零件，选手可按需取用，但不强制要求。

注意：已拼好的城市组展示模型不可取用。

（8）比赛倒计时结束前，需将作品正面朝向中间蓝色过道。评比将在桌前进行。

（9）比赛倒计时结束后，将有 3 分钟的时间统一整理桌面。如提前完成拼搭，可逐步整理桌面，但不强制要求在比赛倒计时结束前必须整理完。

（10）作品需严格扣题。本期搭建完成后的打分权重分配：搭建技术占 30%，美学价值占 30%，电影故事呈现占 40%。

（11）其余搭建事项请参照第一期。

（12）请妥善保存本规则以备查阅。

【各工种就位，继续录制选手搭建】

一、第二轮采访【上午搭建开始 3 小时后】导演组宣布暂停搭建

二、第三轮采访【只剩 1 小时 40 分钟时】

三、主持人第二次报时【宣布倒计时 1 小时】

四、最后倒计时+宣布比赛结束

【点评】

《乐高大师》是一档百姓参与、具有合家欢气质的益智类竞技真人秀，节目将中华传统文化与乐高积木完美融合，赋予积木搭建益智竞技比赛中国元素。节目将中国故事、中国历史神话传说、中国古建筑、中国民族艺术的一些物件作为积木搭建比赛的构件和主题，实为一种创新。全季节目策划了“世外桃源”“中国神话”“绽放之美”等主题，用一颗颗乐高颗粒搭建出了“盘古开天”“龙宫还宝”等国风作品，引发“乐高国潮”的持续热议。

节目运用多种综艺表现手法进行主题发布，既展现了脑洞大开的创意搭建，又让观众收获了惊奇和感动。其中音乐、电影、神话的元素增加了积木搭建的故事性、想象力和感染力，把积木搭建赋予感情色彩，增加了可视性和趣味性，颠覆了大家心目当中乐高积木的原有形象，让没有生命的塑料积木搭建出令人感动的情景，也让冷的积木有了热的情感。节目完全跳脱出了乐高搭建的固有形式，使搭建竞技呈现出了多层次的综艺效果，在种类繁多的周末综艺市场上探索出一条与众不同的道路，因此该节目是一个具有创新创意的好节目。

节目播出期间，全网覆盖传播总量超过 9 亿；#拼乐高的崩溃瞬间#单个子话题阅读量高达 1.4 亿，3 小时横扫 3 个热搜榜。CSM64 城最高收视全国同时段排名第 4，收视表现不俗。节目获得国家广电总局《监管日报》专题点评表扬：“《乐高大师》以中国文化入题，用乐高积木讲述中国故事，新潮时尚，展现中华优秀传统文化，展现新时代的中国活力。”网友也纷纷表示“开始只是陪孩子看，最后全家老小都沦陷其中，这个综艺太上头”“谁能想到我竟然为了一个乐高作品泪流满面”“乐高拼出了中国人 DNA 里的故事”。

（张　铮）

电视文化节目

《四库全书》探秘

广东广播电视台 吴泳斌 彭 蓉 侯朝霞 宋 飞 葛志江 陈艳芬

一套中外史上罕见的浩瀚丛书，一段深藏于历史长河中荡气回肠的往事。从南北七阁藏书楼的盛极一时，到烽火战乱下的三千公里护书路，这套国宝级的珍贵古籍背后藏匿着怎样百折千回的故事呢？

《四库全书》探秘（上集）

在我国南北，不同的城市分布着几座这样的两层小楼，建筑样式如出一辙，而起名也遵循着一定的规律，它们之间有着什么联系，又始建于什么年代呢？

2019年，时值孔子2 570周年诞辰，金秋九月在杭州的孔庙举行了隆重的纪念活动，以纪念万世师表——孔子。祭拜仪式之后，活动的一个重要环节是重走当年护书路，护的这套书为《四库全书》，而这次"护书"活动的终点，则是位于西湖边上的文澜阁。《四库全书》与文澜阁之间有着什么样的关系？"护书"又谱写了一段怎样波澜壮阔的历史呢？

这得从乾隆皇帝说起。《四库全书》全称《钦定四库全书》，是清代乾隆时期编修的大型丛书，堪称中华传统文化最丰富最完备的集成之作。为了编纂此书，乾隆主持成立了史上最豪华的编书天团，由纪昀（字晓岚）出任总纂官，集合了360多位高官、学者编撰，抄写人数有3 800多人，耗时十三年编成。分经、史、子、集四部，故名"四库"。共收录图书3 462种，共计79 338卷，36 000余册，约八亿字。

天一阁一楼是不藏书的，二楼藏书，主要的原因就是宁波比较潮湿，从一楼上来以后首先看到的是范家的家规，第一条是非常重要的，字也写得最大：烟酒切忌登楼，意思是这个地方禁止使用明火，在书柜的底下摆放了英石，它的主要作用是用来吸潮气。

建于明代的天一阁藏书楼，是中国现存最为古老的藏书楼，在《四库全书》编修期间，共献出珍本638部，被《四库全书总目提要》采录473部，在全国藏书家中贡献最多，被推举为民间藏书楼的典范。当年，《四库全书》一共手抄了七部，为了存放《四库全书》，效仿天一阁建造了七座气派的皇家藏书楼，取其“天一生水，地六成之”之义，这就是为何在南北各地有着风格一致的几座古代藏书楼。

七部《四库全书》中，先抄好的四部，分藏于紫禁城内的文渊阁、盛京（今沈阳）宫内的文溯阁、北京圆明园的文源阁、河北承德避暑山庄的文津阁，此为北四阁，又称为内廷四阁，仅供皇室阅览。

后抄好的三部藏于扬州的文汇阁、镇江的文宗阁、杭州的文澜阁，此为南三阁，南三阁允许文人入阁阅览。

自 1792 年，即乾隆五十七年《四库全书》全部完成，至今两百多年的时光里，中华大地上经历了无数的沧桑巨变，当年的七阁库书还有哪些踪迹可寻呢？

我们从《四库全书》的起始点——北京出发，试图找到与当年相关的历史印记。

王跃庆，西泠印社社员，因酷爱文字，常常需要查考古书典籍，这趟借着出差的机会，他专程到国家图书馆古籍馆来“抄书”。

沿着景山前街往西走，就是文津街，古籍馆就坐落在这条街上，而文津街与文津阁一字之差，难道只是巧合？

国家图书馆古籍馆副馆长谢东荣：文津阁的《四库全书》是国家图书馆的四大专藏之一，1909 年清代学部要筹建图书馆的时候，必须得有书，所以张之洞在所上奏折里提出来，把避暑山庄的《四库全书》移交图书馆，清政府答应了。1913 年把避暑山庄的《四库全书》运往京城，1914 年 1 月的时候到京城，但是没有直接交给教育部，而是交给文华殿的古物陈列所，后来教育部知道这个事之后，当时负责人是鲁迅先生，知道之后就居中协调。所以文津阁的《四库全书》到我们馆大概是 1915 年，当时给的只是书，书架还没给我们，到 1916 年的时候书架才移交到图书馆。

1931 年，文津街馆舍落成对外开放，馆区门前的街也随之改称文津街。如今，文津阁本《四库全书》存放在位于北京市中关村南大街的国家图书馆总馆。在国家图书馆，读者们不但可以随意翻阅《四库全书》的影印版，还可以浏览数据库里的电子版。

西泠印社社员王跃庆：写本和珍贵的刻本，这些东西在文人、学者心目中都是至高无上的。《四库全书》的字都是万里挑一的，我看这些前贤写的字，我对读书做人，对中国传统文化，也是非常崇敬的，受他们的精神潜移默化，今天能够坐在北京国家图书馆这样优雅的环境中，拿起这支神圣的毛笔，我觉得一种幸福感油然而生。

《四库全书》当年聚集了书法造诣最高的文人士子，手抄而成，目睹先贤的字迹，王跃庆似乎体会到一种跨越时空的对话。

除文津阁外，北四阁中其余三阁，文源阁本于 1860 年英法联军攻占北京火烧圆明园时被焚毁；原藏北京故宫的文渊阁本现藏于台北故宫博物院（也是保存较为完好的一部）；文溯阁本现藏于甘肃省图书馆。

那么，远在南方的南三阁去向又是如何呢？都说《四库全书》如今仅存三套半，北四阁现存三套，那么，另外半套是哪半套呢？

“欲把西湖比西子，淡妆浓抹总相宜。”杭州西湖，世人皆知其风光绝美，殊不知这西湖边的许多建筑也与《四库全书》有关联。孤山南麓的西湖博物馆，游人走进里面的三进院落，两层小楼就是当年七座皇家藏书楼之一——文澜阁，也是南三阁中唯一存留的藏书楼。重修后的文澜阁，又恢复了往日的气派，但是当年的《四库全书》却并不在其中，那么书又到哪里去了呢？

浙江图书馆馆长陈谊：在文澜阁建成以后就有很多江南文化人、藏书家来文澜阁这里抄书，抄书以后就回去版刻，重新编讲，可以说文澜阁的出现，对以杭州为中心的文化发展曾经起到重要的推动作用，基本上有了我们今天公共图书馆的味道。

当年，这样的皇家藏书楼堪称一座开放式的国家图书馆，造福一方。但这样鼎盛一时的藏书楼，却在乾隆之后的近百年时间里，随着国家的命运而浮沉，而围绕这部历尽劫难的典籍，展开的是一段跨越一个世纪的文人志士接力式的惜书、护书传奇。

浙江大学医学院附属第一医院，一座别致的两层小阁楼与周围的现代化建筑相映成趣，这栋小楼有什么来历呢？

1851年，太平天国运动爆发，《四库全书》藏于扬州的文汇阁本、镇江的文宗阁本，悉数被毁，原址荡然无存。

杭州文澜阁倒塌，《四库全书》流落民间，一时间街头巷尾包核桃、瓜子的纸张竟是《四库全书》的宣纸。杭州藏书家丁申、丁丙兄弟见此情景，不惜花重金从民间收购，得到8 140册，仅及原书四分之一，其后进行了补抄。小八千卷楼正是丁家的藏书楼，这里就曾藏有《四库全书》的底本。

民国三年（1914），时任浙江图书馆馆长的钱恂主持补抄，历时七年，史称“乙卯补抄”。

民国十二年（1923），时任浙江教育厅厅长的张宗祥发起补抄，历时两年，史称“癸亥补抄”。

《文澜阁四库全书史》作者顾志兴：在四分之一的基础上补抄，我比喻为体育竞赛上的接力棒，丁氏兄弟跑了第一棒，钱恂跑第二棒，张宗祥跑第三棒，最后把它补抄完整，体现了我们的民族精神，自强不息，永远不会被困难压倒。这本身给我们很多思考，这种保护祖国文化的精神，感天动地。

经过三次补抄，文澜阁本终于基本上恢复了原貌。这就是为什么说文澜阁本《四库全书》为“半部”的原因，但其实“半部”不“半”。

湖南大学教授邓洪波：半阁补抄，是怎么补呢？禁宫里面的书，很难借出来，同时《四库全书》的总目讲了它的版本，找到原来的刻本来抄。看电视节目的观众和学术界都有一个共同看法，修书就是毁书，就是删节，改掉一些，按照这个说法，就变成七阁的本子。但是，我们抄是找到原来的书，比如明代，我们找到刻的原本，这个时候照抄，没有照四库的本子抄，所以所谓删减、篡改的毛病都没有了。当然不是所有都是这样，烧毁的比例有多大，现在还不能量化，但我们对《四库全书》批评最多的东西，在它抄的部分恰好没有，还原了历史状态。我们看刘罗锅的电视剧把书里面的内容都划掉了，这恰好是它回到原来版本的好处，这半部恰好没有《四库全书》毛病的地方，学术价值就很高。

如果说补抄是一场惜书的接力赛，那么抗日战争时期的护书西迁则是一场接力赛、一次文人保护文献的文化长征。

起点，依然是西湖边上的孤山路，这里有两栋民国时期的建筑，当地人通常根据其颜色称为红楼、白楼，目前是浙江图书馆古籍部的所在地。

抗日战争爆发，当时存放于此文澜阁《四库全书》的安全受到严重威胁。时任浙江图书馆馆长陈训慈面对日益严峻的局势，作了一个大胆果断的决定——把《四库全书》悄悄运出杭州。

陈训慈外甥赵一新：我记得我母亲对我讲过多次，1937 年 8 月 1 日，她从对面杭州艺术专科学校赶过来，跑到这里二楼，在我舅舅陈训慈的主持下，具体由这里的一个叫毛春翔的负责人指挥，参加了整个装箱、清点、整理、登记造册的过程。当时因为时间很紧张，所以在拐弯的时候，我妈妈在后面抬（书箱），一不小心一拐弯，这个位置就碰出了血。

8 月 4 日，《四库全书》140 箱、其他古籍善本 88 箱，共计 228 箱，离开孤山馆，运往浙江富阳，终于在沦陷之前离开了杭州。从此，文澜阁《四库全书》开始了漫长的漂泊岁月。

专家学者都说黄公望当年画《富春山居图》，就从这里开始起笔，然后展开来的，我们渔山是卷首。

白头发老者、富阳渔山乡贤联谊会副会长葛华兴：1937 年 8 月 4 日晚上，他们从杭州往这里过来，8 月 5 日中午的时候就到这个码头，赵坤良就组织老百姓搬进去，老百姓积极性都很高，抬的抬，挑的挑。

赵坤良儿子赵志基：只剩下这张凳子，什么都没有了，这些字是我父亲赵坤良写的，这个赵谦记就是我们家当时的商号。

在富阳，当年协助藏书的热心人士赵坤良的新宅，被闻风赶来的日本人一把火烧了个精光，现在仍然是一片荒地，留有赵坤良手迹的一把椅子是新宅唯一遗留下来的东西。巧的是，当年存放库书的是赵坤良老宅而非新宅，因此躲过了一劫。如今八十多年时光过去，这座运气加持的老宅也还在。

像这样可歌可泣的事迹伴随着库书的西迁，多不胜数，到达建德绪塘村的时候，库书部分藏在村里的民俗教学馆，部分藏在了热心人士方立斋的家，而日本人的炮弹就在他家一墙之隔的地方爆炸。

方丽斋儿子方夏宝：我当时5岁了，晓得，听爸爸讲的，（书）放屋子堂前。

随着时间的流逝，这段西迁史逐渐尘封于历史档案之中。为传承父辈们的护书精神，退休后的赵一新致力于库书西迁路上各个节点的历史挖掘。经过赵一新和各地政府的努力，如今，曾经掩护库书躲过一劫的赵坤良老宅，建成了杭州文澜阁《四库全书》抗战西迁首站纪念馆。在西迁路上的建德、龙泉、贵阳等地也都陆续建起了纪念馆。

赵一新期盼着，有一天能把库书西迁路上的每一个节点都串联起来，让后辈可以更近距离地了解历史、触摸历史，让先辈们对文化遗产保护的决心、文人护书的精神得以代代相传。

文澜阁《四库全书》从1937年开始向西转移，至1946年再返回杭州，整整在外9个年头。回到杭州的库书还曾经在青白山居停留过一段时间。1998年，浙江图书馆曙光路总馆建成，库书也随之存放到了恒温恒湿的书库当中，现代化的书库和完备的管理制度，显然更符合收藏珍本古籍的条件，这就是为何现在书与阁分离的原因。

浙江图书馆古籍部副主任张群：古籍的藏跟用是一对矛盾，因为作为古籍保存下来非常不容易，我们要守护它，尽量减少使用。但作为史料我们要开发利用，要使用它，作为收藏古籍的公共图书馆，一直为了缓解这个矛盾不停地在做努力。我们现在一般分两块保护，一块是原生性的保护，另一块是再生性的保护。再生性的保护，是指通过各种措施使它化一为万千，使孤本不孤，把古籍原件作为原本保护起来，复制件广为读者使用，让更多人去了解它。

“惟楚有才，于斯为盛”，千年岳麓书院，古代有大儒在此关于儒理的对论，近现代则有革命英烈在此为国图强，现今则伴随着湖南大学学子的琅琅读书声，岳麓书院仍然发挥着书院的效用，书院中最高的建筑御书楼里依然有大量的藏书。

湖南大学教授邓洪波：作为一个全国性的研究院所，藏了三部（影印版）《四库全书》的只有我们，在教学上叫作历史文献教研室，我们有一个湖南大学古籍整理研究所，还有一个中国四库学研究中心，我们是一个平台，为大家服务；还有一次学术会议、一本刊物。

如今那些珍贵的善本，不仅得到了妥善的保存，四套存世《四库全书》的影印版、电子版等也与世人见面了，寻常百姓也能阅读和购买《四库全书》，当代的文人学者们更是深耕细作，不断挖掘着书中的内涵。

湖南大学教授邓洪波：为什么要研究它？它是乾隆时代倾国家之力，对它以前远古到乾隆年间的所有文化的总结，尽管我们批评他改了一些，删掉了一些，禁了一些，但不从整体上影响它代表中国传统文化的精华和核心部分。文化的继承和研究，没有文献怎么研究？意义就在此，它集中提供了一个代表几千年文化的文献版本，所以这实际上绕不过去的。

“文化是一个国家、一个民族的灵魂。文化兴国运兴，文化强民族强。”大型丛书《四库全书》是中国古代最大的文化工程，对中国古典文化进行了一次最系统、最全面的总结，呈现出了中国古典文化的知识体系。中国的文、史、哲、理、工、农、医，几乎所有的学科都能够从中找到源头和血脉。在成书之后的两百多年时光里，《四库全书》始终随着国家的命运而起伏，为了把中华文化的火种传播下去，历代文人志士接力护书，走过了百年的坎坷岁月，又用一百年走到了繁华盛世，古书典籍延续的是民族的血脉，彰显着民族的智慧和精神魅力，来到新的世纪，这套经典典籍又将焕发出怎样新的生命力呢？

（文稿有删减）

《四库全书》探秘（下集）（文稿略）

【点评】

1.《四库全书》一直以来藏于馆阁深处，这部中国古代珍贵典籍，对于大多数人而言只是从影视剧中有所耳闻，却不知其背后鲜为人知的故事和这些怀揣情怀、前仆后继的护书人。

2. 该片深入中国国家图书馆、浙江省图书馆、宁波天一阁、湖南岳麓书院等多个重要文化机构的核心要地，拍摄古籍善本、珍贵文献，奔走于全国七省市探寻《四库全书》踪迹，可谓国内首部全面详尽探秘《四库全书》的文化节目，对于一个省级地面频道能够动用如此多资源，费尽心力跨区域挖掘传统文化，绝非易事。

3. 透过上、下两集共50分钟的画面，立足于中华民族的大格局、大视野，带领观众穿越两百年时空，从时间、地域两个方面，多条故事线交织，大跨度呈现出一部立体的《四库全书》，不止于说教和普及传统文化，更是将静态的国宝古籍融入了几辈护书人的情感温度，让“过去式”的古籍呈现出“正在进行时”的共存感，将阳春白雪的经典古籍带入寻常百姓家，加深人们对中华文化的热爱，增强文化自信，是近年来一部难能可贵沉心静气讲述优秀传统文化的文化精品节目。

（倪卓宏）

电视剧

夺　金

广州环球瑞都文化传播有限公司　集体创作

新中国体育发展史是新中国发展史的一个重要组成部分。“拼搏、奉献、团结、奋斗”“更高、更快、更强”这些口号激励了一代又一代的中国人，“中国体育精神”就是当下呼唤的“时代精神”。“中国体育健儿不断创造辉煌的轨迹，正是中国从弱到强的强国轨迹，是中华民族崛起和复兴的象征，就是习近平总书记说的中国梦。《夺金》的创作里程从此出发，乒乓球对中国人而言，是融入日常和骨髓里的。它随着新中国的历程一同发展，承载了中国好几代人的体育强国理想，所以它能被称为“国球”。“为国争光”，是所有中国健儿的夙愿，是中国体育人的中国梦，也是中国乒乓球的魂。

《夺金》剧本在编写过程中得到了国家体育总局的支持，在查阅档案馆、博物馆以及一些解密文件的资料后，融入了真实事件和案例。除此之外，在项目前期，体育专家、运动员等多次召开研讨会，对剧本内容进行讨论，方向确认后才开始剧本创作。

《夺金》邀请中国乒乓球界元老级人物、前国家乒乓球队总教练许绍发担任技术指导总顾问；邀请乒乓球世锦赛冠军王俊作为技术指导长驻剧组；协调主要演员在北京体育大学进行了为期三个月的集中训练，该剧还有30余位乒乓球名宿客串出演。

《夺金》团队集结了强大的“广东力量”，主创均来自广东：总导演张前是广州人，早年在珠江电影制片厂担任摄影师、导演，拍摄了《和平时代》《亮剑》《射天狼》等一系列家喻户晓的作品，并凭借《和平年代》获得第17届中国电视剧飞天奖优秀导演奖；乒乓球总顾问许绍发退休后一直在广州继续为体育事业做贡献；剧中客串乒乓球员的马琳更是广东省汕头市乒乓球学校培养出的世界冠军；广州作曲家李海鹰为该剧创作了20余首交响乐配乐，并亲自指挥广州交响乐团现场录制全剧配乐。

《夺金》的制作也堪称精益求精。全剧前期筹备8个月，拍摄期6个月，后期剪辑超过10个月，后期制作8个月，拍摄总素材超过5万条，每集平均镜头量 800 个以上，个别集镜头量 1 200 个以上，全剧特效镜头量超过 8 000个。

【点评】

电视连续剧《夺金》播放后，受到了广大观众尤其是青少年观众的喜爱和好评。乒乓球作为中国的国球，一直是我国体育的强项，几十年来在世界的各类比赛中稳居第一。一代又一代的乒乓球运动员顽强拼搏、为国争光，他们永不言败的体育精神，为中国人树立了榜样，为年轻人、为年轻运动员提供了源源不断的中国体育精神力量。这部电视剧描写了三代乒乓球运动员的奋斗史，也是我们中国乒乓体育的一部史诗性电视剧。通过剧中的乒乓球健儿追寻了 50 年的乒乓梦想的故事，充分反映了中国乒乓球运动员强烈的为国争光的爱国精神，凝聚和提升了中国人的国家荣誉感和自豪感。剧中反复出现的“更高更快更强”这个口号，给观众留下了深刻的印象，体育健儿的体育精神激励了一代又一代的年青人。《夺金》播出以后，好评如潮，收视一路飘红，剧情和剧中人物激励了广大青少年观众的爱国热情，是一部优秀的电视剧。

（白　玲）

网络视听作品·网络音频节目

袁庚传：改革现场

蛇口电视台　刘胜斌　周　方

改革现场

第1集

1973年9月30日，被关押在秦城监狱长达五年半的袁庚，终于被释放回家。而在被调到交通部五年后，1978年，已经61岁的袁庚想象不到，已是耳顺之年的自己，居然还能在改革的道路上添砖加瓦。

1978年的某一天，已是61岁的袁庚萌生了回家养老的想法，他犹豫着，要不要向组织说明。而没想到的是，身为交通部部长的叶飞，却率先找到了他。

叶飞："袁庚同志，最近工作进展如何啊？"

袁庚："回部长，工作一切顺利。"

叶飞："顺利就好，你在我们交通部也待了五年了，现在有个活计交给你，不知道你愿不愿意啊。"

袁庚："什么事儿？您说说看。"

叶飞："国家现在啊，需要有人去香港招商局打开局面。我呢，打算推荐你去，只不过不知你意下如何啊。"

袁庚："打开局面？"

袁庚重复了一遍，这四个字实在是打动了他，他喜欢有挑战的工作，于是他当即答应下来。

袁庚："可以。不过我得先去招商局那边看看，做点调查研究，有了发言权再说。"

叶飞："当然！不仅要做调研，还得做好！"

叶飞低下头略作思索。

叶飞："这样吧！给你三个月时间，你去招商局好好调查研究一番，然后拿出一份能让招商局走出困境的办法来，供部党组研究定夺。"

袁庚："好，我这就去收拾东西。"

说干就干，袁庚就这么飞向了香港。

1978 年 6 月，袁庚赶到香港招商局的那天，没有立即走进位于香港干诺道西 15 号那幢 14 层高的大厦，他在楼前看了看，一时默然无语。以往，每回出国公干途经香港，他都会在到交通部属下的这个招商局来歇歇脚。那时，他只是一名过客。而现在，他可能要常驻这里了。

当袁庚在招商局集体宿舍安顿下来之后，他立即找干部谈话。办公室主任梁鸿坤想不到他是第一个被约谈话的人。

梁鸿坤走进袁庚的临时办公室，没有在袁庚身边的椅子上坐下来，选了稍远一点的位子，半欠着身子坐下去。

袁庚："梁鸿坤是吧？在招商局干了多久了？"

梁鸿坤："有一些年头了。"

袁庚："说说看，你对招商局有什么看法。"

梁鸿坤抬眼看了看袁庚，这个人比看上去年轻 20 岁，身板硬朗，说话也中气十足，沉稳而干练。

但梁鸿坤不清楚眼前这个人的底细，更搞不明白他来调研的目的，不敢随意开口。

梁鸿坤："就那样子，有些具体问题就像你看到的那样。"

袁庚浅浅一笑，看穿了他的矛盾心理，知道他有话要说，却没有催他，适时地结束了谈话。其实，他走进来的时候，袁庚也在打量他，觉察出这位小个子干部是个精明而又谨慎的角色。

袁庚挥了挥手，示意下一位进来。

（结束语）袁庚的招商局之行似乎并没有开出个好头，他要如何收集到自己想要的情况，并且想出解决困境的办法呢？

第 2 集

（导语）已经 61 岁的袁庚其实非常讲究工作效率，你愿意谈，他很欢迎；梁鸿坤不愿意谈，他也不强求。可不要以为你不说，他就掌握不了情况。而最让人闹不明白的是，和他相处的时间一长，你就对他心服口服，愿意把心里话通通告诉他。

第二个进来的是张振声，香港远洋公司总经理，袁庚看过他的资料。香港的远洋和益丰是交通部下属的两家公司，严格来说并不属于招商局，却由招商局代管，属于一个党委。

张振声和圆滑的梁鸿坤可不同，刚一进来就竹筒倒豆子似的说出来。

张振声："关于招商局和远洋公司，我都有很多话想说，却不知道您愿不愿意听。"

袁庚："我来就是为了了解情况的，你说便是。"

张振声："不论是招商局还是远洋公司，现在的业务都没有什么发展，基本上是看守性质的。说起来还是招商局更惨，清朝洋务运动中靠船队起家的船务公司，现在竟连一条船都没有！"

袁庚："还有这种事？请你详细说说。"

张振声带点牢骚地说道。

张振声："国家对派来香港工作的干部限制很多，出门也必须有两个人同行。不仅思想上限制，业务上也管得死死的，凡是业务上的事，必须报北京批准，几千元的开支都必须北京同意才行。部里对派驻香港企业不放心，不放权。"

张振声顿了顿，见袁庚没有对自己的牢骚不满，这才接着说道。

张振声："记得20世纪60年代，招商局的办公室非常小，只有一座四层小木楼，旁边的房主想把自己1 000平方米的房子卖掉，招商局想买下来，但是没有自主权，必须报请部里审批，我去北京跑了两次，结果都没有获批。"

张振声越说越是激动，但话语里又带着许多沮丧。

张振声："我请示的时候，领导说，香港都是我们的，为什么要买呢？眼看着香港飞速发展，我们啥事都不能做，大家都觉得非常压抑。我在这样的情况下干了20年，心里憋了一股气。"

临了，张振声补了一句："这些话我憋了好久，要是有什么不中听的，您见谅。"

袁庚摆了摆手，毫不在意。

袁庚："不用在意，我来就是要了解情况的，不中听的往往才是我更该了解的。"

张振声见袁庚没有在措辞上多苛责自己，心里松了口气。

张振声："那要是没什么的话我就先去忙了。"

袁庚："嗯，你先去吧。"

袁庚低下头，仔细思索着张振声说的话，脑子里渐渐地理出了一些头绪。

几天以后，袁庚找到梁鸿坤，开门见山说道。

袁庚："老梁啊，你带我到各处走走。"

梁鸿坤："行，我给你带路。"

梁鸿坤以为袁庚要到各个科室转一转，哪知道他要上街。梁鸿坤试探着问道。

梁鸿坤："还找人谈话吗？"

袁庚："要啊，但我也想实地看一看。"

（结束语）袁庚终于有了些线索，对招商局的情况有了个初步了解。但他不在公司待着，专门往街上跑这是要干什么呢？

第3集

（导语）袁庚走起路来嗵嗵作响，步幅很大。就像他做事的方式一样，直接、果断、主动出击。袁庚可不仅仅是向着香港招商局的困境出击，他要做的，是向着香港，向着国内还没开始的改革开放勇猛出击，从荒草之中踏出一条路来。

袁庚和梁鸿坤走上香港街头，袁庚就像一头灵敏的猎豹一样，翕动着鼻翼，广泛地搜集各种资讯，尽可能多地掌握香港政治、经济、文化动态。就连总部楼底下的杂货店、水果摊老板的姓名、经营状况、每月盈利情况，袁庚都能一一说出来，甚至还与招商局干部的收入进行对比分析。了解完情况，两人又步履匆匆地回到香港招商局。

多年的情报工作，还让袁庚养成了读报的习惯，从报纸的字里行间获取信息。

香港招商局订了三份报纸，全是左翼的《文汇报》《大公报》《新晚报》。其他报纸不是没有经费订阅，而是按照相关纪律，禁止外派干部阅读非左派报刊，以免上当、受骗、中毒。袁庚翻阅这三份报纸，总体印象是比北京报纸要开放、开明很多，但消息面还是比较狭窄，总觉得不过瘾、不解渴。他立即跑下楼去，在街头报摊上买回来一大堆各式各样的报纸，既有亲内地的，也有右翼势力的，甚至还有反华报纸。在这段时期，袁庚特别重视港澳台以及外电对5月间《光明日报》发表的《实践是检验真理的唯一标准》文章的分析和评论，以便及时了解这方面的政治动向。

几天下来，袁庚在阅读中比较，在比较中鉴别，开始喜欢上了《信报》，觉得这家报纸的言论及新闻，相对来说比较客观、公允，也就是维持了一个“信”字。若要人信，实事求是是基本原则。后来，当他正式掌控招商局以后，以及他在深圳蛇口挂帅改革甚至离休赋闲在家的时候，都是《信报》的忠实读者。

…………

【点评】

袁庚是中国改革开放深圳经济特区蛇口改革开放试验田——蛇口模式的探索创立者，在中国改革开放史上留下了不可磨灭的功勋。2018年被党中央授予“改革先锋”光荣称号。

建党百年之际，蛇口电视台根据图书《袁庚传·改革现场1978—1984》，以网络音频传播形式进行深度改编，充分发挥声效元素作用，由专业配音演员录制成365集微广播剧。

介绍蛇口的代表人物，宣传蛇口“敢为天下先”的故事，制作单位发挥出无可辩驳的地域优势，融入了共荣、共生、共发展的浓厚情感。剧中袁庚以第一人称出现，人物故事与时代进程紧密关联，通过极富真实感和现场感的视角，展现了中国改革开放波澜壮阔的大时代，以及深圳特区从蛇口起步至今40多年的巨大变迁，浓墨重彩地颂扬了以袁庚为代表的共产党员在改革开放进程中的先锋领军作用。

该剧制作精良，综合运用多种声效，故事引人入胜，符合网络音频传播特点，在“蜻蜓FM”“喜马拉雅”等平台播出后受到广泛欢迎。

（曾　志）

网络电影

东海人鱼传 2

深圳市大唐星禾文化传媒有限公司 崔炎龙

《搜神记》有言，“海南之外有鲛人，水居如鱼，不废织绩，其眼泣则能出珠。”古往今来，关于人鱼的传说不在少数，几乎每个国家的文献都有关于这类神秘生物的记载。在这类传说的熏陶下，人们的遐想被无限放大，创造出一系列有关美人鱼的作品，比如现在一提美人鱼，人们通常就会想起的迪士尼童话故事里的《海的女儿》。我们希望能做出属于我们国家特色的“人鱼”，也就是更古风唯美的鲛人，抱着这样的想法我们创造出了东海人鱼传系列，依然是以人鱼传说为基底，结合男性天生对冒险的渴望追求以及女性对唯美爱情的期待向往，第一部塑造出了我们心中的东方鲛人汐音。那么汐音所代表的鲛人们的生活的世界是怎样的呢？由此我们将第二部的主要场景放在了一座宛若世外桃源的岛屿——桃花岛，进一步展现美人鱼的海底世界观，也在人性方面做了更深层次的探讨。

从古至今，美人鱼一直都是人们向往的存在，他们世居海中，神秘、美丽且善良，引无数人神往，许多脍炙人口的故事流传至今。本片从一次海上探险开始，讲述了一对明明相爱，却总是因他人的贪婪和险恶而被迫分开的恋人，最终冲破重重阻碍终于相守在一起的故事。希望通过此片让观众明白，只要心中有爱，只要心存善良，就会被世界温柔以待。除此之外，也希望观众能从中理解到，因为一己之私而去毁坏、祸害大自然中的物种，破坏生态平衡的事并不可取，保护大自然，和大自然和谐相处，才是可持续发展的关键。本片并不刻意强调或者放大人类与鲛人之间的暴力冲突，而是本着宣扬美好的初心，更多地去展现人鱼的善良，还有心存正义的人类为保护海洋做出的贡献。本片尝试通过一位极力想守护善良和正义的锦衣卫，去解读人性好与坏的两个方面，既是对自我的反省，也是对美好纯真爱情的讴歌。未来成片将会以更严谨的态度，更逼真的画面特效，在避免渲染暴力和血腥的情况下，做出一部具有艺术欣赏价值和科普教育功能的影片。

【点评】

1. 题材独特。鲛人为中国古代神话传说中的生物，最早在《搜神记》中就有记载。影片以鲛人（人鱼）为题材是影视表达对中国古代典籍中神话传说的一次挖掘，其中的蓬莱仙岛、桃花岛、龙王等元素都具有中华神话色彩，弘扬中华文化，值得称赞。

2. 故事亲民。影片兼顾爱情、奇幻、冒险又不乏轻松幽默。其中打斗场面精彩刺激，能够吸引观众。男女主人公的爱情故事浪漫凄美，也比较能够打动观众。并且影片对人性的贪婪和爱情的本质的表达，具有一定的深度，整体看来符合大众的审美趣味。

3. 制作精良。特效使用精彩，剪辑节奏合理，镜头运动、人物调度和音响的配合都很到位，是本次网络电影类别中唯一一部能给人以电影级视觉享受的作品。

不足之处：一是第一场“神女号”船的戏设计不尽合理。面对场景的欲望对象拉主人公入伙和场景的人物（沈媚）的行动（假装人鱼让人自相残杀）并不符合。打斗场景虽然好看并有利于介绍人物特点和身份，但动机不足。而其对沈媚姿色的过分展示有刻意博眼球之嫌。

二是矛盾冲突的解决过于简单容易，与场景设置的冲突层面不相匹配，不能调动观众的紧张情绪，导致冲突没有递进加剧的效果。

（张步中）

网络直播节目

全民投票查餐厅：网红茶餐厅食品安全巡查

中山广播电视台 徐紫琳 赵 菲 郑健能 麦灿威 丘敏娜 卢志辉

全民投票查餐厅，出街揾食我放心！这些年来，中山开了不少网红茶餐厅，这类餐厅有什么特点？安全情况如何？今天我们“全民投票查餐厅”就带领大家一起来查一下茶餐厅，我们会对检查情况进行全程实时直播，对存在的食品安全漏洞会及时指出，要求他们现场整改，对严重违法行为会通报有关部门依法查处。

茶餐厅作为广东特色，菜单一般都比较丰富，既有粥粉面，又有碟头饭、餐包，还有些有烧味、冷饮。对于这类餐厅，我们重点关注茶餐厅在食品加工过程是否会存在超范围经营等违法行为，是否会有生熟交叉污染等不规范操作，还有选材用料上是否会有过期食品、无标签标识食品，饮料加工上是否滥用食品添加剂。

下午茶一定是既要有东西吃，也要有饮料喝，那么请问自制饮品方面主要有哪些问题？

近两年来，我们加大了对自制饮品的监督抽检力度，特别今年，针对泰式奶茶等饮料开展专项抽检，通过抽检和检查情况，就发现个别餐厅的饮品着色剂超标，主要原因就是用了一些非正常渠道进口的无中文标签的茶粉、茶包，而这些茶粉、茶包往往添加了很多禁止添加的添加剂。

1. 主持人串场简要介绍一下本次检查的情况

我们根据前期市民票选情况，这次来到的是布袋澳港式茶餐厅，重点查看一下这家餐厅下午茶的食品安全情况，下面请市场监督管理局执法人员侯秋花跟我们介绍下本次检查的安排。

2. 由执法人员介绍活动目的、活动流程以及相关事项安排

今天我们将围绕下午茶的食品安全特点，将重点检查原料来源是否安全可靠、食品加工过程是否符合规范、是否存在超许可范围经营食品等问题。今天我们也邀请了相关检测机构，网友可以选择自己感兴趣的食品开展监督抽检。

【检查过程】

检查路线：信息公示栏—原料仓库—加工间—专间—饮品加工制作区——餐具消毒间

信息公示栏：检查公示许可证件信息、量化等级、食品安全管理员、从业人员健康证、大宗原料来源、食品添加剂使用情况等；对照商家菜单，确认是否存在超范围经营食品。

原料仓库：检查仓库内食品原料贮存摆放。重点关注：过期食品、进口食品、散装食品。

加工间：重点查看食材加工、调味料的标签标识、环境卫生；检查食品加工制作过程；查看是否使用食品添加剂；检查操作人员个人卫生情况。

专间：重点查看工具是否专间专用，是否存放杂物，操作人员是否规范穿戴工作服，是否定期紫外线消毒。

饮品加工制作区：重点查看饮品加工制作原料，检查是否滥用食品添加剂或来源不明原料。

餐具消毒间：重点关注餐具消毒方式，查看消毒柜是否能满足消毒需求。

【总结采访】

1. 采访餐厅负责人

（1）平时对餐厅的食品安全如何管理?

（2）对于今天检查出来反映的问题，今后将如何改进?

（3）总结检查整体情况。

2. 检查过程中，发现的主要问题；对该单位处理意见

3. 结语

主持人：今天是我们今年的第五期全民投票查餐厅直播活动，后续检查情况也将通过“中山市场监管”“城市零距离”的微信推送报道，全民投票查餐厅，揾食我放心！今天的直播到这里就结束了，请大家持续关注我们，我们下期再见。

【点评】

作品一是充分体现了网络直播节目特性，选题价值大，市民互动性足，体验感强。节目紧扣食品安全的社会热点，开展线上线下“你点我查”，由市民选取食品门店，媒体联合市场监督管理局开展现场检查，在移动端网络现场直播；并通过直播与观众进行实时互动，能体现出直播节目的互动性。二是直播节目效果好，吸引力强。机位布置丰富，同时展现多个场景，能够及时捕抓现场的细节，有利于观众全面获得信息；整个流程记录完整，全程采用现场同期声，

对茶餐厅进行突击检查，结合现场采访，当场提出整改意见，具有较强真实性。三是以活动带动节目链生产，全媒体传播，影响力强。依托民生新闻栏目和多个官方媒体抖音号、视频号等新媒体平台，进行多平台输出，有力体现主流媒体的社会价值，为加强行业管理、宣传社会主义核心价值观，贡献主流媒体力量。

（窦　怡）

网络综艺节目

《令人心动的offer》第三季

深圳市腾讯计算机系统有限公司　集体创作

节目简介

《令人心动的offer》第三季将观察焦点对准医疗行业，全面而真实地展现多位医学生心怀医学理想与使命感，进入医院进行临床学习，并争取医院领导面试机会的故事。

一方面，节目通过初入职场的医学生这一线索和窗口，真实呈现医学生们为成为合格医生、实现医学理想所必须经历的临床实战训练和挑战，同时也展现了医疗人才培育过程的漫长与艰难、医学生们坚持不懈的信念与努力，以小见大，让大众可以通过节目进一步了解中国医疗行业和职业培养体系的真实状况，引导大众对医疗工作内容的正确解读，提高大众对医护人员的理解、共情与信任。

另一方面，通过聚焦医学生在临床工作中的蜕变成长故事，也为广大即将踏入职场的年轻人提供丰富的案例借鉴和行业资讯，实现节目高密度信息传递的内容功能、温暖治愈的人文关怀和积极正向的价值引导。

节目选题

（1）展现医生行业的高度专业性，普及医学知识。走入医学生生活，深度展现医生每天的工作日常，在展现高度专业性的同时，节目也成为深入浅出地向普通群众普及医疗行业和医疗知识的一个小小窗口。

（2）通过节目让更多人看到医生也是普通人，也背负着许多的不容易。鲜少有人能够注意到，培养一个医生的周期有多长、要成为一个医生背后要付出多少艰辛。如果能够让大家看到医生这一路披荆斩棘历尽坎坷的不易，患者也会更加理解医生，共同促进更加美好和谐的医疗环境。

（3）聚焦那些普通平凡但凭借努力工作不断成长的年轻人，展现年青一代的奋斗精神。《令人心动的offer》意图聚焦普通平凡但因自己的努力在闪光的大学生，为他们提供平台和专业实习指导，让不同的年轻素人个体在实习挑战中一天天努力，一点点变强，体会到每个人的幸福生活都是要靠自己的努力奋斗来争取的。同时也呼吁更多有志于医疗工作的年轻学生投身于这一行业。

节目进程

节目将从三个阶段讲述故事：

第一阶段：小医师的真实工作状态，对自我产生怀疑的迷茫期。实习生们进入医院和真实的职场新人进入职场一样，他们做着最初级、最烦琐的螺丝钉工作，考核的内容也全部都是基础的技能操作、写病历、日常管理病人这种基础的工作。看实习生能否在压力和烦琐的工作中坚强挺过，用最强信念在这一过程中熬出头来。

第二阶段：学习成长期。这一阶段考核的难度将逐渐提升，他们面对的考核除了专业能力外，还有医学人文的相关考验。这个阶段会让医学生真切地做出抉择，也会让他们去触碰体验高精尖的学科技术，让观众了解我们国家医疗基础的能力与中国人自强不息的医学故事。

第三阶段：发光发热期。这一阶段他们将会去急诊轮转、去社区健康宣教，走出医院，感悟医生的格局与情怀，告诉观众健康预防的重要性，他们也将在这一过程中找到职业价值感与坚定职业初心，最终收获自我肯定，明白医学是薪火相传的学科，医疗的推动需要一代又一代人的努力。

节目效果

《令人心动的 offer》第三季，带领八位医学生进入浙江大学医学院附属第二医院滨江院区进行实践学习，为广大踏入职场的年轻人提供了丰富的案例借鉴和行业资讯，也让观众看到了一群普通人身上闪闪发光的情怀、坚守与信仰。

自 11 月 9 日开播以来，凭借对医疗行业全面真实的内容展现、对医护人员真实工作状态的刻画、探讨能让大众共鸣的社会议题获得观众和媒体的一致好评，受到了广泛的社会关注。人民文娱、China Daily、光明网、健康时报等媒体与平台点赞转发节目内容。微博#令人心动的 offer#话题累计 96 亿阅读，1 398 万讨论，#患者也是医生的老师# #该不该告知重症病人真实病情# #培养一个医生到底有多难#等议题均引发大众积极讨论，节目多次登上微博综艺影响力榜单 Top1。

【点评】

《令人心动的 offer》第三季为国内首档聚焦医疗题材的职场观察类真人秀节

目，选材新颖，价值导向积极，贴合年轻受众需求。该节目一方面以真人秀视角呈现医学生“职场小白”的实践学习经历和真实成长情况，展示了医生的职场状态、专业素养和敬业精神，有助于向大众普及医学常识，加强医患之间的沟通和了解，同时激励年青一代的奋斗精神；另一方面以演播厅形式邀请艺人嘉宾和医疗专家组成观察团，对节目中呈现的事件进行深入探讨，解读视角多元，信息量充足，具备一定的内容深度。主持人孟非对节目现场把控良好，观察嘉宾安排得当，观点客观，思想性和艺术性俱佳。该节目通过个体经历反映当下真实的医疗行业，引导大众正确解读医生工作内容，消解观众对医疗行业的认知盲区，提高大众对于医护人员的理解、共情与信任。节目整体包装精美，制作精良，具备鲜明的网感化特征，有较高的艺术欣赏性和审美价值。节目开播以来传播效果好、社会热度高，引发的舆情正向积极，获得一致好评，网络播放量达7.9亿。该节目还入选国家广电总局2021年度优秀网络视听作品推选活动优秀作品。

（丁青青）

网络短视频

穿越广交会

广东广播电视台 郑亚琴 王 硕 戚智勇 林智鑫 郭敏谦 肖炳奇

相册：1957—1977

1956年，我们广州举办了第一届中国出口商品展览会，这也就是后来常说的“广交会”的前身。那几天，全城大扫除，处处张灯结彩，路上往来的汽车都挂上了庆祝标语，可见有多隆重！姑娘小伙儿还都穿上了漂亮的衣裳。你可能不知道，当时参加广交会的人都要穿西装的。每年一到广交会，广州就像过年一样热闹，谁要是能给亲朋好友弄上一张广交会的参观券都可以炫耀好久。听家里长辈说，这可是新中国第一次面向世界集结展示全国各类商品：有茶叶、腊肠、丝绸、地毯，还有国产大汽车呢！一进会场，仿佛就是另一个天地，各色皮肤，各种语言，商品丰富，有大庆原油、速冻蔬菜、精美刺绣、机械产品……琳琅满目。也正是因为这次盛会超额完成了贸易任务，国家决定从1957年开始，每年春秋在广州举办两次，而由于“中国出口商品展览会”名称太长，周总理亲自定名为“广交会”。

相册：1978—2000

1978年，改革开放的春风吹遍了祖国大地，老百姓的日子越过越红火，生活质量不断提高。在1979年第46届广交会上，纺织品馆第一次展出结婚礼服，这可是当年很多客商竞相订购的物品。一件小小的婚纱也透露着这个时期广交会的变化特点之一——更加多元。对了，电视机也是在这个时期进入寻常百姓家，除夕夜除了逛花市，还能守着电视看春晚，马季的相声，费翔的歌，《难忘今宵》陪伴了我们一年又一年。随之而来的是，在广交会，也有越来越多的像电视机等家电产品的出现。这个时期，国内要求参加广交会的单位也多了起来。除原来由外贸公司、工贸公司分别组成的12个交易团外，福建福日电视机厂等15家中外合资企业以及中国对外承包公司都在20世纪80年代首次参加了广交会。

在这个阶段，广交会迎来了几件大事：1997年，广交会成为中国最早开展知识产权保护的展会。1998年，外经贸部首次赋予民营生产企业自营进出口权。1999年，民营企业第一次直接参展。此时的广交会已经形成了万马奔腾的大经贸格局。

相册：2001—2011

时间来到2001年，这一年，中国正式加入世贸组织，这标志着我们开始深度参与经济全球化，中国对外贸易迈入新纪元。展会客商越来越多，商品也更加顺应潮流，有可以上网的冰箱、先进的蓝牙手机、新型服装面料，广交会还有了自己的专门网站。特别要说的是从第101届开始，“中国出口商品交易会”更名为“中国进出口商品交易会”，从出口到进出口，广交会展览规模跃居世界前列。

相册：2012年至今

从2012年至今，广交会迎来新的历史使命，这位“高质量少年”用行动验证着那句“时间只不过是考验”。如今的广交会，高端化、智能化、品牌化、定制化已成为主流，自主知识产权、自主品牌、自主营销、高科技含量、高附加值和高效益的参展产品越来越多，这里已经云集了中国制造最优秀的企业群体，成为来源地最广泛的全球贸易促进平台。从“中国制造”向“中国创造”，从“中国速度”向“中国质量”，从“制造大国”向“制造强国”，它奏响了新时代高质量发展强音。

65年，广交会从未间断！从线下到云上，从出口到进出口，从中国到世界，广交会以商贸往来为纽带，融通了经济，沟通了友爱，交汇了文明。它不仅仅记载了一代代人的似水年华，更是为新中国经济建设、对外开放，成为贸易大国做出了重要贡献。而今天一个更加开放、包容、自信的广交会正展现在世人面前，第130届广交会，我们在广州欢迎你的到来！

【点评】

作品《穿越广交会》内容策划上有新意，创作团队做了大量扎实的功课，在短短的5分钟内，呈现了广交会65年的变化，让我们看到了时代的变迁，也感慨祖国飞速发展给生活带来的巨大改变。

制作创作团队具有创新意识，拍摄细节考究，制作精良，通过虚拟场景、虚实结合等多种呈现手法带领观众“穿越”65年广交会，还原的历史场景，具有年代感历史感的服装道具都看出了创作团队的用心创作。技术运用娴熟，后期剪辑精心，制作、调色等手法运用得当。

该片知识性强且生动，是花了心思的作品。让观众深刻感受到了65年的广交会，从出口到进出口，从中国到世界。广交会以商贸往来为纽带，融通了经济，沟通了友爱，交汇了文明，它不仅仅记载了一代代人的似水年华，更是为新中国经济建设、对外开放，成为贸易大国做出了重要贡献。

（曲　实）

网络专题节目

穿越百年追寻你
——沉浸式党史课堂

广州市广播电视台 成 茗 梁 英 敖康达 林鹤轩 陈 翔 李子逸

北京、上海、广州是全国最早系统传播马克思主义的三座城市。百年党史，广州担当。翻开这本《中国共产党简史》，广州占据了重要篇幅。书中写道："为了实现初心和使命，实现始终坚持的理想和主张，中国共产党进行了前赴后继的不懈奋斗，作出了巨大的自我牺牲。中国共产党自 1921 年创建至 1949 年中华人民共和国成立这 28 年的时间里，为中国人民的解放事业献出了无数的优秀战士。"这些在党史上耀眼的名字，大多数都在广州工作和战斗过。他们和广州这座英雄城市，有着千丝万缕的联系。因为他们，广州在百年党史里，既是历史的见证者，又是初心和使命的精神标签。在中国共产党百年历史上，广州的地位举足轻重，广州的名字熠熠生辉。

杨匏安：华南传播马克思主义第一人

中国共产党最早系统传播马克思主义的先驱有两位，被称为"南杨北李"。其中"北李"是指李大钊，而"南杨"，就是杨匏安。位于广州城西的广雅中学，前身是由清朝两广总督张之洞创办的广雅书院。一位出生于广东香山县没落茶商家庭的年轻人，(1914 年) 在这里开启了他的中学生涯，他就是杨匏安。(1917 年) 杨匏安在广州读完中学后负笈日本，在日本接触到马克思主义，共产主义理想在他心中萌芽。从日本回到广州，(1919 年) 杨匏安谋得教职，教书育人。他在广州读书、工作将近 20 年，用白话文翻译和撰写有关马克思主义的文章，发表在报纸杂志上，成为当时华南地区进步青年的理想指引。我们第一节的党史课堂，就由林鹤轩带我们穿越时空隧道，追寻这位马克思主义者在广州留下的足迹。

杨家祠

这里是杨家祠，杨匏安的旧居。整座房子坐北朝南，是典型的岭南民居风格。杨匏安在广州读书、工作的十几年间，一直居住在这里。东厢房是杨匏安的书房，他在这里奋笔疾书，笔耕不辍。他在《广东中华新报》写了八九万字的文章，介绍新文化思潮和马克思主义，又给《青年周报》投稿，发表《马克思主义浅说》。

1896 年出生的杨匏安，14 岁那年第一次来到省城广州，求学于广雅书院，也就是现在的广雅中学。毕业后，他东渡日本游学，开始接受马克思主义思想。从日本回国，杨匏安举家搬到广州，先到位于“河南”也就是海珠区的时敏中学教书，之后到《广东中华新报》做兼职记者，还在南武中学兼课。

南武中学

学霸杨匏安，写得一手好文章，从 1919 年 7 月起，杨匏安以“世界学说”为总标题，发表了四十一篇文章，其中《马克思主义》是篇幅最长，也是最重要的一篇。这篇文章连续刊登十九天，是我国华南地区最早系统介绍马克思主义的文章。1921 年春，广东成立了共产党组织。不久，杨匏安经谭平山的介绍，加入了中国共产党，成为中共广东早期党员之一。这一年，他 25 岁。

新河浦

从 25 岁起，杨匏安以共产党人的身份开始在广州这片革命热土施展才华，从事工人运动，深入广三、广九和粤汉铁路工人中宣传真理，培养革命骨干。1923 年杨匏安在恤孤院路参加中共三大的筹备工作，1925 年在东园组织领导省港大罢工。

1927 年根据工作安排，杨匏安离开广州前往武汉出席中共五大。杨匏安在广州的 13 年间，求学、发表文章、入党、从事工人运动，为追求共产主义理想奔走。

萧楚女：一支永不熄灭的红色蜡烛

“人生应该如蜡烛一样，从顶燃到底，一直都是光明的。”说这话的人名叫萧楚女，他上过战场，用炮弹击退了清军的进攻。在农讲所、黄埔军校，他当过教员，用通俗易懂的讲课，向学员们播撒革命的火种。他还是一名笔尖上的战士，曾与恽代英一起主编《中国青年》，在广州协助毛泽东编辑《政治周报》，是中国共产党优秀理论家、中国青年的良师益友，是中国共产党早期青年运动领导人之一。我们第三节的党史课堂，就由陈翔带我们穿越时空隧道，追寻萧楚女的广州足迹。

农讲所

萧楚女在广州的时间不算长，只有一年多，他生命里最后的岁月，都是在广州度过的。来广州之前，他已经是当时进步青年追捧的“明星”了。

1893年出生的楚萧女，是湖北人，幼年家贫颠沛流离，他做过学徒、跑堂、伙夫。但萧楚女是自学成才的典范，他靠自学，学完了中学的文理读本。他爱好写文章，1919年后，他接触到了马克思主义，再次开始了自学。1922年，他加入了中国共产党。他担任过《崇德报》《大汉报》《湖广新报》《新报》《新蜀报》的主笔，他和恽代英一起主编《中国青年》，协助毛泽东编辑《政治周报》，他写政论文章，笔锋犀利。他写散文，写随笔，贴近现实、温暖贴心。

萧楚女和广州的交集，要从1926年说起，这一年国民党二大在广州大东路30号国民党中央党部举行，毛泽东是当时国民党中央宣传部部长。萧楚女来到广州，成为毛泽东的得力助手。

他们当时住在离大东路步行20多分钟的庙前西街38号公寓。萧楚女在广州期间，辅助毛泽东编辑《政治周报》，又担任第六届农民运动讲习所专职教员，辅助所长毛泽东的工作。

萧楚女是农讲所的专职教员，又是黄埔军校的政治教官，讲授《社会科学概论》。同时他还在黄埔军校的校刊《黄埔日刊》中开辟专栏《政治问答》，专门回复学生的各种问题。其中《黄埔学生之恋爱与革命问题》，阐述革命和恋爱的正确关系，备受同学们追捧。

萧楚女也常常使用蜡烛这个比喻，他说，人生应该如蜡烛一样，从顶燃到底，一直都是光明的。他说，我们要像蜡烛一样，在有限的一生中，有一分光就发一分热，给人以光明，给人以温暖。

萧楚女在广州的第二年，蒋介石发动“四一二”反革命政变，大肆搜捕、杀害共产党人。萧楚女夜以继日写了大量文章，揭露反动派的罪恶。因为劳累过度，肺病恶化，住进了广州东山医院治疗。1927年4月22日蒋介石电令将萧楚女秘密处决。反动军警把萧楚女押解到天字码头，用船把他带到了南石头监狱。就是在这里，秘密处决了他。

改革开放：当代中国最精彩的故事

《穿越百年追寻你——沉浸式党史课堂》，1978年，党的十一届三中全会召开，中国开启了改革开放的大幕。广州，是改革开放的前沿阵地，时代的印记鲜明。今日的足迹寻访人是李子逸，精彩的故事由她为我们讲述精彩的开篇。

1978年，改革开放犹如一夜春风吹来，神州大地焕发新姿。最先变革的，便是人们身上的衣着色彩。由于毗邻港澳，广州深受“港风”服装的影响，当大部分人还穿着黑灰蓝色调的衣服时，时髦的广州女孩已经穿上了色彩鲜艳的服装。

“东南西北中，发财到广东”，在那个年代，去广州批发服装回来买卖成为潮流，也为不少人带来人生的第一桶金。当年的时装一条街——高第街率先成为私营服装商业街，闻名全国。

当时的高第街全长仅500多米，街内主要经营服装、布匹等日用品，在1980年就有个体工商户1 100多户，那时的高第街不仅两边摆摊设档，连中间也开设了车仔档，最多的时候有1 400多档。只要人能站得下的地方，就有档口。改革开放后，内地第一批个体户在广州应运而生，他们以敢想敢闯的实干精神，推动了社会价值观念的新变化。

在改革开放之前，当时中国外贸经营权高度集中，首届广交会只有13家外贸专业总公司组团参展，到1978年，第43届广交会到会采购商共17 000多人，来自98个国家和地区。改革开放打破了中国外贸行业垄断的局面，使得生产企业、外资企业和各类新兴企业不断涌现。改革开放是中国共产党的一次伟大觉醒，1978年，当代中国最精彩的故事就此开篇，中国特色社会主义的大幕徐徐拉开。广州开始开创无数个第一：1979年，中国第一个商品房项目——“东湖新村”工程在广州签约；1983年，中国第一家中外合作的五星级宾馆——白天鹅宾馆在广州开业；1984年，全国第一个灯光夜市——西湖路灯光夜市在广州开市；1996年，中国最早运营的大型购物中心——天河城在广州开业。

彭湃：农民运动大王

1896年，一位被称为“农民运动大王”的伟大革命家彭湃，在广东海丰的一个地主家庭出生。彭湃在青少年时代来到广州读中学，后来东渡日本，入读早稻田大学。回国后，开启他短暂一生中辉煌的农民运动。这位中共党史上赫赫有名的农民运动大王彭湃，他当年的足迹遍布广州城内外，和广州有着深厚的渊源。

这里是越秀区广中路，广中路得名于当年的广府中学。广府中学，正是彭湃当时在广州读书的地方。

在广府中学读完书后，彭湃东渡日本，在早稻田大学攻读政治经济科。二十岁的彭湃广泛地接触到马克思主义学说，并开始研究农民运动。回到家乡海丰，1923年底到1924年初这段时间，彭湃由社会主义青年团员转为中国共产党党员。

国民党一大旧址

1924年彭湃再次来到广州，成为第一届农讲所主任。农讲所的开办，是我党培养革命干部的一个创举，为迅速培养农运干部提供了宝贵经验。第一届农讲所在广州越秀南路惠州会馆开学。

1. 越秀南路惠州会馆

彭湃认为，农民武装斗争是最重要的。所以当时农讲所的学员，都要到黄埔军校军训10天，彭湃还带领农讲所学员到广州郊区的农村开展调研。

2. 广东区委、广东省农会（东皋大街）

彭湃在广州的工作十分繁忙。党内，他是中共广东区委委员、区委的农委负责人；在统一战线里，他是国民党中央农民部秘书，广东省党部执行委员兼农民部长；在农民协会他是省农协的领导人。除了这些日常工作，他还发表了大量的文章，总结农民运动的经验，如《海丰农民运动报告》。

中国是一个农业大国，中国革命要取得成功，离不开农民运动。年轻的彭湃早早就牢固树立了这个观念，并为之奔走不息，直到1929年，在上海被捕，壮烈牺牲，时年33岁。

苏兆征：史上最长一次罢工的领导者

1929年2月25日，农历新年刚过，此时的上海，处处是冬日未尽的寒冷景象。寒冷的还有床榻上的一位男子，由于常年的积劳成疾和旧病发作，已然神志不清的他，用微弱而又坚定的低语，告诉此刻站在床榻旁的人们："希望大家共同努力奋斗，同心合力，使革命最后成功。"床榻旁站着的是周恩来、李立三、邓小平、邓颖超。说完，44岁的他便化作一颗流星划过中国革命历史的夜空。时间刻度再往前拨四年，来到1925年的6月19日，为了支援上海人民五卅反帝爱国运动，时年40岁的他，组织领导了震惊中外的"省港大罢工"。这场后来历时16个月的大罢工，成为世界工人运动史上时间最长的一次罢工。他就是中国工人运动的先驱和著名领袖，中华全国总工会的主要创建人和领导人，中国共产党早期重要领导人之一，苏兆征。

苏兆征1885年出生在广东香山淇澳岛一个贫苦农民家庭。他只读过三年私塾，做过农民，还在外国货轮上做过20多年的海员。1917年俄国十月革命后，他曾经随货轮到过俄国，在那里接触和了解到马克思主义的革命理论。他开始逐渐认识到革命的意义，并且深信只有社会主义的革命，才能完成人类的彻底解放。

中华全国总工会旧址

1921年中国共产党成立后，全力开展工人运动，专门成立了领导工人运动的机构——中国劳动组合书记部。1922年，在香港，苏兆征领导发动了震惊中外的香港海员大罢工。1924年国共合作实现后，周恩来、陈延年相继来到广东工作，广东区委也开始派遣党员到香港开展活动。苏兆征和中共的联系日益紧密。1925 年，40 岁的苏兆征，在北京加入了中国共产党。随后，回到广州的苏兆征，参加了第二次全国劳动大会，成为中华全国总工会的执行委员。这次会议结束后不久，上海发生了“五卅惨案”。

在中国共产党的发动和领导下，香港和广州沙面工人 1925 年 6 月举行了举世闻名的省港大罢工。苏兆征在这场罢工斗争中，起到了重要的领导作用，表现出杰出的组织才能。中国共产党专门派遣了邓中夏、杨殷、杨匏安到香港，与苏兆征一起并肩作战。这场罢工斗争一直坚持到第二年的 10 月，历时一年零四个月。其规模之巨大、持续时间之长久、影响之深远，堪称中国民族解放运动史上罕见的壮举。

1926 年的“五一”，第三次全国劳动大会在广州召开。苏兆征当选为全国总工会执行委员会委员长，成为全国工人领袖。

随着中华全国总工会从广州前往武汉，1927 年苏兆征告别了广东的战友，北上工作，直至 1929 年在上海，因积劳成疾而逝世，终年 44 岁。从第一次接触到马克思主义革命思想到生命的终点这二十多年中，出身底层的工人运动领袖苏兆征，用生命为后人树立了一座丰碑，无数和他有相同志向的人们前仆后继，建设了一个苏兆征所期盼的新的中国、新的世界。

建立第一个城市苏维埃政权

在广州繁华的城市中心区域，有一条南北走向的路，叫广州起义路，它是在 1966 年为纪念 1927 年爆发的广州起义而更名的。而坐落一旁的广州起义纪念馆，则是当年起义时，中国共产党建立的第一个城市苏维埃政权——广州苏维埃政府的旧址。历史永远会记住这一天，1927 年 12 月 11 日凌晨 3 点，29 岁的张太雷、31 岁的叶挺、30 岁的叶剑英、22 岁的周文雍领导的广州起义，犹如平地起惊雷，撕破了笼罩在广州上空的白色恐怖。下面，让我们穿越到危机重重的 1927 年。

广州起义纪念馆

今天，我们来认识一位 100 年前的 90 后，他是中国共产党早期的重要领导人之一，中国共产主义青年团的创始人之一，还是广州起义的主要领导人。他就是张太雷。

1927 年的 8 月 7 日，会议决定派张太雷赴广东，张太雷成为首任广东省委书记。他旋即来到广州，开始组织武装起义，并担任总指挥。

此时的广州，正笼罩在白色恐怖之下，张太雷在沙面白鹅潭一艘邮政船上秘密召开了广州工人代表大会的负责人会议，传达和部署起义的各项工作，又在黄花岗七十二烈士墓旁召开秘密会议，作动员起义的报告。

12月11日凌晨2点，张太雷偕工农红军总指挥叶挺、秘书长恽代英等人来教导团驻地，主持起义誓师会议。3时半，震惊中外的广州起义爆发。

张太雷宣布，广州苏维埃政府成立

但敌我力量悬殊，敌人在帝国主义军舰的掩护下，向革命势力反扑。张太雷在乘车前往大北门指挥战斗的路上，遭遇伏击，壮烈牺牲。

回首张太雷短短29年的人生，有一条主线清晰明了——马克思主义在中国广泛传播的过程，贯穿了他整个学生生涯。1915年，不到17岁的张太雷，从家乡江苏武进考入北京大学，后来又在北洋大学读书。读书期间，俄国爆发十月革命，学生张太雷第一次接触到马克思主义，他开始思考，究竟哪一条道路才能救中国。1919年，他参加了震惊中外的五四运动。经过这场运动的洗礼，他成了具有初步共产主义思想的知识分子，开始走上革命的道路。

冼星海：人民音乐家

冼星海祖籍广东番禺，1905年在澳门出生，后来跟母亲去新加坡生活，13岁那年回到广州，冼星海进入岭南大学附中学习小提琴。抗战时期，冼星海在延安完成了《黄河大合唱》《九一八大合唱》《军民进行曲》等一生中主要作品的大部分创作，为抗战鼓与呼。

一百年前珠江上有不少疍家人，以打鱼为生。冼星海就出生在一个贫苦渔民家庭。他是遗腹子，出生之前，父亲离世。妈妈带着他投靠同是打鱼的外公。渔歌、船歌，听着这些音乐，冼星海学会了用竹箫吹奏广东水乡民歌。

冼星海成年后曾经创作过一首劳动歌曲——《顶硬上》，熟悉粤语的观众一听就知道这首歌曲，歌名就有着浓厚的广东韵味。

12岁那年，冼星海在新加坡中文学校读高小。在这里他第一次接触到中华民族的历史，认识了祖国的壮丽河山，也第一次接触到单簧管、小提琴这些西洋乐器。1918年冼星海回到广州入读岭南大学附中，后来他从广州考上了北京音专、上海音乐学校，学成后又到法国巴黎继续深造。

1935年冼星海从巴黎回国。1938年秋天，延安鲁迅艺术学校邀请冼星海任教。在延安，冼星海爆发出巨大的音乐创作激情。《黄河大合唱》是冼星海在延安时期的创作，排山倒海的雄壮气势、热情奔放的旋律，展现了抗日战争的壮丽图景。周恩来为冼星海题词写道："为抗战发出怒吼，为大众谱出呼声"！《军民进行曲》《九一八大合唱》，冼星海创作的这些我们现在耳熟能详的作品，都诞生在延安。1939年，34岁的冼星海在延安加入了中国共产党。

一年之后，冼星海离开延安赴苏联，为大型纪录片《延安与八路军》进行后期制作与配乐。随后因为苏德战争爆发而滞留未能回国。五年后，冼星海在莫斯科病逝。冼星海 40 岁短暂的一生创作了一百多部作品。他的作品，他的音乐语言，有着中华民族鲜明的民族风格，是中国人宝贵的精神财富，在中国音乐史上写下了光辉灿烂的篇章。

广州：寻找广州解放的印记

1949 年，新中国成立。1949 年 10 月 14 日，中国人民解放军第四、第十五兵团在广东军区司令员兼政治委员叶剑英的指挥下，攻占并解放华南最大城市——广州。这座具有光荣革命传统的城市翻开了全新篇章。

1949 年 4 月，人民解放军百万雄师过大江解放南京，残存的国民党政府逃到广州。10 月 1 日，新中国宣告成立后，第四野战军第四兵团的三个军沿粤汉路两侧南下，占领韶关，直取广州。

广东革命历史博物馆

10 月 14 日，广州宣告解放。第二天破晓，一面鲜艳的五星红旗从东亚酒店三楼的窗口悬挂出来，这是广州升起的第一面五星红旗。随后解放军浩浩荡荡开进广州市区，广州这座英雄的城市终于回到人民手中。

广州解放路原名中华路，为了纪念中国人民解放军解放广州，在 1951 年八一建军节，广州市人民政府正式将中华路更名为解放路。广州解放了，一个旧时代宣告结束。

我的 18 岁，祖国的新时代

2012 年，中国共产党第十八次全国代表大会召开。2012 年 12 月，习近平当选总书记后第一次外出调研，他选择来到广东，这个在改革开放中得风气之先的地方。

麓湖东濠涌源头

然而随着城市的发展，工业和生活污水流入，东濠涌成了一条臭水沟，是不折不扣的“旺地臭水沟”。2008 年东濠涌启动截污补漏、调水补水等工程，2011 年实施东濠涌二期综合整治工程，整治东风路至麓湖长 2.62 公里的雨污合流暗渠。

东濠涌博物馆

2012 年 12 月 11 日，习近平总书记到广州视察，他说：“东濠涌以及遍布广东各地的绿道，都是美丽中国、永续发展的局部细节。如果方方面面都把这些细节做好，美丽中国的宏伟蓝图就能实现。”

2012年11月召开的中共十八大，首次把“美丽中国”作为生态文明建设的宏伟目标，把生态文明建设摆在了中国特色社会主义五位一体总体布局的战略位置。

保护生态环境已经成为全球共识，但把生态文明建设作为一个政党特别是执政党的行动纲领，中国共产党是第一个。党的十八大后，中国特色社会主义新时代的大幕徐徐拉开。

在城市中心，再现“小桥流水人家”的岭南水乡画面，从黑臭水沟变身城市景观带，东濠涌用了十几年的时间“炼成”了美丽中国的一个动人细节。东濠涌的治理经验，在广东各地推广、复制，成为生态文明治理的典范。

广州：我的西关　我的城

2018年10月，习近平总书记在广东考察。广州这一站，他来到荔湾区西关历史文化街区永庆坊。“让城市留下记忆，让人们记住乡愁。”总书记这句话引发了很多人的共鸣。“乡愁是什么意思呢？就是你离开了这个地方会想念这个地方。”总书记的阐释真切又温暖。广州人的记忆，广州人的乡愁，就在趟栊门的一开一合里，在石板路清脆的脚步声回响里，在晚风吹过的榕树下。中国正在经历人类历史上规模最大、速度最快的城镇化进程。传统和现代，继承和发展，城市规划怎么取舍，历史文化和现代生活怎么融合，考验的是城市的治理能力和水平。保护一条巷，珍视一座城。广州，用荔湾西关历史文化街区的“旧城微改造”，交出了“绣花功夫”的永庆坊样本。

（文稿有删减）

【点评】

区别于众多以建党百年作为主题的宣传作品，《穿越百年追寻你——沉浸式党史课堂》系列专题片具有以下几个特点：一是主题形象鲜明，彰显地方特色。广州作为近代革命策源地，市内遍布红色地标，该专题片充分挖掘广州本地红色资源，摆脱全景式描述的宏观叙事方式，改为以时间为主线以点带面，以个体为小切口串联起历史轨迹，讲述一个个言之有物的鲜活红色故事，展现建党百年的光辉历程。二是节目形式新颖，内容亲民化。每集都安排不同的年轻记者主播化身穿越者，重返历史现场，以年轻人的视角重返历史现场，创新语态表述，给人耳目一新的感觉；记者主播不仅仅是历史故事的讲述者，还结合自身经历加入个人体会与感受，仿佛在进行一场平行时空的对话，今昔对比下，体现了两代年轻人不忘初心、牢记使命的担当意识。三是体现移动优先，网络化的语言表达迎合年轻受众需求。《穿越百年追寻你——沉浸式党史课堂》以每集5~8分钟的短视频形式呈现，更有利于网络传播，虽然时长短，但并不影响内容的完整性，叙事结构清晰流畅，而且片中不乏“10万+”这类网络流行词，有利于传播效果最大化。

（邹定宾）

广播播音主持作品·广播新闻播音作品

《1062新闻快报》（2021年11月29日）

深圳广播电影电视集团　王　薇　孙海亮

欢迎收听《1062新闻快报》，我是王薇，我是海亮，今天是2021年11月29日，星期一。

（文稿略）

【点评】

两位播音员对稿件理解到位，基调准确。由始至终状态积极稳定，情绪饱满，语调明快。在对稿件进行二度创作的过程中，通过对新闻稿件的播报，清晰明朗地向听众播送了消息内容，也通过有声语言准确阐明了新闻态度。播出了新闻信息的“意思”，播出了新闻态度的“精气神儿”，对象感强，有交流感。

（1）情绪饱满，态度鲜明：播音员的播音状态是传递给听众最直观的听觉感受，积极饱满的表达欲和诉说欲直接影响听众对新闻的关注和接受。两位主持人情绪饱满，状态积极，配合默契，基调符合节目定位。节奏明快但不失清晰，整体流畅，牢牢把握新闻基调，与听众积极交流，将文字转化为话语，使新闻稿“活”起来。语音准确规范，声音圆润集中，刚柔并济，色彩丰富，富有弹性；表达准确、鲜明、生动，思想感情与语言技巧相统一，语言形式与新闻体裁风格统一，风格朴实、大方，显示城市广播主流媒体强烈的社会责任感。

（2）重点明确，表达准确：播音员充分备稿，理解编辑意图，播音时，有组织区分，语句抱团，语意明晰；有重点强调，目的鲜明，逻辑严密；有思考判断，态度明朗，传情生动。从语言表达上体现新闻内容的语义情理、信息核心。理解能力和态度是对新闻播音的基本要求，主播掌握这两个基本要素，才能使受众接收到准确的信息，该节目主播以稳重得体的声音、扎实的语言基本功，较好地处理了新闻类节目的播读，不做作，不卖弄，尤其后半部分表现尤为突出，整体流畅自然，一气呵成。播音员优秀的主观表现力提高了新闻的传播力，体现了播音员的业务技巧，并以此服务于信息传达的根本目的。

（3）灵活处理，变化得当：新闻播音创作需要基本功做支撑，两位主持人在节目中表现出了扎实的基本功底，备稿充分，在二度创作的基础上令每条新闻都有了不同的内涵和变化。在处理深圳本地新闻时，语态亲切热情，表现出对深圳本地发生事件的亲近感、自豪感；在处理疫情新闻时，态度严正关切，提醒受众注意，情绪把控冷静客观；在处理国际新闻时，则能做到理性对待，态度不偏不倚。新闻的新鲜感、快节奏让节目充满了时代感，脱离了陈旧和乏味的样态，让听众精神振奋，每条新闻都能准确清晰地传递到听众的耳朵和心里，体现了媒体良好的责任意识和精神风貌。

在许多广播新闻播音作品中，播音员普遍存在状态疲懒、腔调单一、缺乏传播欲等问题，但该作品中两位播音员始终调动着二度创作积极性，新闻态度明朗、热情，时刻体现播音员的传播主体意识。男播、女播均体现出扎实的专业功底、良好的服务意识，通过生动的有声表达，增强了新闻的传播效果，实现了新闻播音的创作价值，共同完成了一次比较优秀的新闻传播。如果男、女播音员在对播中配合得更加默契，在语速和节奏方面进一步提高一致性，达到和谐统一的合作状态，则更加完美。

（刘玉萍）

广播节目播音作品

走近广州十三行

广东广播电视台　杨　健

（文稿略）

【点评】

本期节目关注广州历史文化记忆，选择具有影响力和代表性的广州十三行，让人们了解它曾经的辉煌和对今天的影响。主持稿规范严谨，颇具文采，主持人饱含对历史的敬重以及对本土地域文化的热爱之情，或浓墨重彩诉说或细致入微讲述，感染力强，是一期精心策划和录制的节目。该名主持人语音标准，基调准确，娓娓道来，播讲欲望强烈，向我们生动展示了广州十三行的前世今生，声音形象的塑造符合节目气质。主持人特别突出的表现是较好地掌握了广播专题片配音的技巧，声画结合贴切，虽然听众看不见稿件所描述的景观，但主持人运用播音主持的情景再现能力，很好地让听众感受到了所描绘的景象，说明主持人备稿充分，对内容理解到位，层次划分得当，重点突出，段落意思交代得较为清晰。专题片配音最考验主持人专业素质的是与配乐的结合度，该名主持人能巧妙地配合背景音乐的起承转合，恰如其分地烘托专业作品内容。本期节目的版头介绍配音由普通话播音员完成，与整个节目的粤语配音稍显不搭，这是唯一的遗憾。

（魏冬青）

电视播音主持作品·电视新闻播音作品

《六点半新闻》（2021 年 7 月 1 日）

佛山电视台　杨洁文　张　键

（文稿略）

【点评】

本期参评作品的首播日期为 7 月 1 日，正值庆祝建党百年之日，新闻主题集中，题材重大，内容丰富，信息量大。两位主播情绪饱满，状态积极，妆容喜庆，播音富有激情，对新闻内容理解到位，热烈而不喧闹，自豪而不失庄重，分寸得当，整体既符合新闻的内容基调，又符合节目定位，配合默契，交流感强，充分体现出其良好扎实的专业功底。

面对重大题材，两位主播提早介入编辑环节，对内容胸有成竹，全程融入新闻内容，串联自然流畅，表达张弛有道，语音标准，节奏得当，停连重音准确，语意清晰；在播报方式上，二人播说结合，语调亲切，语态自然，语言流动性强，具有鲜明的时代感；在播报状态上，二人始终情绪饱满、状态积极，情声气结合恰到好处，心理节奏一致，既体现出新闻播音必备的规范性，同时展示出新闻播音的庄重性和鼓舞性。男播形象阳光沉稳，女播形象端庄大气，整体出镜形象兼具可视性和说服力，甚至眼神、肢体、微表情上，都表现出和谐共融、同频共振、相得益彰的效果，在男女对播的电视新闻播音中实属难得。

（胡　潇）

电视节目播音作品

文化珠江：建党百年特别策划
——红棉花开：潮州人的骄傲

广东广播电视台　鲁俊杰

（文稿略）

【点评】

作品为主旋律纪录片的配音，讲述的是“左联潮州六杰”的故事。这类题材的纪录片配音需要主持人对历史、文化、文稿内容，包括画面、音乐等有更加深入的前期准备，因为要解决好故事讲述过程的生动性与庄重性、代入感与宏大感、情绪饱满度与分寸感之间的矛盾，颇有难度，要求较高。在这个作品的创作中，主持人能很好地理解文本，对内容理解到位，感受到位，定位把握比较精准，起伏之间感情饱满，以沉稳有力的声音进行富有历史厚重感、极具感染力的讲述。主持人配音基调正确，饱含深情地全程融入作品的情绪情节中，规范中不失生动，自然流畅中又带着变化起伏。表达上重音明确、停连准确、语音标准规范，吐字大气流畅、断句准确，表述清晰，张弛有道，层次分明，节奏感较强，处处体现出主持人扎实的专业基本功底与创作热情。特别是讲到冯铿的故事时，感情真挚，声情并茂，感染力极强。

该作品策划、制作堪称精良，高水平的配音与画面、主题、内容完美结合，整体上既能让人产生进入那段历史具体时空之感，又具有宏大的叙事感，实属佳品。

（黎广怡）

电视节目主持作品

图鉴中国

——我们的一百年·基建

深圳广播电影电视集团　熊　熊

（文稿略）

【点评】

《图鉴中国》是深圳卫视推出的经典对比照分享节目，以新旧“对比照”呈现社会发展和时代巨变，在建党百年的重大主题下，聚焦共和国基建发展历程。

节目选题立意新颖，构思巧妙，大题材小切口，以多种可视手法将高大上的主旋律做得相当有可看性、说服力、感染力。主持人形象靓丽，图像效果好，仪态端庄而不失活跃，状态轻松而不失严谨，语态亲和自然，情绪把握符合节目基调要求。主持人在直播前应该做了扎实的准备工作，对当期节目的主题、背景、内容、嘉宾等都较为熟悉，理解较为透彻。在主持过程中，与评论员嘉宾配合默契，与讲述嘉宾互动得体，对节目风格与推进节奏把控准确，融入度高，丝毫没有用力过猛的口号感。充分体现了大体量、多元素的节目中主持人良好的综合素养，融媒体环境下主持人的复合能力和游刃有余的现场驾驭功底。

主持人对节目的驾驭能力较强，搭档评论员余治国，邀请行业领域的专家、时代参与者、城市建设者等嘉宾，有叙有议，有评论有采访，多种语态无缝转换，熟练完成各个环节的过渡与衔接，节目整体推进丝滑顺畅，表现优秀。

（庞　玮）

论文作品·广播电视内容创作研究论文

坚持主流价值观，输出舆论正能量
——广播评论节目《成峰观点》的实践探索

广东广播电视台　牛日成

新传播格局下，以“碎片化”为主要特征的短评、快评、网评风行，广播评论何去何从？传统广播评论是否还具生命力？省级广播电台评论是选择强化还是弱化？在国际舆论斗争中，广播评论如何有所作为？面对这些新时代的考题，广东广播电视台新闻广播评论节目《成峰观点》用实践作出回答。

一、遵循“48字方针”，打造广播评论品牌节目

互联网时代带来全新的信息传播和接收方式，尤其是社交媒体、自媒体的广泛兴起，极大改变了人们获得信息的渠道，也增加了舆论环境的复杂性。于国内而言，对各种新闻事件的不同观点在网络泛滥，甚至颠倒黑白、混淆视听，严重误导大众；于国际而言，近年一些西方媒体出于意识形态偏见，蓄意编造各种涉华虚假新闻，恶意攻击抹黑中国，充当西方反华仇华势力的舆论工具，国际舆论斗争愈加错综复杂。

在国内国际复杂的舆论环境下，党的媒体如何发挥强有力的舆论引导作用？2016年2月19日，习近平总书记到人民日报社、新华社、中央电视台调研并主持召开党的新闻舆论工作座谈会时指出：“在新的时代条件下，党的新闻舆论工作的职责和使命是：高举旗帜、引领导向，围绕中心、服务大局，团结人民、鼓舞士气，成风化人、凝心聚力，澄清谬误、明辨是非，联接中外、沟通世界。要承担起这个职责和使命，必须把政治方向摆在第一位，牢牢坚持党性原则，牢牢坚持马克思主义新闻观，牢牢坚持正确舆论导向，牢牢坚持正面宣传为主。”总书记提出的“48字方针”，为媒体做好新闻舆论工作提供了根本遵循，也是办好新闻评论节目的指南。

评论是媒体的旗帜与灵魂。长期以来，广东广播电视台主要是在新闻节目中摘播中央媒体和地方党报的重要政论，缺少常态化播出的自创广播评论节目，评论缺少广播特色，可听性不高。2018年底，新闻广播在谋划新闻节目改版时，决定从2019年元旦开始在早晨7点至9点广播收听的黄金时段打造一个“发出本台声音”的自创广播评论节目，每周一至周五常态化播出，每期8分钟，举起广播评论的旗帜。节目名称《成峰观点》取自苏轼诗名句“横看成岭侧成峰，

远近高低各不同”，立意凸显评论的多维度和辩证视角。

《成峰观点》由专门的评论团队负责，立足高政治站位，坚持主流价值观，重视评论选题研究，题材既涉及重大时政，又紧扣社会新闻热点，强化舆论正面引导力。通过“主笔＋主播”的方式精心制作播出，突出广播语言特色，提高节目的可听性。与此同时，每篇评论通过新媒体多渠道同步分发，扩大评论的传播范围及影响力。单篇评论在广东广播电视台“触电新闻”App阅读量达“10万＋”已成常态，不少评论被各种新媒体客户端转载，广东部分地级市广播电台选择转播。《成峰观点》被广东广播电视台列为重点打造的评论品牌节目，曾获得2019年度广东省广播影视奖广播新闻栏目一等奖。

二、唱响主旋律，坚持正确舆论导向

近几年，国际形势复杂多变，国内改革发展、新冠病毒感染疫情防控、维护国家核心利益等方面面临巨大的风险挑战。作为党的媒体，如何唱响主旋律、加强正确舆论引导、激励人民克难制胜的意志，这是一道必答题。

习近平总书记强调：“党和政府主办的媒体是党和政府的宣传阵地，必须姓党。”“团结稳定鼓劲、正面宣传为主，是党的新闻舆论工作必须遵循的基本方针。”《成峰观点》坚持以强烈的政治意识和思想觉悟办节目，避免为博收听率、关注度而热衷于跟风炒作负面新闻，导致节目偏离正确舆论导向。节目大胆纵论重大时政新闻事件，涉猎以往地方媒体较少触碰的国际政治经济关系等方面的选题，同时又有别于中央媒体政论，走差异化之路，并注重立足于以地方素材为评论切入口，引导受众理解党中央重大决策部署和国家重大发展战略，体现评论的贴近性，让广播接地气。

例如，2020年疫情防控阻击战成为重大新闻主题，《成峰观点》紧扣党中央作出抗疫重大决策部署、湖北抗疫主战场进展和全国各地各行各业的抗疫行动、感人故事，先后撰写《坚决打赢疫情防控阻击战》专题评论80余篇，突出中国共产党领导和我国社会主义制度的显著优势，颂扬中华民族万众一心、众志成城的伟大力量，讴歌医务人员白衣为甲、逆行出征、舍生忘死、挽救生命的大无畏精神。

作为省级媒体，《成峰观点》抗疫题材评论注重突出广东元素。广东是全国最早派出援鄂医疗队且援鄂医疗队人数最多的省份之一，钟南山院士、广东省中医院副院长张忠德等更是全国抗疫英雄的典型代表。《致敬钟南山院士》《疾风知劲草，烈火炼真金》《他们是真英雄》《一身白衣，一往无前》《共产党员是抗击疫情的先锋队》《道一声珍重再见，约定今生永不相忘》等多篇评论，就是基于广东元素特别是广东援鄂医疗队的相关新闻而展开的。

“以往新闻报道与新闻评论之间的最大区别，就是前者主要报道事实，后者着重分析、议论。随着新闻报道与新闻评论边界的日益模糊，也随着不同报道样式与评论样式之间的相互穿插及组合运用，以往‘设言立说’式的评论越来越少。在相当多的新闻评论中，事实性信息与意见性信息既同时作为传播的内容，也同时成为传播的目的，各类媒体新闻述评的广泛运用即是其主要的运用方式。”针对评论形态的演变及广播传播特点，《成峰观点》的政论注意避免落入空泛评说的窠臼，采用大量录音素材，用事实说话，夹叙夹议，让广播评论回归“说话”，提升评论的可听性。不少评论融入情感元素，音响丰富，凸显广播特色，有效增强评论的感染力，让评论入耳入心。

三、站在舆论前沿，积极参与对美西方舆论斗争

近年来，随着中国综合国力的不断上升，以美国为代表的一些西方国家公然对中国进行打压和遏制，在涉港、涉疆等问题上大做文章，以所谓人权问题为借口粗暴干涉中国内政。特别是受到疫情打击，美国等西方国家的政治、经济、社会发展严重受挫，西方价值观受到强烈质疑，为转移国内矛盾而将疫情和经济问题政治化，企图把中国作为舆论围剿的靶子。在严峻的挑战面前，与美国等西方国家不择手段的舆论攻击展开斗争，把握国际舆论话语权，成为中国媒体的必然选择。其中，地方媒体不仅责无旁贷，而且完全应该有所作为。

广东毗邻港澳，与港澳经济、文化等关系密切，广东媒体在围绕香港话题的舆论斗争中必须站在最前线。2019年6月，香港“修例风波”在美国等境外势力支持下演变成持续多个月的暴乱。美国、英国等西方国家媒体蓄意选择性报道，攻击“一国两制”、粉饰暴乱行为，为反中乱港分子张目，企图搞乱香港，进而遏制中国的发展。《成峰观点》持续播出《认清暴乱本质，捍卫香港法治》《面罩遮不住暴徒的狰狞面目》《为虎作伥的记者无异于暴徒》《这些香港年轻人被什么蛊惑成“暴力前锋”?》《美国政客搞乱香港遏制中国的险恶用心昭然若揭》《公然插手香港事务：美国霸权主义的又一证词》等50余篇评论，剖析香港暴乱的本质，揭穿美国等西方国家插手香港事务的真相和企图，反映绝大多数爱国爱港人士的呼声，对反华仇华政客以及西方媒体罔顾事实的报道予以有力的回击。

2020年，针对全国人大常委会通过香港国安法，美国等西方国家发表涉港言论，对中国内政指手画脚，香港反中乱港媒体及一些西方媒体极力抹黑香港国安法，《成峰观点》播出《香港“平乱”指日可待》《“港独”头目沦为丧家之犬是咎由自取》《擒贼先擒王：拘捕黎智英，彰显香港国安法威力》《“五眼联盟”对香港“双标”用心险恶》《美国搞乱香港的日子一去不复返了》等30余篇评论，成为广东新闻媒体围绕香港话题参与对美西方舆论斗争的主要力量之一。

四、针砭时弊，强化舆论监督作用

习近平总书记强调："新闻观是新闻舆论工作的灵魂。"要深入开展马克思主义新闻观教育，把马克思主义新闻观作为党的新闻舆论工作的'定盘星'，引导广大新闻舆论工作者做党的政策主张的传播者、时代风云的记录者、社会进步的推动者、公平正义的守望者。"将总书记的指示落实到具体的广播评论节目中，就是要坚持马克思主义新闻观，树立正确的新闻理想，重视经营重大题材政论，传达主流声音，传递正能量，同时，也不排斥针砭时弊，评说热点社会新闻事件，充分发挥主流媒体的舆论监督和舆论引导作用。

评论代表媒体的态度。《成峰观点》既追求评论高度、深度，又重视评论的温度、关注度，坚持政论与时评并举。节目创办以来，对绝大多数的网络热点新闻事件和社会现象都及时发表鲜明的观点，宣示媒体立场。例如，2020 年的《大学教师论文抄袭为何禁而不止?》《"非全日制研究生"受歧视背后是什么?》《网红杨超越落户上海为何引发争议?》《"好美好飒"与"土得掉渣"的女副县长都值得点赞》等，对多起热点新闻事件《成峰观点》都紧跟事态变化持续"穷追猛打"，进行多角度、多层面的挖掘、透视，形成相对完整的组合评论，彰显鲜明态度。

作为地方媒体，对本地党风政风行风、社会民生问题的舆论监督是《成峰观点》的另一个着力点。如《广东严查"高考移民"，坚决捍卫高考公平》《官员睁眼说瞎话，不彻查何以服众?》《广州养犬"九龙治水"，为何还是管不好?》《广州南站"黑车"猖獗，管理部门都干啥去了?》等评论，都是当时本地热点民生话题，获得受众的众多好评，受到相关政府部门的重视，体现评论的价值。

结语

互联网时代，信息并不稀缺，相对缺乏的是让人豁然开朗的观点。在广播被认为属于相对弱势媒体，以及自创、严谨、有深度的评论相对较少甚至被很多广播电台完全放弃的状况之下，《成峰观点》可谓"逆流"而上，评论团队立志为新闻理想而战，确立打造高端广播评论品牌的目标，致力于开拓主流宣传舆论阵地，拒绝纯粹为迎合部分受众而炮制低俗、平庸和不利于化解社会矛盾的评论，坚持输出舆论正能量，主动参与到对美西方的舆论斗争中来。同时，适应融媒传播时代特点，通过新媒体多渠道分发，扩大了广播评论的影响力，取得了积极成效。

【点评】

新闻评论特别是广播新闻评论栏目，在融媒体传播的环境下是较为稀缺的类型。秉持评论是新闻媒体旗帜与灵魂的理念，《成峰观点》获得第三十一届中国新闻奖一等奖，足以证明该栏目得到中国新闻界的认可。总结研究逆势而上的优质广播新闻评论节目，论文有先天的选题优势。

论文在阐述《成峰观点》栏目开办的主旨和发展后，围绕如何做到既传递社会正能量，又贴近群众需求，达到叫好又叫座的传播效果，从新闻内容和传播手段两方面总结提升成功的经验与规律。论文不仅是对《成峰观点》栏目具体作品的经验总结，也是对广播新闻评论创新发展的理论思考。论文主题鲜明，论点清晰，理据扎实。特别是引用了“单篇评论在广东广播电视台‘触电新闻’App 阅读量达‘10 万 +’已成常态”为论据，以具体数字说明该栏目通过新媒体多渠道同步发布的传播方式，有效提升了广播评论节目的阅读量和影响力。

（叶小帆）

广播电视融合发展研究论文

5G 技术对新媒体传播的促进及远景分析

深圳广播电影电视集团　行　炜

一、全国 5G 基础建设加速　新应用前景广阔

2020 年被业界称为 5G 元年，5G 建设不断加速推进。据统计，截至 2020 年底，全国累计已建成 5G 基站 71.8 万个，预测 2021 年 5G 建设仍将全面提速，5G 应用也将全面开花，中国将成为 5G 技术应用最广泛国家之一。深圳市为建设有中国特色的社会主义先行示范区，近年来大量投资 5G 基础建设，推广 5G 应用。截至 2020 年 8 月 17 日，深圳建设 4.5 万座 5G 基站，率先实现 5G 信号全覆盖。在深圳的福田区、南山区、龙岗区、坪山区，5G 信号覆盖面积大，信号强，给深圳的媒体人进行 5G 实验、创新新媒体传播手段提供了巨大的便利。

另外，新技术应用初期也存在诸多问题，例如：各地 5G 建设水平不均衡，5G 新技术如何落地，为用户带来哪些便利？5G 在新媒体领域如何促进新媒体进一步发展？目前 5G 技术传输与使用还存在哪些瑕疵？这些问题都需要在实践中发现并找到解决问题的办法。

二、“壹深圳”客户端率先试水　5G 助力新媒体直播升级

2020 年初，中央广播电视总台在深圳率先进行 5G＋4K 的直播测试并获得成功，在此基础上，深圳广播电影电视集团（以下简称“深广电集团”）“客户端”壹深圳与中国电信、华为等公司进行 5G 传输测试，并系统化投入新媒体直播应用当中，取得了良好的社会效益与经济效益。

“壹深圳”客户端是深广电集团官方客户端，其内容包括深广电集团广播、电视各档直播、点播节目以及新媒体资讯与互动。在深圳本土，“壹深圳”客户端直播活动尤其突出。2017 年“壹深圳”直播场次达 414 场，2018 年 494 场，2019 年 507 场，2020 年达 1 262 场，是深圳本地首屈一指的大型直播团队。直播近几年在新媒体传播市场上可以说如火如荼，究其原因，一方面，直播是一

个开放性的平台，内容丰富多彩，用户足不出户即可满足社交及欣赏各方面需求，体验感强烈；另一方面，直播是互联网之下用户追求场景化体验的产物，它让生产者与购买者直接连接，董明珠、罗永浩、李湘等名人纷纷加入直播，各行各业生产销售链条加速向直播聚集。

直播同时也是传统媒体向新媒体转型的重要手段之一，传统媒体利用直播带货的发展风口，与内容平台、社交平台以及电商平台建立新型合作关系，尝试将直播增长的人气转变为“私域流量”，重塑主流媒体影响力。但在直播体验感上，传统广电的PGC直播与UGC竖屏（秀场）直播有着不小的区别。传统广电PGC直播节目具有大气庄重、专业高清、稳定性强、叙事感强等特点，对政府部门及大型企业而言，是不可或缺的宣推手段。而UGC竖屏（秀场）直播则具有方便、快捷、门槛低、互动性强、海量传播的特点。两相对比，广电PGC直播数量少，直播画面单一，一般只有一路导播台信号提供给观众，观众没有选择余地，互动性较弱；此外，广电PGC直播传输手段高度依赖现场网络，常常需要电视台卫星车与4G包进行传输配合，设备价格昂贵，大大制约了广电PGC直播发展。

5G技术传输的出现对传统广电PGC直播是一种新的机遇，5G传输具有低延时、高带宽、大连接的特性，有可能改变PGC直播的形态，也有可能改变其生产流程。2019年9月，“壹深圳”客户端直播团队开始进行5G直播技术测试，先与中国电信龙岗分局达成合作协议，在深广电集团龙岗制作中心基地设立一个5G基站，并进行5G信号测试。

从测试结果看，5G信号覆盖了制作中心大楼及其周边一万平方米左右场地，制作中心东面场地（也是主测试主场）信号多为下行400M，上行100M左右。这种情况让直播技术人员感到惊喜，如此强大的上行、下行速率，意味着不仅可以无线传输标清、高清视频，甚至4K、8K视频都可以轻松传输，5G已远超广电常用的4G包传输设备。技术人员也发现制作中心基地南面场地测试5G信号较不稳定，这可能与初期的5G基站覆盖范围较小有关，但不影响“壹深圳”初步5G测试。为了在直播系统拍摄的设备上接入5G信号并进行推流，技术人员准备2～3个华为CPE设备，用来放大5G信号，保障直播推流。

“壹深圳”进行的第一场测试是特斯拉MODEL 3.0汽车测试，由于汽车测试需要进行场地跑圈，普通广电EFP系统无法进入汽车内部进行拍摄直播，技术人员首先进行拍摄设备选型。技术人员首先测试普通推流摄像头，推流延时达十三四秒，无法使用；接着又尝试选用4G手机拍摄推流，推流延时6～7秒，再次失败；第三次租用GOPRO7拍摄推流，推流延时2～3秒，接近达到测试要求。于是，技术人员在测试汽车的车头、前轮、车内装了四个GOPRO7摄像头，连接车内5G CPE设备进行直播和推流。直播团队除在场内进行绕圈测试之外，还准备利用在周边一千米环大运场馆的公路进行测试，这一千米路程有12个5G基站，测试过程中会不断形成5G信号切换与接力。

10月28日天气晴好，“壹深圳”客户端第一场5G直播特斯拉MODEL 3.0测试顺利进行，当天上午直播测试历经两个多小时，经历了慢跑圈和快速跑圈多个环节。因为有5G高带宽传输的支持，技术人员创造性地将普通一路画面直播改为六画面（六路视频）同步直播。

六路视频画面分别是：一路航拍画面，一路三机位传统广电EFP系统直播画面，以及车前轮、车头、车舱内前座、后座四路GOPRO直播信号，此种新型多画面直播将通过5G信号同步传送给观众，观众可以根据自己的爱好任意选择信号并进行切换，在一定程度上实现“观众即导演”理念，这对之前以导播为中心只提供一路信号的传统PGC直播形态是一种提升。这次测试时长一个多小时，六画面同步直播（四路5G信号+传统广电EFP系统、航拍）基本能够达到同步，四路5G传输的GOPRO7信号清晰度不亚于摄像机直播信号，而且在主测试中直播信号持续、稳定、没有中断。最后仅仅是因为其中两个GOPRO7电池耗尽，信号才被迫中断。随后，技术人员又将测试汽车开出测试场地，围绕制作中心（深圳龙岗大运中心）一千米范围公路进行5G直播测试。

这一千米路程涉及多个5G基站之间信号自动切换，上行下行速率并不稳定。由于是外场大范围测试，传统广电EFP系统因无法跟随，中断了直播，车上四台GOPRO中，只有两台GOPRO利用公共5G信号传输持续直播。测试进行了一半，又有一台GOPRO因电能耗尽中断直播。最后一台GOPRO因为有专业充电电池支撑，最终不间断完成全程直播。这一次测试证明，在5G信号无线传输下，只要有合适的设备和持续的电力支持，5G传输在直播中可以解放拍摄设备，完成多画面同步直播，这可能是广电PGC直播一个新的发展方向。

2019年11月15—16日深圳龙岗举办水上音乐节，“壹深圳”负责活动策划执行与直播，此次“壹深圳”直播团队为活动提供的5G六画面多路直播又获得惊喜。一直以来传统音乐会直播很难拍摄到指挥家正面画面，而这次直播前，技术人员特意设置了两路可自动进行人脸识别并跟踪的AI摄像头，一路AI摄像头拍摄音乐会指挥家正面，一路AI摄像头拍摄钢琴师近景，都通过5G无线传输回到直播页面；此外又采用一套传统六讯道转播车直播整场音乐会，结果直播大获成功，淋漓尽致展现出音乐会艺术家们的风采，受到主办方好评。

从两次测试情况看，5G高带宽、低延时、大连接的特性打开广电PGC直播提升的空间，一方面，5G传输解决无线配置拍摄设备问题，技术人员可以利用多元化的拍摄推流设备进行直播，设备更轻便，角度更多元；另一方面，5G传输高带宽，可以多路传输直播画面，使观众观赏到的直播内容更丰富，调动了他们参与互动的欲望，互动次数累创新高。

三、5G 直播升级　市场效益明显

在完成两次测试性质 5G 直播工作后，“壹深圳”直播团队在 2020 年逐步在市场上推出了 5G 系列直播活动，并引入 AR 等后期特技效果。2020 年 4 月，“壹深圳”直播团队将 AR 技术与 5G 直播结合，用于一场地产开发商的商业主题活动，效果惊艳，获得各方肯定。7 月，深圳市商务局推出“鹏城八月欢乐购”活动，要求“壹深圳”做深圳十个区的同步直播，在传统广电技术下，需要十路主持人、编导带十台摄像机，加十个 4G 包或转播车卫星车才能完成此项工作，耗资至少上百万元。因为有多次 5G 直播经验，“壹深圳”直播团队为此设计了“四路传统直播 + 六路 5G 直播”十区联动直播方案，成本不过 30 万 ~ 40 万元，技术创新兼具稳定。7 月 31 日“鹏城八月欢乐购”活动开始，十路信号同步、顺畅地送到转播车，在新媒体端创造刷屏奇迹。“华为 P40 手机 + 5G 传输”的六路信号稳定性、清晰度、色彩还原度超过四路传统摄像机拍摄画面，受到在场资深电视栏目总监、制片人的一致肯定。

经过多次 5G 直播实践活动，技术人员总结出 5G 直播一些经验：①首先要对场地的 5G 网络进行测试，并尽可能提升上行、下行传输速率；②拍摄设备选型非常重要，根据不同情况，可选择手机、GOPRO 不同的拍摄设备，传统摄像机早已不是直播人员唯一选择；③手机、GOPRO 等拍摄设备需格外重视充电及散热保障，否则容易导致直播事故；④新拍摄设备收音、录音要有专门保障方案。在解决以上问题后，“壹深圳”的 5G 直播越来越畅顺。

2020 年 8 月 26 日是深圳经济特区成立四十周年的特殊日子，深广电集团融媒体两大中心——时政中心和新媒体中心联合举办了“鹏城万里新”40 小时 40 镜头 5G 大直播活动，活动持续时间之长、同步直播信号之多，均创深圳本土电视历史之最，整个直播活动全网点击超四亿次。

在“鹏城万里新”大直播过程中，“壹深圳”直播编导管立军还利用 5G 直播进行了一次深度创新尝试，他将两个 GOPRO8 固定在交警头盔和后座上，手持一个 GOPRO8，外加一路宣传片，仅一个人在一台手机上云切换四路信号，成功进行了两小时四路信号直播，这在 5G 传输技术使用前实属不可思议。2020 年 10 月中旬，在深圳举办的第 20 届“中国海洋经济博览会”上，“壹深圳”直播团队组织了对“海博会”大国重器“天鲲号”的慢直播，技术人员仅利用一台华为 P40 手机，通过 5G 信号直播两小时，在新华社客户端上获得 50 余万点击量。

四、5G 直播与云技术结合　视频处理更丰富

多次 5G 直播实践证明，传统广电直播视频进行 IP 化处理后，在高码率、

高色率、宽音域、融媒体分发等方面存在更大的处理和提升空间，“壹深圳”直播团队第三阶段探索“5G＋云处理”方向。2020 年 10 月起，“壹深圳”技术人员开始与华为云团队沟通交流，试图将 5G 直播与华为云手机技术结合在一起，开发更多电视技术应用。云手机直播的原理其实不复杂，就是将存储和处理功能通过无线（或有线）传输放在云端，而拍摄端（摄像机、手机、摄像头、航拍机等）内容同步上云后，在云上映射成信号源，可以进行导切及后期处理。腾讯云、阿里云、华为云，都拥有云技术，但云 PC 和云手机有一点差别：云 PC 不需要实时，而云手机必须具备低延时、高速合成功能，这只有在 5G 条件下才能实现。“壹深圳”技术人员与华为技术团队在 2020 年 10 月开始新的测试，技术人员测试发现，视频信号经 5G 网络传输上华为云，延时只有 300～400 毫秒。这意味着大量广播级视频直播和后期处理业务可以上云处理，并借助近于无穷的云带宽和云算力，获得空前视频处理能力。

2020 年 11 月 21 日，“壹深圳”直播团队和华为云技术团队合作，在深圳宝安新桥剧场用三台华为 P40 手机和两台摄像机同步上云，实现无线组网，五机位导切，完成一场时长三小时的话剧直播。12 月 4 日“壹深圳”直播团队和华为云技术团队成功进行了深圳市中级人民法院“宪法日”活动直播，直播推流 8M/1 080P（远超常用 2M/720P 普通直播标准），并同时分发 50 路视频，验证强大云能力给直播带来的前景。目前，“壹深圳”直播团队和华为云技术团队正探索研发直播中“自由视角”实现问题，预计半年内将有新的成果落地。

五、5G 赋能新技术发展　视频直播前景广阔

技术专家认为，5G 将最先在视频直播、远程手术、矿山港口机械遥控方面取得突破，深广电集团“壹深圳”客户端通过一年多的 5G 直播探索实践，发现 5G 传输对视频直播显著的赋能作用。其中包括以下几点：①5G 使直播更便捷，使摄像机摆脱光纤电缆束缚，多机位无线传输更方便自由；②在 5G 高性能传输情况下，不仅 1 080P 高清视频能快速传输，2K、4K 级别高清传输也将很快普及；③多路视频信号同步上云问题解决，可借助强大的云算力、云带宽进行专业高级视频处理，在视频直播中引入 AR、VR、XR 及自由视觉效果；④拍摄端口设备获得解放，今后前端拍摄不仅限定为摄像机，各种手机、穿戴式拍摄器材都可以作为拍摄端口，上云后统一成为 IP 化视频信号源进行处理。IP 化之后，可获得高码率、高色域、宽音域、智能 AI 内容制作等处理能力，其前景极其广阔。当然，如何进一步有效开发和利用 5G 技术潜力，开发更丰富多彩的视频产品，甚至改变目前新媒体传播状态，有待专业人士更辛勤的努力、更坚韧的毅力，以及更大胆的想象力与创造力。

【点评】

在5G助力广电媒体融合发展的大背景下，论文以电视直播如何利用5G技术为切入点，以“壹深圳”近几年在电视直播中应用5G技术的实践为依据，通过大量翔实的技术数据，以多次生动具体的直播节目为实例，阐述5G技术的运用改变着传统电视的直播形态和生产流程，为电视直播带来良好的社会和经济效益。论文同时结合华为等公司最新的技术研究成果，在未来移动互联网“万物皆媒”前景下，进一步分析和探讨5G和“云处理”结合后，5G技术的运用将会对电视直播带来更大的提升空间，推动媒体的融合开拓更广阔的发展前景。论文从论述技术创新入手，同时结合多场5G电视直播的具体内容描述，将电视传播的技术性和传播内容的创新性较好地融合于一体。

我国的5G技术在世界上占有优势地位，深圳是我国率先实现5G全覆盖的城市。随着5G在全国的覆盖率提升，在电视直播中利用5G的情况将会越来越普遍。论文对广电媒体在5G背景下如何利用直播技术，以及推动媒体融合发展进行论述，具有较高的参考价值和实践指导意义。

（叶小帆）

科技项目·广播电视技术论文

一种 4K 超高清电视测试信号的设计制作及应用

广东广播电视台　邵凤莲

摘要：为了识别4K 超高清视频系统中4 链路 SDI 接口电缆的连接状态，本文在研究4K 超高清图像分割映射标准的基础上，针对2SI、SQD 分割映射方式，提出一种测试图的设计方案，并采用超常规的方法实现了测试图视频信号的制作。通过实测，验证了测试信号具有所设计的功能。

关键词：4 链路 SDI；2SI；SQD；电缆断开；电缆顺序有错

一、前言

近年，4K 超高清电视在我国加速发展，继中央广播电视总台、广东广播电视台开播4K 超高清频道后，国内多家电视台也开始进行4K 超高清电视制播。4K 制播系统中电缆的正确连接、信号的正确传输，是确保系统安全、正常运行的根本所在，同时对4K 超高清节目制播质量也具有非常重要的意义。为此，笔者设计制作了一种4K 超高清电视测试信号，用于在系统设备连接及日常制播活动中检查、确认视频电缆的连接状态，助力4K 超高清电视安全、高质量的制作和播出。

二、测试信号概述

4K 超高清视频系统中，4 链路 SDI 接口的传输链路上任意一路电缆断开，或即使4 链路电缆均连接但顺序有错，都会造成信号接收端4K 超高清图像的不完整或质量下降。因此，本文设计的测试信号要实现的功能主要有两个：一是识别电缆断开；二是识别电缆顺序有错。

由于现有的系统或设备中存在两种将4K 超高清图像映射到4 链路 SDI 接口的方式，即两像素交织（Two sample interleave，2SI）和方形分割（Square division，SQD），因此，本文相应地设计了两组图像帧。图1 给出了两组4K 图像帧的截图：2SI 测试图和 SQD 测试图。2SI 测试图背景为黑色，上有白色数字“1234”及多组垂直细线和水平细线，用于检查2SI 方式的系统或设备；SQD 测试图背景为蓝色，居中为白色圆圈，圆内有白色数字“1234”且分别位于四个象限（以图像中心为原点，水平中轴为 x 轴，垂直中轴为 y 轴），用于检查 SQD 方式的系统或设备。

2SI测试图　　　　SQD测试图

图1　2SI、SQD 测试图

按照所设计的测试图制作成视频信号，即为本文的测试信号。当系统中4链路SDI接口电缆连接正确，相关设备的分割映射、拼接模式也匹配设置时，测试信号经过传输链路后，在接收端显示的图像应如图1所示。

三、测试图设计方案

（一）2SI 测试图设计依据和原理

根据SMPTE ST 425－5：2019《4链路3 Gb/s串行接口的图像格式和辅助数据映射》，分辨率3 840×2 160的4K超高清图像可用2SI方式分割为4个与源图像帧率相同的子图像，每个子图像像素为1 920×1 080。若源图像从上往下行号为0、1、2……2 159，则将偶数行每2个连续的水平像素划分到子图像1和子图像2，将奇数行每2个连续的水平像素划分到子图像3和子图像4。在信号接收端，将接收到的子图像1、2每两个像素拼接到偶数行，子图像3、4每两个像素拼接到奇数行，则可获得3 840×2 160的4K超高清图像。

依据上述的分割、拼接规则，设计特定的子图像形成测试信号，经电缆传输后，在接收端可借助重现图像来判断电缆有无断开、顺序是否正确。

基于这一思路，笔者设计了4个子图像。子图像1上有数字“1”，子图像2上有数字“2”，子图像3上有数字“3”，子图像4上有数字“4”。另外，在子图像1中设计有两对垂直线段、两对水平线段；子图像2和子图像3中均设计有一对垂直线段、一对水平线段。所有线段的粗细均为1个像素。为便于表述，将各对垂直线段分别称为竖线对A、B（子图像1左、右）、竖线对C（子图像2）和竖线对D（子图像3）；将各对水平线段分别称为横线对A、B（子图像1左、右）、横线对C（子图像2）和横线对D（子图像3）。4个子图像按2SI方式拼接起来就是图1中的2SI测试图。由于子图像中线段的位置是经精确设定的，从而使得在完整的4K图像上，竖线对C在A左边且相邻，竖线对D在B左边且相邻，横线对C在A上方且一线重叠，横线对D在B上方且一线重叠。

由于每个子图像均有相应的数字作识别，当某链路电缆断开，子图像丢失，则该子图像上的数字就不会在接收端显示出来，从而提示该链路断开。

在四路电缆均连接的情况下，通过观察图像上垂直、水平线段的数量，可判断电缆顺序是否正确。其原理详述如下，考虑到本论文载体的显示效果，用另外绘制的彩图来帮助说明。如图2，a、b分别代表子图像1、2，关注的重点是由黑色像素点组成的垂直、水平线段。当以2SI方式拼接时，两子图像在水平方向上相对位置有三种可能：1左2右、1右2左、1、2重叠，如图3中a、b、c所示；在垂直方向上两子图像相对位置有三种可能：1、2重叠、1下2上、1上2下，如图4中a、b、c所示。由此可见，当子图像1、2的相对位置正确即1左2右且水平平齐时，拼接重现图像应如图3、图4的a图所示，否则均为有错。若水平方向的相对位置错，则图中垂直线段从细、粗、细三线变为四条细线；若垂直方向相对位置错，则图中水平线段从虚、实、虚三线变为四条虚线。

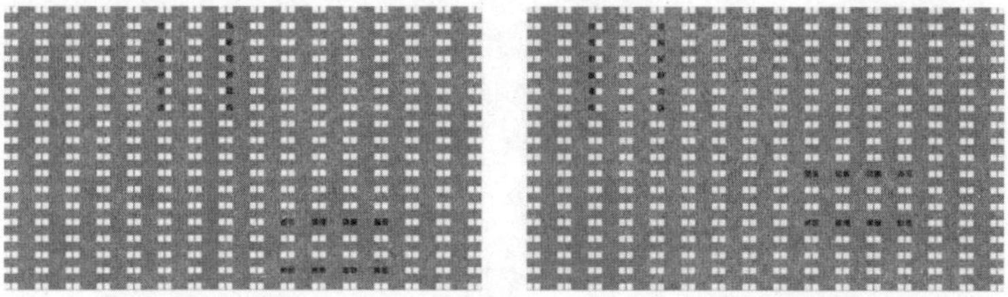

a　　　　b

图2　电缆连接情况示意图（一）

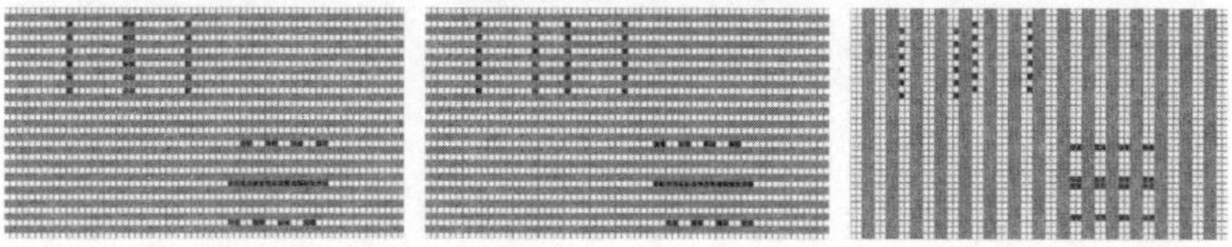

a　　　　b　　　　c

图3　电缆连接情况示意图（二）

a　　　　b　　　　c

图4　电缆连接情况示意图（三）

同理，对于如图5，a、b所示的子图像1、3，拼接时两者在水平、垂直方向上的相对位置如图6、图7所示。相对位置正确时，重现图像如图6、图7中a图所示，否则均为有错。若水平方向的相对位置错，则图中垂直线段从虚、实、虚三线变为四条虚线；若垂直方向相对位置错，则图中水平线段从细、粗、细三线变为四条细线。

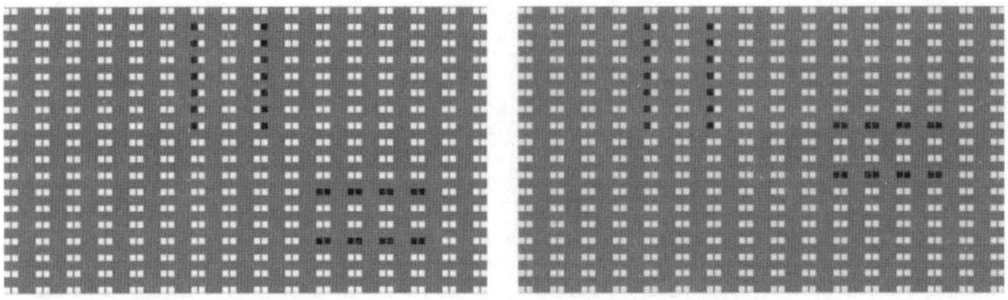

a　　b

图 5　电缆连接情况示意图（四）

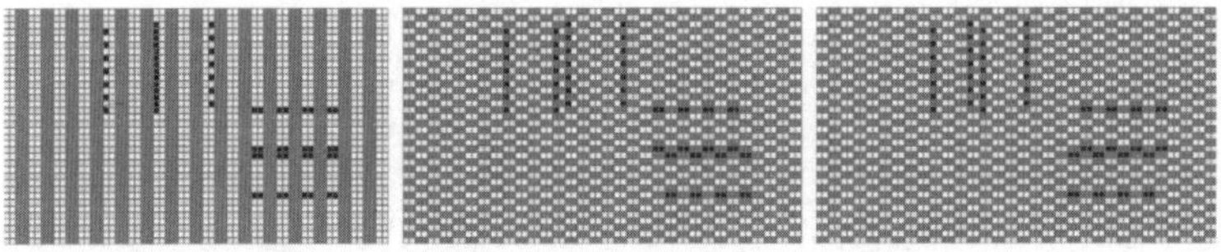

a　　b　　c

图 6　电缆连接情况示意图（五）

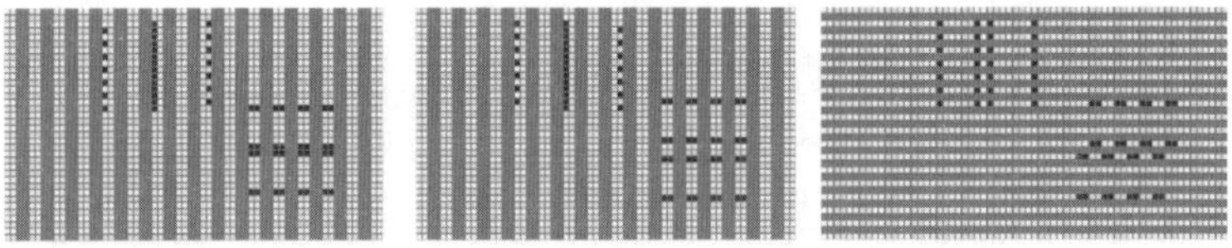

a　　b　　c

图 7　电缆连接情况示意图（六）

此外，从组合数学可知，4 个子图像按 2SI 方式拼接共有 24 种排列可能。其中，子图像 1、2 的水平、垂直相对位置正确的排列有 4 种，子图像 1、3 的水平、垂直相对位置正确的排列有 4 种，两者的交集只有 1 种排列，这意味着：当子图像 1、2 相对位置正确且子图像 1、3 相对位置正确，则子图像 1、2、3、4 位置正确，否则有错。

（二）SQD 测试图设计依据和原理

根据 SMPTE ST 425 -5：2019《4 链路 3 Gb/s 串行接口的图像格式和辅助数据映射》提到另一种将分辨率 3 840 ×2 160 的 4K 超高清图像分割为 4 个子图像的方式，将 4K 超高清图像有效区域按十字形等分为 4 块，每块像素均为 1 920 × 1 080，按照从左到右、从上到下的顺序映射到子图像 1、2、3、4。在接收端按同样的规则拼接 4 个子图像，则可获得 3 840 ×2 160 的 4K 超高清图像。

依据上述的分割、拼接规则，SQD 测试图（见图 1 右）的设计相对简单：每个子图像有相应的数字作识别，缺少哪个数字则提示相应子图像丢失；4 个子图像各有一段 90 度的圆弧，拼接时连成一个圆，则提示顺序正确，否则有错，并且从圆弧的方向能判断是哪个出错。

四、测试信号制作

（一）2SI 测试图信号

要将前述的 2SI 测试图制作成 4K 超高清视频信号是个难点，利用 4K 字幕机、切换台等设备按常规方法都难以实现，主要的困难是在 2SI 系统中，难以直接针对每个子图像进行不同的图文叠加操作。几经摸索，笔者采用了超常规的方法成功按照设计图制作出测试信号。

该方法的原理是在 4K 画面上以“田”字形排布 2SI 测试图 4 个子图像的内容，通过人为地将 SQD 的信号故意指认为 2SI 信号，使格式转换设备将 4 路 SQD 子图像以 2SI 的方式拼接为 4K 图像，从而实现 2SI 测试图信号的制作。

具体步骤如下：将达芬奇剪辑软件时间线分辨率设为 3 840 ×2 160，先以纯色黑色铺一轨视频作为背景，增加多个文本字幕轨，按图 8 中标注所示设置各图文起点的坐标（图像左下角为坐标原点，向右为 x 轴正向，向上为 y 轴正向）；剪辑系统视频监视输出设置为 SQD 方式 4 链路 SDI，将此 4 链路 SDI 信号输入格式转换设备（AJA FS－HDR），手动设置格式转换设备的输入信号格式为 2SI，输出信号格式设置为 SQD，将此输出信号进行收录即可。

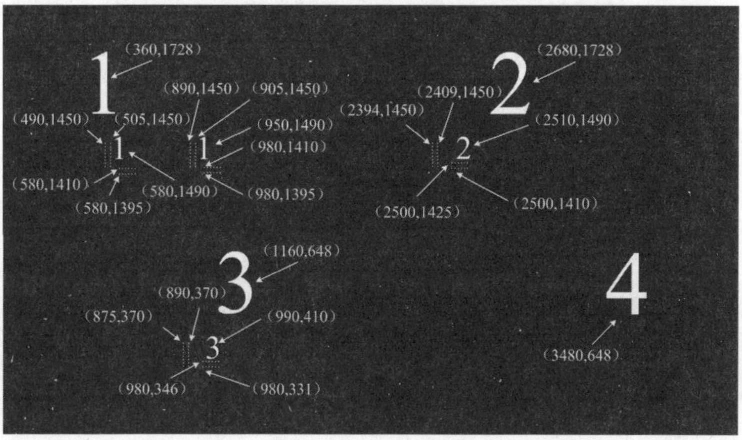

图 8　2SI 测试图信号示意图

（二）SQD 测试图信号

SQD 测试图信号的制作要简单得多，使用切换台或者非编软件进行圆形划像并叠加字幕即可，在此不再详细叙述。

五、测试信号功能验证与应用

为了验证测试信号的功能，进行如下试验：用播放设备播放上述收录的测试信号视频文件，将其输出的 4 链路 SDI 信号连接到监视器的输入端，观察监视器的图像，判断电缆连接状态。试验情况及结果如下所述。

播放 2SI/SQD 测试图信号，监视器设置为 2SI/SQD 显示模式，随机断开任一路电缆，发现监视器图像上某个数字消失，由此判断该路电缆断开。经过查对，判断无误。图 9 是其中某次试验的情况，表明链路 3 的电缆断开。

播放 2SI/SQD 测试图信号，监视器设置为 2SI/SQD 显示模式，对 4 路电缆排序共 24 种可能进行逐一检视，只有一种排序时图像显示正常，即 2SI 测试图中两组垂直线段均呈三条线，两组水平线段均呈三条线；SQD 测试图中呈现白色圆圈。由此判断此时电缆顺序正确，其他排序均为有错。经过查对，判断无误。图 10 是其中某种电缆排序时监视器显示图像的情况，2SI 测试图出现四线、SQD 测试图中不是圆圈，均表明电缆顺序有错。

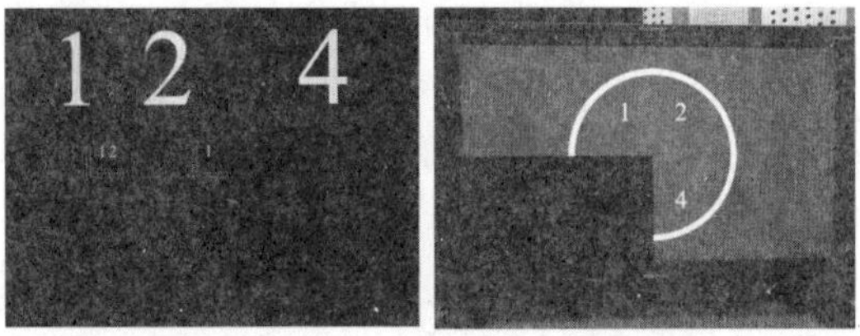

图 9　某次验证测试信号功能示意图

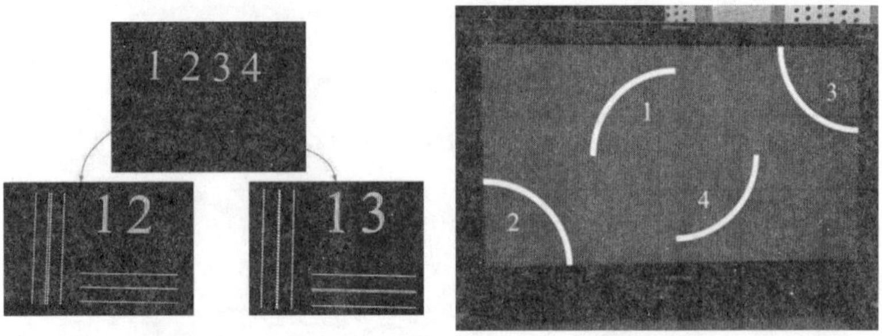

2SI 测试图

SQD 测试图

图 10　某种电缆排序时监视器的显示图像

上述试验表明本文测试信号实现了设计功能，即能识别电缆断开和识别电缆顺序有错。

除此之外，本文测试信号还可用来检查4K 显示设备的显示能力。例如，将测试信号输入某监视器，播放 2SI 测试图信号，监视器只显示子图像 1、2 的内容，未能显示子图像 3、4，在确认 4 路电缆连接正常的基础上，可推断该设备未达到真正 4K 超高清分辨率的处理和显示能力。

六、总结

本文在研究 4 链路 SDI 接口的 4K 超高清图像分割映射标准的基础上，提出了一种 2SI、SQD 测试图的设计方案，并利用剪辑系统和格式转换设备实现了测试信号的制作，通过试验，验证了测试信号具有所设计的功能，即能识别每一链路，识别电缆断开，识别电缆顺序有错。因时间和水平所限，本文提出的设计方案仍存在可以改进的地方，比如 2SI 测试图信号只能识别电缆顺序正确与否，当顺序有错时，未能以直观的方式提示是哪一路出错。日后将继续研究，希望将其进一步完善。

参考文献

SMPTE ST 425 -5，2019 Image Format and Ancillary Data Mapping for the Quad Link 3 Gb/s Serial Interface.

【点评】

4K 制播系统中电缆的正确连接是确保系统安全稳定运行和信号高质量传输的基础。作者能结合 4K 节目制作播出实际应用中的需求，在研究 4 链路 SDI 接口的 4K 超高清图像分割映射标准的基础上，原创性设计制作了一种 2SI、SQD 测试图的 4K 测试信号，通过实验对设计方案进行验证，并将研发成果成功应用到节目制播的生产实践中，用于在 4K 系统设备连接检查及日常运维中能快速识别确认视频电缆的连接状态，检查 4K 显示设备的显示能力。作者紧跟广播电视技术前沿，所提解决方案对保障 4K 电视的安全播出和制播质量具有积极意义，对行业发展有着非常好的借鉴作用，同时，论文也反映出作者具有扎实的理论功底和较强的实际操作能力。

（魏志辉）

广播电视工程项目

广东广电有线网络 IP 化技术体系及规模化部署项目

广东省广播电视网络股份有限公司　李海波　郑智伦
潘在友　余启林　叶泳添　黄武洪　许勇科

项目详细内容

1. 立项背景

近年来，广东广电网络公司以习近平新时代中国特色社会主义思想和党的十九大精神为指导，认真贯彻落实广电总局《有线电视网络升级改造技术指导意见》的要求，以推动有线电视网络高质量创新性发展为主线，以 IP 化、云化、智慧化、融合化为方向，推动有线电视网络“云、网、端”资源要素的有效整合、融通共享和智能协同，着力构建高速、泛在、智慧、安全的新型有线电视网络。

广电网络要实现数字电视服务提供商到智慧广电综合信息服务提供商转型，技术体系与业务体系的 IP 化转型是关键所在。广电网络使用 DVB 技术体系发展数字电视多年，稳定的服务质量赢得了口碑，但随着市场化竞争的加剧，广电网络如何拥抱 IP 技术，实现高质量、高可靠的智慧广电服务逐渐成为业界的共识。为此，广东广电网络结合自身技术特点与管控要求，提出了支持分级运营、可管可控 IP 电视技术方案，并在全省范围内启动规模部署。

2. 详细技术内容

项目提出了一种支持分级运营、可管可控的 IP 化技术体系框架，框架包括信源子系统、播控子系统、网络子系统、安全子系统、智能终端五大部分。

信源子系统具备转码弹性伸缩、信源接收及切换的功能。信源子系统云转码能力部署在 IAAS 上，保证信源的有效稳定输出。信源子系统提供四组 IP 电视信源，其中两组省干主备信源、一组异地灾备信源以及一组地市本地信源。

播控子系统具备 IP 电视业务统一管理、鉴权及分发的功能。播控子系统基于 Spring Cloud 服务化架构设计，服务组件以容器化的方式运行，在充分保障安全播出的前提下，具备服务动态扩展、版本灰度发布、服务熔断等高可靠特性。

网络子系统主要实现 IP 电视信号的高可靠、低时延传输，具备毫秒级自动倒换自愈能力、多级冗余备份能力、流量分发能力及全链路信号监测能力。核心网络设备异地组网，避免单机房故障导致全网直播中断。网络节点各设备均按冗余备份方式组网，通过与信源子系统联动，实现信号的自动切换。创新性地部署 IP 网闸设备实现“四选一”切换，避免部分信源异常引起的信号中断。

安全子系统主要由 PKI、DRM、防火墙构成，形成设备硬件、系统软件、应用软件、业务数据四条独立信任链，确保系统性安全。

智能终端由家庭网关与 IP 盒子共同构成，其中家庭网关实现了网络与业务的解耦；IP 盒子基于国家标准打造，是国内首款支持我国全系列 4K 电视标准的广电智能终端。

3. 与当前国内外同类技术主要参数、效益、市场竞争力的比较

目前，国内外 IP 视频传输技术分为两大体系：IPTV 与 OTT TV（互联网电视）。IPTV 标准最早由中国电信提出，该技术标准主要基于 IP 组播、单播技术以及 RTP、RTSP 等实时流媒体传输协议与控制协议。中国联通、中国移动的 IPTV 标准与电信大同小异。IPTV 主要通过光纤网络与以太网络承载。基于 IPTV 标准，国内的三大运营商通过 IP 网络已实现数字电视的大规模运营。OTT TV 没有统一的技术标准，其核心是微软的 Smooth Streaming、苹果的 HLS 以及由微软、苹果、Adobe 等公司共同主导完成的 MPEG DASH 三大流媒体传输技术。OTT 的最大特点就是可通过互联网实现高质量的视频业务。

有线网络 IP 化技术体系及规模化部署项目基于广播电视网络的技术特点设计，直播采用 IP 组播技术，点播采用 HLS 技术，同时结合了 IPTV 与 OTT TV 的优点。项目创新性引入 IP 网闸技术实现信源切换与网络隔离，在兼顾技术先进性的同时，满足了广电网络安全播出的要求。有线网络 IP 化技术体系及规模化部署项目实现了广电网络业务的全 IP 化，特别是终端的 IP 化大幅降低了运营成本。在原技术体系下，DVB 高清互动机顶盒 380 元/台。实施了本项目后，机顶盒从高清升级到了 4K，成本也大幅下降到 180 元/台。截至 2021 年 12 月，全省已发放全 IP 4K IP 机顶盒超过 130 万台，节约成本约 2 亿元。

有线网络 IP 化技术体系及规模化部署项目所形成的技术体系，对国内的广电网络运营商具有普适性，可以快速在其他地区进行落地推广，对广电行业的 IP 化转型升级有着重要的意义。

4. 应用情况

广东广电网络于 2019 年 6 月起开始有线网络 IP 化技术体系及规模化部署项目推广，同时开展数字家庭与 4K 超高清电视业务的探索，实现全省范围的大规模运营。截至 2021 年 12 月，全省范围内 20 个地市全 IP 用户超过 130 万户，业

务开展情况如下：

（1）全IP落地4K超高清电视。

广东广电网络全省全网具备以广播方式实现50帧真4K电视节目传输的能力，家庭智能网关支持大于30Mbps高码率、50帧真4K电视节目播放，可同时分发4路真4K直播，通过支持解码真4K的终端设备进行播放。目前全网传输两套4K正式频道、3套4K测试频道及大量的4K点播内容，为用户提供优质的4K电视视频业务体验。

（2）全IP数字家庭业务。

家庭智能网关作为广电传统机顶盒的演进，除了承载现有的电视直播、视频点播、宽带通信等业务，还提供远程安防、远程教育、远程医疗、视频通话、应急指挥、智能家居等智慧家庭新型业务。

（3）高速宽带业务。

随着互联网概念的快速普及以及互联网应用的蓬勃发展，用户对大带宽上网需求持续增长。广东广电网络作为三网融合、宽带中国战略的核心参与企业，不断优化改造网络及终端，以支持用户高速带宽接入需求。

5. 经济效益和社会效益

广东广电网络目前已在广东省内全面建设IP电视技术体系，基于光纤到户网络规模开展以4K超高清视频、千兆宽带、基于IPv6的下一代互联网、智慧家庭应用为标志的新数字家庭业务。

经济效益方面：

（1）有线网络IP化有效降低了终端部署成本，对比传统基于同轴电缆的DVB/NGOD体系，截至目前已节省终端投资约2亿元。

（2）有线网络IP化有效提升了用户的业务体验，从而增强了业务对用户的黏性，用户流失率同比降低23.6%。

社会效益方面：

（1）有线网络IP化为广电网络从电视传输服务提供商向综合信息服务提供商转型提供了“智能管道”，为国家“智慧广电”的战略实施奠定了基础。

（2）有线网络IP化促使广电产业链由封闭走向开放，有利于产业的转型升级。

（3）有线网络IP化有利于广电业务的移动化、互联网化，为夯实“党媒政网”定位提供了保障，为人民群众带来更丰富优质的服务体验。

表 1　本项目曾获科技奖励情况

获奖时间	奖项名称	奖励等级	授奖部门（单位）
2021－09－06	广播电视和网络视听产业发展项目库	入库	国家广播电视总局
备注 无			

表 2　主要证明目录

1. 应用单位目录				
应用单位名称	应用起始时间	应用单位联系人及电话	使用本项目产生的经济效益（元）	已提交应用证明
广东省广播电视网络股份有限公司	2019 年 6 月	许勇科 136 **** 1244	2 亿元	已提交
2. 技术评价证明及国家法律法规要求行业审批文件目录				
无				
3. 知识产权证明目录				
授权（申请）项目名称	知识产权类别	国别	申请号	授权号
无				

【点评】

广电网络要实现从数字电视服务提供商向智慧广电综合信息服务提供商的转型，实现技术体系与业务体系 IP 化是关键所在。该项目以推动有线电视网络高质量创新性发展为主线，以 IP 化、云化、智慧化、融合化为方向，推动有线电视网络“云、网、端”资源要素的有效整合、融通共享和智能协同，建立 IP 化技术体系，特别是建立 IP 化的直播电视技术体系，着力构建高速、泛在、智慧、安全的新型有线电视网络。广东广电网络以“安全不降低”“体验更优化”“投资更经济”“业务全镜像”“管理同平台”“呈现全一致”六项原则开展 IP 化技术体系规划，同时结合自身技术特点与管控要求，提出了支持分级运营、可管可控的IP电视技术方案，其技术框架包括信源子系统、播控子系统、网络子系统、安全子系统、智能终端五大部分，并制订实施方案，在全省范围内进行规模部署，于2019年6月实现有线网络IP端到端的贯通。该项目能有效提升用户的业务体验，增强业务对用户的黏性，促使广电产业链由封闭走向开放，有利于广电网络的产业转型升级，建议评为一等奖。

（魏志辉）

广播电视科技创新应用

基于 IP 架构的主备全链路 4K 超高清频道播控系统

广州市广播电视台 袁锦春 林进雄 林 穗

项目详细内容

1. 立项背景

2017 年，为贯彻落实广东省委省政府《关于开展新数字家庭行动推动 4K 电视网络应用与产业发展的实施方案》的战略部署，深化广播电视电影产业供给侧结构性改革，满足广东广播电视台 4K 频道开播及节目制作需要。根据不同时期技术发展情况和事业发展的需求，分阶段在台演播中心设计并建成了基于 IP 架构 4K 大型集群系统。

基于 IP 架构 4K 大型集群系统工程分为三期，总投资 6 000 多万元。第一期为“具有远程制作功能的 IP/4K 演播室集群平台项目”，在 2018 年中投入使用，该系统配置了 18 讯道，能覆盖演播中心区 4 个大演播室、台内其他演播室及市内一定区域；第二期为“基于 SMPTE2110 标准的全 IP 大型演播室系统”在 2019 年初投入使用，主要用于 1 600 平方米演播厅的节目制作；第三期建设为通过优化整合第一、二期系统资源，并增补格式和地址转换等设备，两个系统间、集群系统与播出总控间实现 IP 域的互联互通、资源共享，形成一个 48 讯道的大型集群系统，满足台里各演播室的节目制作。同时，增加了适应小屏发布要求的竖屏制作功能，满足广东广播电视台融媒生产、分发需求。

2. 详细技术内容

基于 IP 架构 4K 大型集群系统项目建设思路与组成详见技术报告。从立项开始，我们就对该项目做了技术规划和具体方案设计，并积极进行创新应用，概括来说，有以下几个方面：

（1）远程制作。现场的所有摄像机通过通用交换机、专线和台内的核心交换机联通，拍摄现场的各种信号，包括视频、音频、通话、反送、控制、Tally 等都以 IP 的方式打包，最终实现所有外场设备以 IP 的方式与台演播室集群系统互联互通，除摄像和个别的现场技术保障人员外，制作和技术团队均在台内工作。

经国家级科技查新检索，与本项创新点特征相同的“具有远程制作功能的IP/4K演播室集群平台”未见国内外使用。利用本项创新应用，减少前方人员的数量，不但节省吃、住、行的成本，还可以调动台内资源，完成大规模的4K节目制作，高效环保。对于区域较小或无法停放转播车的地方，特别是在新冠病毒感染疫情防控期间减少人员聚集方面，远程制作优势更加明显。

（2）解决4K/HD同录时后期高清制作的一致性难题。经下变换器进行转换处理后输出的PGM（4K/HDR）下变换高清信号与单挂摄像机的高清信号往往很难完全一致。将4K切换台的ME拆分，一个ME做4K，一个ME做高清，利用4K切换台的BusLinks功能，把4K信号源和高清信号源逐个绑定，通过2个ME之间的信号源联动切换，解决高清PGM信号与单挂摄像机图像信号一致性的问题。

经国家级科技查新检索，与本项创新点特征相同的“当4K/HD同时录制，实现分别后期制作或只进行高清后期制作的一致性的效果”未见国内外使用。利用本项创新应用，当4K/HD同时录制，实现分别后期制作或只进行高清后期制作的一致性的效果，可以提高制作的技术质量，降低制作成本。

（3）首个符合SMPTE ST2110标准的12G单流4K超高清系统。系统全面支持SMPTE ST2110－10/20/30/40标准，配置25Gbps以上IP端口，符合SMPTE 2022－7协议，从信号源、切换调度、收录及分发播出实现IP单流12Gbps的4K超高清信号制作，实现基于SDN的视频、同步、通话和控制等系统的IP化传输和信号交换、信号调度。

经国家级科技查新检索，针对本创新点所述有关“基于SMPTE2110标准的4K IP流收录推送和直播，支持SMPTE2110－10/20/30/40标准”的研究国内外未见相关文献报道。利用本项创新应用较同期四个视频流的SMPTE ST2110系统，实现基于SDN的视频、同步、通话和控制等系统的IP化传输和信号交换、信号调度，解决了系统复杂性问题，提高了整体安全级别。

（4）支持源码流监看的IP系统，实现“所看即所得”。监看系统采用IP流监看模式，提供240G的带宽，支持12G IP源码流监看，可监看系统各个节点信号，支持HDR及SDR；导演墙采用IP多画面分割监看，可任意调用交换机的IP信号源，IP监看系统兼容4K和高清模式，保障切换信号与监看信号同源；技术区通过IPG转换方式监看IP信号源，可根据制作需求灵活布局，在IP域实现源名跟Tally的跟随。

利用本项创新应用保障了切换与监看信号同源，极大地提高系统的安全性和操作人员的应急能力。

（5）实现智能可视化的监控与管理。本项目实现了智能可视化集中管理与监控，管理系统可对系统摄像机、切换台、IPG 等设备状态、系统信号路由、交换机连接、报警信息等实现可视化监看和管理，支持符合 AMWA NMOS IS－04/05 协议的接入设备的发现、注册和连接管理，同时基于 SDN 的视频、同步、通话和控制等系统的 IP 化传输和信号交换调度。

本项创新应用提高系统管理效率、安全保障能力及扩展性，为系统的扩展提供标准化接入。

（6）音频系统按照 SMPTE2110－30 标准建设，满足多种音频 IP 格式同时使用，与视频系统通过 AOIP 进行连接交互。音频系统具备基于对象的 5.1.4 三维声制作能力，控制室具备完善的立体声远、近场监听及三维声监听。

利用本项创新应用提升了 4K 超高清节目的听觉效果，让用户有沉浸式高端视听体验，满足广大用户更高层次的精神需求。

（7）实现基于 SMPTE ST 2022－6 与 SMPTE ST 2110－20 不同技术标准系统间的互联互通，统一的 SDN 管理系统，资源共享。4K 大型演播集群系统第一期 TICO 压缩的视频信号与第二期基于 SMPTE ST2110 标准的视频信号，通过 NAT（网络地址转换）和格式转换设备接入系统交换机，组成大型集群系统，实现视频信号基于 IP 域的互联。

前两期音频系统都设计有 AOIP（符合 2110－30 标准的信号）信号接口，通过发送/接收符合 2110－30 标准的 AOIP 信号，可以把两个音频系统的交换机进行互连，组成一个大型音频 IP 网络，网络内的 AOIP 设备都可以以 AOIP 流方式交换数据。

利用本项创新应用可实现系统之间互联互通，一方面是资源共享，灵活调配系统资源，满足多个演播室的各种节目制作需求；另一方面是对于超大型节目制作，可以进行集中管理和调配。

（8）竖屏制作，满足大型演播室广播级的竖屏制播需求。目前，传统广电系统的画面分割器和 Tally 系统基本不支持竖屏制作，我们经过对系统设备进行分析，通过独创性研究，对多画面分割器和 Tally 系统软件进行优化设置，同时增配摄像机竖拍支架和显示器竖屏支架等器材，从而实现竖屏制作。

本项创新应用可实现适应小屏发布要求的广播级高质量竖屏制作，满足广东广播电视台融媒生产和发布需求。

3. 与当前国内外同类技术主要参数、效益、市场竞争力的比较

基于 IP 架构 4K 大型集群系统项目，以技术先进性、运行可靠性、系统灵活性、功能实用性等设计原则，使用当时最前沿的技术和工艺，遵循国家和行业技术相关标准，使系统符合未来技术发展趋势。

该项目采用的关键技术与同期同类技术的对比见下表。

表 1　本项目采用的关键技术与同期同类技术对比

序号	本项目采用的技术	同期同类技术
1	4K 远程制作。现场设备的各种信号，包括视频、音频、通话、反送、控制、Tally 等，都以 IP 的方式通过交换机汇聚后，经运营商专线与台演播室集群系统互联互通； 采用远程制作方式，除摄像和个别的现场技术保障人员外，直播相关的制作和技术团队均在工作台内	同期远程制作大多是高清节目，一般采用波分复用方式，IP 方式的多以高比率压缩为主，延时较大。多以实现视音频信号传输为主，对前方摄像机不能实现全功能控制。只能通过裸光纤，传输距离一般限制在几十千米范围内
2	4K 大型集群系统支持 SMPTE ST2110－10/20/30/40 协议。SMPTE ST2110 提供了关于 PTP 同步、视频、音频和辅助数据流传输的标准，用于现场制作、播出及其他媒体用途。4K 大型集群系统基于 SMPTE 标准建设，支持 SMPTE ST2022－6、ST2022－7 及 ST 2110－10/20/30/40 协议	2017 年底发布 SMPTE ST2110 协议，当时的 4K 演播室视频系统还没有支持该协议的
3	当 4K/HD 同时录制，实现分别后期制作或只进行高清后期制作的一致性效果。将 4K 切换台的 ME 拆分，一个 ME 做 4K，一个 ME 做高清，利用 4K 切换台的 BusLinks 功能，把 4K 信号源和高清信号源逐个绑定，通过 2 个 ME 之间的信号源联动切换，解决高清 PGM 信号与单挂摄像机图像信号一致性的问题	同期同类系统，由于经下变换器进行转换处理，通常在 PGM（4K/HDR）下变换的高清信号与单挂摄像机的高清信号很难完全一致
4	监视器仿真 HDR/WCG 显示。该平台的多画面分割器具有仿真功能，利用此创新点，普通高清监视器（SDR/ BT.709）也可以看到 HDR、BT.2020 色域的仿真画面，方便导播进行艺术创作	同期 4K 监视器选择少，价格昂贵。一般是看 SDR 画面，PGM、PVM 和技监才选择 HDR 监视器，监看一致性效果比较差
5	首个符合 SMPTE2110－20 标准的 12G 单流视频制作系统	4K 超高清技术正处于迭代转换期，国内外没有 4K 12G 单流的系统案例
6	首个采用 12G IP 源码流的多画面监看系统，可任意调用交换机的 4K IP 信号源，切换信号与监看信号同源，提高系统安全保障能力	同期 4K 系统切换信号与监看信号分开，不是“所看即所得”

（续上表）

序号	本项目采用的技术	同期同类技术
7	支持符合 AMWA NMOS IS－04/05 协议的接入设备的发现、注册和连接管理，同时基于 SDN 的视频、同步、通话和控制等系统的 IP 化传输和信号交换调度，方便接入设备的互联互通	同期 4K 系统未能实现符合标准接入第三方设备的发现和注册
8	4K 模式与高清模式之间快速切换。摄像机、切换台、画面分割器、收录服务器等均可以通过简单设置，实现在 HD 与 4K 模式之间进行快速切换。可以提高图像质量，降低成本	同期 4K 系统制作高清节目以下变换方式实现，增加了灯光、舞美、化妆等方面的投入

4. 应用情况

基于 IP 架构 4K 大型演播集群系统自投入使用以来，为广东卫视完成三年“振兴之路”，收视率名列全国省级台前 6，进入全国头部卫视做出了贡献，系统主要协助完成了《国乐大典》《流淌的歌声》《劳动号子》《美丽人声》《广东综艺频道 4K 超高清开播仪式》《2018—2019 赛季 CBA 直播》《粤语好声音》《广东卫视春晚》《珠江春晚》《美好生活欢乐送》等节目，有力地支撑了我台各频道的节目制作，特别是为全国首个省级台 4K 频道——广东综艺频道制播打下坚实的技术基础，引领了 4K 技术在广播电视行业的创新应用。

4K 大型集群系统覆盖演播中心 5 个大演播室、台内其他演播室，通过运营商的专线，几乎能到达任何地方。

4K 大型演播集群系统作为广东广播电视台首个 4K 项目，在开展 4K 超高清的技术研究、探讨 4K/HDR 生产工作流程等方面起了重要的作用。广电总局印发《4K 超高清电视技术应用实施指南》，我台参与了实施指南的起草工作；2021 年 3 月发布的《广东广播电视台 4K 超高清/高清视频兼容制作指南》，其中一部分就是我们的实践经验的总结。此外，该系统为国家广电总局广播电视规划院、台技术管理部开展系统测试提供了物理条件，贡献了技术数据，为我台和国内其他兄弟台进行 4K 项目建设提供参考。

4K 大型演播集群系统的建成及多项创新技术已引起国内外同行的极大关注，尤其是远程制作方面的创新应用，目前已有三十几家省、市级电视台和生产企业先后到我台参观 4K 集群演播室。索尼公司和 GV 公司都把该 4K 大型演播集群系统作为极具创新的案例在国内外介绍并推广。

4K 大型演播集群系统对促进我国信息产业和文化产业整体实力提升具有重要意义。

5. 经济效益和社会效益

在经济效益方面：

（1）通过对 4K 大型集群系统的灵活调配，演播室的利用率大大提高，全面提升了制作效率。该系统自投入使用以来，已高质量地完成节目录制超过 7 000小时，按台内成本核算，收回 2 500 多万元设备使用费，另承接社会项目收入近 500 万元。

（2）可基于远程系统，在任何地方，只要专线网络能覆盖，此系统就能进行制作，大大扩展了演播室集群系统的利用率。同时能减少前方人员的数量，节省运输成本，充分调动台内资源，既高效，又环保。

（3）该系统为台制作生产出一大批优秀节目，提升各频道收视率，台的总体收入不断提高。

（4）该系统投入使用后，提高了电视台的 4K 节目自制能力，促进更多节目编导制作更多精彩的 4K 节目，极大地支持了广东 4K 综艺频道制播，推动包括 4K 电视机、传输、制作等领域在内的全产业链的快速发展，对全国的经济建设具有重要意义。

在社会效益方面：

开拓 4K 新时代，落实《超高清视频产业发展行动计划（2019—2022 年）》文件精神，加快建设超高清视频产业集群，建立完善产业生态体系。该系统是科技部国家重点研发计划项目“智能媒体融合网络试验与示范”课题三“超高清编码标准与应用研究”的重要实践和应用平台之一。多项创新技术与应用走在国际前列，推动 4K 制作技术研究和发展。

提高节目制作质量，满足人民群众的文化需要。在广电领域，主要是解决人民日益增长的高品质视听需要和超高清视频节目内容匮乏之间的矛盾，而深层次的原因则是 4K 制作能力发展缓慢，因此，广电通过技术体系的创新，将有助于观众享有更好的沉浸式的收视体验。远程制作的推广应用将有利于制作平台架构向云化方向发展，更加便于实现观众对内容的个性化需求。通过远程制作可实现内容汇聚，借助云计算技术能方便内容编辑加工、内容管理和多渠道分发，形成传统广电、网站、客户端、社交平台等多屏多端的媒体传播矩阵，助力媒体融合发展。

4K 大型集群系统自投入使用以来，通过制作更多 4K 与高清的节目内容，以及 4K 内容与产业链的有机结合，产业链上下游联动，撬动千亿级的市场，对促进我国文化产业整体实力提升具有重要意义。

6. 本项目曾获科技奖励情况

表 2　本项目获奖情况

获奖时间	奖项名称	奖励等级	授奖部门（单位）
2021. 10	“基于 SMPTE ST2110 标准的全 IP 大型演播室系统”获得第十四届中国电影电视技术学会“科技进步奖”	二等奖	中国电影电视技术学会
2021. 7	“具有远程制作功能的 IP/4K 演播室集群平台项目”获得“王选新闻科学技术奖”项目奖	一等奖	中国新闻技术工作者联合会
2021. 7	《4K 远程制作技术的研究与实践》获得 2021 年学术年会新闻科技优秀论文	一等奖	中国新闻技术工作者联合会
2021. 4	广东卫视《美好生活欢乐颂》荣获 2020—2021 年度融合创新十大品牌创新力上星电视栏目	—	中国广播电视艺术交流协会、中国广播电视产业联盟 中国广播电视融合发展年会
2020. 12	《流淌的歌声第二季第一期》获 2020 年度 4K 超高清录制技术质量奖（金帆奖）	二等奖	中国电影电视技术学会
2020. 12	《国乐大典》第二季在“2020 年度行业电视节目推选活动”中被推选为文艺类最佳作品	—	中国电视艺术家协会行业电视委员会
2020. 6	《4K/HDR 集群演播室视频系统设计与应用》获广播电视技术论文类	一等奖	广东省广播电视局
2019. 12	《国乐大典》获得第九届中国电视满意度博雅榜卫星娱乐栏目满意度十强榜	—	中国电视满意度博雅榜
2019. 5	《国乐大典》获得广东省广播影视奖文艺类	一等奖	广东省广播电视局

7. 主要证明目录

表3　主要证明目录

1. 应用单位目录				
应用单位名称	应用起始时间	应用单位联系人及电话	使用本项目产生的经济效益（元）	已提交应用证明
2. 技术评价证明及国家法律法规要求行业审批文件目录				
3. 知识产权证明目录				
授权（申请）项目名称	知识产权类别	国别	申请号	授权号
其他佐证材料（包括但不限于） （1）验收、鉴定证书； （2）技术报告、检测报告、查新报告、用户报告； （3）其他评价技术水平的证明				

【点评】

广州市广播电视台构建了基于IP架构的主备全链路4K超高清播控系统，该项目具有多个创新点：①构建了IP架构主备全链路4K超高清频道播控系统，研发了IP+基带并行混合输出的国产视频服务器，是国内首个基于ST2110+ST2022-7标准建设的IP播控系统；②采用专用硬件的后置IP切换台，支持宽色域、高动态的图文播出，提升了播控系统的综合能力；③在IP和基带异构系统中引入延时矩阵和BB/PTP同步系统，解决了异构链路延时不一致问题，提高了主备链路应急切换的准确度；④采用BS架构，优化了制作域节目送播流程，降低了系统互连难度，提升了整备效率。该项目采用了多项新技术新工艺，具有创新性，对广电行业向4K和IP化方向转型升级有积极的推广借鉴意义，建议评为一等奖。

（魏志辉）

电影作品·故事片

白蛇传·情

珠江电影集团有限公司　集体创作

粤剧电影《白蛇传·情》取材自中国四大民间爱情故事之一《白蛇传》，以“情”为切入点，提炼升华“情”的实质与“爱”的呐喊，彰显世间唯情至真、至美、至善、至永恒的精神主题。

白蛇素贞修炼千年幻化成人，欲寻当年灵山奉莲的香侣再续情缘。但对方几经轮回已忘却前尘，白蛇却依然念念不忘，但求圆愿。

正是人间好时节，白蛇素贞与青蛇小青到人间寻找，在西湖之畔遇见了许仙，正是她千年所寻之人！素贞喜极而泣，又惶恐自己冒昧相认会招致许仙误解，唯有恳请小青穿针引线，成全邂逅之缘。小青行云布雨，白素贞雨中蒙许仙撑伞相护，桥上携手细语，两人都感觉到似乎梦中有彼此，两心钟情、爱生意动。

白素贞与许仙结为人间夫妻，良辰美景如花美眷。端午节至，家家户户插艾熏雄黄，小青蛇甚是不惯人间诸多规矩约束的生活，劝说白素贞回归山中。白素贞告知许仙自己已怀有身孕，要和许仙做一世夫妻。金山寺主持法海卫护天道守法持严，亦前来告诫白素贞不得与凡人结亲扰乱天道，要其立刻离开，不然法不容情，严惩不贷。白素贞情深爱重，不愿离开许仙，与许仙对饮雄黄酒，不料酒后现出白蛇真身，许仙惊吓至死，白素贞元气大伤，前往昆仑山求灵芝欲救许仙性命。

道家圣地昆仑山，有鹤、鹿二童把守昆仑山之宝灵芝仙草，白素贞千辛万苦而来，恳请仙童赐仙草救夫君未果，唯有冒险强取，二仙童目睹她舍身取草救夫，感其痴，悯其情，终赐她灵芝仙草，成全于她！

灵芝仙草救回许仙性命，却消除不了他心头疑云，内心郁结妻子到底是人还是蛇？许仙欲到金山寺求佛解惑，法海早猜透许仙心事，在山下等候许仙，要他忘情参禅，方可消除人间灾祸。许仙心中惶恐不安，跟随法海上山入寺礼佛。白素贞在家中苦苦等候不得许仙归来，得知他入寺修禅，伤心不已，与小青到金山寺寻找许仙归家。法海强硬阻拦驱逐白素贞离开人间，白素贞绝望激愤之下，兴浪水漫金山寺以求索回许仙。法海使出无边法力，以袈裟为墙，挡住滔天巨浪，又将白蛇与小青的飞剑收住……白素贞拼死力战，终因有孕功力消退不敌，遍体鳞伤被迫随水浪退离。许仙目睹白素贞为他拼死抗争，深感其情真爱重，悟得情之真谛：人若无情不如妖，妖若有情亦如人！他消除惧念，以死相求小和尚放他下山寻妻……

白素贞昏迷至西湖断桥醒来，伤痕累累、黯然神伤，不知情归何处。小青追寻而来见到姐姐的凄惨境况，气愤许仙负心断情，若得再见许仙定然以青锋剑取其性命。许仙寻妻至此，被小青怒斥追杀，白素贞不忍许仙受伤苦苦拦阻，并向许仙细说她前世今生修炼千年人间寻夫的因缘。许仙终于明了，苦心求得白素贞宽恕，至此信守盟誓：一心一意、不离不弃、相守相依情未了时！断桥处，夫妻归家，风景千年亦如依然！

白素贞因水漫金山触犯天条，本该遭天谴灰飞烟灭。佛祖可怜她一片痴情，将她收入雷峰塔再修炼千年，或可与许仙再续前缘！为此，白素贞甘愿入塔再修千年。许仙信守情诺：此生伴妻百年，来世再将妻寻！他抱起与白素贞所生孩子，走至雷峰塔前，陪伴爱侣诚心祈福。期盼着雷峰塔前佛陀花如海冉冉而开，与白素贞人间再见亦如初见，真情永传！

本片旨在运用创新手法，弘扬粤剧传统文化，打造戏曲电影精品。

【点评】

《白蛇传·情》故事取自中国四大爱情故事之一《白蛇传》，并成为粤剧改编的经典之作。全剧以“情”做切入点，提炼升华“情”的内涵，彰显世间唯情至真、至善、至美、至永恒的价值观。粤剧名家的表演精彩精湛，唱腔优美悠扬，富有厚重又细腻的情感感染力。电影化过程中，镜头跳出中国戏曲舞台的空间局限，将奇幻的电影数字制作和戏曲的写意表达有机结合起来。以富有张力的戏剧场景、如梦如幻的神奇镜头、宋代水墨的写意画风、逼真震撼的特效技术，与独具东方神韵的经典神话故事完美结合，相得益彰，并运用了4K超高清技术及电影特效技术进行拍摄制作，创新视听表达，追求高品质的声画呈现。

影片运用现代化的科技手段，向全世界推广传统粤剧文化，推广中华传统文化，较好地实现中华优秀传统文化创造性转化和创新性发展，得到观众、业内和国内外主流媒体的如潮好评。本片曾获得国内外多个电影节展奖项，并创下中国戏曲电影票房最高纪录，是传统戏曲电影向特效玄幻电影转化积极成功的尝试。

（刘海玲）

公益广告作品·广播公益广告长作品

百年恰是风华正茂时

广东广播电视台　李文雄

一百年前，中华民族内忧外患。

【出录音：枪声、飞机轰炸声】

一百年前，中国共产党诞生在浙江嘉兴南湖的游船上。

【出录音：我志愿加入中国共产党！我志愿加入中国共产党！我志愿加入中国共产党！压混叠加】

一百年披荆斩棘，一百年砥砺奋进。

承载革命火种的小小红船，穿越惊涛骇浪，成为领航中国的巍巍巨轮。

百年征程波澜壮阔，百年初心历久弥坚。

中国共产党，百年恰是风华正茂时。

【点评】

作品题材重大、声音丰富、演播精美，制作精良。

2021 年是中国共产党建党 100 周年。习近平总书记指出“中国共产党立志于中华民族千秋伟业，百年恰是风华正茂”。作者紧抓建党百年的宣传时机，以“百年恰是风华正茂时”为主题进行创作。

该作品以建党初期场景为切入点，运用并列、排比、抒情、比喻等手法，通过场景切入、音效模拟再现、循序渐进的方式，浓缩展现中国共产党 100 年来的奋斗历程与成就，凸显了我党无惧风雨，以不变的初心接受历史的考验，始终保持着青春与活力。整个作品一气呵成、铿锵有力地点出了中国共产党百年恰是风华正茂时这一中心思想。

在声音元素的运用上，作品把多种环境音效与人声进行场景模拟，实现场景的自然转换，让听众身临其境。另外，作品配乐大气而又充满了激昂与正能量，善于用环境音响进行主题烘托，实现语意的层层递进与主题升华，整个作品在听觉上丰满、生动，展现了声音的魅力。

（洪　峰）

广播公益广告短作品

建党百年宣传之80字入党誓词

深圳广播电影电视集团　李馨竹　刘　丹　朱逸男

ABC：我志愿加入中国共产党，拥护党的纲领，遵守党的章程……
80个字很短，艰难跋涉的历程很长；
ABC：我志愿加入中国共产党，随时准备为党和人民牺牲一切！
80个字很短，热血铸就的传奇很长；
A：我是党员我先上！
B：我是党员我奉献！
C：我是党员我带头！

入党誓词80个字很短，浓缩的意义很长；
庆祝中国共产党成立100周年，
每一个党员都是一面旗帜，践行初心、不辱使命！

【点评】

2021年是中国共产党成立100周年，主流媒体聚焦这一重大主题，策划制作了一系列公益广告作品，唱响爱国爱党主旋律，传播奋进担当正能量。其中，广播短作品《建党百年宣传之80字入党誓词》堪称佳作。推荐为一等奖作品。

1. 题材大，切口小，构思精巧

入党誓词从字数上数，只有短短的80个字，但它浓缩了中国共产党带领中国人民艰苦卓绝的百年奋斗历程，也见证了每一个共产党员不忘初心、奋发进取，矢志奋进的奉献和担当，作品在立意上形成了与听众的共情、与时代的共鸣。

2. 声情并茂，易于传播

80个字很短，“艰难跋涉的历程很长”“热血铸就的传奇很长”，这一“短”一“长”形成了鲜明对比，誓词诵读声音铿锵，党员的同期声“我是党员我先上”“我是党员我奉献”“我是党员我带头”诚挚、生动、炽烈，语言的精炼更彰显寓意的深刻与绵长，短促有力的对比更让听众过耳不忘。

45秒时长，在播出上更具有时间灵活、频次密度大的优势，它穿插在各档节目当中，有效烘托为党庆祝生日的舆论氛围，激励每一位共产党员传承优良传统，践行党旗下的誓言，感染每一位听众牢记历史、拼搏当下、奋进未来。

（杜　静）

电视公益广告长作品

狮　魂

广东多多影视传媒有限公司　唐　睿　麦玉书　周振康

我，从睁开眼的那一刻起，
就承载了人们的美好希望。
他们在汗水中扎实马步，
探索步法，
寻找广阔的天地。
但，不是每个人都有资格和我一起站上舞台，
你敢直面恐惧吗？
你敢接受失败吗？
你敢忍受疼痛吗？
敢，就来吧！
一旦举起我，
就不要在意，
前面的路是崎是平，
下一桩是低是高，
所有的沉睡，都是为了那一朝的觉醒。
打破桎梏，无所畏惧，笃定前行，
我是一头醒狮，你也是。

【点评】

1. 作品创意独特，立意高远

好的创意是公益广告成功的一半。该作品以舞狮队的日常训练为切入口，用“我”作为第一人称的方式，讲述三个不同主人公（男青年、女青年、小孩）的故事。他们既是醒狮传统文化的接班人，在生活中又是白领、视频博主、学生。他们在练习舞狮过程中遇到不同的困难，或失败摔倒，或受伤失落，或慌张无助……但不屈不挠、永不放弃的舞狮精神，让三个主人公在困难面前选择

勇往直前、重拾自信。最终三位主人公都克服了各自在练习时遇到的困难，在观众的掌声中完成了自己精彩的舞狮演出。作品展现出三位主人公对醒狮精神的传承和发展，象征锲而不舍、勇往直前的醒狮文化激励着中国年轻一辈在生活中努力奋进、永不放弃。作品主题和选题看似普通，但若将其置于大国崛起、民族复兴的大背景下审视，则可感受到其中所隐含的强烈的“醒狮国魂”的内在精神，与观众产生了深刻的共鸣。从这个意义上来讲，作品立意高远，寓大意于寻常。

2. 作品制作精良

整件作品情节连贯顺畅，节奏沉稳，画面充满力量，光影调度讲究，演员表演到位，声音自信大气，整体效果非常突出。配音配乐方面，作品背景音乐风格独特，配音解说感染力强，能给人留下深刻印象，不看画面也能让人感受到它所表达的深意；后期制作方面，画面剪辑节奏鲜明、特效处理恰到好处，高质量的画面效果为后期的制作打下了良好的基础；文案创作方面，用醒狮的独白和年轻人奋进前行的画面进行对话，最后用“我是一头醒狮，你也是”作为结束，触动人心，强化了“醒狮蕴国魂”的主题立意。

（余得通）

电视公益广告短作品

你今天写字了吗

广州市广播电视台 张建忠 苏震山 朱 刚 李 鑫

作品类型：视频类作品

时长：45 秒

作品主题：传承中华优秀传统文化

作品简介：数据显示，我国 62.5% 的未成年网民经常在网上玩游戏，其中玩手机游戏的占比 56.4%。不少家长反映，一些青少年沉迷手机游戏严重影响了他们正常的学习生活和身心健康，过于依赖手机打字，导致写字时间少，孩子经常提笔忘字，不会写字或者写错字，使许多家长苦不堪言。本片旨在反映青少年沉迷玩手机游戏而忽略写字导致错字百出这一现实情况，来提醒青少年应该多写汉字，并把片子提升到会写汉字的民族自豪感的高度。

表 1　作品镜头

序号	画面	旁白/字幕	备注（音效等）
1	小朋友，你是喜欢写字还是喜欢用手机打字	小朋友，你是喜欢写字还是喜欢用手机打字	小朋友，你是喜欢写字还是喜欢用手机打字
2	小朋友烦恼状	我不喜欢学习写字	我不喜欢学习写字
3	小朋友兴奋状	我喜欢用手机打字	我喜欢用手机打字
4	小朋友玩手机、写字画面穿插	我喜欢手机打字一辈子	
5	小朋友做填空题，填错字	下雷了？应该是下雪了	下雷了　下雪了
6	小朋友尴尬，再做下一题	爪子脸？是瓜子脸啊	爪子脸　瓜子脸
7	小朋友尷尬难堪的表情，背景是填错的字	这个也错了，那个也错了，全错了	
8	画面反转，小朋友由无精打采变成精神奕奕站立写字	我喜欢学习更多的汉字（楷书）	我喜欢学习更多的汉字

（续上表）

序号	画面	旁白/字幕	备注（音效等）
9	高中生在写字	我们中国的汉字有六千年历史（篆书）	我们中国的汉字有六千年历史
10	女生在写字	让世界都认识我们中国的汉字（行书）	让世界都认识我们中国的汉字
11	幼儿园儿童在写字	我很骄傲我会写汉字（隶书）	我很骄傲我会写汉字
12	标版：中华汉字	世界之光　中华汉字	世界之光
13	幼儿园小朋友对着镜头笑着说：你今天写字了吗?	你今天写字了吗	

【点评】

作品运用特效手法，通过一些典型的写汉字、用汉字场景，以快乐且有趣的表现手法，呼吁人们特别是小孩子要多写汉字，做中华优秀传统文化的实践者和传承人。作品主题鲜明，对白有趣，生动展现了“中华汉字，世界之光”这一主题。作者巧妙地运用对比的手法，小学生贪玩手机游戏，忽略学习写字乃至错字连篇被人耻笑，与后期知耻后勇、努力学习、爱上汉字形成生动对比，有效地实现了公益广告的教育和警醒作用。画面清新，特效丰富但并不杂乱，信息明确，对小学生及其家长等群体具有广泛的教育意义。传承优秀传统文化，树立文化自信心也需要创作更多语言清新晓畅、明白自然、接地气的作品。

从创作角度来看：片子从小朋友由不喜欢写字、写错字被别人嘲笑，到喜欢写字，带出会写汉字的民族自豪感，故事虽短但有趣且有创意。

从制作角度来看：画面剪辑流畅，利用电脑虚拟技术后期制作能够给整个视频增色不少，让观众视角焕然一新。根据现代人过于依赖手机打字，导致写字时间少，孩子经常提笔忘字，不会写字或者写错字使许多家长苦不堪言的实际情况所制作。

选题切口小，贴近性强。作品在呈现上不是简单地罗列日常生活中写别字、用错字的尴尬，而是采用了轴向旋转拍摄的技法，给单调而常规的生活场景赋予了别样的视觉感受。作品始终以明快的色调营造出一种写汉字、用汉字的快乐场景，尤其是最后的点题画面，有画龙点睛之效。

（李卓文）

▶ 附　录 ◀

2021 年度广东省广播影视奖获奖作品目录

一等奖

广播新闻（9 件）

▲河源广播电视台：广播短消息《赣深高铁正式开通运营　河源进入“高铁时代”　广东实现“市市通高铁”》

主创人员：陈盛开、黄世翻、张文裕

▲东莞广播电视台：广播短消息《国内首台中子全散射谱仪成功出束》

主创人员：苏燕红、曹雪皎、刘艳、田飞跃

▲广东广播电视台：广播长消息《两个人的考场　一群人的守护——新冠隔离病房里的特殊高考侧记》

主创人员：罗苏

▲珠海广播电视台：广播长消息《横琴粤澳深度合作区今天正式成立　合作区建设火热开局》

主创人员：黄华、李灏菀、李栋、孟江湧

▲佛山人民广播电台：广播系列、连续及组合报道《从“寥若晨星”到“繁星满天”——佛山实施人才引领发展战略纪实》

主创人员：童思娜、付国华、邓之欣、谢斌、温秋奋

▲广东广播电视台：广播新闻评论《“围村收费”岂能“一围了之”?》

主创人员：龙俊峰、杨小杨、梁星月、金亮

▲广州市广播电视台：广播新闻专题《我的人生不设限——苏炳添》

主创人员：周名俊

▲惠州广播电视台：广播新闻节目编排《〈100 晚新闻〉（2021 年 12 月 10 日）》

主创人员：旷桂红、崔丹丹、陈冲、吴颖、杨荧

▲中山广播电视台：广播新闻访谈节目《了不起的贡献——中山企业为中国航天事业服务的故事》

主创人员：杨沛、冯庆聪、袁雪芬、郑旋玲

广播节目（7 件）

▲深圳广播电影电视集团：广播栏目《从深圳出发》

主创人员：郎爽、海亮、张思鹏

▲韶关广播电视台：广播社教节目《我的外公王明健》

主创人员：李珊珊、曹曦、王玲莉

▲惠州广播电视台：广播少儿节目《神奇侦探队——我是反诈小能手》

主创人员：王艳萍、魏晨

▲广东广播电视台：广播文学与戏曲节目《赛龙夺锦》

主创人员：佟兵、谢倍伟

▲广东广播电视台：广播文化节目《陶醉·酒香——千年石湾》

主创人员：陈嘉慧、阙颖、钟坚、薛晖、黄逸川、何宝祥

▲广州市广播电视台：广播音乐节目《100 年前，他们正青春——交响幻想曲〈中国 1921〉》

主创人员：刘蔷薇、陈仰菡

▲珠海广播电视台：广播剧《杨匏安》

主创人员：尚涛、唐春华、李哲、赵晓怡、卢翔、郭宇、刘正仁、罗薇

广播播音主持（2 件）

▲深圳广播电影电视集团：广播新闻播音作品《〈1062 新闻快报〉（2021 年 11 月 29 日）》

主创人员：王薇、孙海亮

▲广东广播电视台：广播节目播音作品《走近广州十三行》

主创人员：杨健

电视新闻（11 件）

▲珠海广播电视台：电视短消息《珠海："打飞的"为海上作业人员打疫苗》

主创人员：邓婉莹、胡志刚、甘颖恒、张晔、吴国俊

▲汕尾广播电视台：电视短消息《国内单体容量最大的海上风电场——中广核汕尾后湖 50 万千瓦海上风电项目并网发电》

主创人员：欧天浩、翁柱东、曾莹

▲广东广播电视台：电视长消息《香港新选制下首次选委会选举结果揭晓 顺利产生 364 个选委》

主创人员：朱可、唐建恒、张宇、黄子懿、吴帆航

▲河源广播电视台：电视长消息《深圳帮扶干部与赣深高铁的五年之约》

主创人员：高伟、杨一慧、汪希静、王婧怡

▲深圳广播电影电视集团：电视系列、连续及组合报道《幸会　中国共产党》

主创人员：曾子瑾、焦喆、杨振东、黄罡、乔舟、陈惬

▲珠海广播电视台：电视新闻栏目《民生新观察》

主创人员：魏磊、林景静、王一格、李宇佳、刘芸嫒、杨佳颖

▲广东广播电视台：电视新闻评论《“漫”评两会：“爱国者治港”香港才有明天!》

主创人员：黄晓龙、陈炳旭、马晓旭、肖洋洋

▲汕尾广播电视台：电视新闻专题《彭士禄》

主创人员：周贵良、陈鹏飞、李宽、陈海珊、叶怡苗、陈逸斯

▲韶关广播电视台：电视新闻节目编排《“韶关起飞”特别报道》

主创人员：蒋林蕾、杨倩、周韵珊、彭娟、欧育琳、李政璋

▲汕头广播电视台：电视新闻访谈节目《激发新活力新动能　农业机械化“点石成金”振兴乡村》

主创人员：陈彦伊、林林、陈浩然、陈晓

▲广州市广播电视台：电视对外新闻和电视对港澳台节目《我们的升旗礼》

主创人员：董荷冬、陈智恒、帅亦文、李梓

电视节目（7件）

▲深圳广播电影电视集团：电视栏目《我的白大褂·王牌科室》

主创人员：集体创作

▲广东广播电视台：电视社教节目《行进大湾区“红色起点”　第一集　信仰成诗》

主创人员：秦海菲、吴杰、朱志平、朱洋海、林健、谢剑

▲广州市广播电视台：纪录片（网络纪录片）《一代天娇——红线女》

主创人员：邓原、秦瑜东、王晓秋、蒙菁、潘钧、初谊平、汤路遥、曾裕尧、林燕冰

▲深圳华侨城文化集团有限公司：动画片（网络动画片）《小凉帽3之白豚湾奇遇》

主创人员：胡梅林

▲深圳广播电影电视集团：电视综艺节目《乐高大师》

主创人员：张艺、朱文婕、张军、张悦如、李晓君、张雯雯、吴津、李乐萌、于广泽

▲广东广播电视台：电视文化节目《〈四库全书〉探秘》

主创人员：吴泳斌、彭蓉、侯朝霞、宋飞、葛志江、陈艳芬

▲广州环球瑞都文化传播有限公司：电视剧（网络剧）《夺金》

主创人员：集体创作

电视播音主持（3件）

▲佛山电视台：电视新闻播音作品《〈六点半新闻〉（2021年7月1日）》

主创人员：杨洁文、张键

▲广东广播电视台：电视节目播音作品《文化珠江：建党百年特别策划——红棉花开：潮州人的骄傲》

主创人员：鲁俊杰

▲深圳广播电影电视集团：电视节目主持作品《图鉴中国——我们的一百年·基建》

主创人员：熊熊

论文作品（2件）

▲广东广播电视台：广播电视内容创作研究论文《坚持主流价值观，输出舆论正能量——广播评论节目〈成峰观点〉的实践探索》

主创人员：牛日成

▲深圳广播电影电视集团：广播电视融合发展研究论文《5G技术对新媒体传播的促进及远景分析》

主创人员：行炜

广播电视科技项目（3件）

▲广东广播电视台：广播电视技术论文《一种4K超高清电视测试信号的设计制作及应用》

主创人员：邵凤莲

▲广东省广播电视网络股份有限公司：广播电视工程项目《广东广电有线网络IP化技术体系及规模化部署项目》

主创人员：李海波、郑智伦、潘在友、余启林、叶泳添、黄武洪、许勇科

▲广州市广播电视台：广播电视科技创新应用《基于IP架构的主备全链路4K超高清频道播控系统》

主创人员：袁锦春、林进雄、林穗

新媒体新闻（6件）

▲东莞广播电视台：新媒体新闻短视频《东莞这条铁路在海底“挖洞”创

多项国内之最》

主创人员：谢慧龙、潘少均、唐佳雯、肖宁

▲珠海广播电视台：新媒体新闻专题《百年光阴一线连！珠海百岁党员滕天华的故事，一根线画出来了》

主创人员：彭赞峰、戴丹梅、种筱娜、孟鑫、刘永刚、韩茵

▲深圳广播电影电视集团：新媒体新闻现场直播《深圳欢迎孟晚舟回家》

主创人员：肖静、靳阳懿、王鹤宁、李祥菲、黄奋、金岩、王莉芳、辛鑫

▲广东广播电视台经济科教频道和股市广播：新媒体创意互动作品《“暗访者之漂洋过海”剧情游戏》

主创人员：梁欣仪、麦见柔、陈虹余、赖禧、陈宇冰、丁海利、何浩铭、王敏玲

▲广州市广播电视台：新媒体版面编排《广交世界　互利天下》

主创人员：吕方晓、陈瑜、谭瑞珊

▲广东广播电视台：全媒体传播作品《“一百年正青春”百年党史百米彩绘长卷融媒项目》

主创人员：集体创作

网络视听节目（6 件）

▲蛇口电视台：网络音频节目《袁庚传：改革现场》

主创人员：刘胜斌、周方

▲深圳市大唐星禾文化传媒有限公司：网络电影（微电影）《东海人鱼传 2》

主创人员：崔炎龙

▲中山广播电视台：网络直播节目《全民投票查餐厅：网红茶餐厅食品安全巡查》

主创人员：徐紫琳、赵菲、郑健能、麦灿威、丘敏娜、卢志辉

▲深圳市腾讯计算机系统有限公司：网络综艺节目《〈令人心动的 offer〉第三季》

主创人员：集体创作

▲广东广播电视台：网络短视频《穿越广交会》

主创人员：郑亚琴、王硕、戚智勇、林智鑫、郭敏谦、肖炳奇

▲广州市广播电视台：网络专题节目《穿越百年追寻你——沉浸式党史课堂》

主创人员：成茗、梁英、敖康达、林鹤轩、陈翔、李子逸

公益广告（4件）

▲广东广播电视台：广播公益广告长作品《百年恰是风华正茂时》

主创人员：李文雄

▲深圳广播电影电视集团：广播公益广告短作品《建党百年宣传之80字入党誓词》

主创人员：李馨竹、刘丹、朱逸男

▲广东多多影视传媒有限公司：电视公益广告长作品《狮魂》

主创人员：唐睿、麦玉书、周振康

▲广州市广播电视台：电视公益广告短作品《你今天写字了吗》

主创人员：张建忠、苏震山、朱刚、李鑫

电影作品（1件）

▲珠江电影集团有限公司：电影故事片《白蛇传·情》

主创人员：集体创作

二等奖

广播新闻（36件）

▲广东广播电视台：广播短消息《广州实现生活垃圾“零填埋”，创三项国内第一》

主创人员：方妍

▲广州市广播电视台：广播短消息《〈民法典〉首案宣判：高空抛物被判赔9万》

主创人员：蔡璇、徐宏

▲深圳广播电影电视集团：广播短消息《“港澳药械通”项目全国首个药品在深圳启用》

主创人员：林然、麦洁莉、邱翔、马月

▲珠海广播电视台：广播短消息《珠海启动外籍人士新冠病毒疫苗预约接种在珠“巴铁”首针体验感觉良好》

主创人员：肖皓方、孟江湧、孙铭遥

▲中山广播电视台：广播短消息《广东省首宗简易程序生态环境损害赔偿协议在中山达成》

主创人员：陈超明、叶常州、梁盛开

▲揭阳广播电视台：广播短消息《引韩供水工程通水　惠及100多万

揭阳民众》

主创人员：林兰华、许晞玲、卢晓新、许国轩

▲广东广播电视台：广播长消息《快递员、外卖小哥、实习生等8类人员可参加工伤保险　广东出台新政填补灵活就业人员工伤保障空白》

主创人员：央珍、罗俊琳

▲广东广播电视台：广播长消息《未来医院来了！全国首家全场景智能医院落户广东》

主创人员：罗苏、王建平

▲广州市广播电视台：广播长消息《广州城央发现昆虫新物种：海珠斯萤叶甲》

主创人员：张婧

▲增城区广播电视台：广播长消息《增城丝苗米航天育种成功》

主创人员：罗少玲、蓝俏燕、列展文、张勇

▲深圳广播电影电视集团：广播长消息《我国首条自主研制的新型超导电缆在深圳投运》

主创人员：林诗岩、雷雨

▲佛山人民广播电台：广播长消息《粤港澳大湾区现代都市农业综合示范基地落户佛山三水》

主创人员：谢斌、冯东生、罗宇航、王佳莉

▲中山广播电视台：广播长消息《港商进军大湾区内地城市　可先到中山找“保姆”》

主创人员：林绮武、区乐华、黄静旻、陈卫民

▲湛江广播电视台：广播长消息《湛江14岁小将全红婵三跳满分夺金》

主创人员：周湛扬、梁筱青、宋琪、陈炜扬

▲云浮广播电视台：广播长消息《创新邻里互助模式　打造农村养老“云浮样板”》

主创人员：陈燕舞、刘永芬、陈旭

▲广东广播电视台：广播系列、连续及组合报道《广东“十四五”开局亮点》

主创人员：集体创作

▲深圳广播电影电视集团：广播系列、连续及组合报道《勇敢的“雨燕”张莹莹》

主创人员：潘家玉、胡浩

▲惠州广播电视台：广播系列、连续及组合报道《老区新貌》

主创人员：旷桂红、林嘉玲、崔丹丹、卓暎芸、吴颖

▲肇庆市广播电视台：广播系列、连续及组合报道《守好中国人的饭碗——2021·肇庆粮食生产纪实》

主创人员：何晓兰、廖杰、何薇、陈鉴亨、卞玉祥

▲广州市广播电视台：广播新闻栏目《新闻在线》

主创人员：李素卿、周洁瑜、彭穗祥

▲深圳广播电影电视集团：广播新闻栏目《鹏城备忘录》

主创人员：顾云峰、彭歆竹

▲广东广播电视台：广播新闻评论《“副市长们”轮番公开检讨沦为形式主义》

主创人员：牛日成、陈聪聪

▲广州市广播电视台：广播新闻评论《“群主担责”为网络厘清法律边界》

主创人员：潘彦晖、徐宏、李熙郁

▲佛山人民广播电台：广播新闻专题《活跃在民企的“第一书记”》

主创人员：梁韵诗、吴岚岚、刘世媛、宋秀辉

▲韶关广播电视台：广播新闻专题《从一件议案到一部法规——25 年持续推动 130 万人终圆“南水梦”》

主创人员：黄艳芳、宣泽贵、王玲莉

▲中山广播电视台：广播新闻专题《我明白你的心事——中山老年人心理关爱行动纪实》

主创人员：李庆辉、王华丽、萧善芬

▲高州广播电视台：广播新闻专题《阮传孟：扶贫队长再出发　踏上乡村振兴新征程》

主创人员：黄雨、黄浩诗、邓翎枫

▲广州市广播电视台：广播新闻节目编排《新闻早报》(2021 年 10 月 15 日)

主创人员：姜文涛、蔡璇

▲珠海广播电视台：广播新闻节目编排《珠海晚新闻》(2021 年 9 月 6 日)

主创人员：赵炜、胡国伟、庄蓥、王东、孟江湧、廖明山

▲中山广播电视台：广播新闻节目编排《中山广播新闻》(2021 年 7 月 1 日)(晚间)

主创人员：陈卫民、黄静旻

▲广州市广播电视台：广播新闻访谈节目《了不起的青春——访广州广电城市服务战“疫”先锋队队员》

主创人员：张婧、梁皓明

▲佛山人民广播电台：广播新闻访谈节目《“葡萄胜哥”的故事——访省乡村振兴先进一线工作者何文胜》

主创人员：陈雪红、冯东生、王佳莉、林慧华

▲广东广播电视台：广播新闻现场直播《精神，照亮百年的灯塔》

主创人员：郜国欣、吕囡囡、谭海墨、金亮、高娜、王建平、黄纬、陈敏、邓钧

▲广州市广播电视台：广播新闻现场直播《开放共享　逆势启航》

主创人员：曹曼茹、黎小培、潘彦晖、黎颖、利顺有

▲广州市广播电视台：广播对外新闻和广播对港澳台节目《跨越半个世纪的觉醒——我志愿加入中国共产党》

主创人员：徐宏、利顺有、吴央央、梁俊飞

▲珠海广播电视台：广播对外新闻和广播对港澳台节目《青茂口岸今天开通，澳门融入全国高铁网——对港澳台节目》

主创人员：黄卫星、戢敏泉、魏晶

广播节目（25 件）

▲广东广播电视台：广播栏目《心情咖啡馆》

主创人员：薛琦

▲东莞广播电视台：广播栏目《老师来啦》

主创人员：梁秋实

▲广东广播电视台：广播社教节目《小脚丫的梦想之城》

主创人员：徐靓、朱昱子、孙慕兰、刘洋

▲深圳广播电影电视集团：广播社教节目《“延安，延安，我是东江”——东纵首部电台与香港的不解之缘》

主创人员：魏庚庆、彭歆竹、孙明非、朱淼波、刘景妍

▲河源广播电视台：广播社教节目《心怀阳光向前——关注青少年抑郁症》

主创人员：吴静燕、廖健英、陈盛开、王振宇

▲肇庆市广播电视台：广播社教节目《不负青山——献给中国第一个自然保护区建立 65 周年》

主创人员：伍彦韵、梁瑞玲、黄亮、郭旭、陈亮

▲广东广播电视台：广播少儿节目《童心向党》

主创人员：张文、李燕梅、王小敏、李勇鹏、余莹莹、刘允怡

▲深圳广播电影电视集团：广播少儿节目《快乐反斗星——宇航员出舱到底有多难?》

主创人员：金晶、魏威、李娇娜、高明洁

▲韶关广播电视台：广播少儿节目《来自韶关的中国智造》

主创人员：陈霖、廖司弦、李研、朱耀文

▲中山广播电视台：广播少儿节目《闪闪的红星》

主创人员：陈丹露、赖敏辉

▲广州市广播电视台：广播文学与戏曲节目《粤剧里的中国——粤剧“刑场上的婚礼”》

主创人员：周丽珊、梅康明

▲佛山人民广播电台：广播文学与戏曲节目《浩然正气〈将军令〉——大型功夫粤剧〈将军令〉赏析》

主创人员：赵碧君、王佳莉、朱达峰

▲广州市广播电视台：广播综艺节目《红色经典我演绎》

主创人员：罗兆安、席鸿、林可、林颖、许凌、张荠月

▲深圳广播电影电视集团：广播综艺节目《向火而行》

主创人员：王晓红、徐冬梅、杜行轩、滕莉、万馨瞳、陈海东

▲广东广播电视台：广播文化节目《潮阳笛套音乐：古乐音韵寄乡情》

主创人员：马培超、冯嘉雯

▲深圳广播电影电视集团：广播文化节目《从童谣出发，回到故乡》

主创人员：顾云峰、梁琦、朱淼波、王琳凌、刘景妍

▲韶关广播电视台：广播文化节目《美丽韶关之“源远流长珠玑巷”》

主创人员：黄艳、李娟、邓进前

▲潮州市广播电视台：广播文化节目《万水千山总是情——〈寻找我们的国家公园〉创作者眼中的自然生态之美》

主创人员：林璜、黄伟忠、陈佩菲、王以琳

▲广东广播电视台：广播音乐节目《勇立潮头，同心歌唱——庆祝中国共产党成立100周年原创情景交响组歌〈伟大力量〉赏析》

主创人员：张薇娜、刁木子、余莹莹

▲番禺广播电视台：广播音乐节目《“永远的红色——广州起义组曲”广东音乐赏析》

主创人员：梁伟晋、林劲、苏诏辉、叶诗岚

▲深圳广播电影电视集团：广播音乐节目《原创交响颂百年英雄谱——广播音乐节目〈英雄颂〉》

主创人员：刘茜、金晶、苏洋、王俊

▲中山广播电视台：广播音乐节目《乡音传“党情”　歌声嘹亮心向党》

主创人员：郑碧清、张建伟、孙杰雄

▲广东广播电视台：广播剧《向秀丽》

主创人员：彭洁伟、佟兵、李秋萍、刘远飞、胡安宇

▲广州市广播电视台：广播剧《布衣院士》

主创人员：黄建伟、谢彩雯、邢晓春、祖晴、孙建国、胡梅

▲连山广播电视台：广播剧《红军喊话》

主创人员：金冠宇、李园园、郝昊、李倩、孔志丽、赖金展

广播播音主持（11件）

▲广东广播电视台：广播新闻播音作品《全省新闻联播》（2021年12月21日）

主创人员：高娜

▲珠海广播电视台：广播新闻播音作品《珠海晚新闻——横琴粤澳深度合作区建设总体方案公布》

主创人员：陈苏栋

▲佛山人民广播电台：广播新闻播音作品《傍晚新闻》（2021年12月18日）

主创人员：温秋奋、霍立韵

▲广东广播电视台：广播节目播音作品《南岭遗风——榄雕+莞香》

主创人员：刁木子

▲广州市广播电视台：广播节目播音作品《"七一勋章"获得者，与党风雨同舟100年的百岁老人瞿独伊》

主创人员：张俐

▲深圳广播电影电视集团：广播节目播音作品《晋一说科技——"糖丸爷爷"的故事》

主创人员：张晋一（晋一）

▲清远广播电视台：广播节目播音作品《乡情的记忆——滨江擂茶的传说》

主创人员：江春燕

▲广东广播电视台：广播节目主持作品《读书合伙人——希利尔讲世界地理》

主创人员：田冬巍

▲深圳广播电影电视集团：广播节目主持作品《"元宇宙"来了》

主创人员：马勇

▲河源广播电视台：广播节目主持作品《活出健康》

主创人员：焦洋

▲肇庆市广播电视台：广播节目主持作品《现场直击肇庆市总工会2021年暖流行动之"送福千万家　留肇过大年"活动启动仪式》

主创人员：钟冰、姚瀚森

电视新闻（48件）

▲广东广播电视台：电视短消息《全红婵一战成名　奥运赛场铸就青春

榜样》

主创人员：陈思敏、燕江涛、解东、杜文正、戴卉

▲广东广播电视台：电视短消息《〈民法典〉实施后全国首案今天在广州开庭》

主创人员：袁媛、陈琨、卢亚鹏、罗文晖

▲广东广播电视台：电视短消息《全程不停跳　广东完成世界首例“无缺血换心”》

主创人员：曹雉文、吴柳倩、张宇、黄双娥、冯逢

▲广州市广播电视台：电视短消息《再相见　满温情》

主创人员：甘锦文、陈道、陈丽燕、李慧盈、黄少鹏

▲深圳广播电影电视集团：电视短消息《超越美元！人民币成深圳第一大跨境收支货币》

主创人员：李天南、杨名、陈楠、康晓明、杜高强

▲梅州广播电视台：电视短消息《广东省首个内陆型综合保税区——梅州综保区今天通过国家验收》

主创人员：刘伟鑫、李卓思、贺晓博、钟宇锋、刘英梅

▲惠州广播电视台：电视短消息《总投资约100亿美元！埃克森美孚惠州乙烯项目进入全面建设阶段》

主创人员：叶惠、张杰宏、黄家军、何伟、孟祥男

▲江门市广播电视台：电视短消息《广东首条绿色低碳高速公路——广中江高速今天全线通车》

主创人员：龚广平、温文悦、马美玲、莫浩杰、李灿杰

▲信宜广播电视台：电视短消息《一万多亩撂荒地被唤醒　助力充盈粮袋子》

主创人员：文治平、黄柯、吴亚男、李学敏、卢雄坚

▲揭阳广播电视台：电视短消息《亚洲最重塔器在广东揭阳完成吊装》

主创人员：唐建洪、徐敏珊、邓超、刘大军

▲广东广播电视台：电视长消息《一车只服务一人　感恩有你》

主创人员：陈露、黄剑明、邹炜旻、肖琳、林巧君

▲广东广播电视台：电视长消息《乡村小学合唱团》

主创人员：洪毅彬、刘思颖、莫俏、杨培松、严玮琦

▲广州市广播电视台：电视长消息《卫辉告急多人被困　紧急救援正在进行》

主创人员：江哲、张恩玮、沈妍、冯芸、刘家晖

▲深圳广播电影电视集团：电视长消息《深企打赢美国专利侵权案》

主创人员：沈卫卫、支丙然、汤蕊嘉、焦皎、王羽丰

▲深圳广播电影电视集团：电视长消息《中国内地首宗个人破产申请裁定

生效　破产制度改革迈出关键一步》

主创人员：余治国、沈卫卫、崔波、杜高强、辛泽铭

▲珠海广播电视台：电视长消息《〈横琴粤澳深度合作区建设总体方案〉发布　新体系新体制助澳门实现经济适度多元发展》

主创人员：胡志刚、莫观林、王一格、张祖伟、莫晓燕

▲珠海广播电视台：电视长消息《一堂党史课一本红色书　厚植澳门学子爱国爱澳情怀》

主创人员：李东捷、马玩璇、刘芸嫒、罗潇凡、吴国俊

▲汕尾广播电视台：电视长消息《“善美厨娘”为自己重掌人生》

主创人员：叶怡苗、陈逸斯、纪丹云、陈海珊

▲东莞广播电视台：电视长消息《东莞赋予科研管理体制自主权　立项与经费使用科学家拿主意》

主创人员：阳玉明、王卉玲、王红君、刘锐良、钟灏

▲中山广播电视台：电视长消息《深中通道新年“第一炮”　8万吨巨无霸海底“接龙”》

主创人员：林绮武、郑旋玲、林良宏、梁碧云

▲江门广播电视台：电视长消息《全省首个“信访超市”应用系统在江门上线　一站式化解群众烦心事》

主创人员：梁耀辉、方芳、李锐杰、陈赛红、黄长根

▲高要区广播电视台：电视长消息《国道上“铁骑大军”为何消失　在“十三五”交通发展中找答案》

主创人员：王业民、吕毅、吕光怀、梁诗茗

▲广东广播电视台：电视系列、连续及组合报道《捍卫舌尖上的安全：记者随警直击　海陆空全链条捣毁特大走私冻品团伙》

主创人员：陈海韵、蔡志祥、郑芸、徐子龙

▲汕头广播电视台：电视系列、连续及组合报道《走进“呼援通”倾听感人故事》

主创人员：林黛婉、姚天爵、郑煜坤、姚坚旭、詹君泽

▲韶关广播电视台：电视系列、连续及组合报道《华南虎“小公主”成长记》

主创人员：田萍、王志强、徐东

▲梅州广播电视台：电视系列、连续及组合报道《群众给“差评”》

主创人员：巫婉超、林梅、谢思、曾展鸿、王新林

▲惠州广播电视台：电视系列、连续及组合报道《“我为群众办实事·十惠行动　记者体验”》

主创人员：张蓝心、廖建珠、徐彬、邱城杰

▲广东广播电视台：电视新闻栏目《广东新闻联播》

主创人员：黄天文、杜曼、叶恩源、卢亚鹏、林红、徐浩

▲深圳广播电影电视集团：电视新闻栏目《军情直播间》

主创人员：钟铮、钟剑文、罗施安、朱延瑞、李明臻、童迪

▲广州市广播电视台：电视新闻评论《广视述评：双循环“内外兼修”新活力“全球共赢”》

主创人员：吴诺思、谭瑞珊、邵豫

▲深圳广播电影电视集团：电视新闻评论《孟晚舟平安回国　背靠祖国强大支撑》

主创人员：张思南、王云霞、丁舒航、黄子熙

▲珠海广播电视台：电视新闻评论《“中国心”擎起中国尊》

主创人员：李蓉、陈力欣、陈智、魏磊

▲东莞广播电视台：电视新闻评论《“难产”的充电桩》

主创人员：陈雯婧、赵俊杰、何安琪、刘锐良

▲广东广播电视台：电视新闻专题《揭东云路“七彩河流”污染农田村庄》

主创人员：林翔麟、卢淦、林炳权、李家柏、徐海洋、孙启歌

▲广州市广播电视台：电视新闻专题《科技亮剑　广州抗疫的硬核力量》

主创人员：仇耀洪、刘心、沈洁林、朱凯东、邵凤玲

▲深圳广播电影电视集团：电视新闻专题《深圳民生幸福故事》

主创人员：池薇、丁蓁蓁、李璨、王玟玮、王凯弘

▲佛山电视台：电视新闻专题《硕士村官敢啃“硬骨头”》

主创人员：杜燕、陈泳谕、樊有国、王靓、陆颖茹、吕伟河

▲东莞广播电视台：电视新闻专题《“小黄狗”复活记》

主创人员：何春辉、赵俊杰、袁伟星、陈雯婧、兰景萍

▲中山广播电视台：电视新闻专题《复兴路上：新赛道　新希望》

主创人员：林嘉、杨启宁、张智凯、梁鑫、陈晖

▲广东广播电视台：电视新闻节目编排《飞越广东·奋进凯歌——青春与信仰》

主创人员：傅群山、曾小强、戴西安、曾广添、王雅楠、刘达峰

▲深圳广播电影电视集团：电视新闻节目编排《赛格大厦为何会振动?》

主创人员：刘兴意、吕毓斌、杜高强、杜一凡、殷梦、罗海燕

▲珠海广播电视台：电视新闻节目编排《珠海新闻》（2021年9月17日）

主创人员：李蓉、陈力欣、陈智、杨秋敏、刘青、罗博泰

▲广东广播电视台经济科教频道和股市广播：电视新闻访谈节目《元宇宙

离我们还有多远?》

主创人员：集体创作

▲深圳广播电影电视集团：电视新闻访谈节目《精准打击“台独”金主 反“独”促统再升级》

主创人员：徐华强、刘小燕、朱克奇、马志明、王瑜、李锋

▲广东广播电视台：电视新闻现场直播《第13届中国国际航空航天博览会——筑梦云天》

主创人员：黄琳、李媚媚、伍子翔、冯建戎、游渊、邵维、胡曼、陈可儿、叶家虹、陈慧媛、潘锦程、何鑫、林翔麟、卢淦、谌迦迦

▲深圳广播电影电视集团：电视新闻现场直播《赣深一线牵 老区湾区心相连》

主创人员：但小立、田新华、赵坤、陈程英、宋世静、杨豪、栾少文、苑劲龄、崔梦瑶、李晓东、郑志平、刘雨璇、司俊杰、魏金灿

▲广东广播电视台：电视对外新闻和电视对港澳台节目《我们的家园》

主创人员：李佳、周莹莹、刘伟、秦少龙、池东橼、欧彦、林敏熙、陈景辉

▲深圳广播电影电视集团：电视对外新闻和电视对港澳台节目《揭秘BBC反智报道如何出炉》

主创人员：徐华强、马莉、毛昱、丁蓁蓁、林惠珊、岳丽红

电视节目（27件）

▲广东广播电视台：电视栏目《老广的味道》

主创人员：张楚鸿、甄妙莹、曹晓、洪希楠、林俊、黄思宁

▲广东广播电视台：电视栏目《全球零距离》

主创人员：林永祥、林燕冰、余洋、漆航、黄凯新、庞秀玲

▲广东省公安厅：电视栏目《南粤警视》

主创人员：集体创作

▲深圳广播电影电视集团：电视社教节目《携手》

主创人员：王凯凯、李路革、李智勇、王乐

▲韶关广播电视台：电视社教节目《信念的灯塔》

主创人员：温盛远、黄云、董炜、王靖文、王晓东

▲惠州广播电视台：电视社教节目《〈奋斗百年路 启航新征程〉惠州市庆祝共产党成立100周年大型主题党课》

主创人员：集体创作

▲中山广播电视台：电视社教节目《风起里溪大潮涌》

主创人员：曾剑平、晨曦、唐纪奎、卢家强、韩玉文

▲广东广播电视台：纪录片（网络纪录片）《〈秘境神草〉第三季》

主创人员：吕岛

▲广东广播电视台：纪录片（网络纪录片）《妇科神刀罗喜平》

主创人员：郑耀豪、梅心、黄徐易

▲深圳广播电影电视集团：纪录片（网络纪录片）《茅洲河》

主创人员：于海滨、田定康、李炜、张天回、孙艺洋、张弘、张志红、陈敏瀚、李婷怡

▲佛山电视台：纪录片（网络纪录片）《行走的图腾》

主创人员：李建军、王晓晖、张晨光、赵红、徐颂雯、徐上钧、张鹏、陈志军、马志娟

▲梅州广播电视台：纪录片（网络纪录片）《从三河坝到井冈山》

主创人员：丘明珠、钟燕、褚嘉骅、李涛、康辉、李国方

▲江门广播电视台：纪录片（网络纪录片）《刑场上的婚礼 1928——中共广州起义烈士周文雍陈铁军的革命爱情传奇》

主创人员：成硕、梁宗鸣、陈静、纪嵩山、陈旭、林颖欣

▲深圳市腾讯计算机系统有限公司：纪录片（网络纪录片）《勇敢者的征程》

主创人员：集体创作

▲华强方特（深圳）动漫有限公司：动画片（网络动画片）《熊熊乐园 4》

主创人员：集体创作

▲广东咏声动漫股份有限公司：动画片（网络动画片）《猪猪侠之超星五灵侠 1》

主创人员：集体创作

▲广东广播电视台：电视少儿节目《消防开学第一课》

主创人员：徐海洋、林翔麟、卢淦、吴冠佑、何鑫、林炳权

▲深圳广播电影电视集团：电视少儿节目《2021 凯叔魔幻童话之夜》

主创人员：黄鹤、高宇、陈逸楠、黄靖杰、宋尔钢、万书豪

▲东莞广播电视台：电视少儿节目《加油吧少年——每个人都是一束光》

主创人员：周方、张菲、陈晶晶、谭东平、何心、唐志超

▲广东广播电视台：电视综艺节目《2021 粤语好声音——乐队风暴》

主创人员：丁豫峰、李硕丰、张宇、吴树娜、张家赫、彭琳、顾惠嫦、左丹璐

▲广州市广播电视台：电视综艺节目《春响 · 2021 广州新春交响音乐会》

主创人员：李佳音、王钧、李洁慧、林莉、王怡、赵玉珍、孔祥勇

▲珠海广播电视台：电视综艺节目《一江月　珠澳情——2021 年珠海市中秋晚会》

主创人员：晏激洪、刘永刚、梁浩、姚龙、彭洁华、张良博、王千、关欣、熊向坤

▲广东广播电视台：电视文化节目《红棉花开》

主创人员：周敏、李雪、王伟华、张孜、马笛、陈嘉齐

▲广州市广播电视台：电视文化节目《时代先声——广州文艺百年大展》

主创人员：汪洵、郑虹、周雪颖、刘芷菱、伍定文、邝欣庭

▲深圳广播电影电视集团：电视文化节目《水的智慧》

主创人员：钱天中、汤妙、赵小伟、林煜城、周雅娟、何嘉峰

▲汕头广播电视台：电视文化节目《我是姚璇秋》

主创人员：梁卫群、吴敏青、陈少鹏、袁少雄、卢博邃、严俊

▲深圳市腾讯计算机系统有限公司：电视剧（网络剧）《你是我的荣耀》

主创人员：集体创作

电视播音主持（15 件）

▲广东广播电视台：电视新闻播音作品《广东新闻联播》（2021 年 6 月 29 日）

主创人员：林红、于子洋

▲广东广播电视台：电视新闻播音作品《体育世界》（2021 年 10 月 1 日）

主创人员：周悦珊、张健

▲广州市广播电视台：电视新闻播音作品《广视新闻》（2021 年 7 月 1 日）

主创人员：梁志皋

▲深圳广播电影电视集团：电视新闻播音作品《龙岗新闻》（2021 年 11 月 24 日）

主创人员：晋林

▲深圳广播电影电视集团：电视新闻播音作品《深视新闻》（2021 年 11 月 12 日）

主创人员：韩松

▲广东广播电视台：电视节目播音作品《〈闪耀平凡路〉第三集：生灵守护者》

主创人员：陈炳旭

▲深圳广播电影电视集团：电视节目播音作品《信仰的力量　谍战将军》

主创人员：张溢

▲珠海广播电视台：电视节目播音作品《“中国心”擎起中国尊》

主创人员：魏磊

▲中山广播电视台：电视节目播音作品《百年同心侨 第一篇章 烽火丹心（一）》

主创人员：牛宇华

▲潮州市广播电视台：电视节目播音作品《人民英雄麦贤得》

主创人员：黄春燕

▲广东广播电视台：电视节目主持作品《飞越广东·奋进凯歌——宝藏生态区》

主创人员：陆容、许鲁南

▲广东广播电视台：电视节目主持作品《从农场到餐桌——凝赤苹果》

主创人员：刘芯怡

▲深圳广播电影电视集团：电视节目主持作品《探寻琥珀的奥秘》

主创人员：许雨燕

▲惠州广播电视台：电视节目主持作品《〈奋斗百年路 启航新征程〉惠州市庆祝中国共产党成立100周年大型主题党课》

主创人员：杨莹

▲中山广播电视台：电视节目主持作品《“春意到家乡 就地过大年”之广东省中山市：南粤名城贺新春 客家围屋念乡情》

主创人员：徐紫琳

论文作品（11件）

▲广东广播电视台：广播电视内容创作研究论文《探索共情传播，讲好抗疫故事——广东广播电视台抗疫系列报道超70亿流量的启示》

主创人员：黄天文、刘冬

▲广州市广播电视台：广播电视内容创作研究论文《如何创作好历史纪录片——浅析纪录片〈第一次握手——中国共产党第三次全国代表大会纪实〉》

主创人员：董莹

▲广州市广播电视台：广播电视内容创作研究论文《融合背景下主流媒体讲好湾区故事策略》

主创人员：李素卿

▲韶关广播电视台：广播电视内容创作研究论文《主旋律节目话语表达创新研究——以〈海报里的英雄〉为例》

主创人员：罗清华

▲河源广播电视台：广播电视内容创作研究论文《扶贫纪录片的“非典型”呈现——以纪录长片〈厚土之上〉为例》

主创人员：江礼贤

▲广东广播电视台：广播电视融合发展研究论文《4K 电视迭代对广电供给侧改革和产业升级作用研究》

主创人员：周敏

▲广州市广播电视台：广播电视融合发展研究论文《从“内容为王”到“情绪为王”——“情绪效率”语境下的电视转型实践》

主创人员：黄佳殷

▲汕头广播电视台：广播电视融合发展研究论文《“云综艺”的反璞、创新与展望——以“四海潮音”全球潮剧票友“云演唱会”为例》

主创人员：林馥盛

▲江门市广播电视台：广播电视融合发展研究论文《地市广电媒体融合发展困局与自救之策》

主创人员：何晓鹏

▲广东广播电视台：广播电视播音主持研究论文《中医药文化纪录片的有声语言传播探赜——以广东卫视纪录片〈秘境神草〉配音创作为例》

主创人员：康毅

▲惠州广播电视台：广播电视播音主持研究论文《浅谈新闻播音中的情感调动 ——以客家地区播委会 2020 年度广播电视播音主持奖电视新闻播音作品为例》

主创人员：范运招

广播电视科技项目（8 件）

▲广州市广播电视台：广播电视技术论文《基于云平台的新媒体生产系统》

主创人员：吴晓辉

▲东莞广播电视台：广播电视技术论文《卫星接收系统的自动化改造》

主创人员：苏哲新

▲东莞广播电视台：广播电视技术论文《城市广电台 App 建设的实践与探索——以东莞广电台“知东莞 App”为例》

主创人员：苏哲新

▲广东广播电视台：广播电视工程项目《IP 调度核心系统》

主创人员：赵鹏、劳伟强、孙雨霖、李剑斌、李明华、曾幸浩、黄志江、林炎生、李中伟、丁乐、黎攀

▲广东省广播电视网络股份有限公司：广播电视工程项目《物联网及智慧家庭云管理平台（含 App）项目》

主创人员：汤敏健、吕广杰、巩永昌、贾夏俊、蔡庞华、廖良卓

▲深圳广播电影电视集团：广播电视工程项目《智能媒资及内容大数据公共服务平台》

主创人员：叶宇凡、赵嘉姝、朱泽斌、余迪、刘助翔、王崇波、孟峰、龚贞华、曾婷婷、周望一

▲广东广播电视台：广播电视科技创新运用《广东广播电视台高清/超高清播控中心技术系统》

主创人员：马昭俊、李绰源、王军委、张文浩、江传阶、黎伟波、蔡焕新、孟佳佳、高杰、廖忠政、黄剑青

▲中国广电广州网络股份有限公司：广播电视科技创新运用《基于广电大数据的综合资源管理与生产智能调度可视化系统》

主创人员：刘明亮、徐冉、刘健文、李锐、孙亮、罗嵘、张治、李瑞珑、曾锐、梁煜锋、陈海彬、黄越之

新媒体新闻作品（32 件）

▲广东广播电视台：新媒体新闻短视频《中建八局工程点外卖欠 2 万餐费，负责人："媒体算什么"》

主创人员：金亮、龙俊峰、李启明、余素琳

▲广州市广播电视台：新媒体新闻短视频《芳村　通了》

主创人员：何少敏、卢新锦、叶荣辉、何韵洁、沈文龙、梁燕飞

▲珠海广播电视台：新媒体新闻短视频《第一天！横琴粤澳深度合作区这样开启！》

主创人员：胡志刚、赵乐、甘颖恒、梁彤英、刘青、林冰

▲韶关广播电视台：新媒体新闻短视频《我在塔台见证"韶关起飞"》

主创人员：叶铭珠、邱雯、陈旭东、陈成智

▲江门市广播电视台：新媒体新闻短视频《这百年，江门怎样走来》

主创人员：李鸿、谢萍萍、尹华乐

▲阳江广播电视台：新媒体新闻短视频《公交坠河一女子被困车底，众人合力救援！》

主创人员：梁剑华、梁胜、赖秀珠、许怡星、刘帝森、曾广艳

▲广东省公安厅：新媒体新闻短视频《清湾行动》

主创人员：集体创作

▲广东广播电视台：新媒体新闻专题《冠军辈出　看广东跳水队如何书写传奇》

主创人员：韩晖、薛婷、黄晓雯、黄秋怡、黎绮坪、黄炳亮

▲深圳广播电影电视集团：新媒体新闻专题《热点早茶　塔利班上台　美

国未必不能“丧事喜办” 中国有必要提前布局》

主创人员：曾子瑾、郭锦池、张思南、朱延瑞、李西如、吴蔚

▲佛山电视台：新媒体新闻专题《粤菜师傅出徒记》

主创人员：王小峰、郭益、余伟能、游乐基、张绿化、区显辉

▲江门市广播电视台：新媒体新闻专题《冠军背后的最美爱情故事》

主创人员：许嘉文、王芬芳、吴泽彬、李磊、韩欣朗、耿琦迪

▲清远广播电视台：新媒体新闻专题《我的“锦囊妙计”》

主创人员：黄晓丹、胡灏

▲广东广播电视台：新媒体新闻现场直播《重磅：今日一线史上最“隐秘”直播》

主创人员：李金旺、王越、尹骁前、李亚宾、严彦子、王海琦、张巍、臧穆、严玮琦、郑芸、刘思颖、欧阳光与、荣小雨、李玥颖、王瑜

▲广东广播电视台：新媒体新闻现场直播《广交会来了！记者带你云逛中国第一展》

主创人员：杨文、刘彪、王燕、严彦子、陈露、岳阳、钟央、陈壮、周子林、罗天楚、王瑜、张晖、陈曦、叶剑、臧穆

▲广州市广播电视台：新媒体新闻现场直播《从广州出发》

主创人员：周丽、马东明、黄黎明、谭瑞珊、郑玮欣、高晞、邵豫、刘家晖、梁敏怡、董婷、姜佳卓、张海涛

▲深圳广播电影电视集团：新媒体新闻现场直播《大国之翼 逐梦蓝天》

主创人员：钟剑文、朱龙晃、马诗月、刘煜、杨颖、韩继军、钟铮、王智婧、吴一琪、朱延瑞、罗施安、李锋、巫邓炎、林锦霞

▲佛山电视台：新媒体新闻现场直播《功夫佛山璀璨夺目庆华诞 制造名城流光溢彩写华章》

主创人员：窦希、冯妙兰、关国明、唐敏、岑倩娴、谢玉美、黎顺安、徐家杰、叶育峰、廖家杰、梁铭鼎、梁莹、李洋兰、胡潇、杨韵

▲广东广播电视台：创意互动作品《咔嚓！在我的时光里回味建党百年》

主创人员：廖浩锋、王梓self、李露一

▲广州市广播电视台：创意互动作品《广州“0新增”谢谢你的守护》

主创人员：曹玮、温煜昊、吴光隆、刘欣欣、周攀奇、陈永谊、蓝绮媚、练伟长

▲深圳广播电影电视集团：创意互动作品《图鉴时光博物馆》

主创人员：张丹、贾玥瑶、钱岩、王艳丹、司徒俊杰、钟爱星、闫嘉祺、李晓斌

▲珠海广播电视台：创意互动作品《这一曲，粤澳共谱》

主创人员：陈嘉平、戴丹梅、金阁、种筱娜、孟鑫

▲中山广播电视台：创意互动作品《中山这百年》

主创人员：钟美君、郑敏君、陈泰玉、阮其祥、邹岳廷

▲广东广播电视台：新媒体版面编排《触电新闻党史频道》

主创人员：郑敏璇、蔡震宇、梁绮雅、陈丽芬、朱剑锋、魏锐彬、关则伟

▲广东广播电视台经济科教频道和股市广播：新媒体版面编排《“2020东京奥运会”专区》

主创人员：陈虹余、刘桢滢、张伟韬、吴燕华、张侠填、刘佳宇、王沛然、车远洋

▲深圳广播电影电视集团：新媒体版面编排《先行示范两周年，“圳”不错！丨喵眼看深圳》

主创人员：王云霞、潘纯凤、李梦圆、张钰婕、杨烨、芮沁、苏新云、赵冉

▲佛山人民广播电台：新媒体版面编排《穿越百年的拳拳之心》

主创人员：刘新存、余碧茵、俞菲、李丹、范梓烨

▲广东南方新媒体股份有限公司：新媒体版面编排《走心又走“新”》

主创人员：张标、杨振慨、成家瑜、王雪珍、李宏宇、谭惠贤、李珊、吴怡颖

▲广东广播电视台：全媒体传播作品《不辞长作岭南人——寻找广东的文化印记》

主创人员：集体创作

▲广东广播电视台经济科教频道和股市广播：全媒体传播作品《歌声中的百年征程》

主创人员：梁欣仪、李纲宇、刘佳宇、张伍生、刘桢滢

▲深圳广播电影电视集团：全媒体传播作品《“深圳十二时辰”全媒体文旅大行动》

主创人员：张臻、王璜、田磊、史昱昊、杨杰辉、闫乐、蓝妙琴、朱君云

▲佛山人民广播电台：全媒体传播作品《世纪征程　百年回响——佛山红色地标网上行》

主创人员：童思娜、宋秀辉、吴岚岚、赵英杰

▲韶关广播电视台：全媒体传播作品《升旗！这位85岁的老人持续了39年》

主创人员：罗清华、华坚、黎海燕、黄诗雅、林丽梅、唐周智、邝明慧、陈海

网络视听节目（26件）

▲广东广播电视台：网络音频节目《百年征程为人民，砥砺初心向复兴》

主创人员：徐婉玲、蔡淑燕、刘雨丝、傅锦文、王少浩、尹美玲

▲珠海广播电视台：网络音频节目《我家的防疫生活》

主创人员：唐春华、尚涛、李哲、陈亚军、霍琳、陈彦伶、林冰等

▲惠州广播电视台：网络电影（微电影）《拼图》

主创人员：代存录、姚晓东、任雪莹、刘玮、冯振宇

▲广东星语影业有限公司：网络电影（微电影）《凤归梧桐》

主创人员：陈洛曦、王涛涛、李元军、李娜、石家铭

▲广东广播电视台：网络直播节目《请签收！Sunny向你送来一张出发中国航展的机票》

主创人员：蔡文捷、刘訢然、胡嘉乐、陈景辉、张芷诺、汪婧曦

▲广州市广播电视台：网络直播节目《青春开学礼——广州开学第一课》

主创人员：冯晓莲、曾正一、林既望、李海荃、徐文峰、梁思颖

▲东莞广播电视台：网络直播节目《在莞过年》

主创人员：邵蓝、吴剑平、朱海津、袁暖桥

▲高州广播电视台：网络直播节目《好心南塘　十里碧道徒步行》

主创人员：冯炳庆、雷霄虹、李建、赖奕良

▲广东广播电视台：网络综艺节目《宝贝的第一桶金》

主创人员：罗勤辉、王梓兆、许铱楠、吴燕华、王雨楠、罗晓星、谢昭瑾、高路璐、庞观伟

▲珠海广播电视台：网络综艺节目《凤鸡传奇》

主创人员：朱向阳、侯彦军、张婷、孙铭遥、张希雯、郭晓娟、侯海丽

▲汕头广播电视台：网络综艺节目《“四海潮音”全球潮剧名家票友“云演唱会”》

主创人员：林馥盛、吴汉坤、陈珩、陈瑶、林琼、张思致、方超、陈齐薇、古艾俊

▲东莞广播电视台：网络综艺节目《“百炼成钢　再铸辉煌”谢岗镇庆祝新中国成立72周年歌会》

主创人员：孟相宜、曾庆、陈景威、陈锡威、陈耀洪、李敏婷、安国政、王秀艳、郑杰文

▲中山广播电视台：网络综艺节目《“春意到家乡　就地过大年”之广东省中山市：南粤名城贺新春　客家围屋念乡情》

主创人员：陆碧红、林健荣、张建华、杨娜、林伟诺、梁碧云

▲广东广播电视台：网络短视频《2025，相约粤港澳》

主创人员：黄宏、胡哲恒、郭晓升、阮洁华、梁晓路、陆苑昆

▲广州市广播电视台：网络短视频《真的爱你》

主创人员：傅志群、汤庆聪、朱志旖、郭冠恒、杨溥舜、陈乐

▲从化区广播电视台：网络短视频《画面珍贵！广州从化五指山月牙湖现“棉花团”奇观》

主创人员：罗素玲、谢艺诗

▲珠海广播电视台：网络短视频《致敬美好生活 in Zhuhai》

主创人员：姚龙、贺志勇、潘华明、扶志新、靳源、杨琰

▲佛山人民广播电台：网络短视频《绣花功夫藏着幸福密码》

主创人员：卢广宙、林靖、徐俊雄、梁伟青

▲韶关广播电视台：网络短视频《七一前的觉醒夜》

主创人员：陈旭东、邱雯

▲东莞广播电视台：网络短视频《乡村“新衣”》

主创人员：周艳、陈伟全、付俊、梁汉君、罗琳琳、黎子茵

▲广东广播电视台：网络专题节目《山河血脉》

主创人员：胡树涛、高瞻、罗婷、王迪佳、丁雪、李韦廷、沈婷婷、卢有晖

▲广州市广播电视台：网络专题节目《港·湾——香港青年广州行》

主创人员：黄楚恒、帅亦文、朱欣、刘玮盈、李敏谊、钟亮、何薇、陈智恒

▲深圳广播电影电视集团：网络专题节目《“庞玮解说版”深圳光影秀来了!》

主创人员：夏枫、王益成、唐佳俊、胡聪、关欣月、王俊

▲珠海广播电视台：网络专题节目《〈航拍珠海〉第三季》

主创人员：江海、刘红杰、贾刘一珏、陈素璧、贾淇缃、袁俊

▲东莞广播电视台：网络专题节目《说医不二》

主创人员：周艳、萧迪、莫星辉

▲中山广播电视台：网络专题节目《影像中山志》

主创人员：梁嘉濠、林世杰、戴宇兴、陈宇豪、古华宁、卢志辉、邓越铿

公益广告（21 件）

▲广东广播电视台：广播公益广告长作品《当中国鼓遇见伙伴们》

主创人员：黄纬

▲广州市广播电视台：广播公益广告长作品《“自强不息　厚德载物”——

中华优秀传统文化源远流长》

主创人员：黄建伟、孙建国、席鸿、林岚

▲番禺广播电视台：广播公益广告长作品《关爱父母多一分，上当受骗少一分》

主创人员：谢文辉、蔡婷婷

▲深圳广播电影电视集团：广播公益广告长作品《大爱无碍》

主创人员：姜贺、谷鹏飞、骆艳梅、龙士华

▲佛山人民广播电台：广播公益广告长作品《不要让智能机器取代父母的角色》

主创人员：方惠华、夏文昊、杜文阳

▲韶关广播电视台：广播公益广告长作品《有一种声音》

主创人员：饶优明、苏静雯、赵品超、周妍

▲广东广播电视台：广播公益广告短作品《配合“流调”是公民义务》

主创人员：李伟良、夏文嘉、刁木子

▲广州市广播电视台：广播公益广告短作品《对付新冠病毒德尔塔变种》

主创人员：梁广宇

▲广东广播电视台：电视公益广告长作品《百年征程　砥砺前行》

主创人员：徐婉玲、陈建珣、蔡淑燕、林燕冰

▲广东广播电视台：电视公益广告长作品《我们的时代——红船精神，百年传承》

主创人员：张楚鸿、洪希楠、曹晓

▲广东广播电视台经济科教频道和股市广播：电视公益广告长作品《庆丰收　感党恩》

主创人员：卢传雄、陈晓南、陈明媛、陈跃

▲广州市广播电视台：电视公益广告长作品《粤剧防疫》

主创人员：方华、郭冠恒

▲深圳广播电影电视集团：电视公益广告长作品《噪音猎人》

主创人员：刘晓彤、田定康、陈敏瀚、张弘

▲深圳广播电影电视集团：电视公益广告长作品《大爱无碍，共建无障碍之城》

主创人员：骆艳梅、张黎湘、王定生、孙树德

▲中山广播电视台：电视公益广告长作品《“健忘”的父亲》

主创人员：叶倩儿、冯振业、李照征

▲广州中森实力文化传播有限公司：电视公益广告长作品《大湾区　大未来》

主创人员：李天一、曾雨晨、刘海鹏、陶强

▲广州市允希文化传播有限公司：电视公益广告长作品《窗外》

主创人员：游建鸣、王晶、饶允琋

▲广东广播电视台：电视公益广告短作品《乐享，无限可能》

主创人员：谭世桢、李子俊、郑园珺、岑葆明

▲广东广播电视台：电视公益广告短作品《百年党史　风华正茂》

主创人员：林燕冰、王晓秋、郑开、杨易鸣

▲广东左点广告传媒有限公司：电视公益广告短作品《幸福中国红》

主创人员：杨国华

▲广州中森实力文化传播有限公司：电视公益广告短作品《为祖国　跑好我这一棒》

主创人员：李天一、曾雨晨、刘海鹏、陶强

电影作品（4 件）

▲广州市广播电视台：电影故事片《点点星光》

主创人员：谢德炬、叶青、曾端、刘昊、黄展昌、郭雪萍、廖正扬、陈嘉媚

▲广东博纳影业传媒有限公司：电影故事片《中国医生》

主创人员：集体创作

▲深圳鲲鹏影视文化传媒有限公司：电影故事片《一级指控》

主创人员：集体创作

▲华强方特（深圳）动漫有限公司：电影动画片《熊出没·狂野大陆》

主创人员：集体创作

三等奖

广播新闻（75 件）

▲广东广播电视台：广播短消息《全国“民法典实施第一案”在广州宣判，高空抛物被判赔 9 万多元》

主创人员：谢馨

▲广东广播电视台经济科教频道和股市广播：广播短消息《横琴粤澳深度合作区揭牌》

主创人员：陈胜、张俨、黄达迅、莫丽娟

▲广州市广播电视台：广播短消息《受惠于我国疫情防控得力　广州白云机场客运量首次问鼎全球第一》

主创人员：卜涛、陈善恒

▲深圳广播电影电视集团：广播短消息《深圳再添4位院士》

主创人员：徐傲寒、周明

▲珠海广播电视台：广播短消息《歼－20，用上了“中国心”!》

主创人员：黄华、黄卫星、陈苏栋、陈彦伶

▲佛山人民广播电台：广播短消息《全国规模最大、层次最高、覆盖面最广的博士后创新创业大赛今天在佛山开幕》

主创人员：丁素云、谢斌、童思娜

▲惠东县广播电视台：广播短消息《深山有“宝”！全球珍稀濒危动物小灵猫现身惠东莲花山》

主创人员：黎爱平、陈习宏、余敏莉

▲东莞广播电视台：广播短消息《国内最大埋深、最大水压的海底隧道工程盾构机下井》

主创人员：谢慧龙、潘少均、周静文、曹雪皎

▲中山广播电视台：广播短消息《中山鼓励社会力量参与公共文化服务建设　打造一批共享文化馆和共享阅读空间》

主创人员：郑玉华、关志敏、黄静旻、陈卫民

▲江门广播电视台：广播短消息《全省首宗地理标志质押融资签约　新会陈皮企业拟获贷超6亿元创全国新高》

主创人员：徐鸿彬、陈赛红、何晓鹏、温文悦

▲肇庆市广播电视台：广播短消息《鼎湖区驻贺州昭平县扶贫协作工作组获“全国脱贫攻坚先进集体”表彰》

主创人员：刘潜、张颂、马凯勇

▲德庆县广播电视台：广播短消息《向着海外出发　德庆贡柑首次走入欧盟市场》

主创人员：陆菲妮、梁杰、刘文杰

▲清远广播电视台：广播短消息《中国磁浮首个4 000吨双幅转体梁实现“无缝对接”》

主创人员：黄楚欣、李楠、任世练

▲清远广播电视台：广播短消息《中国首台套量子微波测量系统在清远发布》

主创人员：王绵、李诚、江文华、蔡晓敏

▲潮州市广播电视台：广播短消息《潮剧名家姚璇秋获2020“中国非遗年度人物”荣誉称号》

主创人员：陈莹、陈小蓉、唐秋英、林得亮

▲广东广播电视台：广播长消息《穿“云”相见，130 届广交会线上线下融合开展》

主创人员：央珍、方妍、罗丽婷、罗俊琳

▲番禺广播电视台：广播长消息《番禺区已落实“躺平睡”　让学生舒适午休》

主创人员：集体创作

▲深圳广播电影电视集团：广播长消息《中国科学家培育出全球第一代通过基因组设计的杂交马铃薯》

主创人员：徐傲寒、许荣斌

▲深圳广播电影电视集团：广播长消息《全国首次！深圳为 37 位港籍专业人士认定正高级职称》

主创人员：麦洁莉、林然、瞿芳、邱翔

▲佛山人民广播电台：广播长消息《黄某豪获“附条件不起诉”，佛山“检察 +”机制帮扶涉罪未成年人顺利回归社会》

主创人员：梁家玮、梁韵诗、林淑媚

▲南雄广播电视台：广播长消息《看建党百年庆直播告慰先烈　四代人八十七载守护红军墓》

主创人员：黄金华、何小红、刘彩云、王慧

▲梅州广播电视台：广播长消息《世纪梦圆，安澜韩江，广东梅州高陂水利枢纽工程今天下闸蓄水！》

主创人员：张梅花、何雪芳、李莹、朱安琼

▲惠州广播电视台：广播长消息《广东省首次！珍稀植物龙虾花在麻陂镇人工栽培成功》

主创人员：旷桂红、杨雪

▲惠州广播电视台：广播长消息《全国首笔“绿色碳链通”业务在 TCL 科技集团财务有限公司顺利落地》

主创人员：周惠婷

▲惠东县广播电视台：广播长消息《95 岁老党员的“特殊党费”》

主创人员：黎爱平、王德民、王晶晶、余敏莉

▲汕尾广播电视台：广播长消息《守望海疆铸重器　魂归大海存丹心——彭士禄海葬仪式在葫芦岛举行》

主创人员：周贵良、叶怡苗、陈逸斯、陈海珊

▲汕尾广播电视台：广播长消息《红色毛毯的故事，跨越时空的精神路标》

主创人员：陈昌誉、莫东川、柏桦、魏晓波

▲东莞广播电视台：广播长消息《东莞启动首批月球科研样品研究》

主创人员：苏燕红、刘星、阳玉明、田飞跃

▲东莞广播电视台：广播长消息《东莞4 800余台科研仪器上架“共享设备超市”》

主创人员：冯敬伟、魏淦棠、彭搏、谭倩

▲江门广播电视台：广播长消息《广东唯一“国字号”基层立法联系点：逾400条意见直通国家最高立法机关》

主创人员：潘小波、谭少宁、陈嘉亮、冯紫薇

▲湛江广播电视台：广播长消息《建立“百所联百会”合作机制　打造法治化营商环境促进民营经济健康发展》

主创人员：李赤、陈亭君、陈彬

▲肇庆市广播电视台：广播长消息《当年你为国效力，如今为你纾忧解困》

主创人员：黄玉兰、刘潜

▲潮州市广播电视台：广播长消息《0.4毫米的突破》

主创人员：邱清旭、张文钊、张锦雪、黄伟忠

▲广东广播电视台经济科教频道和股市广播：广播系列、连续及组合报道《打造服务创新型中小企业主阵地——北交所抢鲜看》

主创人员：关妙钿、张俨、莫丽娟、张颖国、黄敏、李燕娜

▲广州市广播电视台：广播系列、连续及组合报道《番禺珠宝拥抱新零售，助力广州建设国际消费中心城市》

主创人员：黎小培

▲深圳广播电影电视集团：广播系列、连续及组合报道《先行示范征程中的人大代表》

主创人员：集体创作

▲珠海广播电视台：广播系列、连续及组合报道《气排球令社区、街道动起来　梅华街道“民生微实事”润于民微终成大者》

主创人员：郑兴华、段续颖

▲河源广播电视台：广播系列、连续及组合报道《百名党员话初心》

主创人员：张文裕、黄世翻、梁小群

▲东莞广播电视台：广播系列、连续及组合报道《这五年》

主创人员：谭倩、吴燕玲、陈明君、黄文静、周静文、邓菲

▲中山广播电视台：广播系列、连续及组合报道《我为群众办实事——中山着力解决群众急难愁盼问题的故事》

主创人员：蒙羿帆、冯庆聪、徐紫琳、赖敏辉

▲高州广播电视台：广播系列、连续及组合报道《丁堂村的“四小银行”》

主创人员：冯荣鑫、黄雨

▲广东广播电视台：广播新闻栏目《八斗财经》

主创人员：曹晨辰、张鹏

▲珠海广播电视台：广播新闻栏目《湾区快讯》

主创人员：集体创作

▲佛山人民广播电台：广播新闻栏目《顺德区政风行风热线——民生零距离》

主创人员：朱耀辉、郭继委、黄婉宜、梁怡兴、黄顺荣、刘燕

▲深圳广播电影电视集团：广播新闻评论《双减政策下，如何优化作业让学生不再“内卷”》

主创人员：周明、徐傲寒

▲佛山人民广播电台：广播新闻评论《警惕“微腐败”造成大危害》

主创人员：周元斌、郭继委、朱耀辉

▲中山广播电视台：广播新闻评论《从吴某凡到苏炳添，青少年的偶像应该是怎样的?》

主创人员：郑碧清、张建伟、吴林平、袁雪芬

▲江门广播电视台：广播新闻评论《有“超市”还能“外送” 这样的信访服务群众叫好》

主创人员：方芳、李锐杰、梁耀辉、韩欣朗

▲肇庆市广播电视台：广播新闻评论《全民参与护“幼苗” 莫让“花季”染尘埃 ——大旺警方侦破未成年人色情直播案的启示》

主创人员：徐惠媚、何彼佳、叶子豪、王岩

▲广东广播电视台：广播新闻专题《芳村重燃生机，每个人都是英雄》

主创人员：白阳南、杨小杨

▲广东广播电视台经济科教频道和股市广播：广播新闻专题《首批4只MSCI中国A50 ETF今天上市成交创纪录，期现联动助推中国资本市场国际化再进一步》

主创人员：关妙钿、李燕娜、蔡奕荼、王洪斌

▲广州市广播电视台：广播新闻专题《铭记！铭记!》

主创人员：卢智杰

▲深圳广播电影电视集团：广播新闻专题《寻找“小黄人”》

主创人员：麦洁莉、彭歆竹、叶莹

▲珠海广播电视台：广播新闻专题《湾区大视野——横琴粤澳深度合作区管理机构正式揭牌专题节目》

主创人员：陈苏栋、刘思彤、张钰泉、郑丹兰

▲惠州广播电视台：广播新闻专题《惠城江南街道三三制：赋能人大代表，

激活履职舞台》

主创人员：汤惠明

▲东莞广播电视台：广播新闻专题《奋进20年，松山湖从“园”迈向“城”》

主创人员：吴文斌、邓菲、解冉锐、邹薇

▲清远广播电视台：广播新闻专题《一张“生命燃料卡”的背后……》

主创人员：王绵、钟倩、涂培胜、成华念

▲潮州市广播电视台：广播新闻专题《励志脱贫　狮峰蜕变——记“全国脱贫攻坚先进个人”李统伟》

主创人员：陈莹、陈小蓉、丁纯泓、林得亮

▲广东广播电视台：广播新闻节目编排《脱贫攻坚新闻编排：谢谢您！送您一朵大红花》

主创人员：章毅、黄缨、司徒昌

▲深圳广播电影电视集团：广播新闻节目编排《898晚新闻》（2021年7月1日）

主创人员：熊忾洋

▲佛山人民广播电台：广播新闻节目编排《傍晚新闻》（2021年12月18日）

主创人员：丁素云、邓之欣、梁焯礼

▲梅州广播电视台：广播新闻节目编排《948最新闻》（2021年7月1日）

主创人员：何雪芳、李琼、黄瑞勉、张梅花、李莹

▲四会广播电视台：广播新闻节目编排《听新闻》（2021年2月12日）

主创人员：廖志河、张美琦、许乐

▲广东广播电视台：广播新闻访谈节目《精英会客室——人口专家与二孩妈妈共谈“七普”数据》

主创人员：曹晨辰

▲增城区广播电视台：广播新闻访谈节目《“95后”农机“花木兰”沈笑芬》

主创人员：吴凯怡、刘钰珺、罗晓汇、毛海宇

▲南雄广播电视台：广播新闻访谈节目《穿越八十七载！走进〈当红军歌〉的“前世今生”》

主创人员：蓝惠娟、高方悦、林子清、刘文斌、李修义、钟华华

▲梅州广播电视台：广播新闻访谈节目《客家红色基因　代代薪火相传》

主创人员：王丹、赵杰、于佳彤、李海梅、梁广卫、梁哲明

▲潮州市广播电视台：广播新闻访谈节目《乐观勇敢抗病魔　诚实守信传大爱——专访第八届全国道德模范提名奖获得者谢惜丹》

主创人员：陈小蓉、邱清旭、黄伟忠、陈秋云、张锦雪、陈虹

▲珠海广播电视台：广播新闻现场直播《粤澳新通道——青茂口岸启用》

主创人员：集体创作

▲汕头广播电视台：广播新闻现场直播《抗击台风“卢碧”应急广播》

主创人员：方力环、肖笛、陈湃、王健富、杨华玲、陈凌坚、陈嘉、蔡天燕

▲佛山人民广播电台：广播新闻现场直播《向西挺进！——佛山地铁2号线今天开通，助力我省西部融入湾区发展》

主创人员：温秋奋、丁素云、梁家玮、梁韵诗、陈隽、曹梓俊

▲惠州广播电视台：广播新闻现场直播《“来啦老铁”——直击赣深高铁通车特别直播》

主创人员：徐晔、李卓然、娄磊、黄凌洁、于莎莎、肖姗、刘锢邦、马帅

▲广州市广播电视台：广播对外新闻和广播对港澳台节目《全国首创！港澳人才可在广州南沙评职称》

主创人员：利顺有

▲汕头广播电视台：广播对外新闻和广播对港澳台节目《童谣里的潮汕》

主创人员：黄斌、林玮珊、杨海珊、杨华玲

▲中山广播电视台：广播对外新闻和广播对港澳台节目《缘起湾区　古韵新声》

主创人员：郑碧清、曹鸿恩、麦灿威、杨书琴

广播节目（50件）

▲广州市广播电视台：广播栏目《大驾光霖》

主创人员：柳霖

▲珠海广播电视台：广播栏目《快乐童声》

主创人员：刘斯敏

▲鹤山广播电视台：广播栏目《强哥讲故事》

主创人员：冯丽芬、赵晓君、沈华

▲湛江广播电视台：广播栏目《教育有道》

主创人员：宋琪、陈思媛

▲广州市广播电视台：广播社教节目《氢燃料电池车助力广州实现“双碳”目标》

主创人员：卜涛、陈善恒、刘嘉豪、郝蕊

▲深圳广播电影电视集团：广播社教节目《重生》

主创人员：王帅、赵维婧、薛涵艺、孙岩、谢凌嘉

▲深圳广播电影电视集团：广播社教节目《重温红色书信　勇担先行使命》

主创人员：杨文、李娅岚、张筱笛、崔小娜

▲汕头广播电视台：广播社教节目《〈家有儿女〉家庭教育的缺失对孩子的影响》

主创人员：王健富、姚冬淮

▲佛山人民广播电台：广播社教节目《有人照料，老人笑了——说说顺德“医养结合”的故事》

主创人员：朱耀辉、李伟浩、郭继委、余庆红、梁怡兴、康辉强

▲惠州广播电视台：广播社教节目《请不要忘记——家书中的红色信仰》

主创人员：朱雪涌、欧阳莉娅、娄磊、徐晔

▲东莞广播电视台：广播社教节目《“一指蜗牛”的梦想》

主创人员：孙海营、张昭粤、成伟龙

▲高州广播电视台：广播社教节目《全省首创田头小站　助力高州荔枝飞跃世界大舞台》

主创人员：张家维、李志宇、杨乐童

▲揭阳广播电视台：广播社教节目《〈美丽乡村　你我畅游〉——走进醉美“山湖村”》

主创人员：林超男、林如、林少贞、谢雯冰、纪晓越、余长启

▲广州市广播电视台：广播少儿节目《最难忘的“朋友”》

主创人员：陈卓贤、刘晟旻

▲汕头广播电视台：广播少儿节目《“小耳朵”乡村行——这里的葡萄会唱歌?》

主创人员：叶青、周翀

▲佛山人民广播电台：广播少儿节目《“童”话医师节》

主创人员：潘思嘉、黄倩儿、俞菲、梁健婷、杜晓璇、梁蘅

▲梅州广播电视台：广播少儿节目《闪闪红星故事会》

主创人员：赵杰、王丹、黄祈发、张洪旭、李海梅、姜浩然

▲汕尾广播电视台：广播少儿节目《小小朗读者——童心向党｜我讲故事给党听》

主创人员：王超

▲江门市广播电视台：广播少儿节目《“请党放心　强国有我”——跟着课本读献词》

主创人员：吴丹、李昕蕾

▲肇庆市广播电视台：广播少儿节目《我们身边的“强”少年》

主创人员：刘亚菲、梁嘉欣、苏庆腾

▲潮州市广播电视台：广播少儿节目《在歌谣里美好成长——潮州电台〈大手牵小手〉冬至特别节目》

主创人员：丁纯泓、郑奕芬、王以琳、唐秋英、黄柳平、林海

▲广东广播电视台：广播文学与戏曲节目《粤剧：南国红豆发新枝》

主创人员：郭权、廖伟斌、黄寅、陈俊超

▲深圳广播电影电视集团：广播文学与戏曲节目《用电影科技让粤剧焕发时代光彩——国内首部4K全景声戏曲电影〈白蛇传·情〉的创新实践》

主创人员：马勇

▲东莞广播电视台：广播文学与戏曲节目《粤艺传承——东莞粤艺人的执着与坚守》

主创人员：李艳华、黎显峰、韩紫雅、陈理钧

▲中山广播电视台：广播文学与戏曲节目《"南国红豆"别样红》

主创人员：罗嘉辉

▲揭阳广播电视台：广播文学与戏曲节目《石榴花开迎朝阳》

主创人员：孙丽薇、袁思敏、徐淑敏

▲广东广播电视台：广播综艺节目《一颗种子的初心与梦想——袁隆平的"禾下乘凉梦"》

主创人员：彭洁伟、陆敏华、陈月华、李燕梅、王小敏、佟兵

▲深圳广播电影电视集团：广播综艺节目《"崭新的境界"经典诗文朗诵会》

主创人员：刘茜、王乐、刘宇、孙岩、赵磊、谢凌嘉

▲东莞广播电视台：广播综艺节目《聆听后浪的声音——东莞嘻哈制造》

主创人员：崔朔南

▲广东广播电视台：广播文化节目《榄雕：精雕细琢　巧夺天工》

主创人员：范彦艳、翟萌、何文宇、陈志军、蔡科谛、王嘉明

▲深圳广播电影电视集团：广播文化节目《克奇的博物馆之旅——泉州：世界文化遗产之地》

主创人员：朱克奇、章立蓓

▲珠海广播电视台：广播文化节目《坚持文化自信，让广东音乐薪火相传》

主创人员：段续颖

▲梅州广播电视台：广播文化节目《【听客家】梅州客家山歌》

主创人员：朱安琼、温丽丽

▲惠州广播电视台：广播文化节目《听见的美好——惠州耳聪工程公益微电影推荐》

主创人员：陈述

▲中山广播电视台：广播文化节目《风霜里你是最美的花——歌曲〈我去看你额济纳〉的故事》

主创人员：曹鸿恩、林簇、牛宇华、孙杰雄

▲新会广播电视台：广播文化节目《葵乡风情——溯源石戏台　新会传粤韵》

主创人员：黎耀中

▲阳江广播电视台：广播文化节目《阳西楹联文化的故事》

主创人员：梁敏、钟结文、刘刚、高新明、黄玉婷

▲肇庆市广播电视台：广播文化节目《山里歌声，凤凰传承》

主创人员：李映晖、苏庆腾、叶缨桃、廖治平

▲珠海广播电视台：广播音乐节目《弹起横琴唱首歌》

主创人员：陶俊树、陈亚军、戢敏泉、霍琳

▲汕尾广播电视台：广播音乐节目《少年彭士禄》

主创人员：曾宝红、曾佩欣、陈星、胡雅丹

▲东莞广播电视台：广播音乐节目《从小讲台到大舞台　幸福都是奋斗出来的——访东莞男声四重唱组合“太阳之子”》

主创人员：谢恒、成伟龙、罗疆

▲江门市广播电视台：广播音乐节目《庆祝澳门回归22周年特别节目——青春绽放大湾区》

主创人员：陈坚、赵晨璞、李宝甜

▲肇庆市广播电视台：广播音乐节目《古端州·新活力》

主创人员：廖治平、何薇、苏庆腾、廖剑平

▲潮州市广播电视台：广播音乐节目《潮乐有乾坤　曲曲藏雅韵》

主创人员：林海、黄柳平、林新苗、黄武杰

▲揭阳广播电视台：广播音乐节目《颂歌献给党之红船故事》

主创人员：马国忠、许莹莹、徐丹曼、郑翰子

▲广东广播电视台：广播剧《母亲》

主创人员：吕囡囡、林鲁阳、刘远飞

▲广州市广播电视台：广播剧《农运先声》

主创人员：霍浩晖、罗丽、吴海榕、刘蔷薇、张戬

▲汕头广播电视台：广播剧《红色交通站》

主创人员：集体创作

▲河源广播电视台：广播剧《起红谣》

主创人员：朱玮珺、赵卫明、王锐、张昭、黄世翻、陈盛开

▲四会广播电视台：广播剧《铁军》

主创人员：集体创作

广播播音主持（21 件）

▲广东广播电视台：广播新闻播音作品《早晨新闻》（2021 年 10 月3 日）

主创人员：陈聪聪

▲广东广播电视台：广播新闻播音作品《羊城交广晚间新闻》（2021 年 3 月 21 日）

主创人员：邓伟浩

▲深圳广播电影电视集团：广播新闻播音作品《898 早新闻》（2021 年 10 月 31 日）

主创人员：刘嘉琳、张喆

▲韶关广播电视台：广播新闻播音作品《韶关新闻》（2021 年 6 月 18 日）

主创人员：王杨

▲江门市广播电视台：广播新闻播音作品《侨都早新闻》（2021 年 12 月 3 日）

主创人员：冯紫薇

▲广东广播电视台：广播节目播音作品《梦想闪着金光　追风骑士陈健新》

主创人员：刘弘

▲深圳广播电影电视集团：广播节目播音作品《童心照古今 ——2021 年深圳读书月特别节目》

主创人员：刘景妍

▲珠海广播电视台：广播节目播音作品《歌声献给党——走进歌曲〈时光的航船〉背后的故事》

主创人员：刘正仁、易湘衡

▲汕头广播电视台：广播节目播音作品《假如给我三天光明　节选》

主创人员：黄斌

▲佛山人民广播电台：广播节目播音作品《F1 中国第一人——周冠宇的成长之路》

主创人员：黄凯君

▲韶关广播电视台：广播节目播音作品《红军长征在韶关之梅岭烽火》

主创人员：周韵珊

▲廉江广播电视台：广播节目播音作品《英烈故事：廖承志的入党介绍人——关泽恩》

主创人员：关小霞

▲高要广播电视台：广播节目播音作品《有一种温暖叫“微暖”》

主创人员：冯玉端

▲清远广播电视台：广播节目播音作品《清新故事——解放清远最后一役：回澜战役》

主创人员：郭尚斌

▲广东广播电视台：广播节目主持作品《广东民声热线》（2021年9月14日）

主创人员：杨小杨、张宇航

▲从化区广播电视台：广播节目主持作品《春暖花开　过幸福年》

主创人员：吴芳、谢文荟

▲深圳广播电影电视集团：广播节目主持作品《热血军魂，永葆本色——最美退伍军人孙倬清的故事》

主创人员：龙小妹

▲汕头广播电视台：广播节目主持作品《〈一路畅通〉10月8日特别直播：暴雨袭城——为你导航》

主创人员：陈凌坚

▲佛山人民广播电台：广播节目主持作品《重塑老社区空间的生活美学故事》

主创人员：梁影华

▲韶关广播电视台：广播节目主持作品《“小民宿”闯出乡村振兴“大产业”》

主创人员：蒋励、吉珺

▲江门市广播电视台：广播节目主持作品《珍惜粮食》

主创人员：李昕蕾

电视新闻（98件）

▲广东广播电视台：电视短消息《粤港澳大湾区首台“华龙一号”核电机组完成穹顶吊装》

主创人员：李新、曾超、濮勇、陈超平、鄢婧雯

▲广东广播电视台：电视短消息《横琴粤澳深度合作区颁发第一批营业执照和食品经营许可证》

主创人员：张柯、张宇、吴帆航、戴西安、叶恩源

▲广东广播电视台：电视短消息《不设收费杆最高80公里时速通过　全国首个“智慧收费站”落地广州》

主创人员：刘雅莹、吴柳倩、王宏涛、陈礼贤、朱广生

▲广州市广播电视台：电视短消息《从“突围”到“领跑”广州“终成榜样”》

主创人员：马东明、蒋栎、胡晓燕

▲广州市广播电视台：电视短消息《广州首开无人机航线　架设检测样本送检空中通道》

主创人员：余勇、谭盛婷、陈诚、黄晓丹、黎健斌

▲花都区广播电视台：电视短消息《一小时接种 60 人　花都“苗苗苗”小姐姐火遍全国》

主创人员：罗莎莎、邓竣文、谢继文、陈琳

▲珠海广播电视台：电视短消息《24 小时开放 20 秒通关　粤澳新通道青茂口岸开通》

主创人员：杨秋敏、赵乐、梁彤英、张祖伟、莫晓燕

▲汕头广播电视台：电视短消息《电气风电汕头基地获全省制造业首张碳中和证书》

主创人员：林黛婉、郑煜坤、林映丹

▲韶关广播电视台：电视短消息《韶关优质农产品通过粤港澳大湾区“菜篮子”　韶关配送中心实现首次加工出口》

主创人员：彭娟、李经海

▲韶关广播电视台：电视短消息《今天起全市范围内实施新生儿“出生一件事”联办》

主创人员：颜力斌、徐东

▲河源广播电视台：电视短消息《赣深高铁今日通车　河源迈进“高铁时代”》

主创人员：练楚茹、成明珠、邹俊钦、缪俊芳、王婧怡

▲河源广播电视台：电视短消息《河源设立首个“办不成事”反映窗口　专治各类“疑难杂症”》

主创人员：周欣媛、廖璐、邓勇辉、刘志棠、张玲玲

▲紫金县广播电视台：电视短消息《刘奕贤：我的青春应该再穿一次军装》

主创人员：张翠霞、邹顺锋、杨远传、何辉

▲东莞广播电视台：电视短消息《东莞启动首批月球科研样品研究　为我国建设月球科研站提供支持》

主创人员：刘星、阳玉明、刘锐良

▲中山广播电视台：电视短消息《试水“绿色金融”：内地民营企业首赴澳门发行绿色债券》

主创人员：陈晔、肖湘湘、梁境标

▲中山广播电视台：电视短消息《全省率先！中山实现工伤保险联网结算全覆盖》

主创人员：曾燕、关志敏、林良宏、缪卓延

▲恩平广播电视台：电视短消息《“生态贷”成恩平农户致富“金钥匙”》

主创人员：王月、梁文静、梁新源、李鸿欣、陆广明

▲湛江广播电视台：电视短消息《华南最大散货码头重载调试成功 40万吨巨轮首泊湛江港》

主创人员：曹卞、游洛、熊禄中、成鑫荣、张咏竹

▲信宜广播电视台：电视短消息《手机直播管理党务村务》

主创人员：温程鸿、谢亮、叶宗裕、蒋子粤、卢雄坚

▲清远广播电视台：电视短消息《爱心存折：美德“变现” 文明“增值”》

主创人员：汤文飞、钟华莹、纪新锋、苏玉英

▲云安区广播电视台：电视短消息《率先在全省推进城乡供水一张网全覆盖》

主创人员：罗燕英、陆超民、严志昌、谭玮

▲广东广播电视台：电视长消息《新生命新希望 荔湾区封闭区内高危产妇诞下双胞胎》

主创人员：顾铭、范晟基、李雯婷、鲁俊杰、林巧君

▲广东广播电视台：电视长消息《与病毒赛跑的流调人员》

主创人员：曹志强、俞量、黎婵、黎媚、黄晓龙

▲广东广播电视台：电视长消息《国内最快全地下地铁今日通车 高速轨道助力世界级湾区发展》

主创人员：刘雅莹、鄢婧雯、陈露、卢德文、李志

▲广东广播电视台：电视长消息《82岁！全球年龄最大的劈离式肝移植患者康复》

主创人员：周蓉、郑叶旭、黄铭萱

▲广州市广播电视台：电视长消息《广东：破解“数字鸿沟” 老年人可刷身份证验码通行》

主创人员：甘锦文、成茗、杨嘉良、陈广富

▲广州市广播电视台：电视长消息《一张饭桌一张床 “广式”养老有温度》

主创人员：江哲、梁沛贤、郑伟光

▲深圳广播电影电视集团：电视长消息《深圳产新冠疫苗出口海外 助力全球抗疫》

主创人员：韩潇、何嘉、刘刚、吴瑾、林春

▲深圳广播电影电视集团：电视长消息《高质量共建“一带一路” 首列“湾区号”中老国际班列在深圳发车》

主创人员：赵畅、李祥菲、康晓明、靳阳懿、王梓璇

▲汕头广播电视台：电视长消息《练江水入农田　母亲河助抗旱》

主创人员：林黛婉、许远志、陈凯航、林映丹

▲佛山电视台：电视长消息《国内首个商用“无人水稻农场”今日收割》

主创人员：李玉冰、李向荣、李平、杜国初、梁颢君

▲始兴县广播电视台：电视长消息《全国首个！车八岭完成中国生物圈保护区野生动物监测示范保护区建设》

主创人员：廖向荣、单君、刘秀萍、杨瑞莲、吴朝霞

▲大埔县广播电视台：电视长消息《追忆百年革命历史　赓续红色血脉》

主创人员：罗明媚、梁新唐、詹军、刘南军

▲惠州广播电视台：电视长消息《世界跨度最大四线无砟轨道混凝土斜拉桥今在惠合龙》

主创人员：孟祥男、张蓝心、徐彬、李志平

▲博罗广播电视台：电视长消息《观音阁：“鱼光互补”领跑乡村绿色经济》

主创人员：朱莉萍、王睿、黄瑞燕、蔡雨佳、张军建

▲惠东县广播电视台：电视长消息《“行走的医院”在惠东启动　医疗专家为村民“隔空诊疗”》

主创人员：黎爱平、王德民、蒋波、王晶晶、赖日宏

▲中山广播电视台：电视长消息《9 秒 98！“中山仔”苏炳添获东京奥运百米飞人决战第 6 名》

主创人员：汤嘉源、陈明瑗、官宇

▲江门广播电视台：电视长消息《践行全过程人民民主　走实立法“最先一公里”》

主创人员：徐鸿彬、潘小波、谭少宁、陈嘉亮、黄长根

▲台山市广播电视台：电视长消息《农田送进“托管班”　农民省时省力还增收》

主创人员：宋小龙、黄中元、陈舜杰、邬丹蕾

▲湛江广播电视台：电视长消息《全红婵奥运夺金　湛江沸腾　全红婵，好样的！我们为你骄傲！》

主创人员：黎明新、张劲飞、陈孝林、傅萱、李锋

▲湛江广播电视台：电视长消息《人大代表彭腊蓉：廿七载情系山村小学留守儿童的“第二个妈妈”》

主创人员：曹卞、曾江涌、张咏竹、游洛

▲高州广播电视台：电视长消息《率先在全省实现“办事不出村”》

主创人员：冯永恒、冯荣鑫、黄雨

▲清远广播电视台：电视长消息《“三块地”改革：清远探索新时期土地之路》

主创人员：林娟、钟华莹、纪新锋、李诚

▲英德市广播电视台：电视长消息《农村产权交易中心激活农村“沉睡”资本》

主创人员：李子麟、李广维、林佳俊、莫文杰、张思雯

▲云浮广播电视台：电视长消息《“金融活水”添动能　镇域经济“加速跑”》

主创人员：朱晓岚、黎浩杰

▲广东广播电视台：电视系列、连续及组合报道《尽责履职》

主创人员：郁华、张彦冰、张毅、邢燕、吴帆航

▲广州市广播电视台：电视系列、连续及组合报道《广交会：构建新发展格局　“四个首次”敢为先》

主创人员：尹春晖、黄耀曦、叶荣辉、张笑秋、黄晓嘉

▲番禺广播电视台：电视系列、连续及组合报道《爱心助农解困“桔”都那村滞销年桔实现“逆风翻盘”》

主创人员：林美才、代妮娅、黄卓鹏、张忠明、陈国添

▲佛山电视台：电视系列、连续及组合报道《老党员讲初心》

主创人员：何宛恩、潘惠仪、陈璐璐、林语涛、卢耀锦、梁浩忠

▲东莞广播电视台：电视系列、连续及组合报道《逐梦东莞》

主创人员：集体创作

▲吴川市广播电视台：电视系列、连续及组合报道《红色记忆》

主创人员：易康杰、吴婷婷、陈莹、谭金康、陈宇翔（陈曦）、邱小剑

▲清远广播电视台：电视系列、连续及组合报道《粤北首个“花稻花”无人农场在清远》

主创人员：曾智丽、燕子俊、曹靖、史泽宇、韦其安、杨俊培

▲揭阳广播电视台：电视系列、连续及组合报道《沿着高速看揭阳》

主创人员：集体创作

▲云浮广播电视台：电视系列、连续及组合报道《永远在路上》

主创人员：梅天恩、朱燕敏、黎文成、陈庆才、李忠辉、黎浩杰

▲广东广播电视台：电视新闻栏目《今日最新闻》

主创人员：杨琨、万荣、褚永生、鲁俊杰、杨柳明、李雯婷

▲广东广播电视台经济科教频道和股市广播：电视新闻栏目《南方财经报道》

主创人员：夏精棋、赖禧、巢欢、李明、高骞、伍文平

▲广州市广播电视台：电视新闻栏目《G4 出动》

主创人员：梅一平、李彦、张笑秋、邓世恒

▲广州市广播电视台：电视新闻栏目《广视新闻》

主创人员：李慧盈、陈丽燕、郑玮欣、黄晓丹、卢伟

▲汕尾广播电视台：电视新闻栏目《新闻聚焦》

主创人员：卓斯境、蓝滨、黄俊洁、黄映妮、马乙群、黄宇霆

▲广东广播电视台：电视新闻评论《“漫”评两会：实现巩固脱贫攻坚成果同乡村振兴有效衔接》

主创人员：魏焕青、马晓旭

▲广东广播电视台经济科教频道和股市广播：电视新闻评论《互联网不是法外之地 对“网络黑嘴”要从严从重打击》

主创人员：彭文胜、杨海涛、苏鸿卓、章奇

▲广州市广播电视台：电视新闻评论《两会热评：适老化改造，让老有所养更有质量》

主创人员：吴诺思、沈妍、李琳、朱玥

▲深圳广播电影电视集团：电视新闻评论《护航未成年人成长 防沉迷系统要“落地见效”》

主创人员：刘雨璇、任洪涛、李川、赵崇印

▲珠海广播电视台：电视新闻评论《听航展声音 看中国力量!》

主创人员：陈博、李勇智、陆庆周

▲佛山电视台：电视新闻评论《“纸上谈兵”的水库水质治理》

主创人员：丁丽、林敏华、李海斌、梁颢君

▲中山广播电视台：电视新闻评论《“吐槽”窗口 只为今后少“吐槽”》

主创人员：肖湘湘、郑旋玲、严瀚英、高铤辉

▲广东广播电视台：电视新闻专题《90 后“头雁”日记：借水行舟 打造梅坑特色村》

主创人员：郁华、郑亚琴、刘灿娇、杨子纬、陈壮

▲广东广播电视台经济科教频道和股市广播：电视新闻专题《小心！你买的外贸尾单很可能是“洋垃圾”》

主创人员：王绍龙、王志军、谢聪聪、杨毓、陈琛萍

▲广州市广播电视台：电视新闻专题《珠江口的较量》

主创人员：叶俭图、曾端、黄成、陈研、叶少贞、沈文龙

▲广州市广播电视台：电视新闻专题《追寻》

主创人员：何少敏、叶荣辉、朱凯东、蒋银燕、沈文龙、李耀法

▲深圳广播电影电视集团：电视新闻专题《周功鑫：中华文化是两岸同胞

共同的财富》

主创人员：陈晨、侯军义、王嘉、王凯弘、巫志刚、乔舟

▲珠海广播电视台：电视新闻专题《这个夜校办到了村民心坎上》

主创人员：李蓉、陈力欣、何嘉豪、陈庆洋、郑航军、何锬坡

▲梅县区广播电视台：电视新闻专题《让青春在山区支教中绽放——美丽中国支教项目在梅县》

主创人员：陈晶晶、傅慧雄、罗梓鸣、张仕加、梁燕斐

▲东莞广播电视台：电视新闻专题《驻村第一书记》

主创人员：赵俊杰、邓笛、袁伟星、阮奕宁、袁暖桥

▲恩平市广播电视台：电视新闻专题《老兵吴坚石：跨越 36 年的入党申请》

主创人员：李莉、陈子宏、吴慧红、吴健星

▲新会广播电视台：电视新闻专题《残奥会新会籍“追风骑士”陈健新：苦练 17 年造就“双冠王”》

主创人员：林燕芬、李冈、吴宏锋、钟其英、阮宝莲、林永垣

▲清远广播电视台：电视新闻专题《有一种陶缸叫凌氏》

主创人员：钟志军、何智杰

▲揭阳广播电视台：电视新闻专题《创业青年销毁次品解锁致富“密码”》

主创人员：辜美绒、吴耿标、刘大军

▲云浮广播电视台：电视新闻专题《沿着高速看广东——汕湛高速（云浮段）》

主创人员：黎文成、梅天恩、陈庆才、邓衍韬

▲广州市广播电视台：电视新闻节目编排《桥语广州——〈广视新闻〉特别策划版面》

主创人员：谢晓清、敖康达、刁家俊、卢伟、黄佳殷

▲深圳广播电影电视集团：电视新闻节目编排《直播港澳台》（2021 年 12 月 19 日）

主创人员：侯军义、张洪硕、罗代姣、王姝璇、陈晨、巫志刚

▲惠州广播电视台：电视新闻节目编排《第一直播室》（2021 年 12 月 10 日）

主创人员：程海青、范运招、刘奇任、易俊熙

▲东莞广播电视台：电视新闻节目编排《东莞新闻》（2021 年 4 月 22 日）

主创人员：黄文静、唐弋雯

▲中山广播电视台：电视新闻节目编排《党的光辉照我心——庆祝中国共产党成立 100 周年特别报道》

主创人员：陈晔、林嘉、邱少平、刘峥、邝献武、林绮武

▲江门市广播电视台：电视新闻节目编排《江门新时空》（2021 年 7 月 1 日）

主创人员：集体创作

▲广东广播电视台：电视新闻访谈节目《〈邓璐时间〉第三季 对话普强公司 CEO、联合创始人——何国涛》

主创人员：邓璐、彭思雁

▲广州市广播电视台：电视新闻访谈节目《岑书记回竹坑》

主创人员：何少敏、何韵洁、何子维、蒋银燕、宋潇毅、刘心

▲珠海广播电视台：电视新闻访谈节目《鲲龙冲天日 我心飞翔时》

主创人员：赵思、常立波、郭凌轩、曾一平、许成城

▲惠州广播电视台：电视新闻访谈节目《对话最美公务员张敏：淡水河美我才美》

主创人员：许苑苑、裘蓓蓓、王鹏翔、黄珣

▲中山广播电视台：电视新闻访谈节目《两个“第一”的故事——中山器官捐献十年》

主创人员：梁嘉宁、梁境标、林炳锴

▲广州市广播电视台：电视新闻现场直播《终于等到你——广州荔湾区芳村片区解封》

主创人员：周丽、梁英、陈丽燕、胡晓燕、吕方晓、高晞、张海涛、郑瀚菁、何子维、徐泳彤、李子逸、林鹤轩、马东明、梁燕飞

▲广州市广播电视台：电视新闻现场直播《荣誉 责任 使命 》

主创人员：黄江雷、林域、叶俭图、尤钢鸣、王晓晔、黄雯婷

▲珠海广播电视台：电视新闻现场直播《第十三届中国航展地面装备动态演示》

主创人员：李凯、常立波、马李莉、陈博、张浩、袁俊、彭彤、郑昵、杨志军、唐晓宇、曾一平、许成城、桂嘉晨

▲广东广播电视台：电视对外新闻和电视对港澳台节目《雪域高原上的园丁梦》

主创人员：麦霖、卓庆林、范迪、涂心怡、陈柱峰、邓煜

▲广州市广播电视台：电视对外新闻和电视对港澳台节目《湾区全媒睇》（2021 年 9 月 30 日）

主创人员：黄楚恒、董荷冬、王庆忠、简洁、涂冠祺

▲珠海广播电视台：电视对外新闻和电视对港澳台节目《澳门居民的新家园，来了!》

主创人员：集体创作

▲东莞广播电视台：电视对外新闻和电视对港澳台节目《我的农场》

主创人员：李万昌、沈明涛、陈涌嘉、魏淦棠、李庆华、王国春

▲中山广播电视台：电视对外新闻和电视对港澳台节目《老外眼里的中国造——深中通道》

主创人员：杨振鹏、杨启宁、何洁琼

电视节目（57件）

▲广东广播电视台：电视栏目《文化珠江》

主创人员：彭蓉、陈艳芬、侯朝霞、宋飞、庄以薇

▲广州市广播电视台：电视栏目《羊城论坛》

主创人员：集体创作

▲深圳广播电影电视集团：电视栏目《Y深圳》

主创人员：叶竹、华宇龙、向旭、朱佳铭、孟令军、周宏慧

▲河源广播电视台：电视栏目《乡村振兴河源大擂台》

主创人员：邵彤、杨洁琼、陈欣、蔡晓璐、胡琼、黄柯盛

▲梅州广播电视台：电视栏目《红色印记·光辉历程》

主创人员：王鹏、陈炜方、王栋明、侯金玲、王嘉怡、罗舒媚

▲惠州广播电视台：电视栏目《美丽惠州》

主创人员：江宾、叶翔宇、邱城杰、付亚平、苏宏业、马子楠

▲东莞广播电视台：电视栏目《莞味主理人》

主创人员：集体创作

▲广东广播电视台：电视社教节目《不可思议的中国——故宫》

主创人员：王智宽、吴培俊、伊然、陈国勇、庄宇、花艺

▲广东广播电视台经济科教频道和股市广播：电视社教节目《2021广东315晚会》

主创人员：张志斌、张伍生、曹军、王志军、谢聪聪、刘锦阳

▲广州市广播电视台：电视社教节目《民族同心圆之广州推进均等服务惠及各族群众》

主创人员：吴华桐、温生昌、袁涵伦、吴晓霞、王梓、侯志恒

▲珠海广播电视台：电视社教节目《珠海红色记忆之杨匏安篇：将信仰的诗文融入生命》

主创人员：李蕴海、陈庆顺、翁静莉、李炎强

▲梅州广播电视台：电视社教节目《镇上来了乡村振兴工作队》

主创人员：谭伟平、谢石峰、黄仕涛、林玉锦、杨锦龙

▲湛江广播电视台：电视社教节目《解放海南，功在南路》

主创人员：陈启华、陈艳丹、王琚凝、郭智聪、关子轩

▲肇庆市广播电视台：电视社教节目《肇庆红色记忆》

主创人员：陈惠红、李琳、甘文华、邓惠洁、黄佩芬、朱国锦

▲清远广播电视台：电视社教节目《学技能，拓新路！这些领域成了创业者们的热门选择》

主创人员：刘慧、朱丹、陈韶乐、张斌

▲广东广播电视台：纪录片（网络纪录片）《百年对话——从“90后”到“90后”》

主创人员：谭世桢、李佳、周莹莹、张熙、刘伟、郭志勇、叶雨桐、曾宪益

▲广东广播电视台：纪录片（网络纪录片）《种土生恩》

主创人员：马志丹、姜中星、石歌、沈泰煜、杨康林、易学、蔡冬娜

▲广州市广播电视台：纪录片（网络纪录片）《花开新时代》

主创人员：谢德炬、王庆忠、廖正扬、郭雪萍、伍定文、区蕾

▲广州市广播电视台：纪录片（网络纪录片）《新山海经》

主创人员：郑晓蕾、黄震洲、黄雯婷、董莹、吴华桐、陈谢思、梁星燎、彭勇、梅斯朗

▲深圳广播电影电视集团：纪录片（网络纪录片）《奇妙的民居（第二季）》

主创人员：钱天中、周锐华、鲁毅、林煜城、龚朴、赵小伟、王东明、陈懿芳、崔跃

▲珠海广播电视台：纪录片（网络纪录片）《跑夺》

主创人员：常立波、付冰、刘昕、高海员、贾刘一珏、张剑宇

▲珠海广播电视台：纪录片（网络纪录片）《征途是星辰大海》

主创人员：田宏伟、付冰、曾一平、贾刘一珏、许成城、孟晓彤

▲汕头广播电视台：纪录片（网络纪录片）《人民英雄麦贤得》

主创人员：黄圆圆、杜璐茜、陈少鹏、蔡林琳、蔡晓红

▲佛山电视台：纪录片（网络纪录片）《潮涌佛山100年》

主创人员：王小峰、杨生、区显辉、张绿化、谭蕴哲、袁雯

▲韶关广播电视台：纪录片（网络纪录片）《明明的长征》

主创人员：饶优明、杨宇、周妍、钟健

▲东莞广播电视台：纪录片（网络纪录片）《抉择》

主创人员：周方、张菲、叶剑华、曾庆、陈宇恒、陈炯朋、江梓晗、杨天石、李敏婷

▲肇庆市广播电视台：纪录片（网络纪录片）《〈脱贫奔康〉系列微纪录片（三集：〈脚步〉〈坚守〉〈点亮〉）》

主创人员：黄海强、茹志祥、何颢明、陈勇、黄伟豪、周小通、黄国思、

秦志兴

▲潮州市广播电视台：纪录片（网络纪录片）《人民英雄麦贤得》

主创人员：黄仰辉、陆永浩、郭镌、薛焕宋、许小翀、林峰

▲广东原创动力文化传播有限公司：动画片（网络动画片）《喜羊羊与灰太狼之运动英雄传》

主创人员：集体创作

▲广州市乐淘动漫设计有限公司：动画片（网络动画片）《帮帮龙出动7之恐龙探险队》

主创人员：集体创作

▲广州蓝弧文化传播有限公司：动画片（网络动画片）《星际家族之安全少年团（27—52集）》

主创人员：王巍

▲广州更号三文化传播有限公司：动画片（网络动画片）《枕刀歌特别篇》

主创人员：刘波、薛锦胜

▲广东广播电视台：电视少儿节目《闪闪小红星之烽火少年》

主创人员：刘东霞、岳文华、吴丹丹、丁婵、杨廷轩、周承

▲广州市广播电视台：电视少儿节目《第六届中华经典诵读港澳展演交流活动》

主创人员：汪洵、郑虹、祝慧芳、刘珏、黄锦波、曾梓忻

▲珠海广播电视台：电视少儿节目《梦想和你一起飞》

主创人员：王浩浩、金晶、李炎强、黄俊杰

▲佛山电视台：电视少儿节目《小时代——二十四节气（立秋）》

主创人员：乔卫、冯雨、杜燕、王东珊、陈淑枝、陆颖茹

▲韶关广播电视台：电视少儿节目《童心向党　致敬百年辉煌》

主创人员：饶优明、周妍、苏静雯、阳冰磊、赵品超、申清菁

▲阳江广播电视台：电视少儿节目《到红星闪亮的地方去——之边海行》

主创人员：梁榕榕、王俊军、关荣、陈华、陈其锋、张子潮

▲茂名广播电视台：电视少儿节目《我也要做消防员》

主创人员：王屹、黄力、康海耀、黄卓夫、梁小娥、黄乐荣

▲广东广播电视台：电视综艺节目《“百年风华　青春中国”——流淌的歌声2021（第三期）》

主创人员：黄敏丽、高黎黎、白炜、赵桂华、张莹、杨斯穆、陈一桁、杜倩茵、邓文山

▲广东广播电视台：电视综艺节目《国乐大典第四季》

主创人员：赵劲立、何伟、李游、谭小黎、王娴、马睿、林嘉涛、林楚鑫

▲广东广播电视台：电视综艺节目《粤味好功夫》

主创人员：黄浩、周炜、梁家豪、何鹏、吴奕涛、陈娉婷、胡文嘉、樊晓丹、司徒嘉欣

▲花都区广播电视台：电视综艺节目《2021 年花都区首届少儿春节联欢晚会》

主创人员：李智华、汪涛、徐依、张亚兰、温明智、任伟杰、蔡剑冰、罗浩、茹玮玲

▲汕头广播电视台：电视综艺节目《“四海潮音”全球潮剧票友汇戏曲综艺晚会》

主创人员：集体创作

▲韶关广播电视台：电视综艺节目《唱支山歌给党听》

主创人员：黄云、潘燕婷、刘志平、余明凯

▲中山广播电视台：电视综艺节目《中山市庆祝中国共产党成立 100 周年文艺演出》

主创人员：江秀娟、覃媛媛、陆碧红、庄越之、黄丽文、卢丽敏

▲广东广播电视台：电视文化节目《出彩丹青》

主创人员：彭蓉、宋飞、侯朝霞、陈艳芬、葛志江

▲深圳广播电影电视集团：电视文化节目《每一个春天》

主创人员：唐佳俊、冯萍

▲珠海广播电视台：电视文化节目《信·念》

主创人员：陈庆顺、张浩、贾淇缃、赵晓怡、丛晓辉、李炎强

▲梅州广播电视台：电视文化节目《大埔瓷匠》

主创人员：廖春婷、丘明珠、罗舒媚

▲汕尾广播电视台：电视文化节目《光芒——追寻海陆丰红色印记》

主创人员：李宽、曾宝珊、莫东川、马景诗、柏桦、戴绛雪

▲中山广播电视台：电视文化节目《传世匠造·窑望》

主创人员：宋璋、陈煜健、卢家强、韩玉文、唐俊、王昭

▲江门市广播电视台：电视文化节目《跨越山海的祝福——2021 年春节文化交流活动（江门—霍尼亚拉）》

主创人员：陈静、苏淑芬、陈嘉敏、黄娟、李宝甜、赵佳萌

▲清远广播电视台：电视文化节目《唱支山歌给党听》

主创人员：孙魏、温声勇、邓国胜、蒋常谦、曾敏健

▲广东广播电视台：电视剧（网络剧）《韩愈来了》

主创人员：唐琳、姜雪荃、孙洪涛、郑芷靖、王子豪、陈振杰、赵耀宗、王新芳子、唐嘉远、王发志、钟富轩、李欣洁、李嘉悦

▲广东广播电视台：电视剧（网络剧）《外来媳妇本地郎之一间客房两头难》

主创人员：丁蕾、鲁少莲、李静、周岳彪、王康、杜江、王新宇、黎勇、麦永杨、徐若琪、黄晓华、许尔加、郑赟、黄清

▲深圳广播电影电视集团：电视剧（网络剧）《情满大湾》

主创人员：王茜、李惟林、史柳、石沁林、马慧、何亮、梁爽

电视播音主持（30 件）

▲广东广播电视台：电视新闻播音作品《珠江新闻眼》（2021 年 8 月 24 日）

主创人员：屈贤

▲广东广播电视台：电视新闻播音作品《广东新闻联播》（2021 年 12 月 30 日）

主创人员：李骁

▲广州市广播电视台：电视新闻播音作品《广州新闻联播》（2021 年 12 月 3 日）

主创人员：朱暮迟、易鸣

▲深圳广播电影电视集团：电视新闻播音作品《晚间报道》（2021 年 10 月 30 日）

主创人员：李健

▲深圳广播电影电视集团：电视新闻播音作品《都市路路通》（2021 年 12 月 2 日）

主创人员：马志杰

▲深圳广播电影电视集团：电视新闻播音作品《第一现场》（2021 年 11 月 10 日）

主创人员：朱文峰（文峰）

▲佛山电视台：电视新闻播音作品《六点半新闻》（2021 年 12 月 18 日）

主创人员：杨韵、张键

▲韶关广播电视台：电视新闻播音作品《全市新闻联播》（2021 年 11 月 27 日）

主创人员：聂园芳

▲惠州广播电视台：电视新闻播音作品《牵赣融深 湾区“惠”更好——赣深高铁通车第一直播室特别报道》

主创人员：范运招

▲江门市广播电视台：电视新闻播音作品《江门新时空》（2021 年 12 月 2 日）

主创人员：周超

▲清远广播电视台：电视新闻播音作品《日百姓关注》（2021 年 12 月 30）

主创人员：蔡鸿雁

▲广东广播电视台：电视节目播音作品《一代天娇——红线女　第5集》

主创人员：康毅

▲广东广播电视台：电视节目播音作品《社会纵横特别节目——全王新不忘初心　勇当家乡振兴“领路人”》

主创人员：游渊

▲广东广播电视台：电视节目播音作品《全运会女篮铜牌赛》

主创人员：刘泉

▲广州市广播电视台：电视节目播音作品《中国城市报道》（2021年8月27日）

主创人员：朱英瑞

▲深圳广播电影电视集团：电视节目播音作品《“蟹”逅福永黄油蟹》

主创人员：姜贺

▲佛山电视台：电视节目播音作品《大美佛山乡村行　第三集　对口帮扶进行时》

主创人员：朱文杰

▲东莞广播电视台：电视节目播音作品《小吸管　大使命》

主创人员：邓菲

▲茂名广播电视台：电视节目播音作品《一线关注》（2021年4月28日）

主创人员：柯玮倩

▲肇庆市广播电视台：电视节目播音作品《人大视野》

主创人员：赵伟涛

▲广东广播电视台：电视节目主持作品《全球零距离——中国航展正青春》

主创人员：吴荻

▲广东广播电视台：电视节目主持作品《思想的田野　广东篇——“湾区智造”高峰主题论坛》

主创人员：邓璐

▲广州市广播电视台：电视节目主持作品《科学大求真》

主创人员：贺梓函

▲广州市广播电视台：电视节目主持作品《广州新气象》

主创人员：何子维

▲珠海广播电视台：电视节目主持作品《蓝天盛会　相约珠海——第十三届中国航展开幕式特别直播 》

主创人员：陈博

▲珠海广播电视台：电视节目主持作品《从这里走向深空》

主创人员：赵思

▲佛山电视台：电视节目主持作品《“永远跟党走” 佛山全民综艺大舞台暨“佛山韵律·舞动全城”第五届广场舞展演禅城赛区启动仪式、张槎晋级赛》

主创人员：袁媛

▲河源广播电视台：电视节目主持作品《乡村振兴河源大擂台——龙川县佳派村》

主创人员：胡琼

▲梅州广播电视台：电视节目主持作品《“中国梦·劳动美”永远跟党走、奋进新征程——庆祝“五一”国际劳动节暨迎接中国共产党成立100周年文艺演出》

主创人员：贺晓博

▲潮州市广播电视台：电视节目主持作品《天天好生活》（2021年11月25日）

主创人员：舒佳淋

论文作品（20件）

▲广东广播电视台：广播电视内容创作研究论文《构建当下与历史的对话——广东卫视〈行进大湾区〉第二季“红色起点”节目形态创新探索》

主创人员：胡树涛

▲广东广播电视台：广播电视内容创作研究论文《从文化研究视角看财经电视谈话节目：以广东卫视〈财经郎眼〉为例》

主创人员：刘玉雯

▲广东广播电视台：广播电视内容创作研究论文《以小见大 以情感人——新时代国产主旋律电视剧创作的艺术特征》

主创人员：周敏

▲广东广播电视台经济科教频道和股市广播：广播电视内容创作研究论文《纪实类影视作品的叙事技巧——以纪录片〈山乡巨变〉、真人秀〈分手旅行〉等为例》

主创人员：王丽新

▲广州市广播电视台：广播电视内容创作研究论文《党史故事赋能红色经典歌曲传播 ——碎片化传播时代的主流宣传实践》

主创人员：黄佳殷

▲汕头广播电视台：广播电视内容创作研究论文《城市历史人文纪录片的影像表达方式探究 ——以〈百年汕头〉为例》

主创人员：黄晓雄

▲中山广播电视台：广播电视内容创作研究论文《民生新闻的新出路：公

益性策划及报道》

主创人员：张媛媛

▲清远广播电视台：广播电视内容创作研究论文《地方新闻媒体如何运用融媒思维驾驭主题宣传报道 ——基于党史学习教育主题宣传报道的理性思考》

主创人员：杨琴、王未然

▲潮州市广播电视台：广播电视内容创作研究论文《融媒传播环境下广播视频化发展策略探析》

主创人员：邱清旭

▲广东广播电视台：广播电视融合发展研究论文《MCN 模式下新媒体账号评价方法探究》

主创人员：刘帅军、刘雨丝

▲广东广播电视台：广播电视融合发展研究论文《电视数据新闻实践探索和路径再造》

主创人员：张璇

▲广东广播电视台：广播电视融合发展研究论文《融媒体时代新闻生产流程的再造和优化》

主创人员：钟央、陈琨

▲花都区广播电视台：广播电视融合发展研究论文《广电微信公众号面临的困难与发展策略》

主创人员：李智华

▲深圳广播电影电视集团：广播电视融合发展研究论文《直播带货，下半场谁能笑到最后?》

主创人员：杜行轩

▲兴宁广播电视台：广播电视融合发展研究论文《功能融合视角下县级融媒体中心建设策略研究》

主创人员：罗文东

▲东莞广播电视台：广播电视融合发展研究论文《媒体融合中的二元解析 》

主创人员：蒋韶东

▲江门市广播电视台：广播电视融合发展研究论文《媒体融合背景下城市广电直播带货模式探索》

主创人员：秦恒

▲广东广播电视台：广播电视播音主持研究论文《重大突发性公共卫生事件下新闻主持人的融媒体正向传播》

主创人员：梁宇

▲广州市广播电视台：广播电视播音主持研究论文《融媒体时代广播主持人的转型与发展》

主创人员：麦晓蓓

▲韶关广播电视台：广播电视播音主持研究论文《新粉丝迷群文化下主持人形象塑造策略研究》

主创人员：邓丽

广播电视科技项目（15件）

▲广东广播电视台：广播电视技术论文《新一代发射机远程监控系统设计与建设》

主创人员：蔡科谛

▲广东省广播电视网络股份有限公司：广播电视技术论文《面向垂直行业的广电5G政企管控专网建设研究》

主创人员：张冬青、何志贤

▲广州市广播电视台：广播电视技术论文《基于“4K+5G+AI”技术的广州马拉松直播方案设计与实践》

主创人员：覃博文、付光涛

▲佛山电视台：广播电视技术论文《基于DWDM密集波分技术在县级融媒体城域网组网的研究》

主创人员：朱波

▲中山广播电视台：广播电视技术论文《以融媒体为抓手，打造新型主流媒体融合生产平台》

主创人员：潘智坚

▲广东广播电视台：广播电视工程项目《南方新媒体智能运维平台一期建设项目》

主创人员：陈志业、周敏、王庆宝、雷争光、王冠恒、蔡杰峰、张国栋

▲广东广播电视台：广播电视工程项目《高清超高清播控中心播出综合信息管理系统》

主创人员：郭钧力、黄林英、林悦、李凯、谭柏平、莫丽娜、王丹华、吴銮清、陈国杨、何韵怡、肖凤萍

▲广东广播电视台：广播电视工程项目《4K后期非编制作网及大素材存储项目（子包1：4K后期非编制作网）》

主创人员：周马权、钱涛、梁敦伦、王普学、黄凯乐、刘凯、韩华、顾嘉文、叶志阳、吉秋霞、翟宏洲、李广宙

▲广东广播电视台：广播电视工程项目《基于SMPTE ST 2110标准的4K

HDR 超高清全 IP 虚拟演播室系统》

主创人员：蔡流章、温晓东、李秋旻、成六祥、徐学明、莫伟良、陈机宏、李鹏飞、黄中英、杜广能、邹志光、张勇华

▲广州市广播电视台：广播电视工程项目《全媒体指挥调度中心系统项目》

主创人员：欧志坤、王维含、江天、巫林青、黄冬荣、王艺敏

▲深圳广播电影电视集团：广播电视工程项目《融媒体智能运行治理系统》

主创人员：叶宇凡、章小坚、李瑜、张敏、赵嘉姝、梁昌飞、麻力夫、唐志刚、周未来、封连伟

▲中山广播电视台：广播电视工程项目《中山影声投资有限公司 240㎡演播室全媒体交互式平台建设项目》

主创人员：刘俊雄、常玲、李朗村、王艺、麦文钜、李允、刘树声、梁海明、张海青、林小枫、林干宁

▲广东广播电视台：广播电视科技创新运用《基于 IP 架构 4K 大型演播集群系统创新应用》

主创人员：温德宁、邝景雄、周马权、李尔、高思超、陈纯丹、张宇、刘俊霄、韦姿、文志斌、陈泽健、王龙威

▲广东广播电视台：广播电视科技创新运用《4K 超高清/高清视频兼容制作工艺研究》

主创人员：邵凤莲、杨勇强、陈文飞、梁伟明、成六祥、邝景雄、温德宁、黄凯乐、徐维凡、王龙威、杨杰、张杨

▲广东广播电视台：广播电视科技创新运用《南方新媒体智能推荐基础支撑技术研究及应用》

主创人员：张智骞、周敏、李攀、李正文、黄志辉、丁凤、刘旭坚

新媒体新闻作品（66 件）

▲广东广播电视台：新媒体新闻短视频《广州加油！市民雨中耐心排队等待核酸检测》

主创人员：温俊、周卿、陈诗韵、黄小明、韩火成

▲广东广播电视台：新媒体新闻短视频《奥运百米赛后，中山仔苏炳添，粤语讲到“剌剌”声》

主创人员：陈思敏、央金（刘澜）、刘军、燕江涛、解东、吴琳

▲广州市广播电视台：新媒体新闻短视频《广州首次投入使用气膜方舱实验室　大大提高核酸检测能力》

主创人员：肖阳、赖婷婷

▲从化区广播电视台：新媒体新闻短视频《丰收新“双抢”，乡村

“网红”忙》

主创人员：罗素玲、谢艺诗

▲深圳广播电影电视集团：新媒体新闻短视频《世界最宽！深中通道沉管隧道在深圳沉放安装》

主创人员：余洁琳、姜雨辰、邱翔、李丹凤

▲深圳广播电影电视集团：新媒体新闻短视频《好爱深圳啊》

主创人员：田新华、赵坤、张梓川、陈柏权、邢天歌、何玉

▲珠海广播电视台：新媒体新闻短视频《鲲龙飞瀑！AG600水陆两栖飞机首度公开演示投水》

主创人员：陈嘉平、吴梓昊、吴星宓

▲佛山电视台：新媒体新闻短视频《广东首例利用DNA新技术 助失散84年姑侄跨省认亲》

主创人员：陈璐璐、庄衡、王晓晖、刘杨友、蒙彦、梅媛媛

▲大埔县广播电视台：新媒体新闻短视频《五代人近一个世纪的找寻——蔡晴川烈士后裔莅埔寻亲》

主创人员：蓝建彬、黎燕飞、张帮丽、黄德志

▲惠州广播电视台：新媒体新闻短视频《【一起来吃瓜】细说：鹅城大桥——惠州再添过江通道重要加密桥》

主创人员：李晨、邸九龙、杨扬、董思怡、张昀昊

▲汕尾广播电视台：新媒体新闻短视频《“心梗患者病情危急”，汕尾交警为生命护航》

主创人员：高波、钱媛媛、钟丽芳、刘清华、陈嘉欣

▲东莞市厚街镇文化服务中心：新媒体新闻短视频《厚街大企业果然大手笔！用超6千万元留员工在厂过年》

主创人员：张龙、马辉波、唐武林、陈勇

▲中山广播电视台：新媒体新闻短视频《战“疫”一线 他们有个共同的名字》

主创人员：黄冬昱、林健荣、萧善芬、古敏、古淑雯

▲徐闻广播电视台：新媒体新闻短视频《徐闻组织人员冒雨为滞留货车司机免费送食物 停航不停爱 温厚徐闻人感动滞留司机旅客》

主创人员：陈明江、郑雅、邢月云

▲封开县广播电视台：新媒体新闻短视频《肇庆封开又现“立竿无影”夏至日奇观 市民游客齐“追日”》

主创人员：侯玉娟、童雪妮、孔丽杏、胡浩

▲广东广播电视台：新媒体新闻专题《雷霆防疫 火眼金睛——探访广东

广佛火眼实验室》

主创人员：邓粤湘、阮扬、杨廷轩、赵玥竹、汤孟霖、汝琼姝

▲广东广播电视台：新媒体新闻专题《200 秒带你看懂“横琴粤澳深度合作区”有多牛（*Decoding Hengqin Guangdong – Macao In – depth Cooperation Zone in 200 Seconds*）》

主创人员：刘帅、李佳、胡嘉乐

▲广东广播电视台：新媒体新闻专题《惠州惠东海龟成长记丨出生、保育、野化、放流……带你探秘海龟成长历程》

主创人员：陈乾章、卢杰

▲广东广播电视台经济科教频道和股市广播：新媒体新闻专题《咪兔奥运课堂丨中国代表团最小成员——14 岁跳水天才全红婵逐梦东京》

主创人员：刘桢滢、刘佳宇、吴燕华、陈虹余、张侠填、张伟韬

▲广州市广播电视台：新媒体新闻专题《湾区最快地铁今日开通　走！一起去喝“头啖汤”》

主创人员：江沛婷、卢倩怡、卢新锦、曾嘉琪、李想

▲深圳广播电影电视集团：新媒体新闻专题《揭秘！隐藏在防护服下的党群服务中心》

主创人员：梅宏、行炜、施博

▲珠海广播电视台：新媒体新闻专题《缘定 12·13》

主创人员：李蕴海、何佳名

▲惠州广播电视台：新媒体新闻专题《【一起来吃瓜】赣深高铁开通在即，惠州三站提前探点》

主创人员：李晨、邸九龙、赵鹏震、余梦、杨晓凤

▲东莞广播电视台：新媒体新闻专题《永远的芬姨》

主创人员：李江华、潘少均、梁汉君、黄博

▲台山市广播电视台：新媒体新闻专题《推倒一面墙，打开一扇窗！台山经验，全省推广》

主创人员：吴世明、陈舒文、张启亮、陈舜杰、容月梨、李心草

▲茂名广播电视台：新媒体新闻专题《我们终将在实现理想的道路上重逢》

主创人员：查冉、黄卓夫、赖昶杰、张锐、陈哲、梁得正

▲广东广播电视台：新媒体新闻现场直播《今夜，红动广州》

主创人员：郑敏璇、焦阳、许锐、古诚、温俊、李丽辉、唐耿澈、戴威、黄靖茹、方艾纯、陈堃妮、刘艺、许锡铭、张晖

▲广州市广播电视台：新媒体新闻现场直播《高考直击丨有序无误！2021 广州高考顺利开考》

主创人员：肖阳、卢智杰、王雅婷

▲珠海广播电视台：新媒体新闻现场直播《青茂口岸正式开通启用！带你体验20秒通关》

主创人员：彭赞峰、赵乐、魏晶、沈梦恬、刘永刚、王雨欣、李冬阳、罗晓龙、王晶

▲汕头广播电视台：新媒体新闻现场直播《“粤菜师傅”巅峰对决来了！锁定汕头橄榄台看直播，让你既饱眼福也饱口福！》

主创人员：集体创作

▲梅州广播电视台：新媒体新闻现场直播《你赴考，我护考！主播带你直击2021高考》

主创人员：王子贤、刘钰莹、魏博林、张孟荣、郭杞婷

▲惠东县广播电视台：新媒体新闻现场直播《“湾区的春天”——变法授渔再迎春》

主创人员：古志勇、刘晓辉、徐达华、黄俊维

▲肇庆市广播电视台：新媒体新闻现场直播《直击2021年高考首日》

主创人员：王锦豪、邓文聪、李诗韵、汪苏苏、徐鹤立、邓常师、植建麟、冯丽珍、郑明春、李朱雄、罗婉靖、黄彦彬、杨熹、韦珊、朱嘉豪

▲广宁县广播电视台：新媒体新闻现场直播《广宁水声岭隧道贯通直播》

主创人员：骆翠云、冯杰宇、李东明、江邓婵、伍健威、卢夏博、陈中栋、邓契金、钱其浩、钟荣昊、王思婷、邵丹丹

▲云浮广播电视台：新媒体新闻现场直播《南粤执行风暴2021——“我为群众办实事”根治欠薪保民生》

主创人员：黄建勇、谭丝慧、陈谱然

▲广东广播电视台：创意互动作品《声情广东：一封发给华侨的有声家书》

主创人员：黄慧、吴浩、戴上凯、江健焯、邓永东、何鸿斌、黄思维

▲广州市广播电视台：创意互动作品《寻找你的“北斗星”》

主创人员：张婧、卢智杰、苏伟深、马婕淇、吴雨晴

▲广州市广播电视台：创意互动作品《红棉永灿！一起追寻百年党史中的广州》

主创人员：温煜昊、吴光隆、薛颖娟、陈永谊、周攀奇、梁咏心

▲深圳广播电影电视集团：创意互动作品《送你一张“火车票”，速领！》

主创人员：鲁真龙、徐海燕、汪正冬、苏俊华、余夏宇、朱夏伶、郭株宏、李晨

▲深圳广播电影电视集团：创意互动作品《〈新深圳人　第一响应人〉小程序》

主创人员：但小立、张臻、王璜、蔡晓弟、王晓茜、李晓蓓、田磊、程雪松

▲东莞广播电视台：创意互动作品《家书里的东莞党史》

主创人员：郑思琪、唐佳雯、温庆祥、刘新建、蒋韶东

▲中山广播电视台：创意互动作品《指尖上的初心博物馆》

主创人员：叶倩儿、杨晓君、李灏飞、刘国锋、莫慧琪、周裕丰

▲湛江广播电视台：创意互动作品《微党史·微阅读·微旅行——打卡湛江红色地标》

主创人员：吴尚、陈启华、郑怡斐、王琚凝、陆森森、黄韵怡、韩旭、王春晓

▲清远广播电视台：创意互动作品《连樟嬗变》

主创人员：钟倩、李诚、朱嘉亮、纪新锋、钟华莹、孙魏、黄双兰

▲广东南方新媒体股份有限公司：创意互动作品《带你走近党代会——互动学党史，致敬建党100周年》

主创人员：张标、谢旭海、黄元浩、邵朵、蔡依桑、李力、谷文力、肖晓虹

▲广东广播电视台：新媒体版面编排《触电新闻奥运频道》

主创人员：邓舜斌、何领兴、陈泳安、朱剑锋、刘志发、魏锐彬、葛腾鸿

▲广东广播电视台：新媒体版面编排《触电嘉佳少儿专区版面编排》

主创人员：马莹、邵凌君、张薇、李伟杰

▲广州市广播电视台：新媒体版面编排《【关注】港澳青年：启梦湾区　驰骋未来》

主创人员：董荷冬、庄淑筠、李梓、刘玮盈、王祥麟、何薇、钟亮

▲深圳广播电影电视集团：新媒体版面编排《港真　我爱前海》

主创人员：赵喆勐、余斌、汪泠、王荣春、辛鑫、黄祥云、瞿华、吴美宏

▲珠海广播电视台：新媒体版面编排《合作区　有料到》

主创人员：戴丹梅、刘轶男、马克菲、张映竹

▲韶关广播电视台：新媒体版面编排《关键时刻，韶关“红”了!》

主创人员：王瑜、蔡杏欢、汤子元、廖艳虹、唐周智、邝明慧、黄计望

▲梅州广播电视台：新媒体版面编排《【我为群众办实事】2021年梅州市行风热线》

主创人员：李琼、欧阳晶、杨斯蕊、赖晓晖、蔡柳、余宸、林琳

▲东莞广播电视台：新媒体版面编排《新时代·新动漫丨这些东莞本土IP，你都认识吗?》

主创人员：郑思琪、李玉敏、黄玉翠、林宝琨

▲江门市广播电视台：新媒体版面编排《百年征程@未来》

主创人员：马淑欢、胡洋斌、陈鲜儿、曾莉媛、赵玮、古小丽、陈洁莹

▲清远广播电视台：新媒体版面编排《坚强的清远女孩，祝福你!》

主创人员：徐德兴、黄晓丹、谭敏、张媛媛、侯新天、朱嘉亮、胡灏、孙怀强

▲广东广播电视台：全媒体传播作品《广东中小学生“双减”调查》

主创人员：傅群山、袁媛、李敏、黄晓龙、王升、刘承

▲广州市广播电视台：全媒体传播作品《伟大的征程》

主创人员：赖婷婷、赖冬昉、冼浩隽、谢晓君、梁俊飞、吴央央

▲广州市广播电视台：全媒体传播作品《世界500强　广州强中强》

主创人员：薛颖娟、练伟长、郭冠恒、何娇娇、吴泓祈

▲深圳广播电影电视集团：全媒体传播作品《出发吧，去前海!》

主创人员：李添裔、王涛、钟鹏超、支丙然、孔明戈、肖静、钟依琳、刘达奇

▲珠海广播电视台：全媒体传播作品《看！今天，只用飞一遍!》

主创人员：阳紫微、于倩、赵思华、种筱娜、孟鑫

▲龙门广播电视台：全媒体传播作品《坚持就有奇迹！龙门麻榨一位八旬老人深山走失6天被成功营救》

主创人员：杨锦成、潘梦滢、刘铤、黄怡琛

▲东莞广播电视台：全媒体传播作品《东莞红讲台——VR云看展　学党史融媒体项目》

主创人员：陈芳、钟榴青、于卓、李莹、彭琬娟、徐志健、陈黎、赵艳燕

▲江门市广播电视台：全媒体传播作品《火了！科技赋能“小鸟天堂”，在江门感受生态之美……》

主创人员：王芬芳、叶翠霞、曾莉媛、秦恒、艾曾、李俊仪、李磊、王华

▲高要区广播电视台：全媒体传播作品《记者节丨今天，我们把新闻头条留给自己》

主创人员：黄绮雯、陈彦成、林茵红、汤子莹

▲清远广播电视台：全媒体传播作品《奋斗百年路·启航新征程——庆祝中国共产党成立100周年特别节目今日清远》

主创人员：集体创作

▲潮州市广播电视台：全媒体传播作品《潮州“红色地图”发布！全市150多处红色资源“云打卡”!》

主创人员：蔡旭彬、郑佳妮、郭楚玉、严育、陈滨、李雁青

网络视听节目（54 件）

▲广东广播电视台：网络音频节目《高质量，新发展，科技时代乘风破浪》

主创人员：张亮、项飞、范彦艳、李丹凤、翟萌、李铁群

▲广州市广播电视台：网络音频节目《志愿军对付美军的大杀器——喀秋莎有多猛?》

主创人员：霍浩晖

▲深圳广播电影电视集团：网络音频节目《飞扬 971 特别策划：皮亚佐拉诞辰 100 周年》

主创人员：金晶、林勐

▲梅州广播电视台：网络音频节目《【听党史】三河坝战役》

主创人员：李莹、余宸

▲惠州广播电视台：网络音频节目《红歌唱响在首列赣深高铁上》

主创人员：黄凌洁

▲广东广播电视台：网络电影（微电影）《红色热土　百年初心——广东红色故事汇之冯铿——左联五烈士中唯一的女烈士》

主创人员：董舒华、康毅、黎建力、刘伟、李冰洁、赵小婷、刘剑松、杨森、孙启歌

▲广东广播电视台：网络电影（微电影）《播火者》

主创人员：阮拥军、范迪、翟晓竞、何鑫、胡瑚、严子韵、麦霖、涂心怡、贺龙

▲深圳广播电影电视集团：网络电影（微电影）《城中村美食：外国小哥品川菜，这一口辣，刺激上头!》

主创人员：史昱昊、吴嘉玲、陈恣羽、罗冰楚、刘雅静、张宇、练志广、曾晓东、朱君云

▲佛山电视台：网络电影（微电影）《一封信》

主创人员：丁丽、李哲恒、仇志玲、刘付仲伟、陈婷、李洋林、黄记华、张伟宏

▲汕尾广播电视台：网络电影（微电影）《我的妈妈是记者》

主创人员：翁柱东、黄桂安、黄丹、黄宇霆、黄俊洁、马乙群、朱北京、张锡凯

▲广东广播电视台：网络直播节目《阳光、沙滩和海浪，这个暑假玩转闸坡》

主创人员：李镜标、周立帆、李静雯、廖向阳、罗锦锋、顾惠嫦

▲广东广播电视台：网络直播节目《猎德花龙去哪儿?》

主创人员：刘颖、陈浩

▲广东广播电视台经济科教频道和股市广播：网络直播节目《2021 秋季“开学安全教育第一课”》

主创人员：集体创作

▲番禺广播电视台：网络直播节目《国庆欢乐行　平安你“禺”我》

主创人员：蔡婷婷、谢文辉

▲韶关广播电视台：网络直播节目《2021 广东省森林城市建设主题宣传活动——森林城市　绿美广东》

主创人员：黄计望、蔡杏欢、陈丽萍、鲁海辉、曾雪莹、谢晓毅

▲惠州广播电视台：网络直播节目《2021 南国书香节暨第十一届惠州书展——主播逛书展》

主创人员：胡鹏飞、邵琦、杨裕港、卓美龄、贺君诚

▲鹤山广播电视台：网络直播节目《巾帼心向党，奋斗新征程——鹤山市 2021 年庆“三八”“融入湾区·她风采”云上分享会》

主创人员：陈浩林、黄步明、伍建军、崔星宇、李志文、刘洪湛

▲广宁广播电视台：网络直播节目《你好上镜之送给最美的教师》

主创人员：伍健威、江邓婵

▲清远广播电视台：网络直播节目《2021 清远市网络直播“查”餐厅第三场连山专场》

主创人员：孙魏、汤健伦

▲广东广播电视台：网络综艺节目《姐姐的第二课堂：你会选择婚后跟公婆一起住吗?》

主创人员：刘颖婷、蔡伊琳、许卓珺、黄泽榆、周丽丽、张思霞、张桂敏

▲广州市广播电视台：网络综艺节目《畅行天下——沙湾古镇喜事多，你又知几多?》

主创人员：胡雯婷、赵峻晖

▲番禺广播电视台：网络综艺节目《粤韵新声颂党恩暨我们的节日·中秋——粤剧曲艺晚会》

主创人员：曾力恺、廖远华、罗克立、谭若峰、孙菲菲、何进欣、郭晓峰、李卓妍

▲深圳广播电影电视集团：网络综艺节目《“马来熊”古城探案记》

主创人员：王晓茜、刘雅静、张宇、蔡晓弟、李晓蓓、王淼、曾晓东、朱君云、马志杰

▲佛山电视台：网络综艺节目《青岛、广州、佛山青年歌手云合唱〈海阔天空〉为广东加油!》

主创人员：窦希、徐翠婷、黄燕飞、郭海岚、梁莹、谢玉美、岑倩娴、徐家杰、关劲文

▲惠州广播电视台：网络综艺节目《红色东江颂》

主创人员：胡鹏飞、魏兆珊、邵琦、杨裕港、卓美龄、贺君诚、彭勇锋、潘嘉齐、李馨

▲中山广播电视台：网络综艺节目《缘起湾区　古韵新声》

主创人员：杨书琴、郑咏梅、李照征、麦灿威、颜敏斯、陈卫国、李紫昭、王敏浩、余敏仪

▲江门广播电视台：网络综艺节目《党史学霸　快问快答》

主创人员：李俊仪、谭兵、马淑欢、周超、许嘉文、刘雅、孙天歌、艾曾

▲湛江广播电视台：网络综艺节目《奋进新时代》

主创人员：黄韵怡、郭智聪、关子轩、柯毅文、陆森森、赖仲斌

▲高州广播电视台：网络综艺节目《红荔好滋味》

主创人员：赖珽、车亮

▲广东广播电视台：网络短视频《这或许就是传承吧！中国香港媳妇郭晶晶现场追星跳水梦之队》

主创人员：周纯、吴玲玲、曾宏达、刘军、梁嘉、曾炜锋

▲广州市广播电视台：网络短视频《老友广交会》

主创人员：汤庆聪、方华、李子逸、许玮茵、刘俊

▲深圳广播电影电视集团：网络短视频《〈深圳2050〉：2050年的深圳如何突破想象？德国小伙儿“说唱”给你听》

主创人员：孔明戈、于源灏、王贝妮、孙树君、庞诗凡、郑温仪

▲汕头广播电视台：网络短视频《潮汕卤鹅》

主创人员：杜婧、卢博邃、陈可尼

▲河源广播电视台：网络短视频《百年前的这些河源青年，干了惊天动地的大事》

主创人员：周凤娟、王杰、吴俊杰、徐林、汪希静

▲惠东广播电视台：网络短视频《光荣在党70年》

主创人员：陈媛媛、刘艳玲、李志军、王显运、陈习宏、赖日宏

▲中山广播电视台：网络短视频《不一样，又怎样？》

主创人员：王千瑞、颜敏斯、黄健斌

▲茂名广播电视台：网络短视频《古音归来》

主创人员：柯国兆、王屹、黄力、梁小娥

▲清远广播电视台：网络短视频《接种疫苗，你准备好了吗》

主创人员：李静娴、程熙城、黄楚欣

▲潮州市广播电视台：网络短视频《100秒，潮州这一年!》

主创人员：杨宗楷、吴林、余启翔、陈素云

▲揭阳广播电视台：网络短视频《揭阳》

主创人员：陈永友、林卫强、黄莹、纪树鸿、吴紫福

▲云浮广播电视台：网络短视频《梁建坤：不忘初心传技艺　牢记使命育人才》

主创人员：黎文成、陈庆才

▲人之初杂志社：网络短视频《岭南中医赋》

主创人员：郑子谦、李楠楠、林敏聪、佘娇、王路华、麦嘉昇

▲广东广播电视台：网络专题节目《湾区哥哥的思政课》

主创人员：许鲁南、张彦冰、马娉婷、陈逸麟、陈怀聪、毛锡坚、丁子恩

▲广东广播电视台：网络专题节目《文化能人的小康故事》

主创人员：黄国超、黄炳亮

▲广州市广播电视台：网络专题节目《广州红色档案——档案中的广州党史故事》

主创人员：李素卿、赵耿之、钟锦乐

▲汕头广播电视台：网络专题节目《〈粤菜师傅·四海同享之千厨潮味〉甜粿：苦尽甜来》

主创人员：徐影、林晓军、蔡林琳、刘曼

▲佛山电视台：网络专题节目《大美佛山》

主创人员：张袁华、邱珊、何婉华、叶亿强、何永锋、梁恺维

▲梅州广播电视台：网络专题节目《水墨·北塘》

主创人员：管慧文、黄映波、丘明珠、林玉锦

▲惠东广播电视台：网络专题节目《禁毒渔歌〈圈套〉》

主创人员：周锡平、郭锦威、钟婧、郑瑞乐、胡梓郴、何密华

▲汕尾广播电视台：网络专题节目《画说海陆丰红色故事》

主创人员：高波、钱媛媛、邱剑洲、黄舒青、陈嘉欣、陈凯珊、吴炯杭、吕晋元

▲江门广播电视台：网络专题节目《侨批中的党史》

主创人员：丁田发、王芬芳、刘雅、陈鲜儿、曾莉媛、谭兵、胡洋斌

▲肇庆市广播电视台：网络专题节目《这个“西伯利亚”没有“冬天”——记广东省敬业奉献道德模范聂桂清》

主创人员：伍彦韵、黄亮、梁嘉欣、王昊

▲广东省公安厅：网络专题节目《红油追踪记》

主创人员：周玮、黎建力、冼博文、梁晋钿、刘惠娟

▲广东省卫生健康宣传教育中心：网络专题节目《缘疆——广东医生的援疆路》

主创人员：赵莹、蒙柳燕、侯家辉、张月铃、林婷

公益广告（44 件）

▲广东广播电视台：广播公益广告长作品《我的 2035》

主创人员：陈宇、卢树明、陈可为、张逸兴

▲广东广播电视台：广播公益广告长作品《因为举起过右手》

主创人员：吕琳、谢倍伟

▲广州市广播电视台：广播公益广告长作品《一团火照亮中国前行的路》

主创人员：霍浩晖、周文源

▲广州市广播电视台：广播公益广告长作品《大湾区、大未来》

主创人员：谢彩雯、胡梅

▲深圳广播电影电视集团：广播公益广告长作品《用心关爱，“黄手环”在行动》

主创人员：栾绍东、陈姗

▲汕头广播电视台：广播公益广告长作品《疫苗接种宣传——课堂篇》

主创人员：周翀

▲惠东广播电视台：广播公益广告长作品《建党百年　初心不变》

主创人员：陈可立、王文胜

▲中山广播电视台：广播公益广告长作品《灯管与易拉罐之恋》

主创人员：蔡英华、陆碧红、袁雪芬、李绍珊

▲阳江广播电视台：广播公益广告长作品《保护生物多样性　共建地球生命共同体》

主创人员：梁敏

▲廉江广播电视台：广播公益广告长作品《别让手机冷落了亲情》

主创人员：李博文

▲信宜广播电视台：广播公益广告长作品《春节疫情防控公益宣传》

主创人员：余宇

▲高要广播电视台：广播公益广告长作品《智慧农业农场》

主创人员：卜建强、黄肇锋、梁梓劲、陶琳琳

▲云浮广播电视台：广播公益广告长作品《传承是一种保护（醒狮篇）》

主创人员：何培玲

▲佛山人民广播电台：广播公益广告短作品《垃圾分类俊情说》

主创人员：黄英俊、赵碧君

▲河源广播电视台：广播公益广告短作品《知法守法　城市更文明》

主创人员：吴静燕、刘澈

▲惠州广播电视台：广播公益广告短作品《小巷的人情味》

主创人员：杨易涵、刘锢邦

▲东莞广播电视台：广播公益广告短作品《一根绳》

主创人员：何雨茜、牛振宇

▲肇庆市广播电视台：广播公益广告短作品《科学防护，抗击新冠肺炎》

主创人员：姚瀚森

▲广东广播电视台：电视公益广告长作品《未来等你来》

主创人员：谭世桢、谢冰、刘帅、池东橼

▲广州市广播电视台：电视公益广告长作品《致敬“扫天下”的你》

主创人员：仇耀洪、黄成、何韵洁、梁燕飞

▲广州市广播电视台：电视公益广告长作品《精神的力量》

主创人员：张建忠、李鑫、苏震山、陈书婷

▲广州市广播电视台：电视公益广告长作品《以生命赴使命　用挚爱护苍生》

主创人员：卢倩怡、付哲、梁星燎、梁倬维

▲广州市广播电视台：电视公益广告长作品《创造未来》

主创人员：张建忠、陈津广、苏震山、朱刚

▲汕头广播电视台：电视公益广告长作品《系好安全带　生命有保障》

主创人员：古艾俊、张思致

▲韶关广播电视台：电视公益广告长作品《因为有你　平凡不凡》

主创人员：周江玲、周乐萍、钟健、罗金坡

▲惠州广播电视台：电视公益广告长作品《春暖花开日　平安相聚时》

主创人员：黄雪芳、蓝安思、李光健、邓玉容

▲汕尾广播电视台：电视公益广告长作品《时代楷模——彭士禄》

主创人员：陈鹏飞、纪丹云

▲江门市广播电视台：电视公益广告长作品《向吸烟说“不”》

主创人员：吴君龙、阮毅文、张燕玲、高志滨

▲台山广播电视台：电视公益广告长作品《小手拉大手　献血传递爱》

主创人员：陈舒文、容月梨、张启亮

▲肇庆市广播电视台：电视公益广告长作品《“莲”洁如玉　为官清廉》

主创人员：集体创作

▲广宁广播电视台：电视公益广告长作品《防疫小贴士》

主创人员：王敏夷、卢夏博、邵丹丹、陈洁婷

▲清远广播电视台：电视公益广告长作品《全面提升综合应急救援能力切实保障人民生命财产安全》

主创人员：江文华、邹宇亮、色日古楞

▲广东多多影视传媒有限公司：电视公益广告长作品《茶暖人心》

主创人员：唐睿、麦玉书、周振康

▲广东左点广告传媒有限公司：电视公益广告长作品《乡村振兴在路上》

主创人员：杨国华

▲广州市允希文化传播有限公司：电视公益广告长作品《我们的中国节》

主创人员：游建鸣、杜义堂、张秋雨

▲广州市月天动漫股份有限公司：电视公益广告长作品《我家的荔枝树》

主创人员：王忠民、赵国平、王慧慧、王晨汐

▲深圳广播电影电视集团：电视公益广告短作品《文明养犬》

主创人员：田定康、李炜、张志红、邢保林

▲惠州广播电视台：电视公益广告短作品《用实际行动节约每一度电》

主创人员：陈瑶、蓝安思、刘妙荷、邓玉容

▲中山广播电视台：电视公益广告短作品《李鬼伏虎记》

主创人员：蔡燕萍、梁斐然、杨娜、林健荣

▲江门广播电视台：电视公益广告短作品《公共场所请勿吸烟》

主创人员：周伟斌、黄春蓓、甄达辉、洪慧敏

▲湛江广播电视台：电视公益广告短作品《保护红树林，保护生物多样性》

主创人员：吴尚、陈启华、郑怡斐、王琚凝

▲肇庆市广播电视台：电视公益广告短作品《低碳出行　始于足下》

主创人员：黄海强、苏莉妮、茹志祥

▲清远广播电视台：电视公益广告短作品《让每一个生命同样精彩》

主创人员：徐凯辉、刘薇、邓国胜、刘锦萍

▲广州市月天动漫股份有限公司：电视公益广告短作品《传承》

主创人员：王忠民、吴付祯、王慧慧、王晨汐

电影作品（7 件）

▲中广天启（深圳）传媒有限公司：电影故事片《平安中国之守护者》

主创人员：集体创作

▲佛山华览影视文化发展有限公司：电影故事片《瑞喜爱小白》

主创人员：集体创作

▲广州三希堂影视传媒有限公司：电影故事片《何以飞翔》

主创人员：集体创作

▲广州九天映画传媒有限公司：电影故事片《珍珠》
主创人员：集体创作
▲深圳市子砚影视文化传媒有限公司：电影故事片《非常·主播》
主创人员：集体创作
▲广东咏声动漫股份有限公司：电影动画片《猪猪侠大电影·恐龙日记》
主创人员：集体创作
▲深圳市环球数码影视文化有限公司：电影动画片《潜艇总动员：地心游记》
主创人员：集体创作

特别奖（2件）

▲广东广播电视台：电视综艺节目《技惊四座》
主创人员：邢狄曦、郑一航、古云婷、邱逸文、廖妍、陈思思
▲深圳市腾讯计算机系统有限公司：电视剧（网络剧）《扫黑风暴》
主创人员：集体创作

2021年度广东省广播影视奖
评选委员会成员名单

评选委员会

主　　任：刘小毅（广东省广播电视局党组书记、局长、主任编辑）
副 主 任：张惠建（广东省广播影视协会会长、高级编辑）
执行副主任：谭奋博（广东省广播电视局二级巡视员、高级编辑）
秘 书 长：程永婳（广东省广播电视局宣传管理处处长）
　　　　　赵随意（广东省广播影视协会副会长、高级编辑）
副秘书长：王　浩（广东省广播电视局宣传管理处四级调研员）
　　　　　白小慧（广东省广播影视协会专职副秘书长）

2021 年度广东省广播影视奖
复评评委名单

一、广播新闻一组（7 人）

组　长：李　键（广播电视机构退休专家、主任记者）

组　员：王海波（广州市文化广电旅游局广播电视处处长）

杨晓红（广东广播电视台主任编辑）

吴铭东（广州市广播电视台主任记者）

吴　军（深圳广播电影电视集团一级文学编辑）

罗永强（湛江市广播电视台主任记者）

何国平（广东外语外贸大学教授）

二、广播新闻二组（7 人）

组　长：马杰颖（广播电视机构退休专家、高级编辑）

组　员：胡红煜（深圳市文化广电旅游体育局广播电视处处长）

邓东力（广东广播电视台主任编辑）

钟　慧（广州市广播电视台新闻高级编辑）

陈海燕（深圳广播电影电视集团高级编辑）

梁　婷（佛山人民广播电台主任编辑）

赵　泓（华南理工大学教授）

三、广播节目一组（7 人）

组　长：赵随意（广东省广播影视协会副会长、高级编辑）

组　员：胡喜华（广东省广播电视局宣传管理处四级调研员）

王东辉（广东广播电视台高级编辑）

何　泓（广州市广播电视台新闻高级编辑）

李晓川（深圳广播电影电视集团一级文学编辑）

李志良（东莞广播电视台高级编辑）

刘颂杰（中山大学副教授）

四、广播节目二组（7人）

组长：范干良（广播电视机构退休专家、高级编辑）

组员：郭　沁（广东省委宣传部文艺处四级调研员）

冯洁萍（广东广播电视台高级编辑）

邓淑华（广州市广播电视台主任编辑）

李　静（深圳广播电影电视集团一级文学编辑）

陈顺江（揭阳广播电视台高级记者）

申启武（暨南大学教授）

五、广播播音主持组（7人）

组　长：徐明珠（广播电视机构退休专家、主任播音员）

组　员：姚忠呈（广东海洋大学副教授）

魏冬青（广东广播电视台播音指导）

香　凝（广州市广播电视台播音指导）

王　梅（深圳广播电影电视集团主任播音员）

郭嘉锐（清远广播电视台主任播音员）

刘玉萍（广州大学副教授）

六、电视新闻一组（7人）

组　长：何日丹（原广东省广播电影电视局副局长）

组　员：曾宝瑜（广东省委宣传部新闻处二级调研员）

高　崴（广东广播电视台高级记者）

谭伟新（广州市广播电视台高级记者）

齐蕴泉（深圳广播电影电视集团主任记者）

温建营（梅州市广播电视台高级记者）

张静民（广州大学教授）

七、电视新闻二组（7人）

组　长：朱　毅（广播电视机构退休专家、高级编辑）

组　员：李保恒（广东省新闻工作者协会副主席兼秘书长）

范　文（广东广播电视台高级编辑）

叶晓明（广州花都广播电视台高级编辑）

万　霞（深圳广播电影电视集团主任编辑）

李国荣（韶关市广播电视台高级记者）

李俊良（华南农业大学教授）

八、电视节目一组（7 人）

组　长：程永婳（广东省广播电视局宣传管理处处长）

组　员：梁首钢（广东省广播影视协会副会长兼秘书长、高级编辑）

卢　战（广东广播电视台主任记者）

徐若清（广州市广播电视台新闻高级编辑）

何　军（深圳广播电影电视集团二级文学编辑）

李小红（肇庆市广播电视台高级记者）

黄慰汕（广播电视机构退休专家、高级编辑）

九、电视节目二组（7 人）

组　长：白　玲（广播电视机构退休专家、高级编辑、一级文学编辑）

组　员：彭武军（广东省广播电视局电视剧管理处处长）

倪卓宏（广东广播电视台高级编辑）

孙宏利（广州市广播电视台高级编辑）

张　峥（深圳广播电影电视集团高级编辑）

苏小丽（茂名市广播电视台主任记者）

唐涤非（华南农业大学副教授）

十、电视播音主持组（7 人）

组　长：杨继红（广东省广播影视协会播音主持专业委员会主任委员、高级编辑）

组　员：刘筱天（广东广播电视台主任播音员）

黎广怡（广州市广播电视台主任播音员）

庞　玮（深圳广播电影电视集团播音指导）

胡　潇（佛山电视台主任播音员）

苏凡博（广州大学副教授）

全　燕（广东外语外贸大学教授）

十一、社科论文组（7 人）

组　长：叶小帆（广播电视机构退休专家、高级编辑）

组　员：王　浩（广东省广播电视局宣传管理处四级调研员）

岑　力（广东广播电视台高级编辑）

谭若风（广州市广播电视台新闻主任编辑）

袁　侃（深圳广播电影电视集团高级编辑）
车力恒（汕尾广播电视台主任编辑）
黄桂萍（华南理工大学副教授）

十二、广电科技组（7人）

组　长：庄　伟（广东省广播电视局总工程师、高级工程师）
组　员：王　斌（广东省广播电视局总工程师、教授级高级工程师）
魏志辉（广东广播电视台高级工程师）
庄宜学（广州市广播电视台教授级高级工程师）
傅峰春（深圳广播电影电视集团教授级高级工程师）
钟维坚（江门市广播电视台高级工程师）
吴黎明（广东工业大学教授）

十三、新媒体新闻组（7人）

组　长：陈永光（广东省广播影视协会新闻专业委员会主任委员、高级编辑）
组　员：黄少江（中共广东省委网信办网络传播处副处长）
张兴电（广东广播电视台高级编辑）
李　林（广州市广播电视台新闻高级编辑）
陈红艳（深圳广播电影电视集团高级编辑）
张　晋（珠海广播电视台高级记者）
王玉玮（暨南大学教授）

十四、网络视听组（7人）

组　长：张步中（华南理工大学教授）
组　员：丁青青（广东省广播电视局网络视听节目管理处副处长）
高　林（原广东省广播电影电视局副巡视员）
邹定宾（广东广播电视台一级文学编辑）
曾　志（广州市广播电视台新闻部主任编辑）
曲　实（深圳广播电影电视集团二级导演）
窦　怡（惠州市广播电视台主任编辑）

十五、公益广告组（7人）

组　长：星　亮（暨南大学教授）
组　员：周　卿（广东省广播电视局传媒机构管理处处长）

余得通（广播电视机构退休专家、高级编辑）
洪　峰（广东广播电视台主任编辑）
杨　露（广州市广播电视台主任编辑）
杜　静（深圳广播电影电视集团高级编辑）
李卓文（中山广播电视台高级编辑）

2021 年度广东省广播影视奖终评委员会委员名单

1. 省委宣传部、省广电局领导（12 人）

陈晓伟（广东省委宣传部副部长）
邓　鸿（广东省人民政府新闻办公室副主任）
刘小毅（广东省广播电视局党组书记、局长、主任编辑）
钟庆才（广东省广播电视局党组成员、副局长）
陈小锐（广东省广播电视局党组成员、副局长）
谭奋博（广东省广播电视局二级巡视员、高级编辑）
夏青文（广东省电影局电影管理处处长）
庄　伟（广东省广播电视局总工程师）
程永婳（广东省广播电视局宣传管理处处长）
彭武军（广东省广播电视局电视剧管理处处长）
周　卿（广东省广播电视局传媒机构管理处处长）
林巧俊（广东省广播电视局网络视听节目管理处处长）

2. 评选服务单位领导（2 人）

张惠建（广东省广播影视协会会长、高级编辑）
赵随意（广东省广播影视协会副会长、高级编辑）

3. 广州、深圳广电主管部门领导（2 人）

李若岚（广州市文化广电旅游局总工程师）
何建辉（深圳市文化广电旅游体育局副局长）

4. 广东广播电视台领导（2 人）

蔡伏青（广东广播电视台台长）
曾少华（广东广播电视台总编辑、高级政工师）

5. 广东省广播电视网络股份有限公司领导（1 人）

叶志容（广东省广播电视网络股份有限公司董事长）

6. 广州、深圳播出机构领导（2 人）

崔颂东（广州市广播电视台台长）

刘瑋飚（深圳广播电影电视集团副总裁、总编辑）

7. 各复评小组组长（16 人）

李　键（广播新闻一组组长、广播电视机构退休专家、主任记者）

马杰颖（广播新闻二组组长、广播电视机构退休专家、高级编辑）

赵随意（广播节目一组组长、广东省广播影视协会副会长、高级编辑）

范干良（广播节目二组组长、广播电视机构退休专家、高级编辑）

徐明珠（广播播音主持组组长、广播电视机构退休专家、主任播音员）

何日丹（电视新闻一组组长、原广东省广播电影电视局副局长）

朱　毅（电视新闻二组组长、广播电视机构退休专家、高级编辑）

程永婳（电视节目一组组长、广东省广播电视局宣传管理处处长）

白　玲（电视节目二组组长、广播电视机构退休专家、高级编辑、一级文学编辑）

杨继红（电视播音主持组组长、广东省广播影视协会播音主持专业委员会主任委员、高级编辑）

叶小帆（社科论文组组长、广播电视机构退休专家、高级编辑）

庄　伟（技术论文组组长、广东省广播电视局总工程师、高级工程师）

陈永光（新媒体新闻组组长、广东省广播影视协会副会长、高级编辑）

张步中（网络视听组组长、华南理工大学教授）

星　亮（公益广告组组长、暨南大学教授）

刘海玲（广东省电影行业协会驻会副会长、广东外语外贸大学文化产业研究中心研究员）